법무사시험 |
법원사무관승진시험 |
법원행정고등고시 |
변호사시험 |

이혁준 가족법 정리

1차 | 기본강의

이혁준 편저

브랜드만족
1위
박문각

근거자료
후면표기

제2판

박문각 법무사

이번 **가족법** 개정판도 제1판과 마찬가지로 가족법을 보다 체계적으로 정리하여 시험을 대비하는 데에 부족함이 없는 최적의 수험서가 되도록 많은 신경을 썼다. 즉, 판례 교재로서 손색이 없도록 그 완결성을 기하였고, 단순한 요약서의 형식을 탈피하여 기본서로서의 면모를 갖출 수 있도록 하였다.

이번 제2판의 기조는 다음과 같다.

첫째, 내용을 보다 간결하고 정확하게 기술하여 쉽게 이해할 수 있도록 하였다.

둘째, 2023년까지 치러진 법무사시험과 변호사시험 및 법원행시, 법원사무관 승진시험 등에 출제된 중요 판례를 비롯하여, 2024년 2월 20일까지 공보된 중요 판례와 전원 합의체 판결 등을 모두 반영하였다. 아울러 중요도가 높은 판례를 중심으로 구체적인 사실관계나 소송과정을 축약함과 동시에 해설이나 보충설명도 간략히 소개함으로써 보다 쉽게 이해하고 입체적으로 정리할 수 있도록 힘을 쏟았으며, 나아가 중요하고 핵심적인 판례에는 별표(★)를 추가(중요도 별로 가감)하여 보다 효율적인 공부를 할 수 있도록 신경을 썼다. 이로써 판례서로서의 면모에 부합하게 그 완결을 도모하였다.

셋째, 혼동하기 쉬운 부분에 대해서는 비교하여 서술함으로써 실제 시험에서 실수하지 않도록 하였다.

가족법 시험은 조문과 판례에 대한 구체적이고 정확한 이해를 묻는 문제들이 출제되는 경향에 있다. 본서는 이러한 원칙에 입각하여 만들어진 것이다. 본서를 반복적으로 보면서 차근차근 정리해 간다면 시험에 합격함은 당연지사라 할 것이다.

이번 개정판을 출간함에 있어서 많은 분들의 도움이 있었다. 일일이 이름을 들어 감사의 말씀을 드리지는 못하나, 다시 한 번 그 분들에게 지면을 빌어 고마움을 전한다. 그리고 본서가 수험서로서 보다 새로워지고 충실해질 수 있도록 도움을 주신 박문각 朴容 회장님과 출판사 임직원 분들에게 감사의 말씀을 드린다.

마지막으로 이 책을 항상 격려와 관심 그리고 깊은 애정으로 지켜봐 주는 사랑하는 가족들에게 바친다.

본서가 민법을 공부하는 수험생 여러분들에게 조금이라도 도움이 되었으면 하는 바람이다. 앞으로도 계속적으로 다듬고 보충하여 좀 더 훌륭한 책이 될 수 있도록 끊임없이 노력할 것임을 약속드리며, 수험생 여러분들의 조속한 합격을 진심으로 기원한다.

편저자 이혁준

📝 응시자격

제2차 시험일(시험을 수일간 실시하는 경우 최종일)을 기준으로 법무사법 제6조의 결격사유가 없어야 하며, 법무사규칙 제15조의 규정에 의하여 응시자격을 정지당한 자는 응시할 수 없다.

📝 시험방법

가. 제1차 시험 : 객관식 필기시험
나. 제2차 시험 : 주관식 필기시험

📝 시험과목

구분	제1차 시험	제2차 시험
제1과목	헌법(40), 상법(60)	민법(100)
제2과목	민법(80), 가족관계의 등록 등에 관한 법률(20)	형법(50), 형사소송법(50)
제3과목	민사집행법(70), 상업등기법 및 비송사건절차법(30)	민사소송법(70), 민사사건관련서류의 작성(30)
제4과목	부동산등기법(60), 공탁법(40)	부동산등기법(70), 등기신청서류의 작성(30)

※ 괄호 안의 숫자는 각 과목별 배점비율임.

📝 응시원서 접수

1 접수방법 등

　가. 「대한민국 법원 시험정보」 인터넷 홈페이지(http://exam.scourt.go.kr)에 접속하여 접수할 수 있음.
　나. 구체적인 방법은 접수기간 중에 시험정보 인터넷 홈페이지에서 처리단계별로 안내함.
　다. 원서접수 시에는 미리 3.5㎝×4.5㎝ 크기의 모자를 쓰지 않은 상반신 사진(디지털 사진 또는 스캐닝 사진)을 jpg(jpeg) 형식의 파일(해상도 100, 3.5㎝×4.5㎝)로 준비하여야 하고, 응시수수료 10,000원 외에 별도의 처리비용(카드결제, 실시간 계좌이체, 휴대폰결제)이 소요됨.

2 원서접수 시 유의사항

   (1) 응시자는 응시원서에 표기한 제1차 시험의 응시지역(서울, 대전, 대구, 부산, 광주)에서만 응시할 수 있음.

   (2) 응시지역은 주소지에 관계없이 선택할 수 있음.

   (3) 응시원서 접수기간 내에는 기재사항(응시지역 등)을 수정할 수 있으나, 접수기간이 종료한 후에는 기재사항을 변경할 수 없음.

   (4) 응시원서를 접수한 후 취소마감일까지 원서접수를 취소한 경우와 시험 당일 불가피한 사유로 시험에 응시하지 못한 경우로써 「법무사법 및 법무사규칙의 시행에 관한 예규」 제3조 제1항에 해당하는 경우에는 응시수수료를 환불해 줌.

시험의 일부면제

가. 법무사법 제5조의2 제1항에 의한 경력이 있는 자는 제1차 시험을 면제함.

나. 법무사법 제5조의2 제2항에 의한 경력이 있는 자는 제1차 시험의 전과목과 제2차 시험과목 중 제1과목 및 제2과목을 면제함.

다. 제1차 시험에 합격한 자에 대하여는 다음 회의 시험에 한하여 제1차 시험을 면제함.

라. 시험의 일부('가항 내지 다항'에 해당하는 자)를 면제받고자 하는 자는 당해 시험의 응시자격 요건을 갖추어야 하며, 응시원서 접수기간 내에 면제사항을 기재한 응시원서를 반드시 접수하여야 함.

마. '가 및 나'항의 경력산정은 당해 시험의 제2차 시험일(시험을 수일간 실시하는 경우 첫 일자)을 기준으로 함.

바. '가 및 나'항에 의하여 시험의 일부 면제를 받고자 하는 자는 해당 근무경력사항이 포함된 경력증명서를 응시원서 접수기간 내에 법원행정처 인사운영심의담당실로 제출하여야 함.

합격자 결정

법무사규칙 제13조에 의함.

※ 기타사항은 법무사시험 공고문 참조

CONTENTS
이 책의 차례

Chapter 01   가족법 총칙

Chapter 02   친족법

Chapter 03 상속법

CONTENTS
이 책의 차례

CHAPTER

01

가족법 총칙

가족법 총칙

Ⅰ. 가족법의 의의

민법은 크게 재산관계를 다루는 재산법(물권법과 채권법)과 신분관계를 다루는 신분법으로 나눌 수 있는데, 이 중 신분법을 가족법이라 칭하며 친족법과 상속법으로 구성된다.

1. 친족법

친족법은 혼인관계·친자관계를 중심으로 형성되는 친족관계를 규율하는 법이다. 재산법에 비하여 비타산성·비합리성·보수성 및 강행법규성(요식성)을 그 특징으로 한다.

2. 상속법

상속법은 자연인의 사망 시 일정한 신분관계에 있는 자에게 그 재산을 승계시키는 관계를 다루는 법이다. 따라서 상속법은 신분법적 성격과 재산법적 성격을 함께 가진다.

Ⅱ. 가족법의 법원

가족법도 민법의 일부이므로, 민법총칙에서 설명한 민법의 법원(제1조)에 관한 설명이 가족법의 법원에 관하여도 원칙적으로 타당하다. 따라서 그 법원에는 성문법과 불문법이 있게 된다. 이하에서는 가족법의 특수한 내용만을 소개한다.

1. 민법전

민법 제4편 친족, 제5편 상속, 그리고 재산법 편의 일부규정도 가족법의 법원이 된다.

■ 민법총칙과 가족법의 관계

민법총칙은 주로 재산법을 염두에 둔 규정들로서 가족법의 특성상 그대로 적용될 수 없는 성질의 규정들이 있다.
(1) 권리능력, 행위능력 규정 – 원칙상 적용 ✗ (① 태아의 상속·유증 권리능력 인정, ② 약혼·혼인능력은 남녀 모두 18세, 유언능력은 17세, 피성년후견인도 의사능력이 회복된 상태라면 부모나 성년후견인의 동의를 얻어 혼인 또는 이혼 등을 할 수 있으며, 양자가 될 자는 설령 성년자라 하더라도 부모 등의 동의를 얻어야 한다)
(2) 법률행위 및 의사표시 규정 – 원칙상 적용 ✗ (다만 제103조는 적용되고, 제104조는 적용 없다)
(3) 대리 규정 – 원칙상 적용 ✗ (신분행위에는 원칙상 대리가 허용되지 않음)
(4) 조건·기한 규정 – 원칙상 적용 ✗ (신분행위는 조건·기한과 친하지 않음)

(5) 소멸시효 규정 – 원칙상 적용 ✗ (가족법상 기간은 대부분 제척기간임, 단 유류분반환청구권은 소멸시효가 적용된다는 것이 판례의 입장이다)

(6) 가족법에 적용되는 민법총칙의 주요규정 – 법원(제1조), 신의칙 및 권리남용(제2조), 물건(제98조 이하), 무효행위의 전환(제138조). → 그러나 무효행위의 추인(제139조)에 대해서 판례는 소급적 추인을 인정함으로써 그 적용을 부정하는 입장임에 주의를 요한다.

2. 특별법

가족관계의 등록 등에 관한 법률, 혼인신고특례법, 입양촉진 및 절차에 관한 특례법, 부재선고 등에 관한 특별조치법, 가사소송법 등이 주요한 법원이 된다.

Ⅲ. 가족관계의 등록 등에 관한 법률과 가사소송법

1. 가족관계의 등록 등에 관한 법률

(1) 의의

1) 친족법상의 지위는 친족관계의 기초가 되고 타인에게 미치는 영향이 크기 때문에 등록·공시가 필요하다. 그러한 목적으로 만들어진 제도가 가족관계등록제도이며 이를 규율하는 법이 가족관계의 등록 등에 관한 법률이다.

2) 과거 호주제도가 시행될 때에는 각 개인의 친족법상의 지위를 등록·공시하는 제도로 호적제도를 두고 있었다. 그런데 2005년의 민법개정에 의하여 2008년 1월 1일부터 호주제가 폐지됨에 따라 호주제도를 대체할 새로운 신분등록제도로서 마련된 것이다.

(2) 개인별 편제

1) 과거의 호적제도가 호주를 중심으로 가(家)단위의 편성방식을 취하였던 것과 달리, 가족관계등록제도는 국민 개인별로 등록기준지에 따라 가족관계등록부를 편제한다.

2) 과거 호적제도에 있어서는 호적등본이라는 하나의 증명서에 본인뿐만 아니라 가족전체의 신분에 관한 사항이 모두 기재되어 있었다. 그러나 가족관계등록제도에서는 증명목적에 따라 가족관계증명서·기본증명서·혼인관계증명서·입양관계증명서·친양자입양관계증명서 등으로 세분하여 발급받을 수 있도록 하였으며 증명서의 발급요건도 강화하였다(가족관계등록법 제14조).

(3) 가족관계등록신고

1) 창설적 신고

신고하여야 비로소 친족법상의 지위가 발생·변경·소멸되는 것을 말한다. → 혼인신고, 협의이혼 신고, 인지신고, 입양신고, 협의파양신고 등

▶ **사실혼관계 존재확인판결에 의한 혼인신고의 법적 성격**

판례는 사실혼관계 존재 확인재판에 의한 혼인신고를 창설적 신고라고 한다(대결 1991.8.13, 91스6).

▶ **혼인신고의 효력발생시기**

혼인은 호적법에 따라 호적공무원이 그 신고를 수리함으로써 유효하게 성립되는 것이며 호적부에의 기재는 그 유효요건이 아니어서 호적에 적법하게 기재되는 여부는 혼인성립의 효과에 영향을 미치는 것은 아니므로 부부가 일단 혼인신고를 하였다면 그 혼인관계는 성립된 것이고 그 호적의 기재가 무효인 이중호적에 의하였다 하여 그 효력이 좌우되는 것은 아니다(대판 1991.12.10, 91므344).

2) 보고적 신고

법적 효과는 다른 사실에 의하여 이미 발생하고, 다만 신고는 그러한 사실을 단순히 보고하는데 지나지 않는 것을 말한다. → 출생신고, 사망신고, 재판 또는 유언에 의한 인지신고, 인지된 태아의 사산(死産)신고, 재판에 의한 파양·파양취소신고, 재판에 의한 이혼·이혼취소신고, 친권변동신고, 후견개시신고, 실종선고신고, 실종선고취소신고 등

(4) 등록부의 정정

1) 직권에 의한 정정(동법 제18조)

공무원의 단순한 과오나 오기에 의한 기록 정정 시에 행해진다.

2) 당사자의 신청에 의한 정정

가) 법원의 허가에 의한 정정 : 등록부의 기록이 무효임이 명백한 경우 가정법원의 허가를 얻어 정정을 한다.

★▶ **성전환자의 등록부 정정방법 – 법원의 허가에 의한 정정**(대결(전) 2006.6.22, 2004스42 등)

[1] 성(性)의 결정 기준 – 종래에는 사람의 성을 성염색체와 이에 따른 생식기·성기 등 생물학적인 요소에 따라 결정하여 왔으나 근래에 와서는 생물학적인 요소뿐 아니라 개인이 스스로 인식하는 남성 또는 여성으로의 귀속감 및 개인이 남성 또는 여성으로서 적합하다고 사회적으로 승인된 행동·태도·성격적 특징 등의 성 역할을 수행하는 측면, 즉 정신적·사회적 요소들 역시 사람의 성을 결정하는 요소 중의 하나로 인정받게 되었으므로, 성의 결정에 있어 생물학적 요소와 정신적·사회적 요소를 종합적으로 고려하여야 한다.

[2] 성전환자의 성(性)의 법률적 평가 – 성전환증을 가진 사람의 경우에도, 남성 또는 여성 중 어느 한쪽의 성염색체를 보유하고 있고 그 염색체와 일치하는 생식기와 성기가 형성·발달되어 출생하지만 출생 당시에는 아직 그 사람의 정신적·사회적인 의미에서의 성을 인지할 수 없으므로, 사

회통념상 그 출생 당시에는 생물학적인 신체적 성징에 따라 법률적인 성이 평가될 것이다. 그러나 출생 후의 성장에 따라 일관되게 출생 당시의 생물학적인 성에 대한 불일치감 및 위화감·혐오감을 갖고 반대의 성에 귀속감을 느끼면서 반대의 성으로서의 역할을 수행하며 성기를 포함한 신체 외관 역시 반대의 성으로서 형성하기를 강력히 원하여, 정신과적으로 성전환증의 진단을 받고 상당기간 정신과적 치료나 호르몬 치료 등을 실시하여도 여전히 위 증세가 치유되지 않고 반대의 성에 대한 정신적·사회적 적응이 이루어짐에 따라 일반적인 의학적 기준에 의하여 성전환수술을 받고 반대 성으로서의 외부 성기를 비롯한 신체를 갖추고, 나아가 전환된 신체에 따른 성을 가진 사람으로서 만족감을 느끼고 공고한 성정체성의 인식 아래 그 성에 맞춘 의복, 두발 등의 외관을 하고 성관계 등 개인적인 영역 및 직업 등 사회적인 영역에서 모두 전환된 성으로서의 역할을 수행함으로써 주위 사람들로부터도 그 성으로서 인식되고 있으며, 전환된 성을 그 사람의 성이라고 보더라도 다른 사람들과의 신분관계에 중대한 변동을 초래하거나 사회에 부정적인 영향을 주지 아니하여 사회적으로 허용된다고 볼 수 있다면, 이러한 여러 사정을 종합적으로 고려하여 사람의 성에 대한 평가 기준에 비추어 사회통념상 신체적으로 전환된 성을 갖추고 있다고 인정될 수 있는 경우가 있다 할 것이며, 이와 같은 성전환자는 출생 시와는 달리 전환된 성이 법률적으로도 그 성전환자의 성이라고 평가받을 수 있을 것이다.

[3] 성전환자에 대한 호적(현행 가족관계등록부)상 성별 기재의 정정 허용 여부(적극) 및 정정의 효과 – 성전환자의 경우에는 출생 시의 성과 현재 법률적으로 평가되는 성이 달라, 성에 관한 호적의 기재가 현재의 진정한 신분관계를 공시하지 못하게 되므로, 현재 법률적으로 평가되는 성이 호적에 반영되어야 한다. 현행 호적법에는 출생 시 호적에 기재된 성별란의 기재를 위와 같이 전환된 성에 따라 수정하기 위한 절차 규정이 따로 마련되어 있지 않다. 그러나 진정한 신분관계가 호적에 기재되어야 한다는 호적의 기본원칙과 아울러, 첫째 성전환자도 인간으로서의 존엄과 가치를 향유하며 행복을 추구할 권리와 인간다운 생활을 할 권리가 있고 이러한 권리들은 질서유지나 공공복리에 반하지 아니하는 한 마땅히 보호받아야 한다는 점, 둘째 호적법이 성전환자의 호적상 성별란 기재를 수정하는 절차규정을 두지 않은 이유는 입법자가 이를 허용하지 않기 때문이 아니라 입법 당시에는 미처 그 가능성과 필요성을 상정하지 못하였기 때문이라는 점, 셋째 호적법 제120조(현행 가족관계의 등록 등에 관한 법률 제104조)에 의한 호적정정사유 중 호적의 기재가 법률상 허용될 수 없는 경우를 해석함에 있어서 호적 기재 후의 법령의 변경 등 사정의 변경에 의하여 법률상 허용될 수 없음이 명백하게 된 경우를 반드시 배제하여야 할 필요가 있다고 보기 어려울 뿐 아니라, 호적법 제120조에 의한 호적정정 절차를 둔 근본적인 취지가 호적의 기재가 부적법하거나 진실에 반하는 것이 명백한 경우에 그 기재 내용을 판결에 의하지 아니하고 간이한 절차에 의하여 사실에 부합하도록 수정할 수 있도록 함에 있다는 점을 함께 참작하여 볼 때, 구체적인 사안을 심리한 결과 성전환자에 해당함이 명백하다고 증명되는 경우에는 호적법 제120조의 절차에 따라 그 전환된 성과 호적의 성별란 기재를 일치시킴으로써 호적기재가 진정한 신분관계를 반영할 수 있도록 하는 것이 호적법 제120조의 입법 취지에 합치되는 합리적인 해석이라는 점을 종합하여 보면, 성전환자에 해당함이 명백한 사람에 대하여는 호적정정에 관한 호적법 제120조의 절차에 따라 호적의 성별란 기재의 성을 전환된 성에 부합하도록 수정할 수 있도록 허용함이 상당하다. 성전환자에 해당함이 명백한 사람에 대하여 호적법 제120조에서 정한 절차에 따라 성별을 정정하는 호적정정이 허가되고 그에 따라 전환된 성이 호적에 기재되는 경우에, 위 호적정정 허가는 성전환에 따라 법률적으로 새로이 평가받게 된 현재의 진정한 성별을 확인하는 취지의 결정이므로 호적정

정허가 결정이나 이에 기초한 호적상 성별란 정정의 효과는 기존의 신분관계 및 권리의무에 영향을 미치지 않는다고 해석함이 상당하다.

[4] 현재 혼인 중에 있지 아니한 성전환자에게 미성년 자녀가 있는 경우, 성별정정을 허가할 수 있는지 여부(적극) — [다수의견] ① 종전 판례는 "성전환수술에 의하여 출생 시의 성(여)과 다른 반대의 성(남)으로 성전환이 이미 이루어졌고, 정신과 등 의학적 측면에서도 이미 전환된 성으로 인식되고 있다면, 전환된 성으로 개인적 행동과 사회적 활동을 하는 데에까지 법이 관여할 방법은 없다. 그러나 성전환자가 혼인 중에 있거나 미성년인 자녀가 있는 경우에는, 가족관계등록부에 기재된 성별을 정정하여, 배우자나 미성년인 자녀의 법적 지위와 그에 대한 사회적 인식에 곤란을 초래하는 것까지 허용할 수는 없으므로, 현재 혼인 중에 있거나 미성년인 자녀를 둔 성전환자의 성별정정은 허용되지 않는다(대결(전) 2011.9.2, 2009스117)."고 하였다. ② 그러나 변경 판례는 "미성년 자녀가 있는 성전환자의 성별정정 허가 여부를 판단할 때에는 성전환자의 기본권의 보호와 미성년 자녀의 보호 및 복리와의 조화를 이룰 수 있도록 법익의 균형을 위한 여러 사정들을 종합적으로 고려하여 실질적으로 판단하여야 한다. 따라서 위와 같은 사정들을 고려하여 실질적으로 판단하지 아니한 채 단지 성전환자에게 미성년 자녀가 있다는 사정만을 이유로 성별정정을 불허하여서는 아니 된다. 미성년 자녀를 둔 성전환자의 성별정정을 허가할지 여부를 판단할 때에는 성전환자 본인의 인간으로서의 존엄과 가치, 행복추구권, 평등권 등 헌법상 기본권을 최대한 보장함과 동시에 미성년 자녀가 갖는 보호와 배려를 받을 권리 등 자녀의 복리를 염두에 두어야 한다. 따라서 이때에는 성전환자의 성별정정에 필요한 일반적인 허가 기준을 충족하였는지 외에도 미성년 자녀의 연령 및 신체적·정신적 상태, 부 또는 모의 성별정정에 대한 미성년 자녀의 동의나 이해의 정도, 미성년 자녀에 대한 보호와 양육의 형태 등 성전환자가 부 또는 모로서 역할을 수행하는 모습, 성전환자가 미성년 자녀를 비롯한 다른 가족들과 형성·유지하고 있는 관계 및 유대감, 기타 가정환경 등 제반 사정을 고려하여 성전환자의 성별정정 허가 여부가 미성년 자녀의 복리에 미치는 영향을 살펴 성별정정을 허가할 것인지를 판단하여야 한다. (따라서) 성전환자에게 미성년 자녀가 있는 경우 성전환자의 가족관계등록부상 성별정정이 허용되지 않는다는 취지의 대법원 2011.9.2, 2009스117 전원합의체 결정을 비롯하여 그와 같은 취지의 결정들은 이 결정의 견해에 배치되는 범위에서 모두 변경하기로 한다(대결(전) 2022.11.24, 2020스616)."고 하였다.

나) 법원의 확정판결에 의한 정정 : 기존의 신분관계에 중요한 영향을 미치는 일정 사항에 대해서는 가정법원의 확정판결이 있어야 정정할 수 있다. 판례도 위법한 이중호적을 말소하여 본래의 호적(현재 가족관계등록부)으로 단일화하기 위한 경우에도 그 정정으로 인하여 신분관계에 중대한 영향을 미치는 사항이 정정되는 경우에는 역시 확정판결에 의하여서만 정정될 수 있다고 하였다(대결 1998.2.7, 96마623).

▶ 호적상의 성을 바꾸는 방법 — 확정판결에 의함
호적상의 성(姓)을 바꾸는 것은 친족법상 또는 상속법상 중대한 영향을 미치는 호적기재사항의 정정이므로 호적법 제123조에 의하여 확정판결을 받아 정정하여야 할 것이지 법원의 허가를 얻어 정정할 수 있는 것이 아니다(대결 1992.8.17, 92스13).

▶ 자의 복리를 위한 성의 변경 방법 — 법원의 허가에 의함
자의 복리를 위하여 姓을 변경할 경우에는 법원의 허가를 받아 이를 변경할 수 있다(제781조 제6항).

2. 가사소송법

가족에 관한 사건은 기본적으로 비공개성, 가정사건의 특수성 등을 감안할 때 특별절차에 의하는 것이 필요하므로 민사소송법에 대한 특별절차법인 가사소송법에 의한다.

▶ **상대방이 있는 마류 가사비송사건인 재산분할심판 사건의 경우, 심판청구 취하에 상대방의 동의가 필요한지 여부**(소극) **및 상대방이 취하에 부동의하였더라도 취하의 효력이 발생하는지 여부**(적극)
재산분할심판 사건은 마류 가사비송사건에 해당하고[가사소송법 제2조 제1항 제2호 (나)목 4)], 당사자의 심판청구에 의하여 절차가 개시되며 당사자가 청구를 취하하여 절차를 종료시킬 수 있다. 가사비송절차에 관하여 가사소송법에 특별한 규정이 없는 한 비송사건절차법 제1편의 규정을 준용하는데(가사소송법 제34조 본문), 가사소송법에 가사비송사건의 심판청구 취하에 있어서 상대방의 동의 필요 여부에 관하여 특별한 규정을 두고 있지 아니하고, 비송사건절차법은 '소취하에 대한 동의'에 관한 민사소송법 제266조 제2항을 준용하지 않는다. 따라서 상대방이 있는 마류 가사비송사건인 재산분할심판 사건의 경우 심판청구 취하에 상대방의 동의를 필요로 하지 않고, 상대방이 취하에 부동의하였더라도 취하의 효력이 발생한다(대판 2023.11.2, 2023므12218).

(1) 재판사항

1) 가사사건은 가정법원의 전속관할로 한다(가사소송법 제2조 제1항).
2) 가사사건은 크게 가사소송사건과 가사비송사건으로 나뉜다. 다시 가사소송사건은 가類·나類·다類사건으로, 그리고 가사비송사건은 라類·마類사건으로 세분된다.
3) 이들 가운데 나類·다類사건(가사소송사건)과 마類(가사비송사건)은 조정전치주의의 적용을 받으므로 재판을 하기 전에 조정절차를 거쳐야 한다.

■ **가사소송법상 가사사건의 분류**

가사 訴訟 사건	가類 사건	① 무효의 소 : 혼인의 무효, 이혼의 무효, 인지의 무효, 입양의 무효, 파양의 무효 ② 친생자관계존부확인	조정 전치 주의
	나類 사건	① 취소의 소 : 혼인취소, 이혼취소, 인지취소, 입양취소, 친양자 입양취소 ② 재판상 이혼, 재판상 파양, 친양자 파양, 친생부인 ③ 인지에 대한 이의, 인지청구	
	다類 사건	신분관계의 해소를 원인으로 한 손해배상의 청구 및 원상회복 청구 ① 약혼해제 또는 사실혼관계 부당파기로 인한 손해배상청구 및 원상회복의 청구 ② 혼인의 무효·취소나 이혼의 무효·취소 또는 이혼을 원인으로 하는 손해배상청구(제3자에 대한 청구를 포함한다) 및 원상회복의 청구 ③ 입양의 무효·취소나 파양의 무효·취소 또는 파양을 원인으로 하는 손해배상청구 및 원상회복의 청구 ④ 재산분할청구권 보전을 위한 사해행위 취소 및 원상회복의 청구	

| 가사
非訟
사건 | 라類
사건 | ① 제한능력자에 관한 사항 : 피한정후견·피성년후견인의 후견개시심판과 그 종료의 심판
② 부재자 재산관리와 실종선고에 관한 사항
③ 부부재산계약의 변경에 대한 허가
④ 친권에 관한 사항
⑤ 후견에 관한 사항
⑥ 상속재산보존에 관한 사항 | 조정
전치
주의 |
| | 마類
사건 | ① 부부의 동거·부양·협조 또는 생활비용의 부담에 관한 처분
② 부부재산계약상의 재산관리자의 변경 또는 공유물의 분할을 위한 처분
③ 이혼 및 혼인취소 시 재산분할에 관한 처분
④ 자의 양육에 관한 처분과 변경이나 면접교섭권의 제한 또는 배제
⑤ 친권자의 지정과 변경
⑥ 친권·법률행위 대리권·재산관리권의 상실선고 및 실권회복의 선고
⑦ 부양에 관한 처분
⑧ 기여분의 결정
⑨ 상속재산의 분할에 관한 처분 | |

(2) 조정절차

1) 조정전치주의의 적용을 받는 사건(나類·다類·마類사건)에 대하여는 가정법원에 소를 제기하거나 심판을 청구하고자 하는 자는 먼저 조정을 신청하여야 하며, 만약 조정을 신청하지 않고 소를 제기하거나 심판을 청구한 때에는 가정법원은 예외적인 특별한 사정이 없는 한 그 사건을 조정에 회부하여야 한다.

2) 조정은 당사자 사이에 합의된 사항을 조서에 기재함으로써 성립하며, 그것은 재판상 화해와 동일한 효력이 있다.

CHAPTER

02

친족법

Chapter 02 친족법

제1절 │ 총설

Ⅰ. 친족

1. 친족의 정의

> **제767조 【친족의 정의】**
> 배우자, 혈족(= 자연혈족 + 법정혈족) 및 인척을 친족으로 한다.

친족관계는 혈연(자연혈족, 법정혈족)과 혼인(배우자, 인척)에 의하여 성립하며, 민법은 배우자, 혈족, 인척을 친족으로 정의하고 있다(제767조).

(1) 배우자

① 법률상 혼인으로 결합된 남녀를 배우자라 한다. 따라서 사실혼 배우자 및 약혼자는 민법상의 배우자가 아니다.

② 부부는 혈족도 아니고, 인척도 아니다. 다만 친족에는 해당한다.

(2) 혈족

혈족에는 자연혈족과 법정혈족이 있다.

1) 자연혈족

> **제768조 【혈족의 정의】**
> 자기의 직계존속과 직계비속을 직계혈족이라 하고 자기의 형제자매와 형제자매의 직계비속, 직계존속의 형제자매 및 그 형제자매의 직계비속을 방계혈족이라 한다.

■ **자연혈족관계의 발생**

> [1] 원칙 – 출생에 의하여 당연히 발생한다.
> [2] 예외 – 혼인 외의 출생자는 모와의 관계에서는 출생에 의하여 당연히 발생하지만, 부와의 관계에서는 인지에 의하여 자연혈족관계가 발생한다.

2) 법정혈족

> **제772조【양자와의 친계와 촌수】**
> ① 양자와 양부모 및 그 혈족, 인척사이의 친계와 촌수는 입양한 때로부터 혼인 중의 출생자와 동일한 것으로 본다.
> **제776조【입양으로 인한 친족관계의 소멸】**
> 입양으로 인한 친족관계는 입양의 취소 또는 파양으로 인하여 종료한다.

법정혈족은 법률에 의한 혈족을 의미하며, 현행 민법상 법정혈족관계는 입양으로 발생한다. 즉 양자는 입양한 때로부터 양부모 및 양부모의 혈족·인척과 친족관계가 성립한다(제772조).

(3) 인척

> **제769조【인척의 계원】**
> 혈족의 배우자, 배우자의 혈족, 배우자의 혈족의 배우자를 인척으로 한다.

1) 인척관계의 발생
① 인척관계는 혼인에 의하여 발생한다. 민법은 혈족의 배우자(= 계모·적모 등), 배우자의 혈족(= 시부모, 장인·장모 등), 배우자의 혈족의 배우자(= 처남의 배우자 등)를 인척으로 하고 있다.
② 혈족의 배우자의 혈족(= 사돈)은 1990년 개정법에서 삭제되었으므로 이제는 더 이상 인척이 아니다.

2) 인척관계의 소멸

> **제775조【인척관계 등의 소멸】**
> ① 인척관계는 혼인의 취소 또는 이혼으로 인하여 종료한다.
> ② 부부의 일방이 사망한 경우 생존배우자가 재혼한 때에도 제1항과 같다. → 처가 사망한 후 부가 재혼한 경우, 생존한 부와 사망한 처의 혈족과의 친족관계는 소멸한다.

2. 친계(親系)와 촌수(寸數)

(1) 친계

1) 직계친·방계친
직계친은 부모와 자, 조부모와 손자처럼 혈통이 직상직하로 연결되는 친족을 말한다.

2) 부계친·모계친
부와 그의 혈족이 부계친이고, 모와 그의 혈족이 모계친이다.

(2) 촌수 계산

> ### 제770조【혈족의 촌수의 계산】
> ① 직계혈족은 자기로부터 직계존속에 이르고 자기로부터 직계비속에 이르러 그 세수를 정한다.
> ② 방계혈족은 자기로부터 동원의 직계존속에 이르는 세수와 그 동원의 직계존속으로부터 그 직계비속에 이르는 세수를 통산하여 그 촌수를 정한다.
> ### 제771조【인척의 촌수의 계산】
> 인척은 배우자의 혈족에 대하여는 배우자의 그 혈족에 대한 촌수에 따르고, 혈족의 배우자에 대하여는 그 혈족에 대한 촌수에 따른다.
> ### 제772조【양자와의 친계와 촌수】
> ① 양자와 양부모 및 그 혈족, 인척사이의 친계와 촌수는 입양한 때로부터 혼인 중의 출생자와 동일한 것으로 본다.
> ② 양자의 배우자, 직계비속과 그 배우자는 전항의 양자의 친계를 기준으로 하여 촌수를 정한다.

3. 친족의 범위

> ### 제777조【친족의 범위】
> 친족관계로 인한 법률상 효력은 이 법 또는 다른 법률에 특별한 규정이 없는 한 다음 각 호에 해당하는 자에 미친다.
> 1. 8촌 이내의 혈족
> 2. 4촌 이내의 인척
> 3. 배우자

Ⅱ. 가족

1. 가족의 범위

> ### 제779조【가족의 범위】
> ① 다음의 자는 가족으로 한다.
>   1. 배우자, 직계혈족 및 형제자매
>   2. 직계혈족의 배우자, 배우자의 직계혈족 및 배우자의 형제자매
> ② 제1항 제2호의 경우에는 생계를 같이 하는 경우에 한한다.

1) 당연가족형

당연히 가족이 되는 자로서 배우자, 직계혈족, 형제자매이다(제779조 제1항 제1호).

2) 생계공동형

생계를 같이 하는 경우에 한하여 가족이 되는 자로서 배우자의 직계혈족, 배우자의 형제자매, 직계혈족의 배우자이다(제779조 제1항 제2호, 제2항). → 형제자매의 배우자는 가족이 아니다.

2. 자의 성(姓)과 본(本)

> **제781조 【자의 성과 본】**
> ① 자는 부의 성과 본을 따른다. 다만, 부모가 혼인신고 시 모의 성과 본을 따르기로 협의한 경우에는 모의 성과 본을 따른다.
> ② 부가 외국인인 경우에는 자는 모의 성과 본을 따를 수 있다.
> ③ 부를 알 수 없는 자는 모의 성과 본을 따른다.
> ④ 부모를 알 수 없는 자는 법원의 허가를 받아 성과 본을 창설한다. 다만, 성과 본을 창설한 후 부 또는 모를 알게 된 때에는 부 또는 모의 성과 본을 따를 수 있다.
> ⑤ 혼인 외의 출생자가 인지된 경우 자는 부모의 협의에 따라 종전의 성과 본을 계속 사용할 수 있다. 다만, 부모가 협의할 수 없거나 협의가 이루어지지 아니한 경우에는 자는 법원의 허가를 받아 종전의 성과 본을 계속 사용할 수 있다.
> ⑥ 자의 복리를 위하여 자의 성과 본을 변경할 필요가 있을 때에는 부, 모 또는 자의 청구에 의하여 법원의 허가를 받아 이를 변경할 수 있다. 다만, 자가 미성년자이고 법정대리인이 청구할 수 없는 경우에는 제777조의 규정에 따른 친족 또는 검사가 청구할 수 있다.

① 자의 성과 본은 부계혈통주의에 따라 부의 성과 본을 따르는 것이 원칙이다(제781조 제1항).

② 부모를 알 수 없는 자(= 棄兒 등)는 법원의 허가를 받아 성과 본을 창설한다. 나중에 부 또는 모를 알게 되면 부 또는 모의 성과 본을 따를 수 있다(동조 제4항).

③ 혼인 외의 출생자는 부의 인지가 있기 전에는 모의 성과 본을 따르다가 부로부터 인지가 되면 부의 성과 본을 따르는 것이 원칙이다. 그러나 종전의 성과 본을 계속 유지할 필요가 있다면 부모의 협의 또는 법원의 허가가 필요하다(동조 제5항).

④ 모가 자녀를 데리고 재혼하여 계부와 함께 생활하는 경우 등 자의 복리를 위하여 필요한 경우 법원의 허가를 얻어 성과 본을 변경할 수 있다(동조 제6항).

★▶ **민법 제781조 제6항에 따라 자녀의 성과 본이 모의 성과 본으로 변경되었을 경우, 성년인 그 자녀는 모가 속한 종중의 공동선조와 성과 본을 같이 하는 후손으로서 당연히 종중의 구성원이 되는지 여부**(적극)

종중이란 공동선조의 분묘수호와 제사 및 종원 상호 간의 친목 등을 목적으로 하여 구성되는 <u>자연발생적인 종족집단</u>이므로, 종중의 이러한 목적과 본질에 비추어 볼 때 공동선조와 성과 본을 같이 하<u>는 후손은 성별의 구별 없이 성년이 되면 당연히 그 구성원이 된다.</u> 민법 제781조 제6항에 따라 자녀의 복리를 위하여 자녀의 성과 본을 변경할 필요가 있어 <u>자녀의 성과 본이 모의 성과 본으로 변경되었을 경우 성년인 그 자녀는 모가 속한 종중의 공동선조와 성과 본을 같이 하는 후손으로서 당연히 종중의 구성원이 된다</u>(대판 2022.5.26, 2017다260940).

▶ **자의 성과 본을 변경할 필요가 있을 때에 해당하는지 여부의 판단기준 및 허가 여부의 판단**

민법 제781조 제6항에 정한 '자의 복리를 위하여 자의 성과 본을 변경할 필요가 있을 때'에 해당하는지 여부는 자의 나이와 성숙도를 감안하여 자 또는 친권자·양육자의 의사를 고려하되, 먼저 자의 성·본 변경이 이루어지지 아니할 경우에 내부적으로 가족 사이의 정서적 통합에 방해가 되고 대외적으로 가족 구성원에 관련된 편견이나 오해 등으로 학교생활이나 사회생활에서 겪게 되는 불이익의 정도를 심리하고, 다음으로 성·본 변경이 이루어질 경우에 초래되는 정체성의 혼란이나 자와 성·본을 함께 하고 있는 친부나 형제자매 등과의 유대 관계의 단절 및 부양의 중단 등으로 인하여 겪게 되는 불이익의 정도를 심리한 다음, 자의 입장에서 위 두 가지 불이익의 정도를 비교형량하여 자의 행복과 이익에 도움이 되는 쪽으로 판단하여야 한다. 이와 같이 <u>자의 주관적·개인적인 선호의 정도를 넘어 자의 복리를 위하여 성·본의 변경이 필요하다고 판단되고, 범죄를 기도 또는 은폐하거나 법령에 따른 각종 제한을 회피하려는 불순한 의도나 목적이 개입되어 있는 등 성·본 변경권의 남용으로 볼 수 있는 경우가 아니라면, 원칙적으로 성·본 변경을 허가함이 상당하다</u>(대결 2009.12.11. 2009스23).

▶ **자의 성·본의 변경**(대결 2022.3.31. 2021스3)

[1] 민법 제781조 제6항에 따른 자의 성·본 변경허가 심판의 성격 및 이때 가정법원이 '성·본 변경이 청구된 자녀의 복리에 적합한지'를 최우선적으로 고려하여 후견적 입장에서 허가 여부를 판단하여야 하는지 여부(적극)

민법 <u>제781조 제6항</u> 본문은 "자의 복리를 위하여 자의 성과 본을 변경할 필요가 있을 때에는 부, 모 또는 자의 청구에 의하여 법원의 허가를 받아 이를 변경할 수 있다."라고 규정하고, 이에 따른 성·본 변경허가 심판은 '라류 가사비송사건'에 속한다[가사소송법 제2조 제1항 제2호 (가)목 6]. 가사비송사건은 가정법원이 후견적인 지위에서 재량에 의해 합목적적으로 법률관계를 형성하는 재판으로서, 직권탐지주의가 적용된다(가사소송규칙 제23조 제1항). 특히 라류 가사비송사건은 상대방이 없는 비대심적 구조로서 비송재판으로서의 성격이 더욱 두드러진다. 앞서 본 민법 제781조 제6항의 문언과 성·본 변경허가제의 도입 취지, 가사소송법이 성·본 변경허가 재판을 라류 가사비송사건으로 규정한 점에 비추어 보면, <u>가정법원은 청구인의 주장에 구애되지 않고 직권으로 탐지한 자료에 따라 '성·본 변경이 청구된 자녀의 복리에 적합한지'를 최우선적으로 고려하여 후견적 입장에서 재량권의 범위에서 그 허가 여부를 판단하여야 한다.</u>

[2] 자의 성·본 변경을 청구하는 부, 모 중 일방이 이를 희망하고 타방이 동의하였다는 사정만으로 성·본 변경허가의 요건을 충족하였다고 볼 수 있는지 여부(소극) 및 특히 미성년 자녀를 둔 부부가 이혼한 후 부 또는 모가 자의 성·본 변경허가를 청구하는 경우, 법원이 고려할 사항

자의 성·본 변경허가 청구에 관하여 가사소송규칙은 가정법원이 부, 모 등의 의견을 청취할 수 있다고만 규정하고 있을 뿐(가사소송규칙 제59조의2 제2항), 법령상 부, 모 등의 동의를 요건으로 하지 않는 점(민법 제781조 제6항 참조) 등에 비추어 보면, <u>성·본 변경을 청구하는 부, 모 중 일방이 단지 이를 희망한다는 사정은 주관적·개인적인 선호의 정도에 불과하며 이에 대하여 타방이 동의를 하였더라도 그 사정만으로는 성·본 변경허가의 요건을 충족하였다고 보기 어렵다.</u>

3. 이름의 변경

이름변경신청(개명신청)은 원칙상 허용하여야 한다는 것이 판례의 입장이다. 다만 범죄를 목적으로 하거나 이를 은폐하거나, 법령상 제한을 회피하려는 등의 의도가 개입된 경우에는 개명신청권의 남용에 해당하므로 불허된다.

▶ **개명허가의 기준**

[1] 이름은 통상 부모에 의해서 일방적으로 결정되어지고 그 과정에서 이름의 주체인 본인의 의사가 개입될 여지가 없어 본인이 그 이름에 대하여 불만을 가지거나 그 이름으로 인하여 심각한 고통을 받은 경우도 있을 수 있는데 그런 경우에도 평생 그 이름을 가지고 살아갈 것을 강요하는 것은 정당화될 수도 없고 합리적이지도 아니한 점, 이름이 바뀐다고 하더라도 주민등록번호는 변경되지 않고 종전 그대로 존속하게 되므로 개인에 대한 혼동으로 인하여 초래되는 법률관계의 불안정은 그리 크지 않으리라고 예상되는 점(중략), 개명으로 인하여 사회적 폐단이나 부작용이 발생할 수 있다는 점을 지나치게 강조하여 개명을 엄격하게 제한할 경우 헌법상의 개인의 인격권과 행복추구권을 침해하는 결과를 초래할 우려가 있는 점 등을 종합하여 보면, 개명을 허가할 만한 상당한 이유가 있다고 인정되고, 범죄를 기도 또는 은폐하거나 법령에 따른 각종 제한을 회피하려는 불순한 의도나 목적이 개입되어 있는 등 개명신청권의 남용으로 볼 수 있는 경우가 아니라면, 원칙적으로 개명을 허가함이 상당하다고 할 것이다.

[2] 이름 중에 사용된 글자가 통상 사용되는 한자가 아니어서 잘못 읽히거나 컴퓨터 등을 이용한 문서 작성에 있어 어려움이 있고 성별(性別)이 착각되는 경우가 적지 않는 등 일상생활에 있어 많은 불편이 있어 개명을 허가할 만한 상당한 이유가 있다고 보여지고, 개명 신청인이 신용불량자로 등록되어 있더라도 법령상의 제한을 회피하기 위한 목적에서 개명신청을 하였다거나 다른 불순한 의도나 목적이 개입되어 있는 등 개명신청권의 남용에 해당한다고 볼 만한 사정도 찾아볼 수 없어 이를 이유로 개명을 불허할 수 없다(대결 2005.11.16, 2005스26).

▶ **개명신청의 이유가 주관적이라는 사정만으로 개명을 불허할 수 있는지 여부**(소극)

파산선고 및 면책결정을 받은 자가 자신의 이름이 '흔하고 개성이 없고 시대에 뒤떨어진다'는 등의 이유로 개명신청을 한 사안에서, 그 개명신청의 이유가 주관적이라는 사정만으로 개명을 허가할 상당한 이유에 해당하지 않는다고 볼 수 없고, 개명신청자 스스로 파산선고 및 면책결정을 받은 사실을 개명신청 이유의 하나로 표명하고 있는 등 개명신청권의 남용이 있다고 볼 수 없다는 이유로, 개명을 불허한 원심결정을 파기한다(대결 2009.10.16, 2009스90).

제2절 | 혼인

제1관 약혼

Ⅰ. 의의

약혼은 1남 1여가 장차 혼인하기로 하는 합의로서 혼인의 예약에 해당한다. 반면 실질적으로 부부로서 공동생활을 하고 있으나 혼인신고가 없어서 법률상 혼인으로 되지 않은 상태를 사실혼이라 하며, 이는 약혼과는 구별된다.

> ▶ **사실혼과 약혼의 구별**
> 일반적으로 약혼은 특별한 형식을 거칠 필요 없이 장차 혼인을 체결하려는 당사자 사이에 합의가 있으면 성립하는 데 비하여, 사실혼은 주관적으로는 혼인의 의사가 있고, 또 객관적으로는 사회통념상 가족질서의 면에서 부부공동생활을 인정할 만한 실체가 있는 경우에 성립한다(대판 1998.12.8, 98므961).
>
> ▶ **결혼식을 올린 후 신혼여행까지 다녀온 단계에서의 법적 성질 및 부당파기의 책임**
> 일반적으로 결혼식이라 함은 특별한 사정이 없는 한 혼인할 것을 전제로 한 남녀의 결합이 결혼으로서 사회적으로 공인되기 위하여 거치는 관습적인 의식이라고 할 것이므로, 당사자가 결혼식을 올린 후 신혼여행까지 다녀온 경우라면 단순히 장래에 결혼할 것을 약속한 정도인 약혼의 단계는 이미 지났다고 할 수 있으나, 이어 부부공동생활을 하기에까지 이르지 못하였다면 사실혼으로서도 아직 완성되지 않았다고 할 것이나, 이와 같이 사실혼으로 완성되지 못한 경우라고 하더라도 통상의 경우라면 부부공동생활로 이어지는 것이 보통이고, 또 그 단계에서의 남녀 간의 결합의 정도는 약혼 단계와는 확연히 구별되는 것으로서 사실혼에 이른 남녀 간의 결합과 크게 다를 바가 없다고 할 것이므로, 이러한 단계에서 일방 당사자에게 책임 있는 사유로 파탄에 이른 경우라면 다른 당사자는 사실혼의 부당 파기에 있어서와 마찬가지로 책임 있는 일방 당사자에 대하여 그로 인한 정신적인 손해의 배상을 구할 수 있다(대판 1998.12.8, 98므961).

Ⅱ. 성립요건

1. 당사자의 의사의 합치

> **제800조 【약혼의 자유】**
> 성년에 달한 자는 자유로 약혼할 수 있다.

① 약혼은 장차 혼인을 하려는 당사자 사이의 합의가 있으면 성립하며, 혼인에 있어서의 신고와 같은 특별한 방식은 요구되지 않는다. 따라서 당사자의 부모 등에 의한 정혼은 무효이다.
② 성년자, 즉 19세에 달한 남녀는 부모의 동의 없이 자유로이 약혼할 수 있다.

2. 남녀 모두 18세 이상일 것

> **제801조 【약혼나이】**
> 18세가 된 사람은 부모나 미성년후견인의 동의를 받아 약혼할 수 있다. 이 경우 제808조(= 혼인동의권)를 준용한다. [약혼연령에서 약혼나이로 본조제목개정 2022.12.27, 시행일 2023.6.28.]
>
> **제802조 【성년후견과 약혼】**
> 피성년후견인은 부모나 성년후견인의 동의를 받아 약혼할 수 있다. 이 경우 제808조를 준용한다.
>
> **제808조 【동의가 필요한 혼인】**
> ① 미성년자가 혼인을 하는 경우에는 부모의 동의를 받아야 하며, 부모 중 한쪽이 동의권을 행사할 수 없을 때에는 다른 한쪽의 동의를 받아야 하고, 부모가 모두 동의권을 행사할 수 없을 때에는 미성년후견인의 동의를 받아야 한다.
> ② 피성년후견인은 부모나 성년후견인의 동의를 받아 혼인할 수 있다.

① 미성년자이더라도 남녀 모두 18세가 되면 부모 또는 후견인의 동의를 얻어 약혼할 수 있으며, 피성년후견인 역시 부모 또는 성년후견인의 동의를 얻어 약혼할 수 있다.

② 피한정후견인은 약혼함에 아무런 제한이 없으므로 18세 이상이면 단독으로 약혼할 수 있다.

3. 근친관계 등의 약혼장애사유가 없을 것

① 민법에 규정은 없지만, 혼인이 금지되는 근친자 사이의 약혼 및 배우자 있는 자의 약혼은 불능을 목적으로 하는 것이므로 무효이다(통설).

② 반면에 조건부 또는 기한부 약혼은 선량한 풍속 기타 사회질서(제103조)에 반하지 않는 한 유효하다.

▶ **첩과의 조건부 약혼약정**(무효)
부첩관계를 맺음에 있어서 처의 사망 또는 이혼이 있을 경우에 첩과 혼인신고를 하여 입적하게 한다는 부수적 약정도 공서양속에 위반한 무효인 행위이다(대판 1955.7.14, 4288민상156).

Ⅲ. 약혼의 효과

1. 친족관계의 불발생 및 출생한 자의 지위

약혼만으로는 친족관계가 발생하지 않고, 약혼자 사이에서 출생한 자녀는 혼인 외의 출생자가 된다. 다만 그 후에 부모가 혼인하면 준정에 의하여 혼인 중의 출생자로 될 수 있다(제855조 제2항).

2. 약혼의 강제이행 금지

> **제803조 【약혼의 강제이행 금지】**
> 약혼은 강제이행을 청구하지 못한다.

약혼 당사자는 성실하게 교제하고 가까운 장래에 혼인을 할 의무를 부담한다. 그러나 혼인의 의사가 없는 자에게 혼인을 강제하는 것은 혼인의 본질에 반하므로, 혼인을 하지 않더라도 혼인의무의 강제이행은 청구하지 못한다. 다만 손해배상을 청구할 수 있을 뿐이다.

3. 제3자에 대한 효력

약혼상의 권리 또는 약혼관계를 제3자가 침해한 경우에는 불법행위가 성립되어 손해배상책임을 진다.

IV. 약혼의 해제

1. 해제사유

> **제804조 【약혼해제의 사유】**
> 당사자 한쪽에 다음 각 호의 어느 하나에 해당하는 사유가 있는 경우에는 상대방은 약혼을 해제할 수 있다.
> 1. 약혼 후 자격정지 이상의 형을 선고받은 경우 → 벌금형을 선고받은 것만으로는 약혼해제사유 ✗
> 2. 약혼 후 성년후견개시나 한정후견개시의 심판을 받은 경우
> 3. 성병, 불치의 정신병, 그 밖의 불치의 병질이 있는 경우 → 약혼 전·후를 불문
> 4. 약혼 후 다른 사람과 약혼이나 혼인을 한 경우
> 5. 약혼 후 다른 사람과 간음한 경우 → 약혼 전 간음은 포함 ✗
> 6. 약혼 후 1년 이상 생사가 불명한 경우 → 반면 재판상 이혼사유는 3년 이상의 생사가 불명한 경우임을 요한다.
> 7. 정당한 이유 없이 혼인을 거절하거나 그 시기를 늦추는 경우
> 8. 그 밖에 중대한 사유가 있는 경우

민법은 당사자 일방에게 일정한 사유가 있는 때에는 상대방이 일방적으로 정당하게 약혼을 해제할 수 있도록 하고 있다. 여기서 그 밖에 중대한 사유(제804조 제8호)가 있는지 여부는 구체적인 경우에 사회통념에 비추어 약혼의 계속이 어렵다고 할 수 있는 상태를 말하므로 개별적으로 판단한다.

★► **학력이나 직장을 속인 경우**

[1] 약혼은 혼인할 것을 목적으로 하는 혼인의 예약이므로 당사자 일방은 자신의 학력, 경력 및 직업과 같은 혼인의사를 결정하는 데 있어 중대한 영향을 미치는 사항에 관하여 이를 상대방에게 사실대로 고지할 신의성실의 원칙상의 의무가 있다.

[2] 종전에 서로 알지 못하던 甲과 乙이 중매를 통하여 불과 10일간의 교제를 거쳐 약혼을 하게 되는 경우에는 서로 상대방의 인품이나 능력에 대하여 충분히 알 수 없기 때문에 학력이나 경력, 직업 등이 상대방에 대한 평가의 중요한 자료가 된다고 할 것인데 甲이 학력과 직장에서의 직종·직급 등을 속인 것이 약혼 후에 밝혀진 경우에는 甲의 말을 신뢰하고 이에 기초하여 혼인의 의사를 결정하였던 乙의 입장에서 보면 甲의 이러한 신의성실의 원칙에 위반한 행위로 인하여 甲에 대한 믿음이 깨어져 甲과의 사이에 애정과 신뢰에 바탕을 둔 인격적 결합을 기대할 수 없어 甲과의 약혼을 유지하여 혼인을 하는 것이 사회생활관계상 합리적이라고 할 수 없으므로 민법 제804조 제8호 소정의 '기타 중대한 사유가 있는 경우'에 해당하여 甲에 대한 약혼의 해제는 적법하다.

[3] 위 [2]의 경우 약혼관계가 해소됨으로 인하여 乙이 상당한 정신적 고통을 받았을 것임은 경험칙상 명백하므로 甲은 乙에게 위자료를 지급할 의무가 있다.

[4] 위 [2]의 경우 乙로서도 甲의 학력이나 직급 등을 시간을 갖고 정확히 확인하여 보지 아니한 채 경솔히 약혼을 한 잘못은 있다고 할 것이지만, 이를 가리켜 乙에게 중대한 과실이 있다고 할 수 없고 약혼의 해제에 대한 귀책사유가 甲에게 있는 이상 이러한 乙의 잘못은 甲의 乙에 대한 위자료 액수를 산정함에 있어 참작할 사정에 불과하다(대판 1995.12.8, 94므1676·1683).

▶ **임신불능**
임신불능은 약혼해제사유가 되지 못한다(대판 1960.8.18, 4292민상995).

2. 해제의 방법

> **제805조【약혼해제의 방법】**
> 약혼의 해제는 상대방에 대한 의사표시로 한다. 그러나 상대방에 대하여 의사표시를 할 수 없는 때(→ 1년 이상의 생사불명)에는 그 해제의 원인 있음을 안 때에 해제된 것으로 본다.

3. 해제의 효과 – 소급효

약혼의 해제가 있으면 약혼은 처음부터 없었던 것으로 된다.

(1) 손해배상청구권

> **제806조【약혼해제와 손해배상청구권】**
> ① 약혼을 해제한 때에는 당사자 일방은 과실 있는 상대방에 대하여 이로 인한 손해의 배상을 청구할 수 있다.
> ② 전항의 경우에는 재산상 손해 외에 정신상 고통에 대하여도 손해배상의 책임이 있다.
> ③ 정신상 고통에 대한 배상청구권은 양도 또는 승계하지 못한다. 그러나 당사자 간에 이미 그 배상에 관한 계약이 성립되거나 소를 제기한 후에는 그러하지 아니하다.

(2) 예물반환청구권

1) 약혼예물의 성질과 유책자의 반환청구 부정

약혼예물의 수수는 혼인의 불성립을 해제조건으로 하는 증여라는 것이 판례이다. 따라서 약혼이 해제되면 예물은 부당이득 반환의 법리에 따라 반환청구할 수 있다고 보아야 할 것인데, 판례는 약혼 해제의 유책자는 그가 제공한 약혼예물의 반환을 청구할 권리가 없다고 본다(대판 1976.12.28, 76므41·42).

★★▶ **유책자의 약혼예물 반환청구권 인정여부**(소극)
약혼예물의 수수는 혼인 불성립을 해제조건으로 하는 증여와 유사한 성질의 것이나 약혼의 해제에 관하여 과실이 있는 유책자로서는 그가 제공한 약혼예물을 적극적으로 반환청구할 권리가 없다(대판 1976.12.28, 76므41·42).

2) 혼인이 성립한 경우

혼인이 성립하면 더 이상 해제조건의 성취는 불능이 되었으므로 그 이후에 이혼 등으로 혼인이 해소되더라도 원칙상 약혼예물의 반환을 청구할 수는 없다.

> ★★▶ **혼인 성립 후 해소의 경우 약혼예물의 소유권 귀속**
>
> 약혼예물의 수수는 약혼의 성립을 증명하고 혼인이 성립한 경우 당사자 내지 양가의 정리를 두텁게 할 목적으로 수수되는 것으로 혼인의 불성립을 해제조건으로 하는 증여와 유사한 성질을 가지므로, 예물의 수령자 측이 혼인 당초부터 성실히 혼인을 계속할 의사가 없고 그로 인하여 혼인의 파국을 초래하였다고 인정되는 등 특별한 사정이 있는 경우에는 신의칙 내지 형평의 원칙에 비추어 혼인 불성립의 경우에 준하여 예물반환의무를 인정함이 상당하나, 그러한 특별한 사정이 없는 한 일단 부부관계가 성립하고 그 혼인이 상당 기간 지속된 이상 후일 혼인이 해소되어도 그 반환을 구할 수는 없으므로, 비록 혼인 파탄의 원인이 며느리에게 있더라도 혼인이 상당 기간 계속된 이상 약혼예물의 소유권은 며느리에게 있다(대판 1996.5.14, 96다5506).

제2관 혼인

제2-1관 사실혼

Ⅰ. 의의

사실혼이란 실질적으로는 부부로서 혼인생활을 하고 있으나 아직 혼인신고를 하지 않아서 법률혼으로 인정되지 않는 남녀의 결합관계를 말한다. 판례는 준혼관계로 보아 혼인의 효과 가운데 혼인신고와 불가분적으로 결합되어 있는 것을 제외하고는 모두 인정하려는 경향을 보인다.

> ▶ **법률혼에 관한 규정의 사실혼관계에 대한 유추적용 범위**
>
> 사실혼이란 당사자 사이에 혼인의 의사가 있고, 객관적으로 사회관념상으로 가족질서적인 면에서 부부공동생활을 인정할 만한 혼인생활의 실체가 있는 경우이므로, 법률혼에 대한 민법의 규정 중 혼인신고를 전제로 하는 규정은 유추적용할 수 없으나, 부부재산의 청산의 의미를 갖는 재산분할에 관한 규정은 부부의 생활공동체라는 실질에 비추어 인정되는 것이므로, 사실혼관계에도 준용 또는 유추적용할 수 있다(대판 1995.3.28, 94므1584).

Ⅱ. 성립요건

1. 주관적 요건 - 혼인의사의 존재

사실혼이 성립하기 위하여는 혼인의사가 존재해야 한다. 이때의 혼인의사는 사회적·실질적으로 부부가 되려는 의사를 말하며, 법률적으로 부부가 되려는 의사까지를 요구하는 것은 아니다.

▶ 간헐적 정교관계

사실혼에 해당하여 법률혼에 준하는 보호를 받기 위하여는 단순한 동거 또는 간헐적인 정교관계를 맺고 있다는 사정만으로는 부족하고, 그 당사자 사이에 주관적으로 혼인의 의사가 있고 객관적으로도 사회관념상 가족질서적인 면에서 부부공동생활을 인정할 만한 혼인생활의 실체가 존재하여야 한다. 따라서 동거 또는 내연관계를 맺은 사정만으로는 사실혼관계를 인정할 수 없다(대판 2008.2.14, 2007도3952).

▶ 사실혼관계에서 혼인의사의 추정문제

혼인의 합의란 법률혼주의를 채택하고 있는 우리나라 법제하에서는 법률상 유효한 혼인을 성립하게 하는 합의를 말하는 것이므로 비록 사실혼관계에 있는 당사자 일방이 혼인신고를 한 경우에도 상대방에게 혼인의사가 결여되었다고 인정되는 한 그 혼인은 무효라 할 것이나, 상대방의 혼인의사가 불분명한 경우에는 혼인의 관행과 신의성실의 원칙에 따라 사실혼관계를 형성시킨 상대방의 행위에 기초하여 그 혼인의사의 존재를 추정할 수 있으므로 이와 반대되는 사정, 즉 혼인의사를 명백히 철회하였다거나 당사자 사이에 사실혼관계를 해소하기로 합의하였다는 등의 사정이 인정되지 아니하는 경우에는 그 혼인을 무효라고 할 수 없다(대판 2000.4.11, 99므1329).

2. 객관적 요건

① 사회통념상 부부공동생활이라고 인정될 만한 사회적 사실이 존재해야 한다. 혼인의사를 가지고 동거하는 사실이 있으면 사실혼은 성립하며, 그 이외의 신고 등 요식행위는 필요 없다.

② 사실혼은 원칙상 일정한 범위에서 보호되나, 중혼적 사실혼은 법률혼 보호의 요청상 원칙적으로 보호되지 않는다. 그러나 중혼적 사실혼의 진행 도중에 법률혼이 이혼에 의하여 해소된 경우에는 그때부터 보호받을 수 있다. 법률혼이 사실상 이혼상태에 있는 경우에도 마찬가지로 보호될 수 있다. 즉 법률상 혼인을 한 사람이 배우자와 별거하면서 제3자와 혼인의 의사로 실질적인 부부생활을 하더라도, 법률상 배우자와 사실상 이혼상태였다는 등의 특별한 사정이 없는 한 제3자와의 관계를 사실상 혼인관계로 인정하여 법률혼에 준하는 보호를 할 수는 없다(대판 2022.3.31, 2019므10581).

★▶ 중혼적 사실혼의 보호

[1] 원칙(소극) - 법률상 혼인을 한 부부가 별거하고 있는 상태에서 그 다른 한 쪽이 제3자와 혼인의 의사로 실질적인 부부생활을 하고 있다고 하더라도, 특별한 사정이 없는 한, 이를 사실혼으로 인정하여 법률혼에 준하는 보호를 할 수는 없다(대판 2001.4.13, 2000다52943). → 중혼적 사실혼은 보호받지 못하므로 중혼적 사실혼 해소 시 위자료나 재산분할을 받지 못한다.

[2] 예외(적극)

① 법률혼에 대하여 이혼이 성립된 이후에는 그때부터 보호 - 원·피고 사이의 관계는 피고가 소외인과 이혼한 다음에는 법률상 보호를 받을 수 있는 사실혼관계로 되었다(대판 1995.9.26, 94므1638).

② 법률혼이 사실상 이혼상태에 있는 경우에는 보호 - 사실혼 배우자에게 법률상 배우자가 따로 있는 경우에는 법률상 배우자 사이에 이혼의사가 합치되어 법률혼은 형식적으로만 존재하고 사실상 혼인관계가 해소되어 법률상 이혼이 있었던 것과 마찬가지로 볼 수 있는 등의 특별한 사정이 없는 한 법률

상 배우자가 유족으로서 연금수급권을 가지고, 사실상 배우자는 공무원연금법에 의한 유족으로 보호받을 수는 없다(대판 1993.7.27, 93누1497).

III. 사실혼의 효과

1. 일반적 효과

(1) 혼인신고를 전제로 하는 효과

사실혼이 성립하여도 ① 사실혼의 배우자 및 그 혈족과의 사이에 친족관계가 생기지 않는다. 또한 ② 미성년자는 성년의제가 되지 않는다. ③ 그 밖에 배우자로서의 상속권도 인정되지 않는다.

(2) 동거·부양·협조의무 등

부부로서의 동거·부양·협조의무는 사실혼의 경우에도 동일하게 인정된다.

★► **사실혼 배우자의 일방이 민법 제826조 제1항 소정의 의무를 포기한 경우, 손해배상책임의 존부** (한정 적극)

<u>사실혼관계에 있어서도 부부는 민법 제826조 제1항 소정의 동거하며 서로 부양하고 협조하여야 할 의무가 있으므로</u> 혼인생활을 함에 있어 부부는 서로 협조하고 애정과 인내로써 상대방을 이해하며 보호하여 혼인생활의 유지를 위한 최선의 노력을 기울여야 하는 것인바, 사실혼 배우자의 일방이 정당한 이유 없이 서로 동거, 부양, 협조하여야 할 부부로서의 의무를 포기한 경우에는 그 배우자는 악의의 유기에 의하여 사실혼관계를 부당하게 파기한 것이 된다고 할 것이므로 상대방 배우자에게 재판상 이혼원인에 상당하는 귀책사유 있음이 밝혀지지 아니하는 한 원칙적으로 사실혼관계 부당파기로 인한 손해배상책임을 면할 수 없다(대판 1998.8.21, 97므544).

(3) 자의 법적 지위

사실혼 부부 사이의 자는 혼인 외의 출생자이다. 따라서 부가 인지하지 않는 한 자는 모의 성과 본을 따르며(제781조 제3항), 모가 친권자가 된다(제909조 제1항).

2. 재산적 효과

혼인의 재산적 효과는 사실혼의 경우에도 인정된다. 즉 사실혼의 부부도 일상가사에 관하여 서로 대리권이 있고, 일상가사로 인한 채무에 대하여 연대책임을 진다. 나아가 부부재산의 귀속에 관한 규정도 사실혼의 경우에 유추적용된다.

★► **사실상의 부부관계에서도 일상 가사에 관한 상호대리권이 인정되는지 여부**(적극)

원고와 소외인이 동거를 하면서 사실상의 부부관계를 맺고 실질적인 가정을 이루어 대외적으로도 부부로 행세하여 왔다면 원고와 위 소외인 사이에 일상가사에 관한 사항에 관하여 상호대리권이 있다고 보아야 한다(대판 1980.12.23, 80다2077).

▶ **부부재산의 귀속에 관한 규정의 유추적용**
　사실혼관계에 있는 부부의 일방이 사실혼 중에 자기 명의로 취득한 재산은 그 명의자의 특유재산으로 추정되나 실질적으로 다른 일방 또는 쌍방이 그 재산의 대가를 부담하여 취득한 것이 증명된 때에는 특유재산의 추정은 번복되어 그 다른 일방의 소유이거나 쌍방의 공유라고 보아야 할 것이다(대판 1994. 12.22, 93다52068·52075).

3. 특별법상의 효과 – 주택임대차보호법

　주택임대차보호법상 주택임차인이 상속인 없이 사망한 경우에는 그 주택에서 가정 공동생활을 하던 사실상의 혼인관계에 있는 자가 임차인의 권리와 의무를 승계하며, 임차인이 사망한 때에 사망 당시 상속인이 그 주택에서 가정공동생활을 하고 있지 않은 때에는 그 주택에서 가정공동생활을 하던 사실상의 혼인관계에 있는 자와 2촌 이내의 친족이 공동으로 임차인의 권리와 의무를 승계한다(주택임대차보호법 제9조).

IV. 사실혼의 해소 사유 및 효과

1. 당사자 일방의 사망에 의한 해소

　당사자 일방이 사망하면 사실혼은 해소된다. 이 경우 상속권은 인정되지 않는다. 다만, 상속인이 존재하지 않는 때에는 생존배우자는 특별연고자에 대한 재산분여규정에 의하여 상속재산의 전부 또는 일부를 분여 받을 수 있다(제1057조의2).

2. 합의에 의한 해소

　사실혼관계는 당사자의 합의에 의하여 해소될 수 있다.

3. 일방적 해소

　판례에 의하면 사실상의 혼인관계는 사실상의 관계를 기초로 하여 존재하는 것이므로 당사자 일방의 의사에 의하여 해소될 수 있고, 당사자 일방의 파기로 인하여 공동생활의 사실이 없게 되면 사실상의 혼인관계는 해소되는 것이며, 다만 정당한 사유 없이 해소된 때에는 유책자가 상대방에 대하여 손해배상의 책임을 지는 데 지나지 않는다고 한다.

▶ **사실혼 파탄의 유책자의 위자료 지급의무 인정여부**(적극)
　남편인 피청구인의 학대, 폭행, 강제축출행위와 시모인 피청구인의 이에 대한 가담에 따라 사실혼 관계가 파탄된 것이라면 이 양인은 청구인에게 사실혼 파탄으로 인한 정신적 고통에 대한 위자료를 지급할 의무가 있다(대판 1983.9.27, 83므26).

★▶ **사실혼관계가 단기간에 해소된 경우, 혼수 구입비용 상당액의 손해배상청구 인정 여부**(소극)
　원·피고 사이의 사실혼관계가 불과 1개월만에 파탄된 경우, 혼인생활에 사용하기 위하여 결혼 전후에 원고 자신의 비용으로 구입한 가재도구 등을 피고가 점유하고 있다고 하더라도 이는 여전히 원고의 소유에 속한다고 할 것이어서, 원고가 소유권에 기하여 그 반환을 구하거나 원상회복으로 반환을 구하는 것은 별론으로 하고, 이로 인하여 원고에게 어떠한 손해가 발생하였다고 할 수는 없으므로 그 구입비용 상당액의 손해배상청구는 인정될 수 없다(대판 2003.11.14, 2000므1257).

▶ **사실혼관계가 당사자 일방의 의사에 의하여 해소될 수 있는지 여부**(적극)

① 사실혼관계는 사실상의 관계를 기초로 하여 존재하는 것으로서 당사자 일방의 의사에 의하여 해소될 수 있고 당사자 일방의 파기로 인하여 공동생활의 사실이 없게 되면 사실상의 혼인관계는 해소되는 것이며, 다만 정당한 사유 없이 해소된 때에는 유책자가 상대방에 대하여 손해배상의 책임을 지는 데 지나지 않는다.

② 사실혼관계의 당사자 중 일방이 의식불명이 된 상태에서 상대방이 사실혼관계의 해소를 주장하면서 재산분할심판청구를 한 사안에서, 위 사실혼관계는 상대방의 의사에 의하여 해소되었고 그에 따라 재산분할청구권이 인정된다(대결 2009.2.9, 2008스105).

③ 사실혼 해소를 원인으로 한 재산분할에서 분할의 대상이 되는 재산과 액수는 사실혼이 해소된 날을 기준으로 하여 정하여야 한다. 한편 재산분할 제도가 혼인관계 해소 시 부부가 혼인 중 공동으로 형성한 재산을 청산·분배하는 것을 주된 목적으로 하는 것으로서, 부부 쌍방의 협력으로 이룩한 적극재산 및 그 형성에 수반하여 부담한 채무 등을 분할하여 각자에게 귀속될 몫을 정하기 위한 것이므로, 사실혼 해소 이후 재산분할 청구사건의 사실심 변론종결 시까지 사이에 혼인 중 공동의 노력으로 형성·유지한 부동산 등에 발생한 외부적, 후발적 사정으로서, 그로 인한 이익이나 손해를 일방에게 귀속시키는 것이 부부 공동재산의 공평한 청산·분배라고 하는 재산분할제도의 목적에 현저히 부합하지 않는 결과를 가져오는 등의 특별한 사정이 있는 경우에는 이를 분할대상 재산의 가액 산정에 참작할 수 있다(대판 2023.7.13, 2017므11856).

◆ **비교판례** ◆

★★★★▶ **사실혼관계가 일방 당사자의 사망으로 인하여 종료된 경우, 그 상대방에게 재산분할청구권을 인정할 수 있는지 여부**(소극)

부부재산에 관한 청산의 의미를 갖는 재산분할에 관한 법률 규정은 부부의 생활공동체라는 실질에 비추어 인정되는 것으로서 사실혼관계에도 이를 준용 또는 유추적용할 수 있기 때문에, 사실혼관계에 있었던 당사자들이 생전에 사실혼관계를 해소한 경우 재산분할청구권을 인정할 수 있으나, 법률상 혼인관계가 일방 당사자의 사망으로 인하여 종료된 경우에도 생존 배우자에게 재산분할청구권이 인정되지 아니하고 단지 상속에 관한 법률 규정에 따라서 망인의 재산에 대한 상속권만이 인정된다는 점 등에 비추어 보면, 사실혼관계가 일방 당사자의 사망으로 인하여 종료된 경우에는 그 상대방에게 재산분할청구권이 인정된다고 할 수 없다(대판 2006.3.24, 2005두15595).

V. 사실혼관계존부확인의 소

1. 의의

① 사실혼관계가 성립되었다고 할 수 있는 경우에 당사자 일방이 혼인신고에 협력하지 않을 때에는 상대방은 사실상 혼인관계 존부 확인을 청구하여 법률혼으로 만들 수 있다. 사실혼관계 존재 확인의 재판이 확정된 경우에는 심판을 청구한 자가 재판의 확정일로부터 1개월 이내에 혼인신고를 하여야 한다.

② 승소의 확정판결에 따른 신고의 성질에 대해 판례는 보고적 신고가 아니라 창설적 신고라고 한다(대결 1991.8.13, 91스6).

2. 사실혼 당사자 일방의 사망 후의 소제기 허용여부

(1) 사실혼관계존재확인의 소의 이익 – 확인의 이익 인정여부

① 사실혼의 당사자 일방이 사망하였더라도 사실혼관계 존재 확인청구가 현재적 또는 잠재적 법적 분쟁을 일거에 해결하는 유효적절한 수단이 될 수 있는 때에는 확인의 이익이 인정될 수 있지만, ② 그러한 유효적절한 수단이라고 할 수 없는 때에는 확인의 이익이 없다(대판 1995.11.14, 95므694).

(2) 구체적으로 문제되는 사안 등

① 사망한 사실혼 배우자와의 혼인신고를 목적으로 사실혼관계 존재 확인을 청구할 소의 이익은 없으며(대판 1988.4.12, 87므104), ② 비록 사망자와의 위 심판이 있더라도 사망자 간이나 생존자와 사망자 간의 혼인은 원칙적으로 허용되지 않으므로 혼인신고는 허용되지 않는다(대결 1991.8.13, 91스6).

▶ **사망자와 사이의 사실혼관계존부확인청구에 있어서 확인의 이익**

사망자 사이 또는 생존하는 자와 사망한 자 사이에서는 혼인이 인정될 수 없고, 혼인신고특례법과 같이 예외적으로 혼인신고의 효력의 소급을 인정하는 특별한 규정이 없는 한 그러한 혼인신고가 받아들여질 수도 없는 것이므로, 사실혼 배우자의 일방이 사망한 경우 생존하는 당사자가 혼인신고를 하기 위한 목적으로서는 사망자와의 과거의 사실혼관계 존재확인을 구할 소의 이익이 있다고는 할 수 없다(대판 1995.11.14, 95므694).

▶ **사실혼관계의 당사자 일방의 사망 시 검사를 상대로 사실혼관계존부확인청구를 할 수 있는지 여부**

(적극)

① 사실혼관계에 있던 당사자 일방이 사망하였더라도, 현재적 또는 잠재적 법적 분쟁을 일거에 해결하는 유효·적절한 수단이 될 수 있는 한, 그 사실혼관계존부확인청구에는 확인의 이익이 인정되고, 이러한 경우 친생자관계존부확인청구에 관한 민법 제865조와 인지청구에 관한 민법 제863조의 규정을 유추적용하여, 생존 당사자는 그 사망을 안 날로부터 1년 내에 검사를 상대로 과거의 사실혼관계에 대한 존부확인청구를 할 수 있다고 보아야 한다(대판 1995.3.28, 94므1447).

② 공무원연금법을 비롯한 여러 법령은 그 법에 따른 급여의 수급권자가 사망하면 그의 사실혼 배우자가 유족으로서 급여를 받도록 규정하고 있으므로, 사망한 사람과의 사실혼 관계는 유족급여수급권과 관련된 법률관계의 전제가 된다. 그러므로 급여수급권을 주장하는 사람이 검사를 상대방으로 하여 과거의 사실상 혼인관계에 관한 존부 확인의 소[가사소송법 제2조 제1항 제1호 (나)목 1]를 제기하는 것은 유족급여와 관련된 분쟁을 한꺼번에 해결하는 적절한 방법이어서 확인의 이익이 인정된다(대판 2022.3.31, 2019므10581).

▶ **혼인신고의 당사자가 생존한 자인지에 대한 공무원의 심사권**

혼인이 생존한 사람들 간에서만 이루어질 수 있는 것인 이상 호적공무원의 형식적 심사권의 대상에는 그 혼인의 당사자가 생존하였는지 여부를 조사하는 것도 당연히 포함된다(대결 1991.8.13, 91스6).

제2-2관 법률혼

Ⅰ. 의의

혼인은 친족법상의 계약으로서 혼인신고가 있어야 성립하는 요식행위이다. 이러한 혼인이 성립하기 위해서는 ① 실질적 요건으로 혼인의사의 합치, ② 형식적 요건으로 혼인신고가 있어야 한다. 또한 ③ 그 성립한 혼인이 유효한 효력을 발생하기 위해서는 혼인장애사유가 없어야 한다.

Ⅱ. 혼인의 성립

1. 실질적 성립요건 - 당사자간 혼인의사의 합치

(1) 혼인의사의 의미

판례는 부부로서의 정신적·육체적 결합에 의한 부부생활공동체를 형성할 의사라고 보는 실질적 의사설의 입장이다.

▶ **가장신고에 의한 혼인의 효력**

단순히 피청구인으로 하여금 국민학교의 교사직으로부터 면직당하지 않게 할 수단으로 호적부상 부부가 되는 것을 가장하기 위하여 이루어졌을 뿐 당사자 사이에 혼인의 합의 즉 정신적, 육체적 결합을 생기게 할 의사로서 신고된 것이 아니면 청구인과 피청구인 간의 혼인관계는 무효이다(대판 1980.1.29, 79므62·63).

★★★▶ **부부관계를 설정할 의사 없이 중국 내 조선족 여자들의 국내 취업을 위한 입국을 목적으로 형식상 혼인신고를 한 경우**

피고인들이 중국 국적의 조선족 여자들과 참다운 부부관계를 설정할 의사 없이 단지 그들의 국내 취업을 위한 입국을 가능하게 할 목적으로 형식상 혼인하기로 한 것이라면, 피고인들과 조선족 여자들 사이에는 혼인의 계출에 관하여는 의사의 합치가 있었으나 참다운 부부관계의 설정을 바라는 효과의사는 없었다고 인정되므로 피고인들의 혼인은 우리나라의 법에 의하여 혼인으로서의 실질적 성립요건을 갖추지 못하여 그 효력이 없다(대판 1996.11.22, 96도2049).

---

(2) 혼인의사와 의사능력 등

혼인은 법률행위이므로 일방이 의식불명 등으로 의사무능력상태인 동안에 이루어진 혼인신고는 의사무능력자의 법률행위로서 무효이다. 즉 혼인의 합의는 살아 있는 자들만 할 수 있고, 사망자 사이의 혼인이나 생존한 자와 사망한 자 사이의 혼인은 인정되지 않는다. 따라서 그러한 경우에는 혼인신고가 되어도 이는 무효이다.

▶ **의사무능력자의 혼인신고**(무효)

① 혼인이 유효하기 위하여는 당사자 사이에 혼인의 합의가 있어야 하고, 이러한 혼인의 합의는 혼인신고를 할 당시에도 존재하여야 한다.

② 혼례식을 거행하고 사실혼관계에 있었으나 일방이 뇌졸증으로 혼수상태에 빠져 있는 사이에 혼인신고가 이루어졌다면 특별한 사정이 없는 한 위 신고에 의한 혼인은 무효라고 본 사례이다(대판 1996. 6.28, 94므1089).

2. 형식적 성립요건 – 혼인신고

(1) 혼인신고

> **제812조【혼인의 성립】**
> ① 혼인은 「가족관계의 등록 등에 관한 법률」에 정한 바에 의하여 신고함으로써 그 효력이 생긴다.
> ② 전항의 신고는 당사자 쌍방과 성년자인 증인 2인의 연서한 서면으로 하여야 한다.

보통의 경우 혼인이 성립하려면 가족관계의 등록 등에 관한 법률에 정한 바에 의하여 신고하여야 한다(제812조 제1항). 즉 혼인신고는 혼인의 효력발생요건이 아니고 성립요건으로서 창설적 신고에 해당한다.

1) 신고의 수리

혼인신고는 가족관계 등록사무를 담당하는 공무원이 그 신고서를 수리함으로써 효력이 발생하며, 가족관계등록부에 기록하는 것은 그 효력요건이 아니다. 따라서 수리된 혼인신고가 가족관계등록부에 기록되지 않은 경우에도 혼인은 유효하다.

▶ **혼인신고와 신고의 수리**

혼인은 호적부(현재 가족관계등록부)에 따라 호적공무원이 그 신고를 수리함으로써 유효하게 성립되는 것이며 호적부에의 기재는 그 유효요건이 아니어서 호적에 적법하게 기재되는 여부는 혼인성립의 효과에 영향을 미치는 것은 아니므로 부부가 일단 혼인신고를 하였다면 그 혼인관계는 성립된 것이고 그 호적의 기재가 무효한 이중호적에 의하였다 하여 그 효력이 좌우되는 것은 아니다(대판 1991.12. 10, 91므344).

2) 형식적 심사권

가족관계 등록사무 담당공무원의 혼인신고에 대한 심사는 신고인이 제출하는 법정의 첨부 서류만에 의하여 법정의 요건을 구비하고 있는지, 절차에 부합하는지의 여부를 형식적으로만 심사하는 것이고, 그 신고사항의 실체적 진실과의 부합여부를 탐지하여 심사하여야 하는 것은 아니다(대판 1987.9.22, 87다카1164).

3) 사망한 자와의 사이의 혼인신고

사망자 사이 또는 생존하는 자와 사망한 자 사이에서는 혼인이 인정될 수 없으므로 특별규정이 없는 한 그러한 혼인신고는 수리될 수 없다. 다만, 혼인신고인이 생존 중에 우송한 신고서는 그 사망 후라도 이를 수리하여야 하며, 그 경우 신고인의 사망 시에 신고한 것으로 본다.

(2) 조정혼인과 재판혼인의 경우

사실혼관계에 있는 자는 사실혼관계 존재 확인의 청구를 하여 혼인신고를 할 수 있다. 이 경우 조정 또는 재판에 의하여 혼인이 성립하면, 청구자는 1개월 이내에 혼인신고를 하여야 한다. 판례는 이 경우 창설적 신고라고 한다(대결 1991.8.13. 91스6).

3. 혼인의 장애사유가 없을 것

제807조 내지 제810조에는 혼인의 장애사유가 규정되어 있다. 그러한 사유가 있을 때에 가족관계 등록사무 담당공무원은 혼인신고를 수리하지 않는다(제813조). 그러나 일단 신고가 수리되면 혼인은 성립하되, 혼인의 무효 또는 취소의 문제가 생긴다.

(1) 혼인적령의 미달 – 취소사유

> **제807조 【혼인적령】**
> 18세가 된 사람은 혼인할 수 있다. → 종전 '만 18세'로 규정된 것을 민법에서의 나이는 '연 나이'가 아닌 '만 나이'로 계산하고 연수(年數)로 표시함을 명확히 규정함으로써 나이와 관련된 불필요한 갈등을 최소화하고 국제적 기준에 부합하는 사회적 관행을 확립하기 위해 '만'이라는 부분 삭제함 [개정 2022.12.27, 시행일 2023.6.28.]
> ※ [참고] – 제158조 【나이의 계산과 표시】
>   나이는 출생일을 산입하여 만(滿) 나이로 계산하고, 연수(年數)로 표시한다. 다만, 1세에 이르지 아니한 경우에는 월수(月數)로 표시할 수 있다. [전문개정 2022.12.27, 시행일 2023.6.28.]

(2) 부모 등의 동의의 결여 – 취소사유

> **제808조 【동의가 필요한 혼인】**
> ① 미성년자가 혼인을 하는 경우에는 부모의 동의를 받아야 하며, 부모 중 한쪽이 동의권을 행사할 수 없을 때에는 다른 한쪽의 동의를 받아야 하고, 부모가 모두 동의권을 행사할 수 없을 때에는 미성년후견인의 동의를 받아야 한다.
> ② 피성년후견인은 부모나 성년후견인의 동의를 받아 혼인할 수 있다.

18세에 달한 미성년자와 피성년후견인이 혼인을 할 경우에는 부모 등의 동의를 얻어야 한다. 그러나 피한정후견인은 별도의 동의 없이 단독으로 자유로이 혼인할 수 있다.

(3) 근친혼 — 무효 또는 취소사유

> **제809조 【근친혼 등의 금지】**
> ① 8촌 이내의 혈족(친양자의 입양 전의 혈족을 포함한다) 사이에서는 혼인하지 못한다. → 무효사유
> ② 6촌 이내의 혈족의 배우자, 배우자의 6촌 이내의 혈족, 배우자의 4촌 이내의 혈족의 배우자인 인척이거나 이러한 인척이었던 자 사이에서는 혼인하지 못한다. → 취소사유
> ③ 6촌 이내의 양부모계의 혈족이었던 자와 4촌 이내의 양부모계의 인척이었던 자 사이에서는 혼인하지 못한다. → 취소사유

(4) 중혼 — 취소사유

> **제810조 【중혼의 금지】**
> 배우자 있는 자는 다시 혼인하지 못한다.

1) 중혼의 의미

배우자가 있는 자는 다시 혼인하지 못한다(제810조). 즉 중혼은 금지된다. 그런데 금지되는 혼인은 법률혼만을 가리키며 사실혼은 포함되지 않는다. 따라서 사실혼관계에 있는 자가 다른 자와 법률혼을 하는 경우나 법률혼의 당사자 일방이 다른 자와 사실혼관계를 맺는 경우는 중혼이 아니다.

2) 중혼이 발생되는 例

중혼은 ① 혼인신고를 한 자가 다시 혼인신고를 한 경우에 성립하는데, 그러한 신고는 수리가 거부될 것이므로 드물다. 실제로 중혼이 되는 경우로는 ② 혼인 후 이름을 바꿔 이중호적을 만들어 혼인한 경우(대판 1986.6.24, 86므9), ③ 이혼 후 재혼하였는데 전혼의 이혼이 무효(대판 1964.4.21, 63다770)·취소로 되는 경우(대판 1984.3.27, 84므9), ④ 국내와 국외에서 이중혼인을 한 경우(대판 1991.12.10, 91므535) 등과 같이 특별한 사정이 있는 때 등이다.

▶ **이혼심판의 취소와 중혼의 성립**
甲男이 법률상 부부였던 乙女를 상대로 이혼심판을 청구하여 승소심판을 선고받고 그 심판이 확정되자 곧 丙女와 혼인하여 혼인신고를 마쳤으나 그 후 乙女의 재심청구에 의하여 그 이혼심판의 취소 및 이혼청구기각의 심판이 확정되었다면 甲男과 丙女 사이의 혼인은 중혼에 해당하므로 취소되어야 한다(대판 1994.10.11, 94므932).

■ **女子의 재혼금지기간의 폐지**

2005년 민법개정 전에는 여자의 경우 혼인관계가 종료한 날로부터 6개월이 경과하지 않으면 혼인하지 못하도록 하고, 이를 위반한 혼인은 취소할 수 있도록 하고 있었다. 출생자의 性推定의 충돌을 막기 위한 것이 입법목적이었다. 그러나 이는 남녀평등에 반하고 과학적 방법에 의하여 해결이 가능하므로 그 실효성이 의문시되어 2005년 민법개정에서 삭제되었다.

3) 중혼의 효과

① 중혼은 당연무효가 아니라 후혼의 취소사유가 될 뿐이므로, 취소하지 않는 한 유효한 혼인으로
서 혼인의 일반적 효력이 모두 인정된다. 따라서 ⅰ) 중혼자가 사망하면 두 혼인의 배우자 모
두가 상속권을 가지며, 중혼자도 두 배우자의 사망 시 상속권을 가진다. 그리고 ⅱ) 중혼 중의
출생자는 혼인 중의 출생자이다. ⅲ) 중혼의 경우의 취소권 행사에 대하여는 기간의 제한이
없으므로 중혼이 존재하는 한 언제든지 취소할 수 있다.

② 중혼취소의 청구권자는 당사자 및 그 배우자, 직계혈족, 4촌 이내의 방계혈족 또는 검사이다
(제818조).

4) 중혼취소의 효과

혼인취소는 소급효가 없으므로(제824조), 중혼취소에도 소급효가 없다. 따라서 중혼배우자의 사망
후에 중혼취소가 되는 경우 배우자로서 이미 받은 상속권은 그대로 유지된다.

★★★▶ 중혼취소의 소급효 부정

혼인이 일단 성립되면 그것이 위법한 중혼이라 하더라도 당연히 무효가 되는 것은 아니고 법원의
판결에 의하여 취소될 때에 비로소 그 효력이 소멸될 뿐이므로 아직 그 혼인취소의 확정판결이 없는
한 법률상의 부부라 할 것이어서 재판상 이혼의 청구도 가능하다(대판 1991.12.10, 91므344).

★▶ 중혼에 기한 혼인취소권의 장기간 불행사에 기한 권리소멸 여부

민법의 관계규정에 의하면 민법 소정의 혼인취소사유 중 동의 없는 혼인, 동성혼, 재혼금지기간위반
혼인, 악질 등 사유에 의한 혼인, 사기, 강박으로 인한 혼인 등에 대하여는 제척기간 또는 권리소멸
사유를 규정하면서도(민법 제819조 내지 제823조), 중혼과 연령미달 혼인에 대하여만은 권리소멸에 관
한 사유를 규정하지 아니하고 있는바, 이는 중혼 등의 반사회성, 반윤리성이 다른 혼인취소사유에
비하여 일층 무겁다고 본 입법자의 의사를 반영한 것으로 보이고, 그렇다면 중혼의 취소청구권에
관하여 장기간의 권리불행사 등의 사정만으로 가볍게 그 권리소멸을 인정하여서는 아니 될 것이다
(대판 1993.8.24, 92므907).

Ⅲ. 혼인의 무효와 취소

1. 서설

혼인에 무효사유가 존재하는 경우 혼인은 처음부터 당연히 효력이 발생하지 않는다. 반면에 혼인에
취소사유가 존재하는 경우에는 혼인취소판결에 의하여만 혼인은 소멸되며 소급효도 인정되지 않는다.

2. 혼인의 무효

(1) 무효사유

> **제815조 【혼인의 무효】**
> 혼인은 다음 각 호의 어느 하나의 경우에는 무효로 한다.
> 1. 당사자 간에 혼인의 합의가 없는 때
> 2. 혼인이 제809조 제1항(= 8촌 이내 혈족 간 혼인, 친양자의 입양전 친족 포함)의 규정을 위반한 때
> 3. 당사자 간에 직계인척관계가 있거나 있었던 때
> 4. 당사자 간에 양부모계의 직계혈족관계가 있었던 때

1) 혼인의 합의가 없는 때(제815조 제1호)

혼인신고가 되었더라도 당사자 사이에 혼인의 합의가 없으면 혼인은 무효로 된다. 여기서 혼인의 합의란 부부로서 정신적·육체적으로 결합하여 생활공동체를 형성할 의사(실질적 의사설)를 말한다. 문제되는 경우를 살펴본다.

① 합의된 내용이 사회통념상 혼인의 본질에 반할 때에는 무효이다.

② 당사자 사이에 부부로서의 생활공동체를 형성할 의사 없이 다른 목적을 달성하기 위한 방편으로 혼인신고를 하는 가장혼인도 무효이다.

▶ **가장혼인의 효력 – 무효**

① 피청구인으로 하여금 교사직으로부터 면직당하지 않게 할 수단으로 혼인신고를 한 경우(대판 1980. 1.29, 79므62·63)

② 해외이주의 목적으로 위장결혼을 하고 혼인신고를 한 경우(대판 1985.9.10, 85도1481)

③ 중국 국적의 조선족 여자들의 국내취업을 위한 입국을 가능하게 할 목적으로 형식상 혼인하기로 한 경우(대판 1996.11.22, 96도2049)

★★★▶ **당사자 일방에게만 참다운 부부관계의 설정을 바라는 효과의사가 있고 상대방에게는 그러한 의사가 결여된 경우, 혼인의 효력**(무효)

민법 제815조 제1호가 혼인무효의 사유로 규정하는 '당사자 간에 혼인의 합의가 없는 때'란 당사자 사이에 사회관념상 부부라고 인정되는 정신적·육체적 결합을 생기게 할 의사의 합치가 없는 경우를 의미하므로, 당사자 일방에게만 그와 같은 참다운 부부관계의 설정을 바라는 효과의사가 있고 상대방에게는 그러한 의사가 결여되었다면, 비록 당사자 사이에 혼인신고 자체에 관하여 의사의 합치가 있어 일응 법률상의 부부라는 신분관계를 설정할 의사는 있었다고 하더라도 그 혼인은 당사자 간에 혼인의 합의가 없는 것이어서 무효라고 보아야 한다(대판 2010.6.10, 2010므574).

★★▶ **우리나라 국민이 외국인 배우자에 대하여 혼인의 의사가 없다는 이유로 혼인무효 소송을 제기한 경우, 외국인 배우자의 혼인의사 유무를 판단할 때 고려하여야 할 사항**

① 민법 제815조 제1호가 혼인무효의 사유로 규정하는 '당사자 간에 혼인의 합의가 없는 때'란 당사자 사이에 사회관념상 부부라고 인정되는 정신적·육체적 결합을 생기게 할 의사의 합치가 없는 경우를 의미한다. 혼인무효 사건은 가류 가사소송사건으로서 자백에 관한 민사소송법의 규정이 적용되지

않고 법원이 직권으로 사실조사 및 필요한 증거조사를 하여야 하는바(가사소송법 제12조, 제17조), 일방 배우자가 상대방 배우자를 상대로 혼인신고 당시에 진정한 혼인의사가 없었다는 사유를 주장하면서 혼인무효 확인의 소를 제기하는 경우, <u>가정법원으로서는 직권조사를 통해 혼인의사의 부존재가 합리적·객관적 근거에 의하여 뒷받침되는지 판단하여야 한다.</u> ② 민법은 혼인성립 이전의 단계에서 성립 요건의 흠결로 혼인이 유효하게 성립하지 않은 혼인무효(민법 제815조)와 혼인이 성립한 후 발생한 사유로 혼인이 해소되는 이혼(민법 제840조)을 구분하여 규정하고 있다. 또한 혼인무효는 이혼의 경우에 비하여 가족관계등록부의 처리 방식이 다르고, 이혼과 달리 혼인무효의 소가 제기되지 않은 상태에서도 유족급여나 상속과 관련된 소송에서 선결문제로 주장할 수 있어 유리한 효과가 부여된다. 따라서 <u>가정법원은 상대방 배우자에게 혼인신고 당시 혼인의사가 없었던 것인지, 혼인 이후에 혼인을 유지할 의사가 없어진 것인지에 대해서 구체적으로 심리·판단하여야 하고,</u> 혼인의사라는 개념이 다소 추상적이고 내면적인 것이라는 사정에 기대어 상대방 배우자가 혼인을 유지하기 위한 노력을 게을리하였다거나 혼인관계 종료를 의도하는 언행을 하는 등 혼인생활 중에 나타난 몇몇 사정만으로 혼인신고 당시 혼인의사가 없었다고 추단하여 혼인무효 사유에 해당한다고 단정할 것은 아니다. ③ <u>우리나라 국민이 외국인 배우자에 대하여 혼인의 의사가 없다는 이유로 혼인무효 소송을 제기한 경우,</u> 가정법원은 위 법리에 더하여 통상 외국인 배우자가 자신의 본국에서 그 국가 법령이 정하는 혼인의 성립절차를 마친 후 그에 기하여 <u>우리나라 민법에 따른 혼인신고를 하고, 우리나라 출입국관리법령에 따라 결혼동거 목적의 사증을 발급받아 입국하는 절차를 거쳐 비로소 혼인생활에 이르게 된다는 점, 언어장벽 및 문화와 관습의 차이 등으로 혼인생활의 양상이 다를 가능성이 있는 점을 고려하여 외국인 배우자의 혼인의사 유무를 세심하게 판단할 필요가 있다</u>(대판 2021.12.10, 2019므11584 · 11591; 대판 2022.1.27, 2017므1224).

→ [해설] : 동 판례는 외국인 배우자를 상대로 한 혼인 무효를 비교적 넓게 인정해 온 기존의 입장에 제동을 걸었다는 점에서 의의가 있다.

③ 혼인의 합의는 혼인신고서 작성 시에는 물론이고 혼인신고서를 담당공무원에게 제출할 때에도 존재하여야 하므로, 혼인신고서 작성 후 그 제출 전에 혼인의사를 철회한 경우 그 혼인은 무효이다.

④ 혼인의 합의는 혼인신고를 할 당시에도 존재하여야 하므로, 혼례식을 거행하고 사실혼관계에 있었으나 일방이 뇌졸중으로 혼수상태에 빠져 있는 사이에 다른 일방이 혼인신고를 하였다면 그 혼인은 무효이다(대판 1996.6.28, 94므1089).

2) 8寸 이내의 혈족(친양자의 입양 전 혈족 포함) 관계가 있는 때

3) 직계인척 관계가 있거나 있었던 때

4) 양부모계의 직계혈족 관계가 있었던 때

(2) 혼인무효의 성질

혼인무효사유가 있는 경우 그 혼인은 처음부터 아무런 효과도 없으며, 당사자는 일반원칙에 따라 무효확인의 소를 제기할 수도 있으나 그러한 무효판결이 없더라도 그 혼인은 당연무효이므로 당사자는 다른 소송(예컨대, 상속관련소송 등)에서 그 전제로서 혼인의 무효를 주장할 수 있다(다수설, 당연무효설).

(3) 혼인무효의 효과

1) 당사자 사이의 효과

> **제825조【혼인취소와 손해배상청구권】**
> 제806조(= 약혼해제 시 손해배상청구권)의 규정은 혼인의 무효 또는 취소의 경우에 준용한다.

처음부터 부부가 아닌 것으로 되므로 혼인에 기한 상속 등 권리변동도 무효가 된다. 이 경우 당사자 일방은 과실 있는 상대방에 대하여 재산상·정신상의 손해배상청구를 할 수 있다(제825조).

2) 자에 대한 효과

혼인이 무효가 되면 당사자 사이에 출생한 자는 혼인 외의 자가 된다(제855조 제1항).

3) 제3자에 대한 효과

혼인무효의 효과는 당사자에게는 물론이고 제3자에게도 발생한다. 그 결과 제3자는 무효혼의 당사자에 대하여 일상가사에 대한 연대책임을 물을 수는 없다.

4) 무효인 혼인의 추인

무효인 혼인이더라도 혼인의 실체를 갖춘 경우에는 추인할 수 있다. 그리고 이 추인에는 민법총칙상의 추인규정(제139조)이 적용되지 않고 추인의 소급효가 인정된다.

★★★▶ **무효인 신분행위에 대한 소급적 추인 인정**

혼인, 입양 등의 신분행위에 관하여 민법 제139조 본문을 적용하지 않고 추인에 의하여 소급적 효력을 인정하는 것은 무효인 신분행위 후 그 내용에 맞는 신분관계가 실질적으로 형성되어 쌍방 당사자가 이의 없이 그 신분관계를 계속하여 왔다면, 그 신고가 부적법하다는 이유로 이미 형성되어 있는 신분관계의 효력을 부인하는 것은 당사자의 의사에 반하고 그 이익을 해칠 뿐 아니라 그 실질적 신분관계의 외형과 호적의 기재를 믿은 제3자의 이익도 침해할 우려가 있기 때문에 추인에 의하여 소급적으로 신분행위의 효력을 인정함으로써 신분관계의 형성이라는 신분관계의 본질적 요소를 보호하는 것이 타당하다는 데에 그 근거가 있다고 할 것이므로, 당사자 간에 무효인 신고행위에 상응하는 신분관계가 실질적으로 형성되어 있지도 아니하고 또 앞으로도 그럴 가망이 없는 경우에는 무효의 신분행위에 대한 추인의 의사표시만으로 그 무효행위의 효력을 인정할 수 없다(대판 1991.12.27, 91므30).

★★★▶ **무효인 신분행위의 묵시적 추인 인정**

협의이혼한 후 배우자 일방이 일방적으로 혼인신고를 하였더라도 그 사실을 알고 혼인생활을 계속한 경우, 상대방에게 혼인할 의사가 있었거나 무효인 혼인을 추인하였다고 볼 것이다(대판 1995.11.21, 95므731).

---

3. 혼인의 취소

(1) 취소사유

> **제816조 【혼인취소의 사유】**
> 혼인은 다음 각 호의 어느 하나의 경우에는 법원에 그 취소를 청구할 수 있다.
> 1. 혼인이 제807조 내지 제809조[제815조의 규정에 의하여 혼인의 무효사유에 해당하는 경우를 제외한다. 이하 제817조 및 제820조에서 같다] 또는 제810조의 규정에 위반한 때
> 2. 혼인당시 당사자 일방에 부부생활을 계속할 수 없는 악질 기타 중대 사유 있음을 알지 못한 때
> 3. 사기 또는 강박으로 인하여 혼인의 의사표시를 한 때

1) 혼인적령의 미달, 혼인동의를 결여한 혼인, 근친혼

> **제817조 【나이위반 혼인 등의 취소청구권자】**
> 혼인이 제807조(= 혼인적령위반), 제808조(= 부모 등의 혼인동의 위반)의 규정에 위반한 때에는 당사자 또는 그 법정대리인이 그 취소를 청구할 수 있고 제809조(= 근친혼)의 규정에 위반한 때에는 당사자, 그 직계존속 또는 4촌 이내의 방계혈족이 그 취소를 청구할 수 있다. → [연령위반을 나이위반으로 본조 제목개정 2022.12.27, 시행일 2023.6.28.]

가) 혼인취소권 소멸 – 혼인동의 흠결의 경우

> **제819조 【동의 없는 혼인의 취소청구권의 소멸】**
> 제808조(= 부모 등의 혼인동의 위반)를 위반한 혼인은 그 당사자가 19세가 된 후 또는 성년후견종료의 심판이 있은 후 3개월이 지나거나 혼인 중에 임신한 경우에는 그 취소를 청구하지 못한다.

나) 혼인취소권 소멸 – 근친혼 경우

> **제820조 【근친혼 등의 취소청구권의 소멸】**
> 제809조(= 근친혼 금지)의 규정에 위반한 혼인은 그 당사자 간에 혼인 중 포태한 때에는 그 취소를 청구하지 못한다.

2) 중혼

> **제810조 【중혼의 금지】**
> 배우자 있는 자는 다시 혼인하지 못한다.
> **제818조 【중혼의 취소청구권자】**
> 당사자 및 그 배우자, 직계혈족, 4촌 이내의 방계혈족 또는 검사는 제810조(= 중혼금지)를 위반한 혼인의 취소를 청구할 수 있다.

3) 악질 기타 중대한 사유가 있는 혼인

> **제822조 【악질 등 사유에 의한 혼인취소청구권의 소멸】**
> 제816조 제2호의 규정에 해당하는 사유 있는 혼인은 상대방이 그 사유 있음을 안 날로부터 6월을 경과한 때에는 그 취소를 청구하지 못한다.

혼인 당시 당사자 일방에 부부생활을 계속할 수 없는 악질 기타 중대한 사유 있음을 알지 못한 때에는, 그 사유 있음을 안 날로부터 6개월 이내에 그 취소를 청구할 수 있다.

▶ 임신가능 여부가 민법 제816조 제2호의 혼인취소 사유인 '부부생활을 계속할 수 없는 악질 기타 중대한 사유'에 해당하는지 여부(원칙적 소극) 및 위 '부부생활을 계속할 수 없는 중대한 사유'의 해석 방법

혼인은 남녀가 일생의 공동생활을 목적으로 하여 도덕 및 풍속상 정당시 되는 결합을 이루는 법률상, 사회생활상 중요한 의미를 가지는 신분상의 계약으로서 본질은 양성 간의 애정과 신뢰에 바탕을 둔 인격적 결합에 있다고 할 것이고, 특별한 사정이 없는 한 임신가능 여부는 민법 제816조 제2호의 부부생활을 계속할 수 없는 악질 기타 중대한 사유에 해당한다고 볼 수 없다. 그리고 '혼인을 계속하기 어려운 중대한 사유'에 관한 민법 제840조 제6호의 이혼사유와는 다른 문언내용 등에 비추어 민법 제816조 제2호의 '부부생활을 계속할 수 없는 중대한 사유'는 엄격히 제한하여 해석함으로써 그 인정에 신중을 기하여야 한다(대판 2015.2.26, 2014므4734·4741). → 甲이 배우자인 乙을 상대로 乙의 성기능 장애 등을 이유로 민법 제816조 제2호에 따른 혼인취소를 구한 사안에서, 乙의 성염색체 이상과 불임 등의 문제가 민법 제816조 제2호에서 정한 '부부생활을 계속할 수 없는 악질 기타 중대한 사유'에 해당한다고 보기 어렵다고 한 사례이다.

4) 사기 또는 강박에 의한 혼인

> **제823조 【사기, 강박으로 인한 혼인취소청구권의 소멸】**
> 사기 또는 강박으로 인한 혼인은 사기를 안 날 또는 강박을 면한 날로부터 3월을 경과한 때에는 그 취소를 청구하지 못한다.

사기 또는 강박으로 인하여 혼인의의사표시를 한 때에는, 그는 사기를 안 날 또는 강박을 면한 날로부터 3개월 이내에 혼인의 취소를 청구할 수 있다. 사기 또는 강박은 상대방뿐만 아니라 제3자가 하였어도 무방하며, 제3자의 사기·강박의 경우 상대방의 선의·악의, 과실·무과실을 묻지 않는다.

★★★▶ 민법 제816조 제3호가 규정하는 '사기'의 의미(대판 2016.2.18, 2015므654·661)

[1] 민법 제816조 제3호가 규정하는 '사기'에 소극적으로 고지를 하지 아니하거나 침묵한 경우가 포함되는지 여부(적극) / 불고지 또는 침묵을 위법한 기망행위로 보기 위한 요건 및 이때 관습 또는 조리상 고지의무가 인정되는지 판단하는 방법

민법 제816조 제3호가 규정하는 '사기'에는 혼인의 당사자 일방 또는 제3자가 적극적으로 허위의 사실을 고지한 경우뿐만 아니라 소극적으로 고지를 하지 아니하거나 침묵한 경우도 포함된다. 그러나

불고지 또는 침묵의 경우에는 법령, 계약, 관습 또는 조리상 사전에 사정을 고지할 의무가 인정되어야 위법한 기망행위로 볼 수 있다. 관습 또는 조리상 고지의무가 인정되는지는 당사자들의 연령, 초혼인지 여부, 혼인에 이르게 된 경위와 그때까지 형성된 생활관계의 내용, 당해 사항이 혼인의 의사결정에 미친 영향의 정도, 이에 대한 당사자 또는 제3자의 인식 여부, 당해 사항이 부부가 애정과 신뢰를 형성하는 데 불가결한 것인지, 또는 당사자의 명예 또는 사생활 비밀의 영역에 해당하는지, 상대방이 당해 사항에 관련된 질문을 한 적이 있는지, 상대방이 당사자 또는 제3자에게서 고지받았거나 알고 있었던 사정의 내용 및 당해 사항과의 관계 등의 구체적·개별적 사정과 더불어 혼인에 대한 사회일반의 인식과 가치관, 혼인의 풍속과 관습, 사회의 도덕관·윤리관 및 전통문화까지 종합적으로 고려하여 판단하여야 한다.

[2] 출산 경력을 고지하지 아니한 것이 민법 제816조 제3호에서 정한 혼인취소사유에 해당하는지 판단하는 방법

혼인의 당사자 일방 또는 제3자가 출산의 경력을 고지하지 아니한 경우에 그것이 상대방의 혼인의 의사결정에 영향을 미칠 수 있었을 것이라는 사정만을 들어 일률적으로 고지의무를 인정하고 제3호 혼인취소사유에 해당한다고 하여서는 아니 되고, 출산의 경위와 출산한 자녀의 생존 여부 및 그에 대한 양육책임이나 부양책임의 존부, 실제 양육이나 교류가 이루어졌는지 여부와 시기 및 정도, 법률상 또는 사실상으로 양육자가 변경될 가능성이 있는지, 출산 경력을 고지하지 않은 것이 적극적으로 이루어졌는지 아니면 소극적인 것에 불과하였는지 등을 면밀하게 살펴봄으로써 출산의 경력이나 경위가 알려질 경우 당사자의 명예 또는 사생활 비밀의 본질적 부분이 침해될 우려가 있는지, 사회통념상 당사자나 제3자에게 그에 대한 고지를 기대할 수 있는지와 이를 고지하지 아니한 것이 신의성실 의무에 비추어 비난받을 정도라고 할 수 있는지까지 심리한 다음, 그러한 사정들을 종합적으로 고려하여 신중하게 고지의무의 인정 여부와 위반 여부를 판단함으로써 당사자 일방의 명예 또는 사생활 비밀의 보장과 상대방 당사자의 혼인 의사결정의 자유 사이에 균형과 조화를 도모하여야 한다.

[3] 아동성폭력범죄 등의 피해를 당해 임신을 하고 출산을 하였으나 자녀와의 관계가 단절되고 상당한 기간 양육이나 교류 등이 이루어지지 않은 경우, 출산 경력을 고지하지 않은 것이 민법 제816조 제3호에서 정한 혼인취소사유에 해당하는지 여부(소극) 및 이는 국제결혼의 경우에도 마찬가지인지 여부(적극)

당사자가 성장과정에서 본인의 의사와 무관하게 아동성폭력범죄 등의 피해를 당해 임신을 하고 출산까지 하였으나 이후 자녀와의 관계가 단절되고 상당한 기간 동안 양육이나 교류 등이 전혀 이루어지지 않은 경우라면, 출산의 경력이나 경위는 개인의 내밀한 영역에 속하는 것으로서 당사자의 명예 또는 사생활 비밀의 본질적 부분에 해당하고, 나아가 사회통념상 당사자나 제3자에게 그에 대한 고지를 기대할 수 있다거나 이를 고지하지 아니한 것이 신의성실 의무에 비추어 비난받을 정도라고 단정할 수도 없으므로, 단순히 출산의 경력을 고지하지 않았다고 하여 그것이 곧바로 민법 제816조 제3호에서 정한 혼인취소사유에 해당한다고 보아서는 아니 된다. 그리고 이는 국제결혼의 경우에도 마찬가지이다.

(2) 혼인취소의 방법

혼인에 취소사유가 있는 때에는 취소권자가 가정법원에 혼인취소청구를 하여야 한다. 취소의 소는 형성의 소로서 그 판결의 확정으로 혼인이 취소되며, 다른 소의 전제로서 혼인의 취소를 주장할 수는 없다.

(3) 혼인취소의 효과

> **제824조 【혼인취소의 효력】**
> 혼인의 취소의 효력은 기왕에 소급하지 아니한다.
> **제824조의2 【혼인의 취소와 자의 양육 등】**
> 제837조 및 제837조의2의 규정은 혼인의 취소의 경우에 자의 양육책임과 면접교섭권에 관하여 이를 준용
> 한다.
> **제825조 【혼인취소와 손해배상청구권】**
> 제806조(= 약혼해제 시 손해배상청구권)의 규정은 혼인의 무효 또는 취소의 경우에 준용한다.

① 취소원인이 있는 혼인도 법원의 판결에 의하여 취소될 때까지는 유효한 혼인으로 다루어지고, 혼인취소의 효력은 취소판결이 확정된 때에 발생한다(대판 1991.12.10. 91므344). 즉 혼인취소의 효력은 소급하지 않는다(제824조).

② 따라서 그 혼인에서 출생한 자는 혼인 중의 자로 되고, 취소할 수 있는 혼인 중에 부부 일방이 사망하여 상대방이 배우자로서 망인의 재산을 상속받은 후에 그 혼인이 취소되었더라도 상속관계가 소급하여 무효로 되거나 그 상속재산이 법률상 원인 없이 취득한 것이라고 할 수 없다.

③ 한편 미성년자가 혼인한 후 성년연령에 달하기 전에 취소된 때에도 성년의제는 유지된다고 새겨야 한다. 혼인이 취소되면 혼인관계 및 인척관계는 종료한다. 그리고 당사자 일방은 과실 있는 상대방에 대하여 이로 인한 재산상·정신상의 손해배상을 청구할 수 있다. 혼인이 취소된 경우 일방은 상대방에 대하여 재산분할을 청구할 수 있다.

④ 혼인취소의 경우 가정법원이 직권으로 친권자를 정한다. 그리고 자의 양육책임에 관한 제837조와 면접교섭권에 관한 제837조의2를 혼인취소의 경우에 준용한다.

★★★★▶ 혼인취소의 효과 - 비소급효
민법 제824조는 "혼인의 취소의 효력은 기왕에 소급하지 아니한다"고 규정하고 있을 뿐 재산상속 등에 관해 소급효를 인정할 별도의 규정이 없는바, 혼인 중에 부부 일방이 사망하여 상대방이 배우자로서 망인의 재산을 상속받은 후에 그 혼인이 취소되었다는 사정만으로 그 전에 이루어진 상속관계가 소급하여 무효라거나 또는 그 상속재산이 법률상 원인 없이 취득한 것이라고는 볼 수 없다(대판 1996. 12.23. 95다48308).

IV. 혼인의 효력

1. 혼인의 일반적 효과

(1) 친족관계의 발생

혼인을 하면 부부는 서로 배우자로서 친족이 된다. 그리고 서로 상대방의 4촌 이내의 혈족, 상대방의 4촌 이내의 혈족의 배우자와 인척이 된다.

(2) 부부의 성

부부는 혼인 후에도 각자 본래의 성을 그대로 가진다.

(3) 동거·부양·협조의 의무

> ### 제826조【부부간의 의무】
> ① 부부는 동거하며 서로 부양하고 협조하여야 한다. 그러나 정당한 이유로 일시적으로 동거하지 아니하는 경우에는 서로 인용하여야 한다.
> ② 부부의 동거장소는 부부의 협의에 따라 정한다. 그러나 협의가 이루어지지 아니하는 경우에는 당사자의 청구에 의하여 가정법원이 이를 정한다.

1) 동거의무

① 동거의무는 동일한 거소에서 부부로서 공동생활을 하는 것이다. 부부의 일방이 정당한 이유 없이 동거를 거부하는 경우 상대방은 가정법원에 동거에 관한 심판을 청구할 수 있다. 그러나 동거를 명하는 심판에 대하여는 직접강제는 물론 간접강제도 허용되지 않는다. 그것은 혼인관계의 본질에 반하기 때문이다.

② 부당한 동거의무의 위반은 악의의 유기로서 이혼원인이 될 뿐이다(제840조 제2호). 그리고 부당하게 동거를 거부하는 배우자 일방은 상대방에 대하여 부양료의 지급을 청구할 수 없다(대판 1991. 12.10, 91므245).

★▶ 부부의 일방이 상대방에 대하여 동거에 관한 심판을 청구하여 조정이 성립하였음에도 상대방이 그 조치의 실현을 위하여 서로 협력할 법적 의무의 본질적 부분을 유책하게 위반한 경우, 부부의 일방이 그로 인하여 통상 발생하는 비재산적 손해의 배상을 청구할 수 있는지 여부(적극)
부부의 일방이 상대방에 대하여 동거에 관한 심판을 청구한 결과로 그 심판절차에서 동거의무의 이행을 위한 구체적인 조치에 관하여 조정이 성립한 경우에 그 조치의 실현을 위하여 서로 협력할 법적 의무의 본질적 부분을 상대방이 유책하게 위반하였다면, 부부의 일방은 바로 그 의무의 불이행을 들어 그로 인하여 통상 발생하는 비재산적 손해의 배상을 청구할 수 있고, 그에 반드시 이혼의 청구가 전제되어야 할 필요는 없다. 비록 부부의 동거의무는 인격존중의 귀중한 이념이나 부부관계의 본질 등에 비추어 일반적으로 그 실현에 관하여 간접강제를 포함하여 강제집행을 행하여서는 안 된다고 하더라도, 또 위와 같은 손해배상이 현실적으로 동거의 강제로 이끄는 측면이 있다고 하더라도, 동거의무 또는 그를 위한 협력의무의 불이행으로 말미암아 상대방에게 발생한 손해에 대하여 그 배상을 행하는 것은 동거 자체를 강제하는 것과는 목적 및 내용을 달리하는 것으로서, 후자가 허용되지 않는다고 하여 전자도 금지된다고는 할 수 없다. 오히려 부부의 동거의무도 엄연히 법적인 의무이고 보면, 그 위반에 대하여는 법적인 제재가 따라야 할 것인데, 그 제재의 내용을 혼인관계의 소멸이라는 과격한 효과를 가지는 이혼에 한정하는 것이 부부관계의 양상이 훨씬 다양하고 복잡하게 된 오늘날의 사정에 언제나 적절하다고 단정할 수 없고, 특히 제반 사정 아래서는 1회적인 위자료의 지급을 명하는 것이 인격을 해친다거나 부부관계의 본질상 허용되지 않는다고 말할 수 없다(대판 2009.7.23, 2009다32454).

2) 부양의무

부부의 부양의무는 부부로서의 공동생활에 필요한 상대방의 의식주 생활을 서로 보장하는 의무이다. 부부의 일방이 부양의무를 이행하지 않는 경우 상대방은 가정법원에 부양에 관한 심판을 청구할 수 있다. 가정법원의 부양료지급 심판은 강제이행도 할 수 있다. 그러나 과거의 부양료에 관하여는 특별한 사정이 없는 한 부양을 청구한 이후의 부분에 대해서만 부양료의 지급을 구할 수 있다.

★★★▶ 이행청구 전 과거의 부양료에 대한 청구의 가부

민법 제826조 제1항에 규정된 부부 간의 상호부양의무는 부부의 일방에게 부양을 받을 필요가 생겼을 때 당연히 발생하는 것이기는 하지만, 과거의 부양료에 관하여는 부양을 받을 자가 부양의무자에게 부양의무의 이행을 청구하였음에도 불구하고 부양의무자가 부양의무를 이행하지 아니함으로써 이행지체에 빠진 이후의 것에 대하여만 부양료의 지급을 청구할 수 있을 뿐, 부양의무자가 부양의무의 이행을 청구받기 이전의 부양료의 지급은 청구할 수 없다고 보는 것이 부양의무의 성질이나 형평의 관념에 합치된다(대결 2008.6.12. 2005스50).

★★★▶ 선행 부양료 심판에서 부부 일방의 상대방에 대한 부양의무가 인정된 후 쌍방이 이혼 등을 청구하는 본소와 반소를 서로 제기한 경우 부부간 부양의무 존속 여부 및 기간(= 법률상 혼인관계 해소 시까지 존속)

부부간 부양의무는 '혼인관계의 본질적 의무'로서 부양받을 자의 생활을 부양의무자의 생활과 같은 정도로 보장하여 부부공동생활의 유지를 가능하게 하는 것이다(대판 2012.12.27. 2011다96932 참조). 따라서 혼인이 사실상 파탄되어 부부가 별거하면서 서로 이혼소송을 제기하는 경우라고 하더라도, 특별한 사정이 없는 한 이혼을 명한 판결의 확정 등으로 법률상 혼인관계가 완전히 해소될 때까지는 부부간 부양의무가 소멸하지 않는다고 보아야 한다(대결 2023.3.24. 2022스771).

→ [사실관계 및 해설] : 원심은 상대방이 이혼 등 청구의 반소를 제기한 날 이후부터는 이혼의사의 합치가 있어 청구인에게 정상적인 부부관계가 유지되고 있음을 전제로 한 부양의무는 인정된다고 볼 수 없고, 반소 제기 전날까지만 부양료 지급 의무가 있다고 판단하였으나, 대법원은 특별한 사정이 없는 한 법률상 혼인관계가 완전히 해소될 때까지는 부부간 부양의무가 소멸하지 않는다고 보아, 원심에는 필요한 심리를 다하지 아니한 채 부부간 부양의무에 관한 민법 제826조를 위반하여 재판에 영향을 미친 잘못이 있다고 한 사례이다.

3) 협조의무

협조의무는 부부로서의 공동생활에 분업에 기초하여 협력하여야 할 의무이다. 부부의 일방이 협조의무를 이행하지 않는 경우 상대방은 가정법원에 심판을 청구할 수 있으나, 협조의무는 그 성질상 강제이행이 허용되지 않으며, 이혼원인이 될 뿐이다.

4) 정조의무(성적 성실의무)

부부는 서로 정조를 지킬 의무가 있다. 부부의 일방이 정조의무를 위반한 경우에는 상대방은 不貞行爲를 이유로 이혼을 청구할 수 있고, 손해배상도 청구할 수 있다.

★▶ 제3자가 부부의 일방과 부정행위를 함으로써 부부공동생활을 침해하거나 유지를 방해하고 그에 대한 배우자로서 권리를 침해하여 배우자에게 정신적 고통을 가하는 행위가 불법행위를 구성하는지 여부(원칙적 적극)

부부는 동거하며 서로 부양하고 협조하여야 하는 의무를 진다(제826조). 부부는 정신적·육체적·경제적으로 결합된 공동체로서 서로 협조하고 보호하여 부부공동생활로서의 혼인이 유지되도록 상호 간에 포괄적으로 협력할 의무를 부담하고 그에 관한 권리를 가진다. 이러한 동거의무 내지 부부공동생활 유지의무의 내용으로서 부부는 부정행위를 하지 아니하여야 하는 성적 성실의무를 부담한다. 이에 따라 부부의 일방이 부정행위를 한 경우에 이는 민법 제840조에 따라 재판상 이혼사유가 되고, 부부의 일방은 그로 인하여 배우자가 입게 된 정신적 고통에 대하여 불법행위에 의한 손해배상의무를 진다(부부의 일방이 동거의무를 위반한 경우 상대방은 손해배상을 청구할 수 있다). 한편 제3자도 타인의 부부공동생활에 개입하여 그 부부공동생활의 파탄을 초래하는 등 그 혼인의 본질에 해당하는 부부공동생활을 방해하여서는 아니 된다. 제3자가 부부의 일방과 부정행위를 함으로써 혼인의 본질에 해당하는 부부공동생활을 침해하거나 그 유지를 방해하고 그에 대한 배우자로서의 권리를 침해하여 배우자에게 정신적 고통을 가하는 행위는 원칙적으로 불법행위를 구성한다. 그리고 부부의 일방과 제3자가 부담하는 불법행위책임은 공동불법행위책임으로서 부진정연대채무 관계에 있다(대판 2015.5.29, 2013므2441).

★★★▶ 부부가 아직 이혼하지 아니하였지만 실질적으로 부부공동생활이 파탄되어 회복할 수 없을 정도의 상태에 이른 경우, 제3자가 부부의 일방과 한 성적인 행위가 배우자에 대하여 불법행위를 구성하는지 여부(소극) / 이러한 법률관계는 재판상 이혼청구가 계속 중에 있다거나 재판상 이혼이 청구되지 않은 상태라고 하더라도 마찬가지인지 여부(적극)

민법 제840조는 '혼인을 계속하기 어려운 중대한 사유가 있을 때'를 이혼사유로 삼고 있으며, 부부간의 애정과 신뢰가 바탕이 되어야 할 혼인의 본질에 해당하는 부부공동생활 관계가 회복할 수 없을 정도로 파탄되고 그 혼인생활의 계속을 강제하는 것이 일방 배우자에게 참을 수 없는 고통이 되는 경우에는 위 이혼사유에 해당할 수 있다. 이에 비추어 보면 부부가 장기간 별거하는 등의 사유로 실질적으로 부부공동생활이 파탄되어 실체가 더 이상 존재하지 아니하게 되고 객관적으로 회복할 수 없는 정도에 이른 경우에는 혼인의 본질에 해당하는 부부공동생활이 유지되고 있다고 볼 수 없다. 따라서 비록 부부가 아직 이혼하지 아니하였지만 이처럼 실질적으로 부부공동생활이 파탄되어 회복할 수 없을 정도의 상태에 이르렀다면, 제3자가 부부의 일방과 성적인 행위를 하더라도 이를 두고 부부공동생활을 침해하거나 그 유지를 방해하는 행위라고 할 수 없고 또한 그로 인하여 배우자의 부부공동생활에 관한 권리가 침해되는 손해가 생긴다고 할 수도 없으므로 불법행위가 성립한다고 보기 어렵다. 그리고 이러한 법률관계는 재판상 이혼청구가 계속 중에 있다거나 재판상 이혼이 청구되지 않은 상태라고 하여 달리 볼 것은 아니다(대판(전) 2014.11.20, 2011므2997).

(4) 성년의제

> **제826조의2 【성년의제】**
> 미성년자가 혼인을 한 때에는 성년자로 본다.

1) 내용

미성년자가 혼인을 한 때에는 성년자로 본다. 이는 혼인의 독립성과 부부의 실질적 평등을 보장하기 위하여 둔 제도이다.

2) 적용범위

① 혼인한 미성년자는 사법상의 모든 관계에서 성년자와 같은 행위능력을 가진다. 따라서 친권·후견은 종료하고, 자기의 자에 대하여 직접 친권을 행사할 수 있다. ② 그러나 성년의제 제도는 사법상의 행위능력 인정 제도이기 때문에 공법관계에는 원칙적으로 적용되지 않는다. ③ 성년의 제를 받은 자가 미성년의 상태에서 혼인이 해소되거나 혼인이 취소된 때에도 여전히 성년의제는 유지되는 것으로 본다(다수설). 그러나 혼인이 무효인 경우에는 성년의제는 처음부터 발생하지 않는다.

(5) 부부간의 계약취소권 ⇨ 삭제(2012.2.10.)

2. 혼인의 재산적 효과(부부 사이의 재산관계)

혼인을 한 당사자가 혼인 당시에 재산을 가지고 있거나, 혼인 후에 새로이 재산을 취득하는 경우 재산의 귀속과 관리가 문제되는데, 민법은 우선 그들의 합의에 의하여 재산관계를 정하도록 하고 (약정부부재산제), 그러한 합의가 없는 경우에는 민법이 규정하는 부부재산제를 일률적으로 적용하도록 하고 있다(법정부부재산제).

(1) 약정부부재산제 – 부부재산계약

> **제829조 【부부재산의 약정과 그 변경】**
> ① 부부가 혼인성립 전에 그 재산에 관하여 따로 약정을 하지 아니한 때에는 그 재산관계는 본관 중 다음 각 조에 정하는 바에 의한다.
> ② 부부가 혼인성립 전에 그 재산에 관하여 약정한 때에는 혼인중 이를 변경하지 못한다. 그러나 정당한 사유가 있는 때에는 법원의 허가를 얻어 변경할 수 있다.
> ③ 전항의 약정에 의하여 부부의 일방이 다른 일방의 재산을 관리하는 경우에 부적당한 관리로 인하여 그 재산을 위태하게 한 때에는 다른 일방은 자기가 관리할 것을 법원에 청구할 수 있고 그 재산이 부부의 공유인 때에는 그 분할을 청구할 수 있다.
> ④ 부부가 그 재산에 관하여 따로 약정을 한 때에는 혼인성립까지에 그 등기를 하지 아니하면 이로써 부부의 승계인 또는 제3자에게 대항하지 못한다.
> ⑤ 제2항, 제3항의 규정이나 약정에 의하여 관리자를 변경하거나 공유재산을 분할하였을 때에는 그 등기를 하지 아니하면 이로써 부부의 승계인 또는 제3자에게 대항하지 못한다.

① 부부로 될 자는 혼인이 성립하기 전에 그 재산에 관하여 자유롭게 계약을 체결할 수 있다. 그 계약을 부부재산계약이라고 한다. 이 제도는 실제로는 거의 이용되지 않는다.

② 계약이 혼인 전에 체결되었을 것을 요한다. 따라서 혼인신고 후에는 부부재산계약을 체결할 수 없다.

③ 부부재산계약의 내용은 '혼인 중'의 재산관계이어야 하고, 혼인 전 또는 혼인해소 후의 재산관계를 정할 수는 없다.

④ 부부가 그 재산에 관하여 따로 약정을 한 때에는 혼인성립(혼인신고 시)까지 그 등기를 하지 아니하면 이로써 부부의 승계인 또는 제3자에게 대항하지 못한다(제829조 제4항). 나아가 관리자의 변경이나 공유재산의 분할 시에도 등기하여야 제3자에게 대항할 수 있다(동조 제5항). 이러한 등기는 부부재산계약의 성립요건이 아니라 대항요건에 불과하므로, 등기가 없더라도 부부재산계약은 유효하다.

(2) 법정부부재산제

> ### 제830조 【특유재산과 귀속불명재산】
> ① 부부의 일방이 혼인 전부터 가진 고유재산과 혼인 중 자기의 명의로 취득한 재산은 그 특유재산으로 한다.
> ② 부부의 누구에게 속한 것인지 분명하지 아니한 재산은 부부의 공유로 추정한다.
> ### 제831조 【특유재산의 관리 등】
> 부부는 그 특유재산을 각자 관리, 사용, 수익한다.

부부재산의 귀속에 관하여 민법은 부부별산제를 채용하고 있다. 즉 부부의 일방이 혼인 전부터 가진 고유재산과 혼인 중 자기의 명의로 취득한 재산은 그 특유재산으로 추정한다(→ 제830조는 간주규정처럼 되어 있지만 판례는 이를 추정규정으로 해석한다). 이 특유재산은 부부가 각자 관리·사용·수익한다.

★★★▶ **특유재산의 추정 및 그 번복**(대판 1992.12.11, 92다21982)

① 부부의 일방이 혼인 중 자기 명의로 취득한 재산은 그 명의자의 특유재산으로 추정되나, 실질적으로 다른 일방 또는 쌍방이 그 재산의 대가를 부담하여 취득한 것이 증명된 때에는 특유재산의 추정은 번복되어, 그 다른 일방의 소유이거나 쌍방의 공유로 보아야 할 것이다.

② 그러나 재산을 취득함에 있어서 상대방의 협력이 있었다거나 혼인생활에 있어서 내조의 공이 있었다는 것만으로는 추정을 번복할 사유가 된다고 할 수 없다.

▶ **부부의 일방이 혼인 중 단독 명의로 취득한 부동산에 대하여 민법 제830조 제1항에서 정한 특유재산의 추정을 번복하고 당해 부동산에 관하여 명의신탁이 있었는지 판단하는 기준**
민법 제830조 제1항에 의하여 부부의 일방이 혼인 중 그의 단독 명의로 취득한 부동산은 그 명의자의 특유재산으로 추정되므로 그 추정을 번복하기 위하여는 다른 일방 배우자가 실제로 당해 부동산의 대가를 부담하여 그 부동산을 자신이 실질적으로 소유하기 위하여 취득하였음을 증명하여야 한다. 이때 단순히 다른 일방 배우자가 그 매수자금의 출처라는 사정만으로는 무조건 특유재산의 추정을 번복하고 당해 부동산에 관하여 명의신탁이 있었다고 볼 것은 아니고, 관련 증거들을 통하여 나타난 모든 사정을 종합하여 다른 일방 배우자가 당해 부동산을 실질적으로 소유하기 위하여 그 대가를 부담하였는지를 개별적·구체적으로 가려 명의신탁 여부를 판단하여야 하며, 특히 다른 증거에 의하여 이러한 점을 인정하기 어려운 사정이 엿보이는 경우에는 명의자 아닌 다른 일방 배우자가 매수자금의 출처라는 사정만으로 명의신탁이 있었다고 보기는 어렵다(대판 2013.10.31, 2013다49572).[1] → 甲의 처인 乙 앞으로 소유권이전등기가 마쳐진 부동산의 매수자금 중 일부의 출처가 甲으로 확인된 사안에서, 실제로 甲이 부동산의 매수대금을 얼마나 부담하였는지, 甲이 부동산을 실질적으로 소유하기 위하여 매수대금을 부담한 것인지를 개별적·구체적으로 심리하지 않은 채 甲이 乙에게 위 부동산 중 적어도 1/2 지분을 명의신탁하였다고 본 원심판결에 법리오해 등의 위법이 있다고 한 사례이다.

(3) 일상가사대리권과 일상가사채무의 연대책임

> **제827조【부부간의 가사대리권】**
> ① 부부는 일상의 가사에 관하여 서로 대리권이 있다.
> ② 전항의 대리권에 가한 제한은 선의의 제3자에게 대항하지 못한다.
>
> **제832조【가사로 인한 채무의 연대책임】**
> 부부의 일방이 일상의 가사에 관하여 제3자와 법률행위를 한 때에는 다른 일방은 이로 인한 채무에 대하여 연대책임이 있다. 그러나 이미 제3자에 대하여 다른 일방의 책임 없음을 명시한 때에는 그러하지 아니하다.

1) 의의

부부는 일상의 가사에 관하여 서로 대리권이 있으며, 부부의 일방이 일상의 가사에 관하여 제3자와 법률행위를 한 때에는 다른 일방은 이로 인한 채무에 대하여 연대책임이 있다.

▶ **비상가사대리권의 인정 여부**(소극)

대리가 적법하게 성립하기 위하여는 대리행위를 한 자, 즉 대리인이 본인을 대리할 권한을 가지고 그 대리권의 범위 내에서 법률행위를 하였음을 요하며, 부부의 경우에도 일상의 가사가 아닌 법률행위를 배우자를 대리하여 행함에 있어서는 별도로 대리권을 수여하는 수권행위가 필요한 것이지, 부부의 일방이 의식불명의 상태에 있어 사회통념상 대리관계를 인정할 필요가 있다는 사정만으로 그 배우자가 당연히 채무의 부담행위를 포함한 모든 법률행위에 관하여 대리권을 갖는다고 볼 것은 아니다(대판 2000.12.8, 99다37856).

2) 일상가사대리권의 범위

여기서 일상의 가사란 부부의 공동생활에서 필요로 하는 통상의 사무를 가리키며, 그 구체적인 범위는 그 법률행위의 종류·성질 등 객관적 사정과 함께 가사처리자의 주관적 의사와 목적, 부부의 사회적 지위·직업·재산·수입능력 등 현실적 생활상태를 종합적으로 고려하여 사회통념에 따라 판단한다.

---

1) 가령, 당해 부동산의 취득자금의 출처가 명의자가 아닌 다른 일방 배우자인 사실이 밝혀졌다 하더라도 그 명의자가 배우자로부터 취득자금을 증여받은 것으로 볼 수도 있기 때문이다.

★★★▶ 일상가사대리권 범위에 속하는지의 판단기준(대판 1999.3.9. 98다46877)

① 민법 제832조에서 말하는 일상의 가사에 관한 법률행위라 함은 부부가 공동생활을 영위하는데 통상 필요한 법률행위를 말하므로 그 내용과 범위는 그 부부공동체의 생활 구조, 정도와 그 부부의 생활 장소인 지역사회의 사회통념에 의하여 결정되며, 문제가 된 구체적인 법률행위가 당해 부부의 일상의 가사에 관한 것인지를 판단함에 있어서는 그 법률행위의 종류·성질 등 객관적 사정과 함께 가사처리자의 주관적 의사와 목적, 부부의 사회적 지위·직업·재산·수입능력 등 현실적 생활상태를 종합적으로 고려하여 사회통념에 따라 판단하여야 한다.

② 금전차용행위도 금액, 차용 목적, 실제의 지출용도, 기타의 사정 등을 고려하여 그것이 부부의 공동생활에 필요한 자금조달을 목적으로 하는 것이라면 일상가사에 속한다고 보아야 할 것이므로, 아파트 구입비용 명목으로 차용한 경우 그와 같은 비용의 지출이 부부공동체 유지에 필수적인 주거 공간을 마련하기 위한 것이라면 일상가사에 속한다고 볼 수 있다.

③ 부인이 남편 명의로 분양받은 45평형 아파트의 분양금을 납입하기 위한 명목으로 금전을 차용하여 분양금을 납입하였고, 그 아파트가 남편의 유일한 부동산으로서 가족들이 거주하고 있는 경우, 그 금전차용행위는 일상가사에 해당한다. → 부인이 교회에의 건축 헌금, 가게의 인수대금, 장남의 교회 및 주택임대차보증금의 보조금, 거액의 대출금에 대한 이자지급 등의 명목으로 금원을 차용한 행위는 일상가사에 속한다고 볼 수는 없으며, 주택 및 아파트 구입비용 명목으로 차용한 경우 그와 같은 비용의 지출이 부부공동체를 유지하기 위하여 필수적인 주거 공간을 마련하기 위한 것이라면 일상의 가사에 속한다고 볼 여지가 있을 수 있으나 그 주택 및 아파트의 매매대금이 거액에 이르는 대규모의 주택이나 아파트라면 그 구입 또한 일상의 가사에 속하는 것이라고 보기는 어렵다(대판 1997.11.28. 97다31229).

▶ 자가용차의 구입을 위한 금전차용행위(소극)

민법 제827조 제1항의 부부간의 가사대리권은 부부가 공동체로서 가정생활상 상시 행하여지는 행위에 한하는 것이라 할 것이므로 처가 자가용차를 구입하기 위하여 타인으로부터 금전을 차용하는 행위는 이에 속한다고 할 수 없다(대판 1985.3.26. 84다카1621).

★▶ 남편이 자신의 사업상의 채무에 대하여 처 명의로 연대보증약정을 한 행위(소극)

부부간에 서로 일상가사대리권이 있다고 하더라도, 일반적으로 처가 남편이 부담하는 사업상의 채무를 남편과 연대하여 부담하기 위하여 남편에게 채권자와의 채무부담약정에 관한 대리권을 수여한다는 것은 극히 이례적인 일이라 할 것이고, 채무자가 남편으로서 처의 도장을 쉽사리 입수할 수 있었으며 채권자도 이러한 사정을 쉽게 알 수 있었던 점에 비추어 보면, 채무자가 채권자를 자신의 집 부근으로 오게 한 후 처로부터 위임을 받았다고 하여 처 명의의 채무부담약정을 한 사실만으로는 채권자가 남편에게 처를 대리하여 채무부담약정을 할 대리권이 있다고 믿은 점을 정당화할 수 있는 객관적인 사정이 있다고 할 수 없으므로 민법 제126조의 표현대리가 성립하지 않는다(대판 1997.4.8. 96다54942).

★▶ 처가 별거하여 외국에 체류 중인 남편의 재산을 처분한 행위(소극)

민법 제827조 제1항의 부부간의 일상가사대리권은 부부가 공동체로서 가정생활상 항시 행하여지는 행위에 한하는 것이므로, 처가 별거하여 외국에 체류중인 부의 재산을 처분한 행위를 부부간의 일상가사에 속하는 것이라 할 수는 없다(대판 1993.9.28. 93다16369).

▶ **남편 소유의 부동산 매각과 아내의 일상가사 대리권의 한계**
부부간의 일상가사대리권은 그 동거생활을 추지하기 위하여 각각 필요한 범위 내의 법률행위에 국한되어야 할 것이고 아내가 남편 소유의 부동산을 매각하는 것과 같은 처분행위는 일상가사의 대리권에는 속하지 아니 한다(대판 1966.7.19. 66다863).

3) 일상가사대리권의 제한

부부의 일방은 일상가사대리권을 제한할 수 있다. 그러나 그 제한은 선의의 제3자에게 대항하지 못한다.

4) 효과

① 부부의 일방이 일상의 가사에 관하여 제3자와 법률행위를 한 때에는 다른 일방은 이로 인한 채무에 대하여 연대책임이 있다. 이미 제3자에 대하여 다른 일방의 책임 없음을 명시한 때에는 그러하지 아니하다(제832조). 그러나 이러한 일상가사대리권은 사실혼의 부부에게도 인정된다.
② 일상가사채무의 연대책임은 통상의 연대채무와 다르다. 즉 통상의 연대채무에서와 같은 내부적 부담부분이 없다. 따라서 각자가 전부에 대한 부담부분을 갖고 전액에 대한 책임을 진다. 결국 연대채무에서와 달리 면제, 소멸시효완성, 혼동의 경우 부담부분에 한하지 않고 전부에 대한 절대효가 있으며, 상계의 경우 부담부분을 넘어 타방의 자동채권으로 무제한 상계할 수도 있다.
③ 그러나, 혼인이 해소된 후에는 부담부분이 인정되는 통상의 연대채무로 전환된다(분할채무로 되는 것이 아님에 주의를 요한다).

5) 표현대리의 성부

부부 일방의 행위가 일상가사에 관한 법률행위로 인정되지 않는 경우에는 다른 일방의 책임은 생기지 않는다. 그 경우에 일상가사대리권을 기초로 하여 제126조의 표현대리가 성립할 수 있다는 것이 다수설과 판례이다. 다만, 제126조의 표현대리의 요건 중 정당한 이유의 의미에 대하여는 상대방이 '부부일방이 타방에게 그 행위에 관한 대리권을 주었다고 믿었음을 정당화할 객관적 사정'이 있어야 함을 의미한다.

★★★▶ **일상가사범위를 넘는 행위에 제126조 표현대리가 성립하기 위한 요건**
타인의 채무에 대한 보증행위는 그 성질상 아무런 반대급부 없이 오직 일방적으로 불이익만을 입는 것인 점에 비추어 볼 때, 남편이 처에게 타인의 채무를 보증함에 필요한 대리권을 수여한다는 것은 사회통념상 이례에 속하므로, 처가 특별한 수권 없이 남편을 대리하여 위와 같은 행위를 하였을 경우에 그것이 민법 제126조 소정의 표현대리가 되려면 처에게 일상가사대리권이 있었다는 것만이 아니라 상대방이 처에게 남편이 그 행위에 관한 대리의 권한을 주었다고 믿었음을 정당화할 만한 객관적인 사정이 있어야 한다(대판 1998.7.10. 98다18988).

(4) 혼인생활비용의 공동부담

> **제833조【생활비용】**
> 부부의 공동생활에 필요한 비용은 당사자 간에 특별한 약정이 없으면 부부가 공동으로 부담한다.

V. 이혼

1. 혼인의 해소 총설

혼인의 해소란 완전히 유효하게 성립한 혼인이 그 후의 사유로 말미암아 소멸하는 것을 말한다. 혼인에 처음부터 하자가 있어서 그것이 무효 또는 취소되는 경우와는 다르다. 혼인해소의 원인에는 배우자의 사망과 이혼이 있다.

(1) 사망에 의한 해소

① 부부 일방이 사망하면 혼인은 당연히 해소되므로, 혼인의 효과가 소멸하고 다른 일방은 자유로이 재혼할 수 있다.

② 부부 일방이 사망한 경우 생존배우자와의 인척관계는 당연히 소멸하지는 않고, 생존배우자가 재혼한 때에 소멸한다.

(2) 이혼에 의한 해소

이혼이란 완전·유효하게 성립한 혼인을 당사자 쌍방 또는 일방의 의사에 의하여 해소하는 제도이다. 우리법상 이혼에는 협의이혼과 재판상 이혼의 두 가지가 있다.

2. 협의이혼

(1) 의의

협의이혼이란 혼인계속을 원하지 않는 부부쌍방의 협의에 의하여 성립하는 이혼이다. 넓은 의미의 계약이며, 일정한 방식으로 신고하여야 하는 요식행위이다.

(2) 성립요건

1) 실질적 요건 – 당사자의 이혼의사의 합치

> 제834조【협의상 이혼】
> 부부는 협의에 의하여 이혼할 수 있다.

가) 이혼의사의 의의 : 이혼의사는 혼인의 실체를 영구적으로 해소하려는 효과의사를 말하는데, 그 구체적인 의미에 대해 판례는 형식적 의사설에 입각하고 있다.

▶ **다른 목적으로 일시적이나마 이혼하기로 한 합의의 효력**
장인, 장모를 상대로 노임을 청구하기 위한 목적의 이혼신고에 관하여 일시적이나마 이혼신고를 하기로 하는 합의하에 협의이혼신고를 한 이상 사실상 부부관계까지 해소할 의사가 없었더라도 무효라 할 수 없다(대판 1993.6.11, 93므171).

★★★▶ **해외이민을 목적으로 한 이혼신고**
해외이민을 목적으로 한 이혼신고라도 일시적으로나마 법률상 부부관계를 해소할 의사가 있었다고 할 것이므로 유효하다(대판 1981.7.28, 80므77).

나) **이혼의사의 존재시기** : 이혼신고서의 작성 시는 물론이고 그 서면이 수리되는 경우에도 존재하여야 한다.

다) **이혼의사의 철회** : 이혼의사는 이혼신고가 수리될 때까지 존재하여야 한다. 따라서 이혼의사의 철회에도 불구하고 이혼신고서가 제출되어 이혼신고서가 수리되었다고 하더라도 협의상 이혼의 효력이 생길 수 없다(대판 1994.2.8, 93도2869).

라) **미성년자나 피성년후견인의 협의이혼 능력**

> **제835조【성년후견과 협의상 이혼】**
> 피성년후견인의 협의상 이혼에 관하여는 제808조 제2항(= 혼인동의권 규정)을 준용한다.

① 미성년자는 혼인으로 성년의제가 되므로 단독으로 협의이혼을 할 수 있다.
② 피성년후견인도 의사능력이 있으면 부모 또는 성년후견인의 동의를 얻어 협의이혼할 수 있다(제835조).

2) 절차적 요건 – 이혼신고

> **제836조【이혼의 성립과 신고방식】**
> ① 협의상 이혼은 가정법원의 확인을 받아 가족관계의 등록 등에 관한 법률의 정한 바에 의하여 신고함으로써 그 효력이 생긴다.
> ② 전항의 신고는 당사자 쌍방과 성년자인 증인 2인의 연서한 서면으로 하여야 한다.

가) **가정법원의 이혼의사의 확인**

> **제836조의2【이혼의 절차】**
> ① 협의상 이혼을 하려는 자는 가정법원이 제공하는 이혼에 관한 안내를 받아야 하고, 가정법원은 필요한 경우 당사자에게 상담에 관하여 전문적인 지식과 경험을 갖춘 전문상담인의 상담을 받을 것을 권고할 수 있다.
> ② 가정법원에 이혼의사의 확인을 신청한 당사자는 제1항의 안내를 받은 날부터 다음 각 호의 기간이 지난 후에 이혼의사의 확인을 받을 수 있다.
>   1. 양육하여야 할 자(포태 중인 자를 포함한다. 이하 이 조에서 같다)가 있는 경우에는 3개월 → 미성년의 자녀가 있는 경우이다.
>   2. 제1호에 해당하지 아니하는 경우에는 1개월 → 양육하여야 할 자녀가 없는 경우에는 성년자녀를 포함한다.
> ③ 가정법원은 폭력으로 인하여 당사자 일방에게 참을 수 없는 고통이 예상되는 등 이혼을 하여야 할 급박한 사정이 있는 경우에는 제2항의 기간을 단축 또는 면제할 수 있다.
> ④ 양육하여야 할 자가 있는 경우 당사자는 제837조에 따른 자의 양육과 제909조 제4항에 따른 자의 친권자 결정에 관한 협의서 또는 제837조 및 제909조 제4항에 따른 가정법원의 심판정본을 제출하여야 한다.
> ⑤ 가정법원은 당사자가 협의한 양육비 부담에 관한 내용을 확인하는 양육비부담조서를 작성하여야 한다. 이 경우 양육비부담조서의 효력에 대하여는 가사소송법 제41조를 준용한다.

① **이혼안내제도** : 협의이혼을 하려는 자는 가정법원의 확인을 받아야 한다. 그러기 위하여 부부가 함께 등록기준지 또는 주소지를 관할하는 가정법원에 출석하여 협의이혼의사 확인신청서를 제출하고, 이혼에 관한 안내를 받아야 한다.

② **이혼숙려기간의 도입** : 가정법원의 확인은 신청 후 일정기간(=숙려기간)이 경과한 후에야 받을 수 있다. 가정법원은 필요한 경우 당사자에게 상담에 관하여 전문적인 지식과 경험을 갖춘 전문상담인의 상담을 받을 것을 권고할 수 있다. 숙려기간은 양육하여야 할 자가 있는 경우에는 3개월, 그 밖의 경우에는 1개월이다.

③ **자녀양육사항과 친권자 결정 합의의무화** : 가정법원은 숙려기간이 지난 뒤 부부 양쪽을 출석시켜 그 진술을 듣고 이혼의사의 유무 및 부부 사이에 미성년인 자녀가 있는지 여부와 미성년인 자녀가 있는 경우 그 자녀에 대한 양육과 친권자결정에 관한 협의서 또는 가정법원의 심판정본 및 확정증명서를 확인하여야 한다.

나) 협의이혼신고

협의이혼의 신고는 확인서등본을 교부 또는 송달받은 날부터 3개월 이내에 그 등본을 첨부하여 신고하여야 하며, 신고 없이 3개월이 경과한 때에는 그 가정법원의 확인은 효력을 상실한다. 이혼신고서의 제출은 부부 중 한쪽이 할 수 있다.

(3) 협의이혼의 무효와 취소

1) 협의이혼의 무효

민법에는 협의이혼의 무효에 관한 규정이 없으나, ① 이혼신고가 수리되었으나 당사자 사이에 이혼합의가 없는 경우, ② 이혼신고 시 의사능력이 없었을 때, ③ 이혼신고서 작성 후 수리 전에 이미 이혼의사를 철회한 경우 등이 무효사유에 해당한다.

2) 협의이혼의 취소

> **제838조 【사기, 강박으로 인한 이혼의 취소청구권】**
> 사기 또는 강박으로 인하여 이혼의 의사표시를 한 자는 그 취소를 가정법원에 청구할 수 있다.
> **제839조 【준용규정】**
> 제823조의 규정(=사기·강박으로 인한 혼인 취소기간 3개월)은 협의상 이혼에 준용한다.

가) 취소의 원인 : 사기 또는 강박으로 인하여 이혼의 의사표시를 한 자는 사기를 안 날 또는 강박을 면할 날부터 3개월 이내에 이혼의 취소를 가정법원에 청구할 수 있다(제838조).

나) 취소의 방법 : 가정법원에 소로서 행사하여야 한다. 이혼취소의 소는 형성의 소로서 그 판결의 확정으로 이혼이 취소된다. 그리고 취소판결은 제3자에게도 효력이 있다.

다) 취소의 효과(소급효) : 혼인취소에 소급효가 없는 것과 달리, 이혼취소는 법률관계의 간이화를 위해 소급효가 인정되므로 이혼은 처음부터 없었던 것으로 된다. 따라서 당사자가 그 사이에 재혼한 때에는 중혼이 된다.

► 사실상의 이혼

[1] 의의 – 사실상의 이혼이란 이혼신고가 없어 형식적으로는 법률혼 상태에 있으나, 부부가 이혼에 합의하고 별거하여 부부공동생활의 실체가 없는 상태를 말한다. 법률상 아직은 혼인상태이기는 하지만 법률상 혼인상태와 달리 취급하기 위한 개념이다.

[2] 친족관계의 유지 – 따라서 ① 사실상 이혼상태에서 출생한 자녀도 혼인 중의 자로 된다. 다만, 객관적으로 동거가 전혀 없으므로 친생자추정은 미치지 않는다고 볼 것이므로 친생부인의 소에 의하지 않고 친자관계부존재 확인의 소에 의하여 친자관계를 부정할 수 있다. ② 친족관계는 이혼신고가 없는 한 그대로 유지되므로, 사실상 이혼상태에 있는 일방이 사망한 경우라도 타방은 여전히 법률상 부부로서 원칙적으로 상속권이 인정된다. 다만 예외적으로 상속권을 주장하는 것이 사회생활상 용인될 수 없는 경우에는 권리남용에 해당하는 경우가 있다(대판 1987.4.28, 86므130).

3. 재판상 이혼

(1) 서설

1) 의의

재판상 이혼이란 일정한 사유가 있는 경우에만 허용되는 것으로서, 민법은 제840조에서 6가지의 재판상 이혼원인을 규정하고 있다.

2) 이혼사유에 대한 입법주의

① 부부의 일방에게 책임이 있는 경우에 한하여 책임 없는 다른 일방이 이혼을 청구할 수 있는 유책주의와 ② 책임과 관계없이 혼인이 파탄에 이르게 되면 유책배우자도 이혼을 청구할 수 있는 파탄주의가 있다.

3) 민법의 태도

제840조 제1호 내지 제4호는 유책주의를, 제5호는 파탄주의를 규정하고 있으나, 제6호의 혼인을 계속하기 어려운 중대한 사유는 불분명하다.

(2) 재판상 이혼사유

> **제840조 【재판상 이혼원인】**
> 부부의 일방은 다음 각 호의 사유가 있는 경우에는 가정법원에 이혼을 청구할 수 있다.
> 1. 배우자에 부정한 행위가 있었을 때
> 2. 배우자가 악의로 다른 일방을 유기한 때
> 3. 배우자 또는 그 직계존속으로부터 심히 부당한 대우를 받았을 때
> 4. 자기의 직계존속이 배우자로부터 심히 부당한 대우를 받았을 때
> 5. 배우자의 생사가 3년 이상 분명하지 아니한 때
> 6. 기타 혼인을 계속하기 어려운 중대한 사유가 있을 때

판례는 제840조 각 호의 규정은 각각 독립된 별개의 이혼사유이며(독립설), 제1호 내지 제5호의 규정이 제6호의 단순한 예시규정에 불과한 것은 아니라고 한다.

▶ **제840조 각 호가 별개의 이혼원인으로서 소송물을 달리하는지 여부**(적극)
재판상 이혼사유에 관한 민법 제840조는 동조가 규정하고 있는 각 호 사유마다 각 별개의 독립된 이혼사유를 구성하는 것이고, 원고가 이혼청구를 구하면서 위 각 호 소정의 수개의 사유를 주장하는 경우 법원은 그중 어느 하나를 받아들여 원고의 청구를 인용할 수 있다. 이와 달리 법원은 각 이혼원인을 판단함에 있어 원고가 주장하는 이혼원인 중 제1호 내지 제5호 사유의 존부를 먼저 판단하고, 그것이 인정되지 않는 경우에 비로소 제6호의 원인을 최종적으로 판단할 수 있는 것이라는 주장은 독자적인 견해에 불과하다(대판 2000.9.5, 99므1886).

★▶ **원고가 주장하지 아니한 이혼사유와 법원의 심판**
민법 제840조의 각 이혼사유는 그 각 사유마다 독립된 이혼청구원인이 되므로 법원은 원고가 주장한 이혼사유에 관하여서만 심판하여야 한다(대판 1963.1.31, 62다812).

1) 배우자의 부정한 행위(제1호)

가) 의의 : 배우자의 부정한 행위란 간통을 포함하는 보다 넓은 개념으로서 간통에까지는 이르지 않지만 부부의 정조의무에 충실하지 않는 일체의 행위를 가리킨다. 그것은 내심의 자유로운 의사에 의하여 행하여졌어야 하고, 혼인하여 배우자로서 한 것이어야 한다. 따라서 약혼단계에서 한 부정행위는 제1호의 부정한 행위에 해당하지 않는다.

▶ **간통보다 광의의 개념**
① 민법 제840조 제1호 소정의 "부정한 행위"라 함은 배우자로서의 정조의무에 충실치 못한 일체의 행위를 포함하며 이른바 간통보다는 넓은 개념으로서 부정한 행위인지의 여부는 각 구체적 사안에 따라 그 정도와 상황을 참작하여 평가하여야 할 것이다(대판 1992.11.10, 92므68).
② 고령이고 중풍으로 정교능력이 없어 실제는 정교를 갖지 못하였더라도 배우자 아닌 자와 동거한 행위는 배우자로서의 정조의무에 충실치 못한 것으로서 부정행위에 해당한다(대판 1992.11.10, 92므68).

★▶ **약혼단계에서의 행위 불포함**
민법 제840조 제1호 소정의 재판상 이혼사유인 배우자에 부정한 행위가 있었을 때라 함은 혼인한 부부간의 일방이 부정한 행위를 한 때를 말하는 것이므로 혼인 전 약혼단계에서 부정한 행위를 한 때에는 위 이혼사유에 해당한다고 할 수는 없다(대판 1991.9.13, 91므85·92). → 약혼기간 중 다른 남자와 정교하여 임신하고는 그 혼인 후 남편의 자인 양 속여 출생신고를 한 경우가 혼인을 계속할 수 없는 중대한 사유로 인정되지 않는다.

▶ **카바레에서 다른 남자를 사귄 사실만으로 부정한 행위에 해당하는지 여부**(소극)
피청구인이 1987년경 충남 홍성읍에 있는 야행궁 카바레에 춤을 추러 갔다가 그곳에서 청구외인을 만나 알게 되어 친하게 되고 1987.8.22.경 피청구인이 대천에서 서울을 갈 때 청구외인과 함께 기차를 타고 서울에 있는 피청구인 집까지 동행한 사실은 인정되나 위 인정사실만으로는 피청구인이 부정한 행위를 한 것으로 단정할 수 없고 소론 갑제2호증(편지)의 기재만으로는 위 주장사실을 인정하기에 부족하며 달리 이를 인정할 만한 아무런 증거가 없다(대판 1990.7.24, 89므1115).

나) 이혼청구권의 소멸

> **제841조 【부정으로 인한 이혼청구권의 소멸】**
> 전조 제1호의 사유는 다른 일방이 사전 동의나 사후 용서를 한 때 또는 이를 안 날로부터 6월, 그 사유
> 있은 날로부터 2년을 경과한 때에는 이혼을 청구하지 못한다.

① 사전동의는 명시적 또는 묵시적으로도 가능하다. 따라서 이혼의사의 합치가 있는 사실상 이혼
상태의 경우 사전동의가 있다고 볼 수 있다. ② 사후 용서 역시 명시적 또는 묵시적으로도 가능하
나, 부정행위가 있음을 알면서 하여야 한다. 따라서 모르는 사실에 대해서는 사후 용서를 인정할
수 없다. 또한 ③ 부정행위로 인한 이혼청구권은 6월, 2년의 제척기간 내에 행사하여야 한다.

▶ **이혼의사의 명백한 합치가 있는 경우 – 사전 동의 긍정**
당사자가 더 이상 혼인관계를 지속할 의사가 없고 이혼의사의 명백한 합치가 있는 경우에는 비록 법
률적으로는 혼인관계가 존속한다 하더라도 상대방의 간통에 대한 사전 동의라고 할 수 있는 종용에
관한 의사표시가 그 합의 속에 포함되어 있는 것으로 보아야 하고, 이혼의사의 명백한 합의가 있었는
지 여부는 반드시 서면에 의한 합의서가 작성된 경우뿐만 아니라, 당사자의 언행 등 여러 가지 사정
으로 보아 혼인당사자 쌍방이 더 이상 혼인관계를 유지할 의사가 없었던 사정이 인정되고, 어느 일
방의 이혼요구에 상대방이 진정으로 응낙하는 언행을 보이는 사정이 인정되는 경우에도 그와 같은
의사의 합치가 있었다고 인정할 수 있다(대판 1997.2.25, 95도2819).

▶ **不知의 사실 – 사후용서 부정**
부부가 가정불화로 인하여 일시 별거하다가 감정의 융화로 다시 동서(同棲)를 계속하였을지라도 이로
써 그 후에 탐지한 처의 부정행위를 용서하였다고 인정할 수 없다(대판 1955.7.28, 4288민상214).

★▶ **민법 제841조가 배우자로서의 권리침해를 원인으로 한 위자료 청구사건에도 적용되는지 여부**(소극)
민법 제841조 소정의 제척기간은 부정행위를 원인으로 한 이혼청구권의 소멸에 관한 규정으로서 이
는 부권침해를 원인으로 하여 그 정신상 고통에 대한 위자료를 청구하고 있는 경우에는 적용될 수 없
다(대판 1985.6.25, 83므18).

2) 배우자의 악의의 유기(제2호)

악의의 유기란 정당한 이유 없이 부부로서의 동거·부양·협조의무를 이행하지 않고 다른 일방을
버리는 것으로서, 상대방을 내쫓거나 스스로 나가서 돌아오지 않는 것을 의미한다.

▶ **정신이상 증세의 처를 두고 비구승이 된 경우**
부부공동생활의 폐지라 볼 수 있는 경우, 예컨대 남편이 정신이상의 증세가 있는 처를 두고 가출하여
비구승이 된 것은 악의의 유기이다(대판 1990.11.9, 90므583·590).

▶ **정당한 이유가 있는 가출 경우**(소극)
가정불화가 심화되어 처 및 자녀들의 냉대가 극심하여지자 가장으로서 이를 피하여 자제케 하고 그 뜻
을 꺾기 위하여 일시 집을 나와 별거하고 가정불화가 심히 악화된 기간 이래 생활비를 지급하지 아니
한 것뿐이고 달리 부부생활을 폐지하기 위하여 가출한 것이 아니라면 악의의 유기에 해당할 수 없다
(대판 1986.6.24, 85므6). → 악의의 유기란 정당한 이유 없이 배우자를 버리고 부부공동생활을 폐지
하는 것을 말하기 때문이다.

★► 악의의 유기로 인한 이혼청구권의 제척기간

악의의 유기를 원인으로 하는 재판상 이혼청구권이 법률상 그 행사기간의 제한이 없는 형성권으로서 10년의 제척기간에 걸린다고 하더라도 피고가 부첩관계를 계속 유지함으로써 민법 제840조 제2호에 해당하는 배우자가 악의로 다른 일방을 유기하는 것이 이혼청구 당시까지 존속되고 있는 경우에는 기간 경과에 의하여 이혼청구권이 소멸할 여지는 없다(대판 1998. 4. 10. 96므1434).

3) 배우자 또는 그의 직계존속에 의한 심히 부당한 대우(제3호)

제3호에서 심히 부당한 대우를 받았을 때라 함은 혼인관계의 지속을 강요하는 것이 가혹하다고 여겨질 정도의 폭행이나 학대 또는 중대한 모욕을 받았을 경우를 말한다(대판 1986. 6. 24. 85므6). 따라서 가정 불화의 와중에서 서로 격한 감정에서 오고간 몇 차례의 폭행 및 모욕적인 언사는 그것이 비교적 경미한 것이라면, 이는 심히 부당한 대우를 받았을 때에 해당하지 않는다.

★► 민법 제840조 제3호에서 정한 이혼사유인 '배우자로부터 심히 부당한 대우를 받았을 때'의 의미

민법 제840조 제3호에서 정한 이혼사유인 '배우자로부터 심히 부당한 대우를 받았을 때'라 함은 혼인관계의 지속을 강요하는 것이 가혹하다고 여겨질 정도의 폭행이나 학대 또는 모욕을 받았을 경우를 말한다(대판 2021. 3. 25. 2020므14763).

4) 자기의 직계존속에 대한 배우자의 심히 부당한 대우(제4호)

5) 배우자의 3년 이상의 생사불명(제5호)

생사불명이란 생존도 사망도 증명할 수 없는 경우이다. 이 사유에 의한 이혼은 실종선고에 의한 혼인해소와는 관계가 없으며, 이혼판결이 확정된 후 배우자가 살아서 돌아오더라도 실종선고가 취소되는 경우와 달리 혼인이 부활하지 않는다.

6) 기타 혼인을 계속하기 어려운 중대한 사유(제6호)

제6호의 혼인을 계속하기 어려운 중대한 사유가 있는 때란 혼인의 본질에 상응하는 부부공동생활관계가 회복할 수 없을 정도이고 그 혼인생활의 계속을 강제하는 것이 일방 배우자에게 참을 수 없는 고통이 되는 경우를 말한다(대판 2010. 7. 15. 2010므1140). 이를 판단함에 있어서는 혼인계속의사의 유무, 파탄의 원인에 관한 당사자의 책임 유무, 혼인생활의 기간, 자녀의 유무, 당사자의 연령, 이혼 후의 생활보장, 기타 혼인관계의 제반사정을 고려한다.

★► 협의이혼 의사확인과 재판상의 이혼사유

법원에 의한 협의이혼의사확인절차는 확인 당시에 당사자들이 이혼할 의사를 가지고 있었는가를 밝히는데 그치는 것이므로, 협의이혼의사의 확인이 있었다는 것만으로 재판상 이혼사유가 될 수 없으며 그 의사확인 당시에 더 이상 혼인을 계속할 수 없는 중대한 사유가 있었다고 추정될 수도 없다(대판 1988. 4. 25. 87므28).

► 혼인을 계속하기 어려운 중대한 사유가 상대방의 귀책사유로 인한 것이어야 하는지 여부(소극)

이혼원인으로서의 혼인을 계속하기 어려운 중대한 사유란 반드시 상대방 배우자의 귀책사유로 말미암을 필요는 없으나 주로 이혼을 구하는 배우자의 귀책사유로 말미암은 경우는 포함되지 않는다고 해석함이 상당하므로 혼인관계가 파탄되었다고 인정되는 경우에는 법원으로서는 그 파탄이 피청구인의 귀책사유에 기인한 것인가를 심리할 것이 아니라 파탄의 주된 원인이 청구인의 귀책사유에 있는 것인가를 심리판단하여 민법 제840조 제6호에의 해당여부를 가려야 할 것이다(대판 1982.5.11, 81므60).

★► **민법 제840조 제6호에서 정한 이혼사유인 '혼인을 계속하기 어려운 중대한 사유가 있을 때'의 의미 및 판단 기준 / 부부의 혼인관계가 돌이킬 수 없을 정도로 파탄되었다고 인정되는 경우, 이혼 청구를 받아들여야 하는지 여부**(원칙적 적극)

민법 제840조 제6호에서 정한 이혼사유인 '혼인을 계속하기 어려운 중대한 사유가 있을 때'란 부부간의 애정과 신뢰가 바탕이 되어야 할 혼인의 본질에 상응하는 부부공동생활관계가 회복할 수 없을 정도로 파탄되고 혼인생활의 계속을 강제하는 것이 일방 배우자에게 참을 수 없는 고통이 되는 경우를 말한다. 이를 판단할 때에는 혼인계속의사의 유무, 파탄의 원인에 관한 당사자의 책임 유무, 혼인생활의 기간, 자녀의 유무, 당사자의 연령, 이혼 후의 생활보장 등 혼인관계에 관한 여러 사정을 두루 고려하여야 하고, 이러한 사정을 고려하여 부부의 혼인관계가 돌이킬 수 없을 정도로 파탄되었다고 인정된다면 파탄의 원인에 대한 원고의 책임이 피고의 책임보다 더 무겁다고 인정되지 않는 한 이혼 청구를 받아들여야 한다(대판 2021.8.19, 2021므12108; 대판 2022.5.26, 2021므15480).

→ [사실관계] : ① 甲과 乙은 혼인신고를 마친 법률상 부부로서, 甲의 외도 사실을 알고도 乙이 가정을 유지하겠다는 선택을 하여 오랜 기간 부부관계를 유지해 왔는데, 이후에 乙의 甲에 대한 불신과 비난 등이 지속되자, 甲이 乙을 상대로 혼인관계가 파탄되었다고 주장하며 이혼 등을 구한 사안에서, 甲의 과거 외도로 당시 甲과 乙의 혼인관계는 파탄상황에 있었다고 할 수 있으나, 乙이 이를 알게 된 다음에도 甲을 다시 받아들여 가정을 유지하겠다는 선택을 하였고 오랜 기간 부부관계를 유지하였으며 甲이 그 이후에 다른 부정행위를 하였다고 볼 증거가 없는 이상, 과거에 있었던 甲의 외도 사실이 현재 혼인관계 파탄의 직접적인 원인이라고 볼 수 없고, 甲의 외도 문제가 끝난 후 오랜 시간이 지난 과정에서 甲과 乙 사이에 있었던 사정들을 종합적으로 살펴보아, 현재 혼인 파탄의 원인이 배우자 일방이 아닌 양측 모두에게 있는 것이 아닌지 심리를 한 다음, 민법 제840조 제6호에서 정한 이혼사유에 해당할 여지가 없는지에 관하여 판단했어야 하는데도, 혼인 파탄의 주된 책임이 甲에게 있다고 단정하고 甲의 이혼 청구를 배척한 원심판결에 법리 등을 오해한 잘못이 있다고 한 사례와 ② 甲 여성과 乙 남성은 혼인신고를 마친 부부로 乙이 해외 사업을 추진하면서 필리핀과 태국을 자주 드나들었고 상당 기간 해외에 체류하다가 귀국하였는데, 甲이 위 기간에 성병에 감염되자, 乙 때문에 감염된 것이라 의심하게 되었으며, 그 후로 乙이 해외 체류를 빈번하게 하면서도 생활비를 거의 지급하지 않아 甲이 홀로 자녀들의 양육비와 생활비를 책임지게 되었고, 이에 甲이 乙을 상대로 이혼 등을 구한 사안에서, 제반 사정 등에 비추어, 甲과 乙의 혼인관계는 乙의 책임 있는 사유로 인하여 애정과 신뢰가 상실되어 회복할 수 없을 정도로 파탄되었다고 볼 여지가 충분한데도, 이와 달리 본 원심판결에 심리미진 등의 잘못이 있다고 한 사례이다.

가) 부부 성관계 관련

► **성행위 거부**(적극)

처가 뚜렷한 합리적인 이유 없이 남편과의 성행위를 거부하고 결혼생활 동안 거의 매일 외간 남자와 전화통화를 하였으며 그로 인하여 남편이 이혼소송을 제기하고 별거에 이르게 되었다면 부부공동생활관계는 회복할 수 없을 정도로 파탄되었고, 그 혼인생활의 계속을 강제하는 것이 남편에게는 참을 수 없는 고통이 된다고 볼 여지가 있다(대판 2002.3.29, 2002므74).

▶ **성적 불능**(적극)

혼인 시부터 원인불명의 사유로 정상적인 부부생활을 하지 못하고, 그 후 발기부전 및 사정기능 장애로 혼인 후 13년이 되도록 전혀 성생활을 하지 못했음에도 그 원인을 파악하여 치료하려는 노력을 게을리한 경우 혼인을 계속하기 어려운 중대한 사유에 해당한다고 하고 있다(대판 1994.5.13, 93므1020).

▶ **일시적인 성기능 장애**(소극)

① 부부간의 성관계는 혼인의 본질적 요소이므로 성적 불능 기타 부부 상호 간의 성적 요구의 정상적인 충족을 저해하는 사실이 존재하는 경우, 이는 '혼인을 계속하기 어려운 중대한 사유'가 될 수 있으므로, 정당한 이유 없이 성교를 거부하거나 성적 기능의 불완전으로 정상적인 성생활이 불가능한 경우에는 혼인을 계속하기 어려운 중대한 사유가 있다고 할 것이나, 전문적인 치료와 조력을 받으면 정상적인 성생활로 돌아갈 가능성이 있는 경우에는 일시적인 성기능의 장애가 있거나 부부간의 성적인 접촉이 단기간 부존재하더라도 그 정도의 성적 결합만으로는 '혼인을 계속하기 어려운 중대한 사유'가 될 수 없다.

② 혼인 후 약 2년간 성관계를 맺지 않은 사실만으로는 '혼인을 계속하기 어려운 중대한 사유'가 있다고 하기 어렵다고 한 사례이다(대판 2009.12.24, 2009므2413).

▶ **남자의 생식불능 및 여자의 임신불능**(소극)

① 배우자가 무정자증으로 생식불능이고 성적 기능이 다소 원활하지 못하다는 사정만으로는 혼인을 계속하기 어려운 중대한 사유라고 볼 수 없다(대판 1982.11.23, 82므36).

② 처가 자궁적출 수술결과 임신불능이 되자, 남편이 종가의 종손임을 이유로 이혼을 주장하여 혼인관계가 파탄에 이르렀다면, 그와 같이 된 데에는 출산불능이 법률상의 이혼사유로 되지 아니하는 이상 남편 측에게 보다 더 큰 책임이 있다고 하여 남편의 이혼심판청구는 인정될 수 없다(대판 1991.2.26, 89므365・367).

나) 정신질병 관련

▶ **불치의 조울증**(적극)

혼인 중 처에게 발생한 조울증이 장기간 지속되어 회복이 거의 불가능한 정신질환으로 이환되어 그 증상이 가벼운 정도에 그치는 경우라 할 수 없고, 그 질환이 단순히 애정과 정성으로 간호되거나 예후가 예측될 수 있는 것이 아닌 경우, 남편에게 계속하여 배우자로서의 의무에 따라 한정 없는 정신적, 경제적 희생을 감내한 채 처와의 혼인관계를 지속하고 살아가라고 하기에는 지나치게 가혹하다고 보아 민법 제840조 제6호 소정의 재판상 이혼사유에 해당한다(대판 1997.3.28, 96므608・615).

▶ **치료가능한 정신병**(소극)

부부의 일방이 정신병적 증세를 보여 혼인관계를 유지하는 데 어려움이 있다고 하더라도 그 증상이 가벼운 정도에 그치는 경우라든가, 회복이 가능한 경우인 때에는 그 상대방 배우자는 사랑과 희생으로 그 병의 치료를 위하여 진력을 다하여야 할 의무가 있는 것이고, 이러한 노력을 제대로 하여 보지 않고 정신병 증세로 인하여 혼인관계를 계속하기 어렵다고 주장하여 곧 이혼청구를 할 수는 없다(대판 2004. 9.13, 2004므740).

다) 신앙관련

▶ **과도한 신앙생활 경우**(적극)

신앙의 자유는 부부라고 하더라도 이를 침해할 수 없는 것이지만, 부부 사이에는 서로 협력하여 원만한 부부생활을 유지하여야 할 의무가 있으므로 그 신앙의 자유에는 일정한 한계가 있다 할 것인바, 처가 신앙생활에만 전념하면서 가사와 육아를 소홀히 한 탓에 혼인이 파탄에 이르게 되었다면 그 파탄의 주된 책임은 처에게 있다는 이유로, 부의 이혼청구를 인용하여야 한다(대판 1996.11.15, 96므851).

▶ **신앙의 차이**(소극)

배우자의 일방이 신앙생활과 가정생활 중 양자택일을 하여야 할 상황 아래에서 신앙생활을 택하고 가정을 떠났다면 이는 혼인을 계속하기 어려운 중대한 사유가 있는 때에 해당하여 상대방 배우자와의 혼인관계는 이미 파탄상태에 이르렀다고 할 것이나, 신앙생활과 가정생활이 양립할 수 없는 객관적 상황이 아님에도 불구하고 상대방이 부당하게 양자택일을 강요하기 때문에 부득이 신앙생활을 택한 것이라면 그 혼인관계 파탄의 주된 책임은 양자택일을 강요한 상대방 배우자에게 있다고 할 것이므로 이 배우자의 이혼청구는 허용될 수 없다고 보아야 할 것이다(대판 1981.7.14, 81므26).

라) 제6호 사유의 제척기간

> **제842조【기타 원인으로 인한 이혼청구권의 소멸】**
> 제840조 제6호의 사유는 다른 일방이 이를 안 날로부터 6월, 그 사유 있는 날로부터 2년을 경과하면 이혼을 청구하지 못한다.

(3) 유책배우자의 이혼청구권 인정여부에 대한 판례의 태도

1) 원칙적 부정

판례는 원칙적으로 유책배우자의 이혼청구를 인정하지 않는다. 즉, 혼인을 계속하기 어려운 중대한 사유란 혼인의 본질에 상응하는 부부공동생활 관계가 회복할 수 없을 정도로 파탄되고, 그 혼인생활의 계속을 강제하는 것이 일방 배우자에게 참을 수 없는 고통이 된 경우를 말하는 것이나, 혼인관계의 파탄이 오로지 또는 주로 이혼을 구하는 배우자의 귀책사유로 말미암은 경우는 포함되지 않는다고 한다(대판 2010.7.15, 2010므1140).

2) 예외적 허용

가) **상대방에게도 이혼의사가 명백한 경우** : 상대방에게도 혼인을 계속할 의사가 없음이 명백한 경우에는 유책배우자의 이혼청구를 인정한다. 상대방도 이혼의 반소를 제기하고 있는 경우(대판 1987.12.8, 87므44·45) 또는 오로지 오기나 보복적 감정에서 표면적으로는 이혼에 불응하고 있기는 하나 실제에 있어서는 혼인의 계속과는 도저히 양립할 수 없는 행위를 하는 경우(대판 2004.2.27, 2003므1890) 등이 이에 해당한다.

★★★▶ **유책배우자의 이혼청구의 예외적 인정 취지 및 그 요건**

혼인의 파탄에 관하여 책임이 있는 배우자가 그 파탄을 원인으로 이혼을 청구할 수 없는 바이기는 하나

이는 혼인의 파탄을 자초한 자에게 재판상 이혼청구권을 인정하는 것은 혼인제도가 요구하고 있는 도덕성에 근본적으로 배치되고 배우자 일방의 의사에 의한 이혼 내지는 축출이혼을 시인하는 부당한 결과가 되므로 혼인의 파탄에도 불구하고 이혼을 희망하지 않고 있는 상대배우자의 의사에 반하여서는 이혼을 할 수 없도록 하려는 것일 뿐, 상대배우자에게도 그 혼인을 계속할 의사가 없음이 객관적으로 명백한 경우에까지 파탄된 혼인의 계속을 강제하려는 취지는 아니라 할 것이므로, 상대배우자도 이혼의 반소를 제기하고 있는 경우 혹은 오로지 오기나 보복적 감정에서 표면적으로는 이혼에 불응하고 있기는 하나 실제에 있어서는 혼인의 계속과는 도저히 양립할 수 없는 행위를 하는 등 그 이혼의 의사가 객관적으로 명백한 경우에는 비록 혼인의 파탄에 관하여 전적인 책임이 있는 배우자의 이혼청구라 할지라도 이를 인용함이 상당하다 할 것이고, 그러한 경우에까지 이혼을 거부하여 혼인의 계속을 강제하는 것은 쌍방이 더 이상 계속할 의사가 없는 혼인관계가 형식상 지속되고 있음을 빌미로 하여 유책배우자를 사적으로 보복하는 것을 도와주는 것에 지나지 아니하여 이를 시인할 수 없다고 할 것이다(대판 1987.4.14, 86므28).

▶ **민법 제840조 제6호 이혼사유에 관하여 유책배우자의 이혼청구를 허용할 것인지 여부**(원칙적 소극) **/ 예외적으로 유책배우자의 이혼청구를 허용할 수 있는 경우 및 판단 기준**(대판(전) 2015.9.15, 2013므568)

[다수의견] (가) 이혼에 관하여 파탄주의를 채택하고 있는 여러 나라의 이혼법제는 우리나라와 달리 재판상 이혼만을 인정하고 있을 뿐 협의상 이혼을 인정하지 아니하고 있다. 우리나라에서는 유책배우자라 하더라도 상대방 배우자와 협의를 통하여 이혼을 할 수 있는 길이 열려 있다. 이는 유책배우자라도 진솔한 마음과 충분한 보상으로 상대방을 설득함으로써 이혼할 수 있는 방도가 있음을 뜻하므로, 유책배우자의 행복추구권을 위하여 재판상 이혼원인에 있어서까지 파탄주의를 도입하여야 할 필연적인 이유가 있는 것은 아니다. 우리나라에는 파탄주의의 한계나 기준, 그리고 이혼 후 상대방에 대한 부양적 책임 등에 관해 아무런 법률 조항을 두고 있지 아니하다. 따라서 유책배우자의 상대방을 보호할 입법적인 조치가 마련되어 있지 아니한 현 단계에서 파탄주의를 취하여 유책배우자의 이혼청구를 널리 인정하는 경우 유책배우자의 행복을 위해 상대방이 일방적으로 희생되는 결과가 될 위험이 크다. 유책배우자의 이혼청구를 허용하지 아니하고 있는 데에는 중혼관계에 처하게 된 법률상 배우자의 축출이혼을 방지하려는 의도도 있는데, 여러 나라에서 간통죄를 폐지하는 대신 중혼에 대한 처벌규정을 두고 있는 것에 비추어 보면 이에 대한 아무런 대책 없이 파탄주의를 도입한다면 법률이 금지하는 중혼을 결과적으로 인정하게 될 위험이 있다. 가족과 혼인생활에 관한 우리 사회의 가치관이 크게 변화하였고 여성의 사회 진출이 대폭 증가하였더라도 우리 사회가 취업, 임금, 자녀양육 등 사회경제의 모든 영역에서 양성평등이 실현되었다고 보기에는 아직 미흡한 것이 현실이다. 그리고 우리나라에서 이혼율이 급증하고 이혼에 대한 국민의 인식이 크게 변화한 것이 사실이더라도 이는 역설적으로 혼인과 가정생활에 대한 보호의 필요성이 그만큼 커졌다는 방증이고, 유책배우자의 이혼청구로 인하여 극심한 정신적 고통을 받거나 생계유지가 곤란한 경우가 엄연히 존재하는 현실을 외면해서도 아니 될 것이다.

(나) 이상의 논의를 종합하여 볼 때, 민법 제840조 제6호 이혼사유에 관하여 유책배우자의 이혼청구를 원칙적으로 허용하지 아니하는 종래의 대법원판례를 변경하는 것이 옳다는 주장은 아직은 받아들이기 어렵다. 유책배우자의 이혼청구를 허용하지 아니하는 것은 혼인제도가 요구하는 도덕성에 배치되고 신의성실의 원칙에 반하는 결과를 방지하려는 데 있으므로, 혼인제도가 추구하는 이상과 신의

성실의 원칙에 비추어 보더라도 책임이 반드시 이혼청구를 배척해야 할 정도로 남아 있지 아니한 경우에는 그러한 배우자의 이혼청구는 혼인과 가족제도를 형해화할 우려가 없고 사회의 도덕관·윤리관에도 반하지 아니하므로 허용될 수 있다. 그리하여 상대방 배우자도 혼인을 계속할 의사가 없어 일방의 의사에 따른 이혼 내지 축출이혼의 염려가 없는 경우는 물론, 나아가 이혼을 청구하는 배우자의 유책성을 상쇄할 정도로 상대방 배우자 및 자녀에 대한 보호와 배려가 이루어진 경우, 세월의 경과에 따라 혼인파탄 당시 현저하였던 유책배우자의 유책성과 상대방 배우자가 받은 정신적 고통이 점차 약화되어 쌍방의 책임의 경중을 엄밀히 따지는 것이 더 이상 무의미할 정도가 된 경우 등과 같이 혼인생활의 파탄에 대한 유책성이 이혼청구를 배척해야 할 정도로 남아 있지 아니한 특별한 사정이 있는 경우에는 예외적으로 유책배우자의 이혼청구를 허용할 수 있다. 유책배우자의 이혼청구를 예외적으로 허용할 수 있는지 판단할 때에는, 유책배우자 책임의 태양·정도, 상대방 배우자의 혼인계속의사 및 유책배우자에 대한 감정, 당사자의 연령, 혼인생활의 기간과 혼인 후의 구체적인 생활관계, 별거기간, 부부간의 별거 후에 형성된 생활관계, 혼인생활의 파탄 후 여러 사정의 변경 여부, 이혼이 인정될 경우의 상대방 배우자의 정신적·사회적·경제적 상태와 생활보장의 정도, 미성년 자녀의 양육·교육·복지의 상황, 그 밖의 혼인관계의 여러 사정을 두루 고려하여야 한다.

► **상대방도 이혼의 반소를 제기한 경우, 유책배우자의 이혼청구 긍정 예**

甲남과 乙녀 간의 혼인 파탄원인이 甲남과 그 부모의 乙녀에 대한 냉대와 甲남이 乙녀에게 제대로 생활비도 주지 아니하면서 부부싸움 끝에 乙녀를 구타하는 등의 부당한 대우를 하는 데에서 비롯되어 乙녀의 가출과 乙녀가 甲남의 직장에 찾아가 피운 소란 등도 그 원인으로 경합되는 한편 甲남과 乙녀가 본소, 반소청구로써 각 이혼심판을 청구하고 있다면 두 사람 모두 혼인을 계속할 의사가 없음이 명백하다고 할 것이므로 비록 乙녀에게도 가출 등의 잘못이 있다 하더라도 이미 파탄된 혼인의 해소를 바라는 乙녀의 이혼청구(반소)는 이를 인용함이 마땅하다(대판 1987.12.8, 87므44·45).

► **상대방도 이혼의 반소를 제기하였지만, 유책배우자의 이혼청구가 부정되는 예**

유책배우자의 이혼청구에 대하여 상대방이 그 주장사실을 다투면서 오히려 다른 사실을 내세워 반소로 이혼청구를 한다 하더라도 그러한 사정만으로 곧바로 상대방은 혼인을 계속할 의사가 없으면서도 오기나 보복적 감정에서 유책배우자의 이혼청구에 응하지 아니하는 것이라고 단정할 수 없다(대판 1998. 6.23, 98므15). → 피고는 자녀들이 이혼에 반대하고 아무런 생계수단이 없는 상태에서 이혼에 응할 수 없다는 이유로 원고의 이혼요구를 거부하여 왔고 피고는 지금까지 자식들에게 누가 될 것 같아 원고의 이혼요구를 거부하였으나 원고가 이 사건 본소를 제기한 후 자식들에게 말로 다하지 못하는 행패를 부리는 것을 보고 부모로서 더 이상 부모 자식 간에 의가 상하는 것을 두고 볼 수 없어 이혼을 결심하기에 이르렀다고 주장하는 사안에서 유책배우자의 본소청구를 기각하고 상대방의 반소청구를 인용

나) **유책성이 상당정도 상쇄 또는 희석된 경우** : 이혼청구 배우자의 유책성을 상쇄할 정도로 상대방 배우자 및 자녀에 대한 보호와 배려가 이루어진 경우 등 혼인 파탄의 책임이 반드시 이혼청구를 배척해야 할 정도로 남아있지 않은 경우 그러한 배우자의 이혼청구는 예외적으로 허용될 수 있다.

★★★► **예외적으로 유책배우자의 이혼청구를 허용할 수 있는 경우 및 그 판단 기준 / 이때 상대방 배우자가 혼인계속의 의사가 있는지 판단하는 기준 및 고려하여야 할 사항**

① 재판상 이혼원인에 관한 민법 제840조는 원칙적으로 유책주의를 채택하고 있는 것으로 해석되며,

민법 제840조 제6호의 이혼사유에 관하여도 혼인생활의 파탄에 주된 책임이 있는 배우자는 그 파탄을 사유로 하여 이혼을 청구할 수 없는 것이 원칙이다. 그러나 이혼청구 배우자의 유책성을 상쇄할 정도로 상대방 배우자 및 자녀에 대한 보호와 배려가 이루어진 경우, 세월의 경과에 따라 파탄 당시 현저하였던 유책배우자의 유책성과 상대방 배우자가 받은 정신적 고통이 약화되어 쌍방의 책임의 경중을 엄밀히 따지는 것이 더 이상 무의미할 정도가 된 경우 등 혼인 파탄의 책임이 반드시 이혼청구를 배척해야 할 정도로 남아있지 않은 경우 그러한 배우자의 이혼청구는 예외적으로 허용될 수 있다. 이를 판단할 때에는 유책배우자의 책임의 태양·정도, 상대방 배우자의 혼인계속의사 및 유책배우자에 대한 감정, 당사자의 나이, 혼인기간과 혼인 후의 구체적인 생활관계, 별거기간, 별거 후에 형성된 부부의 생활관계, 혼인생활의 파탄 후 여러 사정의 변경 여부, 이혼이 인정될 경우 상대방 배우자의 정신적·사회적·경제적 상태와 생활보장의 정도, 미성년 자녀의 양육·교육·복지의 상황, 그 밖의 혼인관계의 여러 사정을 두루 고려하여야 한다. ② 민법 제826조 제1항에 따라, 부부는 정신적·육체적·경제적으로 결합된 공동체로서 서로 협조하고 보호하여 부부공동생활로서의 혼인이 유지되도록 상호 간에 포괄적으로 협력할 의무를 부담한다. ③ 상대방 배우자의 혼인계속의사를 인정하려면 소송과정에서 그 배우자가 표명하는 주관적 의사만을 가지고 판단할 것이 아니라, 혼인생활의 전 과정 및 이혼소송이 진행되는 중 드러난 상대방 배우자의 언행 및 태도를 종합하여 그 배우자가 악화된 혼인관계를 회복하여 원만한 공동생활을 영위하려는 노력을 기울임으로써 혼인유지에 협조할 의무를 이행할 의사가 있는지 객관적으로 판단하여야 한다. 따라서 일방 배우자의 성격적 결함이나 언행으로 인하여 혼인관계가 악화된 경우에도, 상대방 배우자 또한 원만한 혼인관계로의 복원을 위하여 협조하지 않은 채 오로지 일방 배우자에게만 혼인관계 악화에 대한 잘못이 있다고 비난하고 대화와 소통을 거부하는 경우, 이혼소송 중 가정법원이 권유하는 부부상담 등 혼인관계의 회복을 위하여 실시하는 조치에 정당한 이유 없이 불응하면서 무관심한 태도로 일관하는 경우에는 혼인유지를 위한 최소한의 노력조차 기울이지 않았다고 볼 여지가 있어, 설령 그 배우자가 혼인계속의사를 표명하더라도 이를 인정함에 신중하여야 한다. ④ 과거에 일방 배우자가 이혼소송을 제기하였다가 유책배우자라는 이유에서 기각 판결이 확정되었더라도 그 후로 상대방 배우자 또한 종전 소송에서 문제 되었던 일방 배우자의 유책성에 대한 비난을 계속하고 일방 배우자의 전면적인 양보만을 요구하거나 민사·형사소송 등 혼인관계의 회복과 양립하기 어려운 사정이 남아 있음에도 이를 정리하지 않은 채 장기간의 별거가 고착화된 경우, 이미 혼인관계가 와해되었고 회복될 가능성이 없으며 상대방 배우자에 대한 보상과 설득으로 협의에 의하여 이혼을 하는 방법도 불가능해진 상태까지 이르렀다면, 종전 이혼소송의 변론종결 당시 현저하였던 일방배우자의 유책성이 상당히 희석되었다고 볼 수 있고, 이는 현재 이혼소송의 사실심 변론종결 시를 기준으로 판단하여야 한다. 다만 이 경우 일방 배우자의 유책성을 상쇄할 정도로 상대방 배우자 및 자녀에 대한 보호와 배려가 이루어졌어야 함은 위에서 본 바와 같으므로, 특히 상대방 배우자가 경제적·사회적으로 매우 취약한 지위에 있어 보호의 필요성이 큰 경우나 각종 사회보장급여 기타 공법상 급여, 연금이나 사적인 보험 등에 의한 혜택이 법률상 배우자의 지위가 유지됨을 전제로 하는 경우에는 유책배우자의 이혼청구를 허용함에 신중을 기하여야 한다. 그러므로 이혼에 불응하는 상대방 배우자가 혼인의 계속과 양립하기 어려워 보이는 언행을 하더라도, 그 이혼거절의사가 이혼 후 자신 및 미성년 자녀의 정신적·사회적·경제적 상태와 생활보장에 대한 우려에서 기인한 것으로 볼 여지가 있는 때에는 혼인계속의사가 없다고 섣불리 단정하여서는 안 된다. 또한 자녀가 미성년자인 경우에는 혼인의 유지가 경제적·정서적으로 안정적인 양육환경을 조성하여 자녀의 복리에 긍정적 영향을 미칠 측면과 더불어 부모의 극심한 분쟁상황에 지속적으로 자녀를 노출시키거나 자녀에 대한 부양 및 양육을 방기하는 등 파탄된 혼인관계를 유지함으로써 오히려 자녀의 복리에 부정적 영향을 미칠 측면에 관하여 모두 심리·판단하여야 한다(대판 2022.6.16, 2021 므14258).

다) 혼인파탄의 책임이 부부 쌍방에 있는 경우 : 이 경우에는 이혼청구자의 책임이 상대방 배우자의 책임보다 무겁지 않는 한 이혼을 인정한다(대판 2007.12.14, 2007므1690).

★★★▶ **쌍방유책의 경우 책임이 덜 무거운 유책배우자의 이혼청구 긍정**
제반사정을 고려하여 보아 부부의 혼인관계가 돌이킬 수 없을 정도로 파탄되었다고 인정된다면 그 파탄의 원인에 대한 원고의 책임이 피고의 책임보다 더 무겁다고 인정되지 않는 한 이혼청구는 인용되어야 한다(대판 2007.12.14, 2007므1690).

★★▶ **민법 제840조 제6호에서 정한 이혼사유인 '혼인을 계속하기 어려운 중대한 사유가 있을 때'의 의미 및 판단 기준 / 부부의 혼인관계가 돌이킬 수 없을 정도로 파탄되었다고 인정되는 경우, 이혼 청구를 인용하여야 하는지 여부**(원칙적 적극)
민법 제840조 제6호에서 정한 이혼사유인 '혼인을 계속하기 어려운 중대한 사유가 있을 때'란 부부간의 애정과 신뢰가 바탕이 되어야 할 혼인의 본질에 상응하는 부부공동생활관계가 회복할 수 없을 정도로 파탄되고 혼인생활의 계속을 강제하는 것이 일방 배우자에게 참을 수 없는 고통이 되는 경우를 말한다. 이를 판단할 때에는 혼인계속의사의 유무, 파탄의 원인에 관한 당사자의 책임 유무, 혼인생활의 기간, 자녀의 유무, 당사자의 연령, 이혼 후의 생활보장, 기타 혼인관계의 여러 사정을 두루고려하여야 하고, 이러한 사정을 고려하여 부부의 혼인관계가 돌이킬 수 없을 정도로 파탄되었다고 인정된다면 그 파탄의 원인에 대한 원고의 책임이 피고의 책임보다 더 무겁다고 인정되지 않는 한 이혼청구를 인용해야 한다(대판 2021.3.25, 2020므14763).

→ **[사실관계]** : 베트남 국민 甲과 대한민국 국민 乙은 혼인신고를 마친 법률상 부부인데, 甲이 乙을 상대로 乙의 계속된 폭행 등으로 혼인이 파탄되었다고 주장하며 이혼 등을 구한 사안에서, 제반사정에 비추어 乙의 행위는 甲에 대한 부당한 대우에 해당할 뿐만 아니라, 甲과 乙의 혼인관계는 乙의 폭력 행사 이래 그 바탕이 되어야 할 애정과 신뢰가 상실되어 회복할 수 없을 정도로 파탄되었으므로 민법 제840조 제3호 또는 제6호의 재판상 이혼사유에 해당하는데도, 甲에게 乙의 폭력행사를 유발한 책임이 있다는 등의 이유로 甲의 이혼 청구를 배척한 원심판결에 법리오해 등의 잘못이 있다고 한 사례이다.

라) 이미 다른 원인으로 혼인이 파탄된 후 청구인에게 유책사유가 생긴 경우 : 혼인파탄에 있어 유책성은 혼인파탄의 원인이 된 사실에 기초하여 평가할 일이며 혼인관계가 완전히 파탄된 뒤에 있은 일을 가지고 따질 것은 아니므로(대판 2004.2.27, 2003므1890), 형식상 유책배우자인 것처럼 보이더라도 이혼청구를 긍정한다.

▶ **혼인파탄 이후의 행위로 유책배우자가 되는지 여부**(소극)
혼인이 이미 다른 원인에 의하여 파탄되고 있는 경우에는 배우자 일방에게 부정행위 등과 같은 유책적인 행위가 있더라도 그것만으로는 유책배우자라고 할 수 없다(대판 1970.2.24, 69므13; 대판 2004.2.27, 2003므1890).

(4) 재판상 이혼의 절차

1) 조정전치주의(가정법원에의 조정신청)

재판상 이혼은 조정전치주의의 적용을 받으므로, 이혼을 하려는 자는 먼저 가정법원에 조정을 신청하여야 한다. 조정절차에서 조정이 성립하면 조정은 재판상 화해와 동일한 효력이 있어서 곧바로 혼인이 해소된다. 조정을 신청한 자는 조정 성립일로부터 1개월 이내에 이혼신고를 하여야 한다. 그런데 이는 보고적 신고이다.

2) 재판에 의한 이혼

조정이 성립하지 않는 경우에는 조정신청을 한 때에 소가 제기된 것으로 본다. 판결이 확정되면 이혼신고가 없더라도 이혼판결의 선고로 이혼의 효력이 생기며, 판결은 제3자에게도 효력이 있다. 그리고 소를 제기한 자는 판결이 확정된 날부터 1개월 이내에 이혼신고를 하여야 하는데, 이 경우의 이혼신고는 보고적 신고이다.

4. 이혼의 신분상 효과

(1) 일반적 효과

① 이혼이 성립하면 혼인이 해소되어 부부관계는 소멸한다. ② 혼인에 의하여 배우자의 혈족과의 사이에 생겼던 인척관계도 소멸한다. ③ 부모자녀관계에는 영향이 없다.

(2) 자에 대한 효과

1) 자의 신분

부부 사이에 출생한 자는 그 부부가 이혼하더라도 혼인 중의 출생자의 지위를 잃지 않는다.

2) 자의 양육에 관한 사항

이혼하는 경우에 그 자의 양육에 관한 사항은 부모의 협의에 의하여 정한다(제837조 제1항). 그런데 그 협의에는 반드시 ① 양육자의 결정, ② 양육비용의 부담, ③ 면접교섭권의 행사 여부 및 그 방법이 포함되어야 한다(동조 제2항). 양육에 관한 사항(제837조)은 협의이혼에 관한 규정이지만, 재판상 이혼의 경우에도 준용된다(제843조).

가) 양육자의 결정(제837조 제2항 제1호)

> **제837조 【이혼과 자의 양육책임】**
> ① 당사자는 그 자의 양육에 관한 사항을 협의에 의하여 정한다.
> ② 제1항의 협의는 다음의 사항을 포함하여야 한다.
>   1. 양육자의 결정
>   2. 양육비용의 부담
>   3. 면접교섭권의 행사 여부 및 그 방법

③ 제1항에 따른 협의가 자(子) 복리에 반하는 경우에는 가정법원은 보정을 명하거나 직권으로 그 자(子)의 의사(意思)·나이와 부모의 재산상황, 그 밖의 사정을 참작하여 양육에 필요한 사항을 정한다. → [종래 자의 의사·연령을 자의 의사·나이로 개정 2022.12.27, 시행일 2023.6.28.]

④ 양육에 관한 사항의 협의가 이루어지지 아니하거나 협의할 수 없는 때에는 가정법원은 직권으로 또는 당사자의 청구에 따라 이에 관하여 결정한다. 이 경우 가정법원은 제3항의 사정을 참작하여야 한다.

⑤ 가정법원은 자의 복리를 위하여 필요하다고 인정하는 경우에는 부·모·자 및 검사의 청구 또는 직권으로 자의 양육에 관한 사항을 변경하거나 다른 적당한 처분을 할 수 있다.

⑥ 제3항부터 제5항까지의 규정은 양육에 관한 사항 외에는 부모의 권리의무에 변경을 가져오지 아니한다.

제843조 【준용규정】

재판상 이혼에 따른 손해배상책임에 관하여는 제806조를 준용하고, 재판상 이혼에 따른 자녀의 양육책임 등에 관하여는 제837조를 준용하며, 재판상 이혼에 따른 면접교섭권에 관하여는 제837조의2를 준용하고, 재판상 이혼에 따른 재산분할청구권에 관하여는 제839조의2를 준용하며, 재판상 이혼에 따른 재산분할청구권 보전을 위한 사해행위취소권에 관하여는 제839조의3을 준용한다.

① **협의에 의한 양육자 결정** : 자의 양육에 관한 사항은 당사자의 협의에 의하여 정한다(제837조 제1항). 이 때의 협의는 양육자의 결정, 양육비용의 부담, 면접교섭권의 행사여부 등의 내용을 포함하여야 한다(동조 제2항).

② **가정법원에 의한 양육자 결정** : 부모의 협의가 자의 복리에 반하는 경우에는 가정법원은 보정을 명하거나 직권으로 그 자의 의사, 나이와 부모의 재산상황, 그 밖의 사정을 참작하여 양육에 필요한 사항을 정한다고 하여 부모의 협의가 있었더라도 가정법원이 개입할 수 있도록 하였다(제837조 제3항).

▶ **이혼하는 부모 중 누구를 미성년인 자의 친권행사자 및 양육자로 지정할 것인지의 결정 기준**

자의 양육을 포함한 친권은 부모의 권리이자 의무로서 미성년인 자의 복지에 직접적인 영향을 미치는 것이므로 부모가 이혼하는 경우에 부모 중 누구를 미성년인 자의 친권을 행사할 자 및 양육자로 지정할 것인가를 정함에 있어서는, 미성년인 자의 성별과 연령, 그에 대한 부모의 애정과 양육의사의 유무는 물론, 양육에 필요한 경제적 능력의 유무, 부 또는 모와 미성년인 자 사이의 친밀도, 미성년인 자의 의사 등의 모든 요소를 종합적으로 고려하여 미성년인 자의 성장과 복지에 가장 도움이 되고 적합한 방향으로 판단하여야 한다(대판 2009.4.9, 2008므3105·3112).

★▶ **부모가 이혼하는 경우에 부모 중 누구를 미성년인 자의 양육자로 지정할 것인가를 정함에 있어서 고려하여야 할 요소**

자의 양육은 부모의 권리이자 의무로서 미성년인 자의 복지에 직접적인 영향을 미친다. 따라서 부모가 이혼하는 경우에 미성년인 자의 양육자를 정할 때에는, 미성년인 자의 성별과 연령, 그에 대한 부모의 애정과 양육의사의 유무는 물론, 양육에 필요한 경제적 능력의 유무, 부와 모가 제공하려는 양육방식의 내용과 합리성·적합성 및 상호 간의 조화 가능성, 부 또는 모와 미성년인 자 사이의 친밀도, 미성년인 자의 의사 등의 모든 요소를 종합적으로 고려하여, 미성년인 자의 성장과 복지에 가장 도움이 되고 적합한 방향으로 판단하여야 한다(대판 2013.12.26, 2013므3383·3390). → 수년간 별거해 온 甲과 乙의 이혼에 있어, 별거 이후 甲(父)이 양육해 온 9세 남짓의 여아인 丙에 대한 현재의 양육상태를 변경하여 乙(母)을 친권행사자 및 양육자로 지정한 원심에 대하여, 현재의 양육상태에 변경을 가하여 乙(母)을 丙에 대한 친권행사자 및 양육자로 지정하는 것이 정당화되기 위하여는 그러한 변경이 현재의 양육상태를 유지하는 경우보다 丙의 건전한 성장과 복지에 더 도움이 된다는 점이 명백하여야 함에도, 단지 어린 여아의 양육에는 어머니가 아버지보다 더 적합할 것이라는 일반적 고려만으로는 위와 같은 양육상태 변경의 정당성을 인정하기에 충분하지 아니하다는 이유로 원심판결을 파기한 사례도 마찬가지이다(대판 2010.5.13, 2009므1458・1465).

★▶ **이혼 후 부모와 자녀의 관계에서 친권과 양육권이 항상 동일인에게 귀속되어야 하는지 여부**(소극) **및 일정한 조건을 충족하는 경우 이혼 후 자에 대한 양육권이 부모 중 어느 일방에, 친권이 다른 일방에 또는 부모에 공동으로 귀속되는 것으로 정할 수 있는지 여부**(적극)
민법 제837조, 제909조 제4항, 가사소송법 제2조 제1항 제2호 나목의 3) 및 5) 등이 부부의 이혼 후 그 자의 친권자와 그 양육에 관한 사항을 각기 다른 조항에서 규정하고 있는 점 등에 비추어 보면, 이혼 후 부모와 자녀의 관계에 있어서 친권과 양육권이 항상 같은 사람에게 돌아가야 하는 것은 아니며, 이혼 후 자에 대한 양육권이 부모 중 어느 일방에, 친권이 다른 일방에 또는 부모에 공동으로 귀속되는 것으로 정하는 것은, 비록 신중한 판단이 필요하다고 하더라도, 일정한 기준을 충족하는 한 허용된다고 할 것이다(대판 2012.4.13, 2011므4719).

▶ **법원의 결정 또는 당사자 협의에 의하여 정하여진 양육에 관한 사항을 가정법원이 변경할 수 있는지 여부**
① 민법 제837조의 규정에 의하여 가정법원이 일단 결정한 양육에 필요한 사항을 그 후 변경하는 것은 당초의 결정 후에 특별한 사정변경이 있는 경우뿐만 아니라 당초의 결정이 위 법조 소정의 제반 사정에 비추어 부당하게 되었다고 인정될 경우에도 가능한 것이며, 당사자가 협의하여 그 자의 양육에 관한 사항을 정한 후 가정법원에 그 사항의 변경을 청구한 경우에 있어서도 가정법원은 당사자가 협의하여 정한 사항이 위 법조 소정의 제반사정에 비추어 부당하다고 인정되는 경우에는 그 사항을 변경할 수 있고 협의 후에 특별한 사정변경이 있는 때에 한하여 변경할 수 있는 것은 아니다(대판 1991.6.25, 90므699).
② 이혼의 당사자가 자의 양육에 관한 사항을 협의에 의하여 정하였더라도 필요한 경우 가정법원은 당사자의 청구에 의하여 언제든지 그 사항을 변경할 수 있는 것이며, 이는 당사자 사이의 협의가 재판상 화해에 의한 경우에도 마찬가지이다(대결 1992.12.30, 92스17・18).

★▶ **양육에 관한 사항의 변경에 관한 현행 민법 제837조 제5항 아래에서 재판 또는 당사자의 협의로 정해진 양육비 부담 내용이 제반 사정에 비추어 '부당'한지 여부는 '자녀의 복리를 위하여 필요한지'를 기준으로 판단하여야 하는지 여부**(적극) **및 가정법원이 양육비 감액을 구하는 심판청구를 심리할 때 고려하여야 할 사항**(대결 2019.1.31, 2018스566)
① 민법은 '양육에 관한 사항(이하 '양육사항'이라 한다)의 변경'에 관하여 "가정법원은 자(이하 '자녀'라 한다)의 복리를 위하여 필요하다고 인정하는 경우에는 부・모・자녀 및 검사의 청구 또는 직권으로 자녀의 양육사항을 변경하거나 다른 적당한 처분을 할 수 있다."라고 규정하고 있다(민법 제837조 제5항, 이하 '현행 조항'이라 한다). 같은 내용을 규율하던 구 민법(2007.12.21. 법률 제8720호로 개정되기 전의 것) 제837조 제2항은 '가정법원은 제반 사정을 참작하여 양육사항을 정하며 언제든지 이를 변경할 수 있다'는 취지로 규정하였다(위 개정 이전에도 가정법원이 언제든지 양육사항을 변경할 수 있다는 내용은 동일하였다. 이하 개정 전 조항을 '종전 조항'이라 한다).

② 종전 조항의 시행 당시 양육비 부담의 변경에 관하여 대법원은 다음과 같이 판시한 바 있다. 가정법원이 일단 결정한 양육에 필요한 사항을 그 후 당사자가 협의하여 자녀의 양육사항을 정한 후 가정법원에 그 변경을 청구한 경우, 가정법원은 당초의 결정이나 당사자가 협의하여 정한 사항이 종전 조항의 제반 사정에 비추어 부당하다고 인정되는 때에는 그 사항을 변경할 수 있는 것이고 협의 후에 특별한 사정변경이 있는 때에 한하여 변경할 수 있는 것은 아니라고 하였고, 당사자 사이에 협의에 의하여 정한 양육비 부담 부분의 변경을 구하는 경우, 법원은 당사자가 협의하여 정한 사항이 종전 조항이 정하는 자녀의 연령, 부모의 재산상황 기타 사정 등 제반 사정에 비추어 부당하게 결정되었는지 여부를 살펴 그와 같이 인정되는 경우에는 언제든지 이를 변경할 수 있다고 판시하였다.

③ 양육에 관한 사항의 변경을 규정하는 민법 제837조 제5항은 구 민법(2007.12.21. 법률 제8720호로 개정되기 전의 것) 제837조 제2항의 '언제든지'라는 문구를 삭제하는 대신 '자녀의 복리를 위하여 필요한 경우'라는 문구를 추가하였다. 이러한 개정과 동시에 부모가 이혼할 때 자녀의 양육사항의 협의가 이루어지지 않거나 협의할 수 없는 때 또는 그 협의가 자녀의 복리에 반하는 경우에는 가정법원이 직권으로 양육사항을 정하여야 한다는 취지의 규정이 신설되었다(민법 제837조 제3항, 제4항). 나아가 민법(2009.5.8. 법률 제9650호로 개정된 것) 제836조의2 제5항이 신설되어 가정법원이 부모가 협의한 양육비 부담에 관한 내용을 확인하여 양육비부담조서를 작성하면 그 조서에 집행력을 인정하는 제도가 도입되었다.

④ 이러한 관련 조항의 내용과 법 개정의 취지를 종합하면, 개정된 현행 조항 아래에서도 가정법원이 재판 또는 당사자의 협의로 정해진 양육비 부담 내용이 제반 사정에 비추어 부당하게 되었다고 인정되는 때에는 그 내용을 변경할 수 있지만, 종전 양육비 부담이 '부당'한지 여부는 친자법을 지배하는 기본이념인 '자녀의 복리를 위하여 필요한지'를 기준으로 판단하여야 할 것이다. 특히 양육비의 감액은 일반적으로 자녀의 복리를 위하여 필요한 조치라고 보기 어려우므로, 가정법원이 양육비 감액을 구하는 심판청구를 심리할 때에는 양육비 감액이 자녀에게 미치는 영향을 우선적으로 고려하되 종전 양육비가 정해진 경위와 액수, 줄어드는 양육비 액수, 당초 결정된 양육비 부담 외에 혼인관계 해소에 수반하여 정해진 위자료, 재산분할 등 재산상 합의의 유무와 내용, 그러한 재산상 합의와 양육비 부담과의 관계, 쌍방 재산상태가 변경된 경우 그 변경이 당사자의 책임으로 돌릴 사정이 있는지 유무, 자녀의 수, 연령 및 교육 정도, 부모의 직업, 건강, 소득, 자금 능력, 신분관계의 변동, 물가의 동향 등 여러 사정을 종합적으로 참작하여 양육비 감액이 불가피하고 그러한 조치가 궁극적으로 자녀의 복리에 필요한 것인지에 따라 판단하여야 한다. 또한 통상적으로 자녀가 성장함에 따라 양육에 소요되는 비용 또한 증가한다고 봄이 타당하다. 따라서 종전에 정해진 양육비의 분담이 과다하게 되었다고 주장하며 감액을 청구하는 경우 법원은 자녀들의 성장에도 불구하고 양육비의 감액이 필요할 정도로 청구인의 소득과 재산이 실질적으로 감소하였는지 심리·판단하여야 한다(대결 2022.9.29. 2022스646).

► 자녀의 양육에 관한 제문제

[1] 재판상 이혼 후 자녀의 양육에 관하여 공동양육을 명할 수 있는지를 판단하는 기준 – 민법 제837조, 제909조 제4항 및 제5항, 가사소송법 제2조 제1항 제2호 나목의 3) 및 5) 등에 따르면, 부모가 이혼하는 경우 법원이 친권자를 정하거나 양육자를 정할 때 반드시 단독의 친권자나 양육자를 정하도록 한 것은 아니므로 이혼하는 부모 모두를 공동양육자로 지정하는 것도 가능하다. 그러나 재판

상 이혼에서 이혼하는 부모 모두를 공동양육자로 정할 때에는 그 부모가 부정행위, 유기, 부당한 대우 등 첨예한 갈등이나 혼인을 계속하기 어려운 사유로 이혼하게 된 것이라는 점을 고려하여 그 허용 여부는 신중하게 판단할 필요가 있다. 게다가 공동양육의 경우 자녀가 부모의 주거지를 주기적으로 옮겨 다녀야 하는 불편함이 있고, 자녀는 두 가정을 오가면서 두 명의 양육자 아래에서 생활하게 되어 자칫 가치관의 혼란을 겪거나 안정적인 생활을 하지 못하게 될 우려가 있으며(특히 자녀가 교육기관 등에 다니게 되면 거주지를 주기적으로 옮기는 것은 자녀에게 상당한 부담이 될 것이다), 부모 사이에 양육방법을 둘러싸고 갈등이 계속되는 경우에는 공동양육을 통해 달성하고자 하는 긍정적인 효과보다는 그 갈등이 자녀에게 미칠 부정적 영향이 크다는 점에서 보더라도 그러하다. 따라서 재판상 이혼의 경우 부모 모두를 자녀의 공동양육자로 지정하는 것은 부모가 공동양육을 받아들일 준비가 되어 있고 양육에 대한 가치관에서 현저한 차이가 없는지, 부모가 서로 가까운 곳에 살고 있고 양육환경이 비슷하여 자녀에게 경제적·시간적 손실이 적고 환경 적응에 문제가 없는지, 자녀가 공동양육의 상황을 받아들일 이성적·정서적 대응능력을 갖추었는지 등을 종합적으로 고려하여 공동양육을 위한 여건이 갖추어졌다고 볼 수 있는 경우에만 가능하다고 보아야 한다(대판 2020.5.14, 2018므15534).

→ [사실관계] : 원고가 피고에 대하여 이혼을 청구하고 이혼 후 자녀의 친권자 및 양육자로 자신을 지정하여 줄 것을 구한 사건에서, 민법 관련 규정상 재판상 이혼의 경우 공동양육자의 지정은 가능하지만 그 허용 여부는 여러 기준을 종합하여 신중하게 판단할 필요가 있고 이 사건의 경우 공동양육을 지정하기에 적절한 사안이 아님을 이유로, 자녀의 친권자 및 양육자로 원고와 피고를 공동으로 지정하고 양육비 관리를 위하여 원고와 피고 공동명의의 예금계좌 개설을 명한 원심판결을 파기한 사례이다.

[2] 자녀의 양육자로 지정된 자에게 양육비 지급의무를 명할 수 있는지 여부(소극) – 부모는 자녀를 공동으로 양육할 책임이 있고, 양육에 드는 비용도 원칙적으로 부모가 공동으로 부담하여야 한다. 그런데 어떠한 사정으로 인하여 부모 중 어느 한쪽만이 자녀를 양육하게 된 경우에는 양육하는 사람이 상대방에게 현재와 장래의 양육비 중 적정 금액의 분담을 청구할 수 있다. 재판상 이혼에 따른 자녀의 양육책임에 대하여 이혼 당사자 간에 양육자의 결정과 양육비용의 부담에 관한 사항에 대하여 협의가 이루어지지 않거나 협의할 수 없을 때에는 가정법원은 직권으로 또는 당사자의 청구에 따라 해당 사항을 정한다(민법 제837조, 제843조). 자녀의 양육에 관한 처분에 관한 심판은 부모 중 일방이 다른 일방을 상대방으로 하여 청구하여야 한다(가사소송규칙 제99조 제1항). 이러한 사항들을 종합하면, 재판상 이혼 시 친권자와 양육자로 지정된 부모의 일방은 상대방에게 양육비를 청구할 수 있고, 이 경우 가정법원으로서는 자녀의 양육비 중 양육자가 부담해야 할 양육비를 제외하고 상대방이 분담해야 할 적정 금액의 양육비만을 결정하는 것이 타당하다(대판 2020.5.14, 2019므15302).

[3] 양육비 관리방법 지정의 타당성 – 판결 주문은 명확하여야 하고 주문 자체로서 내용이 특정될 수 있어야 한다. 주문은 어떠한 범위에서 당사자의 청구를 인용하고 배척한 것인가를 그 이유와 대조하여 짐작할 수 있을 정도로 표시되고 집행에 의문이 없을 정도로 이를 명확히 특정하여야 한다. 판결 주문이 특정되었는지 여부는 직권조사사항이다. 가사비송사건에서 금전의 지급, 물건의 인도, 등기, 그 밖에 의무의 이행을 명하는 심판은 집행권원이 된다(가사소송법 제41조). 따라서 양육비의 지급을 명하거나 양육비의 사용 등에 관한 의무의 이행을 명하는 심판도 집행의 문제가 남게 되므로 특히 주문은 의문이 생기지 않도록 분명히 적어야 한다(대판 2020.5.14, 2019므15302).

→ [사실관계] : 원고가 피고에 대하여 이혼을 청구하고 이혼 후 자녀의 친권자 및 양육자로 자신을 지정하여 줄 것과 양육비의 지급을 구한 사건에서, 양육자가 양육비를 청구할 경우에는 상대방이 분담해야 할 양육비만을 결정하는 것이 타당하고 양육비의 구체적인 방법을 정하더라도 판결 주문 자체로서 집행에 의문이 없을 정도로 명확하게 특정해야 함을 이유로, 자녀의 친권자 및 양육자로 지정된 원고에게도 구체적인 액수의 양육비 부담의무를 명하고 양육비 관리를 위하여 별도의 예금계좌 개설 등을 명한 원심판결을 파기한 사례이다.

★▶ **이혼 및 양육자지정**(대판 2021.9.30, 2021므12320·12337)

[1] 법원이 민법 제837조 제4항에 따라 미성년 자녀의 양육자를 정할 때 고려하여야 할 사항 / 별거 이후 재판상 이혼에 이르기까지 상당 기간 부모의 일방이 미성년 자녀를 평온하게 양육하여 온 경우, 현재의 양육 상태를 변경하여 상대방을 친권자 및 양육자로 지정하는 것이 정당화되기 위한 요건 및 이때 법원이 고려하여야 할 사항

① 법원이 민법 제837조 제4항에 따라 미성년 자녀의 양육자를 정할 때에는, 미성년 자녀의 성별과 연령, 그에 대한 부모의 애정과 양육 의사의 유무는 물론, 양육에 필요한 경제적 능력의 유무, 부와 모가 제공하려는 양육방식의 내용과 합리성·적합성 및 상호 간의 조화 가능성, 부 또는 모와 미성년 자녀 사이의 친밀도, 미성년 자녀의 의사 등의 모든 요소를 종합적으로 고려하여, 미성년 자녀의 성장과 복지에 가장 도움이 되고 적합한 방향으로 판단하여야 한다. ② 별거 이후 재판상 이혼에 이르기까지 상당 기간 부모의 일방이 미성년 자녀, 특히 유아를 평온하게 양육하여 온 경우, 이러한 현재의 양육 상태에 변경을 가하여 상대방을 친권자 및 양육자로 지정하는 것이 정당화되기 위해서는 현재의 양육 상태가 미성년 자녀의 건전한 성장과 복지에 도움이 되지 아니하고 오히려 방해가 되고, 상대방을 친권자 및 양육자로 지정하는 것이 현재의 양육 상태를 유지하는 경우보다 미성년 자녀의 건전한 성장과 복지에 더 도움이 된다는 점이 명백하여야 한다. ③ 재판을 통해 비양육친이 양육자로 지정된다고 하더라도 미성년 자녀가 현실적으로 비양육친에게 인도되지 않는 한 양육자 지정만으로는, 설령 자녀 인도 청구를 하여 인용된다고 할지라도 강제집행이 사실상 불가능하다. 미성년 자녀가 유아인 경우 '유아인도를 명하는 재판의 집행절차(재판예규 제917-2호)'는 유체동산인도청구권의 집행절차에 준하여 집행관이 강제집행할 수 있으나, 유아가 의사능력이 있는 경우에 그 유아 자신이 인도를 거부하는 때에는 집행을 할 수 없다고 규정하고 있다. ④ 위와 같이 양육자 지정 이후에도 미성년 자녀를 인도받지 못한 채 현재의 양육 상태가 유지된다면 양육친은 상대방에게 양육비 청구를 할 수 없게 되어, 결국 비양육친은 미성년 자녀를 양육하지 않으면서도 양육비를 지급할 의무가 없어지므로 경제적으로는 아무런 부담을 갖지 않게 되는 반면, 양육친은 양육에 관한 경제적 부담을 전부 부담하게 된다. 이러한 상황은 자의 건전한 성장과 복지에 도움이 되지 않는다. ⑤ 따라서 비양육친이 자신을 양육자로 지정하여 달라는 청구를 하는 경우, 법원은 양육자 지정 후 사건본인의 인도가 실제로 이행될 수 있는지, 그 이행 가능성이 낮음에도 비양육친을 양육자로 지정함으로써 비양육친이 경제적 이익을 누리거나 양육친에게 경제적 고통을 주는 결과가 발생할 우려가 없는지 등에 대해 신중하게 판단할 필요가 있다.

[2] 외국인이 대한민국 국민과 혼인을 한 후 입국하여 체류자격을 취득하고 거주하다가 한국어를 습득하기 충분하지 않은 기간에 이혼에 이르게 된 경우, 한국어 소통능력이 부족하다는 이유로 미성년 자녀의 양육자로 지정되기에 부적합하다고 평가할 수 있는지 여부(소극)

대한민국 국민과 혼인을 한 후 입국하여 체류자격을 취득하고 거주하다가 한국어를 습득하기 충분하

지 않은 기간에 이혼에 이르게 된 외국인이 당사자인 경우, 미성년 자녀의 양육에 있어 한국어 소통능력이 부족한 외국인보다는 대한민국 국민인 상대방에게 양육되는 것이 더 적합할 것이라는 추상적이고 막연한 판단으로 해당 외국인 배우자가 미성년 자녀의 양육자로 지정되기에 부적합하다고 평가하는 것은 옳지 않다. 대한민국은 공교육이나 기타 교육여건이 확립되어 있어 미성년 자녀가 한국어를 습득하고 연습할 기회를 충분히 보장하고 있으므로, 외국인 부모의 한국어 소통능력이 미성년 자녀의 건전한 성장과 복지에 있어 중요한 의미를 가진다고 보기 어렵다. 오히려 가정법원은 양육자 지정에 있어 한국어 소통능력에 대한 고려가 자칫 출신 국가 등을 차별하는 의도에서 비롯되거나 차별하는 결과를 낳게 될 수 있다는 점, 외국인 부모의 모국어 및 모국문화에 대한 이해 역시 자녀의 자아 존중감 형성에 중요한 요소가 된다는 점 등에 대해서도 유의하여야 한다. 문화다양성의 보호와 증진에 관한 법률은 모든 사회구성원은 문화적 표현의 자유와 권리를 가지며, 다른 사회구성원의 다양한 문화적 표현을 존중하고 이해하기 위하여 노력하여야 한다(제4조)고 규정하고 있다. 나아가 외국인 배우자가 국제결혼 후 자녀의 출산 등으로 한국어를 배우고 활용할 시간이 부족하였다는 사정 등을 외면한 채 이혼 시점에 한국어 소통능력이 다소 부족하다는 사정에만 주목하여, 외국인 배우자의 한국어 소통능력 역시 사회생활을 해 나가면서 본인이 의식적으로 노력한다면 계속하여 향상될 수 있다는 점을 놓쳐서는 안 된다. 특히 다문화가족지원법은 국가와 지방자치단체가 다문화가족에 대한 사회적 차별 및 편견을 예방하고 사회구성원이 문화적 다양성을 인정하고 존중할 수 있도록 다문화 이해교육을 실시하고 홍보 등 필요한 조치를 취하도록 할 책임이 있음을 규정하고 있고(제5조 제1항), 결혼이민자 등이 대한민국에서 생활하는 데 필요한 기본적 정보를 제공하는 것은 물론 언어소통 능력 향상을 위한 한국어교육 등을 받을 수 있도록 필요한 지원을 할 수 있으며(제6조 제1항), 해당 법률이 다문화가족이 이혼 등의 사유로 해체된 경우에도 그 구성원이었던 자녀에 대해 적용되는 것으로(제14조의2) 규정하고 있다.

[3] 이혼과 함께 친권자 및 양육자 지정 등에 관한 심리 · 판단을 하는 가정법원이 유의하여야 할 사항
가정법원은 혼인 파탄의 주된 원인이 누구에게 있는지에 대한 당사자들 사이의 다툼에만 심리를 집중한 나머지 친권자 및 양육자 지정 등에 관한 심리와 판단에 있어 소홀해지는 것을 경계할 필요가 있다.

나) 양육비용의 부담(제837조 제2항 제2호)

① **양육비 분담의 원칙** : 양육비는 부양의무의 내용이므로 부모가 공동으로 부담하는 것이 원칙이다. 통상 양육하지 않는 부 또는 모가 양육자에 대하여 양육비의 지급의무가 있게 된다.

② **과거의 양육비의 청구** : 부모의 자녀양육의무는 특별한 사정이 없는 한 자녀의 출생과 동시에 발생하는 것이므로 과거의 양육비에 대하여도 상대방이 분담함이 상당하다고 인정되는 경우에는 그 비용의 상환을 청구할 수 있다.

★★★▶ 과거의 양육비 청구

어떠한 사정으로 인하여 부모 중 어느 한 쪽만이 자녀를 양육하게 된 경우에, 그와 같은 일방에 의한 양육이 그 양육자의 일방적이고 이기적인 목적이나 동기에서 비롯한 것이라거나 자녀의 이익을 위하여 도움이 되지 아니하거나 그 양육비를 상대방에게 부담시키는 것이 오히려 형평에 어긋나게 되는 등 특별한 사정이 있는 경우를 제외하고는, 양육하는 일방은 상대방에 대하여 현재 및 장래에 있어서의 양육비 중 적정 금액의 분담을 청구할 수 있음은 물론이고, 부모의 자녀양육의무는 특별한 사정이

없는 한 자녀의 출생과 동시에 발생하는 것이므로 과거의 양육비에 대하여도 상대방이 분담함이 상당하다고 인정되는 경우에는 그 비용의 상환을 청구할 수 있다(대결(전) 1994.5.13, 92스21).

다) 면접교섭권(제837조 제2항 제3호)

> **제837조의2【면접교섭권】**
> ① 자(子)를 직접 양육하지 아니하는 부모의 일방과 자(子)는 상호 면접교섭할 수 있는 권리를 가진다.
> ② 자(子)를 직접 양육하지 아니하는 부모 일방의 직계존속은 그 부모 일방이 사망하였거나 질병, 외국거주, 그 밖에 불가피한 사정으로 자(子)를 면접교섭할 수 없는 경우 가정법원에 자(子)와의 면접교섭을 청구할 수 있다. 이 경우 가정법원은 자(子)의 의사(意思), 면접교섭을 청구한 사람과 자(子)의 관계, 청구의 동기, 그 밖의 사정을 참작하여야 한다.
> ③ 가정법원은 **자의 복리**를 위하여 필요한 때에는 당사자의 청구 또는 직권에 의하여 **면접교섭을 제한·배제·변경**할 수 있다.
>
> **제843조【준용규정】**
> 재판상 이혼에 따른 손해배상책임에 관하여는 제806조를 준용하고, 재판상 이혼에 따른 자녀의 양육책임 등에 관하여는 제837조를 준용하며, 재판상 이혼에 따른 면접교섭권에 관하여는 제837조의2를 준용하고, 재판상 이혼에 따른 재산분할청구권에 관하여는 제839조의2를 준용하며, 재판상 이혼에 따른 재산분할청구권 보전을 위한 사해행위취소권에 관하여는 제839조의3을 준용한다.

① **의의 및 성질** : 면접교섭권은 친권자나 양육자가 아니어서 미성년의 자를 보호·양육하지 않는 부 또는 모와 그 자가 상호 간에 직접 만나거나 전화 등을 통하여 접촉할 수 있는 권리이며, 방문권이라고도 한다. 면접교섭권은 부모의 고유한 권리이며, 일신전속권이어서 양도할 수 없으며, 영속적인 성질을 가지는 것이어서 포기할 수 없다.

② **내용 및 적용범위** : (ㄱ) 면접교섭권은 양육권(및 친권)과 조화되는 범위 안에서만 인정되어야 한다. 구체적인 내용으로는 면접·서신교환·통화·선물교환·방학이나 휴가 중 일정기간 체류 등이 있다. (ㄴ) 민법은 면접교섭권을 협의이혼에 관하여 규정하고, 이를 재판상 이혼의 경우에 준용한다. 그리고 가사소송법은 동조를 혼인의 취소 또는 인지에 의하여 부모 중 일방이 친권자가 되는 경우에 준용한다. 그 밖에 사실혼 해소의 경우에도 유추적용되어야 한다.

③ **제한·배제·변경** : 가정법원은 자의 복리를 위하여 필요한 때에는 당사자의 청구 또는 직권에 의하여 면접교섭을 제한하거나 배제 또는 변경할 수 있다.

▶ **민법 제837조의2에서 규정한 면접교섭권의 취지 / 면접교섭이 자녀의 복리를 침해하는 특별한 사정이 있는 경우, 당사자의 청구 또는 직권에 의하여 가정법원이 면접교섭을 배제할 수 있는지 여부**(적극) **및 이를 판단할 때 고려하여야 할 사항**
민법 제837조의2 제1항은 "자를 직접 양육하지 아니하는 부모의 일방과 자는 상호 면접교섭할 수 있는 권리를 가진다."라고 하고, 제3항은 "가정법원은 자의 복리를 위하여 필요한 때에는 당사자의 청구 또는 직권에 의하여 면접교섭을 제한·배제·변경할 수 있다."라고 규정한다. 부모와 자녀의 친밀한 관계는 부모가 혼인 중일 때뿐만 아니라 부모의 이혼 등으로 자녀가 부모 중 일방의 양육 아래 놓인 경우에도 지속될 수 있도록 보호할 필요가 있는바, 면접교섭권은 이를 뒷받침하여 자녀의 정서안정과 원만한 인격발달을 이룰 수 있도록 하고 이를 통해 자녀의 복리를 실현하는 것을 목적으로 하는 제도이다. 이는 자녀의 권리임과 동시에 부모의 권리이기도 하다. 이러한 관련 규정의 문언 및 면접교섭의 취지 및 성질 등을 고려하면, 가정법원이 면접교섭의 허용 여부를 판단할 때에는 자녀의 복리에 적합한지를 최우선적으로 고려하되, 부모에게도 면접교섭을 통해 자녀와 관계를 유지할 기본적인 이익이 있으므로 이를 아울러 살펴야 한다. 따라서 가정법원은 원칙적으로 부모와 자녀의 면접교섭을 허용하되, 면접교섭이 자녀의 복리를 침해하는 특별한 사정이 있는 경우에 한하여 당사자의 청구 또는 직권에 의하여 면접교섭을 배제할 수 있다(대결 2021.12.16, 2017스628).

④ 침해에 대한 구제 : 자와의 면접교섭 허용의무를 이행하여야 할 자가 정당한 이유 없이 그 의무를 이행하지 않을 때에는 가정법원은 당사자의 신청에 의하여 일정한 기간 내에 그 의무를 이행할 것을 명할 수 있고, 정당한 이유 없이 이 명령을 위반한 때에는 과태료에 처할 수 있다.

라) 양육사항의 변경

가정법원은 자의 복리를 위하여 필요하다고 인정하는 경우에는 부·모·자 및 검사의 청구 또는 직권으로 자의 양육에 관한 사항을 변경하거나 다른 적당한 처분을 할 수 있다(제837조 제5항). 양육에 관한 사항이 결정 또는 변경되거나 기타 처분이 있더라도 그 밖의 부모의 권리·의무에는 변경이 생기지는 않는다(제837조 제6항).

3) 친권자의 결정

가) 협의이혼의 경우

> **제909조【친권자】**
> ④ 혼인 외의 자가 인지된 경우와 부모가 (협의상) 이혼하는 경우에는 부모의 **협의**로 친권자를 정하여야 하고, 협의할 수 없거나 협의가 이루어지지 아니하는 경우에는 가정법원은 **직권으로 또는** 당사자의 청구에 따라 친권자를 지정하여야 한다. 다만, 부모의 협의가 자의 복리에 반하는 경우에는 가정법원은 보정을 명하거나 직권으로 친권자를 정한다.

협의이혼의 경우에는 부모의 협의로 친권자를 정하되, 협의를 할 수 없거나 협의가 이루어지지 않는 때에는 가정법원은 직권 또는 당사자의 청구에 따라 친권자를 정한다.

나) 재판상 이혼의 경우

> **제909조【친권자】**
> ⑤ 가정법원은 혼인의 취소, 재판상 이혼 또는 인지청구의 소의 경우에는 직권으로 친권자를 정한다.

다) 친권행사자의 변경

> **제909조【친권자】**
> ⑥ 가정법원은 자의 복리를 위하여 필요하다고 인정되는 경우에는 자의 4촌 이내의 친족의 청구에 의하여 정하여진 친권자를 다른 일방으로 변경할 수 있다.

5. 이혼의 재산상 효과

(1) 재산분할청구권

> **제839조의2【재산분할청구권】**
> ① 협의상 이혼한 자의 일방은 다른 일방에 대하여 재산분할을 청구할 수 있다.
>
> **제843조【준용규정】**
> 재판상 이혼에 따른 손해배상책임에 관하여는 제806조를 준용하고, 재판상 이혼에 따른 자녀의 양육책임 등에 관하여는 제837조를 준용하며, 재판상 이혼에 따른 면접교섭권에 관하여는 제837조의2를 준용하고, 재판상 이혼에 따른 재산분할청구권에 관하여는 제839조의2를 준용하며, 재판상 이혼에 따른 재산분할청구권 보전을 위한 사해행위취소권에 관하여는 제839조의3을 준용한다.

1) 의의

협의상 이혼 또는 재판상 이혼을 한 당사자의 일방이 다른 일방에 대하여 재산분할을 청구할 수 있는 권리이다.

2) 법적 성질

재산분할청구권의 법적 성질에 관하여, 통설은 부부공동재산의 청산을 중심적 요소로 하고 보충적으로 전 배우자의(이혼 후의) 부양적 요소를 포함한다고 하는 청산 및 부양설의 입장이다.

▶ **기본입장 – 청산 및 부양설**
판례는 "이혼에 따른 재산분할은 혼인 중 쌍방의 협력으로 형성된 공동재산의 청산이라는 성격에 상대방에 대한 부양적 성격이 가미된 제도"라고 판시하였다(대판 2000.9.29, 2000다25569).

★▶ **정신적 손해의 배상까지 고려하여 재산분할을 인정**
"이혼에 있어서 재산분할은 부부가 혼인 중에 가지고 있었던 실질상의 공동재산을 청산하여 분배함과 동시에 이혼 후에 상대방의 생활유지에 이바지하는 데 있지만, 분할자의 유책행위에 의하여 이혼함으로 인하여 입게 되는 정신적 손해(위자료)를 배상하기 위한 급부로서의 성질까지 포함하여 분할할 수도 있다"고 판시하기도 한다(대판 2001.5.8, 2000다58804).

3) 재산분할청구권 발생

가) **청구권자** : 이혼이나 혼인취소의 당사자이다. 유책배우자에게도 재산분할청구권은 인정된다.

★★★▶ **유책배우자의 재산분할청구권 인정 여부**(적극)
혼인 중에 부부가 협력하여 이룩한 재산이 있는 경우에는 혼인관계의 파탄에 대하여 책임이 있는 유책배우자라도 재산의 분할을 청구할 수 있다(대결 1993.5.11, 93스6).

나) **혼인이 해소되었을 것** : ① 협의상 이혼, 재판상 이혼, 혼인취소 모두에 인정된다. 또한 사실혼 해소의 경우에도 유추적용된다(대판 1995.3.10, 94므1379·1386). 그러나 중혼적 사실혼의 경우에는 원칙적으로 부정된다. ② 혼인은 당사자의 생존 중에 해소되어야 한다. 당사자의 사망으로 혼인이 해소되면 상속이 개시되므로 재산분할청구는 문제되지 않는다.

★★★▶ 재산분할에 관한 민법 규정을 사실혼에 유추적용할 수 있는지 여부(적극) 및 사실혼 관계에 있는 부부 일방이 혼인 중 공동재산의 형성에 수반하여 채무를 부담하였다가 사실혼이 종료된 후 채무를 변제한 경우, 변제된 채무가 청산 대상이 되는지 여부(원칙적 적극)

① 사실혼은 당사자 사이에 혼인 의사가 있고 객관적으로 사회관념상 부부공동생활을 인정할 만한 혼인생활의 실체가 있는 경우이므로 법률혼에 관한 민법 규정 중 혼인신고를 전제로 하는 규정은 유추적용할 수 없다. 그러나 부부재산 청산의 의미를 갖는 재산분할 규정은 부부의 생활공동체라는 실질에 비추어 인정되는 것이므로 사실혼 관계에 유추적용할 수 있다. ② 부부 일방이 혼인 중 제3자에게 부담한 채무는 일상가사에 관한 것 이외에는 원칙적으로 개인의 채무로서 청산 대상이 되지 않으나 그것이 공동재산의 형성에 수반하여 부담한 채무인 경우에는 청산 대상이 된다. 따라서 사실혼 관계에 있는 부부 일방이 혼인 중 공동재산의 형성에 수반하여 채무를 부담하였다가 사실혼이 종료된 후 채무를 변제한 경우 변제된 채무는 특별한 사정이 없는 한 청산 대상이 된다(대판 2021.5.27, 2020므15841).

▶ 중혼적 사실혼의 경우 재산분할청구권 부정

법률상 배우자 있는 자는 그 법률혼 관계가 사실상 이혼상태라는 등의 특별한 사정이 없는 한 사실혼 관계에 있는 상대방에게 그와의 사실혼 해소를 이유로 재산분할을 청구함은 허용되지 않는다(대결 1995.7.3, 94스30).

★★★★▶ 사실혼 관계가 일방 당사자의 사망으로 해소된 경우 재산분할청구권 인정 여부(소극)

① 부부재산에 관한 청산의 의미를 갖는 재산분할에 관한 법률 규정은 부부의 생활공동체라는 실질에 비추어 인정되는 것으로서 사실혼관계에도 이를 준용 또는 유추적용할 수 있기 때문에, 사실혼관계에 있었던 당사자들이 생전에 사실혼관계를 해소한 경우 재산분할청구권을 인정할 수 있으나, ② 법률상 혼인관계가 일방 당사자의 사망으로 인하여 종료된 경우에도 생존 배우자에게 재산분할청구권이 인정되지 아니하고 단지 상속에 관한 법률 규정에 따라서 망인의 재산에 대한 상속권만이 인정된다는 점 등에 비추어 보면, 사실혼관계가 일방 당사자의 사망으로 인하여 종료된 경우에는 그 상대방에게 재산분할청구권이 인정된다고 할 수 없다(대판 2006.3.24, 2005두15595). → 사실혼 배우자 간에는 상속이 인정되지 않기 때문에 결국, 사실혼 배우자 간에는 상속도 재산분할청구도 모두 인정되지 않게 된다.

다) 발생시점 : 이혼이 성립한 때에 발생한다.

★▶ 재산분할청구권의 발생시점

민법상의 재산분할청구권은 이혼을 한 당사자의 일방이 다른 일방에 대하여 재산분할을 청구할 수 있는 권리로서 이혼이 성립한 때에 그 법적 효과로서 비로소 발생하는 것이므로, 당사자가 이혼이 성립하기 전에 이혼소송과 병합하여 재산분할의 청구를 하고, 법원이 이혼과 동시에 재산분할을 명하는 판결을 하는 경우에도 이혼판결은 확정되지 아니한 상태이므로, 그 시점에서 가집행을 허용할 수는 없다(대판 1998.11.13, 98므1193).

▶ 재산분할로 금전지급을 명하는 경우 가집행선고의 가부와 이행지체책임의 발생 시기

[1] 민법 제837조에 따른 이혼 당사자 사이의 양육비 청구사건이 즉시항고와 가집행선고의 대상이 되는지 여부(적극)

가사소송법 제42조 제1항은 "재산상의 청구 또는 유아의 인도에 관한 심판으로서 즉시항고의 대상이 되는 심판에는 담보를 제공하게 하지 아니하고 가집행할 수 있음을 명하여야 한다"라고 규정하고, 가사소송규칙 제94조 제1항은 마류 가사비송사건의 심판에 대하여는 청구인과 상대방이 즉시 항고를 할 수 있다고 규정하고 있는바, 민법 제837조에 따른 이혼 당사자 사이의 양육비 청구사건은 마류 가사비송사건으로서 즉시항고의 대상에 해당하고, 가집행선고의 대상이 된다.

[2] 민법 제839조의2에 따라 재산분할의 방법으로 금전의 지급을 명하는 부분이 가집행선고의 대상이 되는지 여부(소극) 및 이는 이혼이 먼저 성립한 후에 재산분할로 금전의 지급을 명하는 경우에도 마찬가지인지 여부(적극)

민법 제839조의2에 따른 재산분할 청구사건은 마류 가사비송사건으로서 즉시항고의 대상에 해당하기는 하지만, 재산분할은 부부가 혼인 중에 취득한 실질적인 공동재산을 청산 분배하는 것을 주된 목적으로 하고, 법원이 당사자 쌍방의 협력으로 이룩한 재산의 액수 기타 사정을 참작하여 분할의 액수와 방법을 정하는 것이므로, 재산분할로 금전의 지급을 명하는 경우에도 판결 또는 심판이 확정되기 전에는 금전지급의무의 이행기가 도래하지 아니할 뿐만 아니라 금전채권의 발생조차 확정되지 아니한 상태에 있다고 할 것이어서, 재산분할의 방법으로 금전의 지급을 명한 부분은 가집행선고의 대상이 될 수 없다. 그리고 이는 이혼이 먼저 성립한 후에 재산분할로 금전의 지급을 명하는 경우라고 하더라도 마찬가지이다.

★★[3] 당사자가 이혼 성립 후에 재산분할 등을 청구하고 법원이 재산분할로서 금전의 지급을 명하는 판결이나 심판을 하는 경우, 금전지급의무의 이행지체책임을 지는 시기 및 그 지연손해금의 이율에 관하여 소송촉진 등에 관한 특례법 제3조 제1항 본문이 정한 이율이 적용되는지 여부(소극)

이혼으로 인한 재산분할청구권은 이혼이 성립한 때에 법적 효과로서 발생하는 것이지만 협의 또는 심판에 의하여 구체적 내용이 형성되기까지는 범위 및 내용이 불명확하기 때문에 구체적으로 권리가 발생하였다고 할 수 없다. 따라서 당사자가 이혼 성립 후에 재산분할 등을 청구하고 법원이 재산분할로서 금전의 지급을 명하는 판결이나 심판을 하는 경우에도, 이는 장래의 이행을 청구하는 것으로서 분할의무자는 금전지급의무에 관하여 판결이나 심판이 확정된 다음 날부터 이행지체책임을 지고, 그 지연손해금의 이율에 관하여는 소송촉진 등에 관한 특례법 제3조 제1항 본문이 정한 이율도 적용되지 아니한다(대판 2014.9.4, 2012므1656). → 재산분할로 금전지급을 명하는 경우 판결 또는 심판이 확정되어야 금전채권이 발생되므로 재산분할의 방법으로 금전의 지급을 명하는 부분은 가집행선고의 대상이 될 수 없고, 판결이나 심판이 확정된 다음 날부터 이행지체의 책임을 진다는 의미의 판결이다.

★▶ 이혼소송계속 중 일방이 사망한 경우 재산분할청구소송도 당연 종료

이혼소송과 재산분할청구소송이 병합된 경우, 재판상 이혼청구권은 부부의 행사상 일신전속적 권리이므로 당사자 일방이 사망한 때에는 상속인이 수계할 수 없음은 물론 검사가 수계할 수 있는 특별한 규정도 없으므로 이혼소송은 종료되며 재산분할청구소송도 당연히 종료한다(대판 1995.10.28, 94므246·253). → 재산분할청구권은 이혼한 당사자가 상대방에 대하여 청구하는 권리인데, 당사자 일방이 사망하면 이혼이 성립할 수 없으므로, 재산분할청구에 관련된 소송도 당연히 종료될 수밖에 없는 것이다.

4) 재산분할의 대상

가) 부부의 협력으로 이룩한 재산 : ① 혼인 중에 부부 쌍방의 협력에 의하여 이룩한 재산은 실질적으로 부부의 공동재산이라고 보아야 하므로 당연히 분할대상이 된다. ② 부부 일방의 명의로

취득한 경우(= 특유재산)에도 그 재산이 실질적으로 부부의 공동노력으로 취득·형성·유지되어 온 때에는 분할의 대상이 된다. 그 협력에는 처의 가사노동도 포함된다.

★★▶ 특유재산 - 원칙 부정 / 예외적 긍정

부부 일방의 특유재산은 원칙적으로 분할의 대상이 되지 아니하나 특유재산일지라도 다른 일방이 적극적으로 그 특유재산의 유지에 협력하여 그 감소를 방지하였거나 그 증식에 협력하였다고 인정되는 경우에는 이것도 분할의 대상이 될 수 있고, 또 부부 일방이 혼인 중 제3자에게 부담한 채무는 일상가사에 관한 것 이외에는 원칙적으로 그 개인의 채무로서 청산의 대상이 되지 않으나 그것이 공동재산의 형성에 수반하여 부담한 채무인 경우에는 청산의 대상이 된다고 보아야 할 것이다(대판 1993.5.25. 92므501).

▶ 처의 가사노동 - 재산분할청구의 대상성 긍정

부부 중 일방이 상속받은 재산이거나 이미 처분한 상속재산을 기초로 형성된 부동산이더라도 이를 취득하고 유지함에 있어 처의 가사노동 등이 직·간접으로 기여한 것이라면 재산분할의 대상이 된다(대판 1993.6.11. 92므1054·1061).

▶ 혼인관계가 파탄된 이후 변론종결일 사이에 생긴 재산관계의 변동이 혼인 중 공동으로 형성한 재산관계와 무관한 경우, 변동된 재산이 재산분할 대상에 포함되는지 여부(소극)

재산분할 제도는 이혼 등의 경우에 부부가 혼인 중 공동으로 형성한 재산을 청산·분배하는 것을 주된 목적으로 하는 것으로서, 부부 쌍방의 협력으로 이룩한 적극재산 및 그 형성에 수반하여 부담하거나 부부 공동생활관계에서 필요한 비용 등을 조달하는 과정에서 부담한 채무를 분할하여 각자에게 귀속될 몫을 정하기 위한 것이므로, 부부 일방에 의하여 생긴 적극재산이나 채무로서 상대방은 그 형성이나 유지 또는 부담과 무관한 경우에는 이를 재산분할 대상인 재산에 포함할 것이 아니다. 그러므로 재판상 이혼에 따른 재산분할에 있어 분할의 대상이 되는 재산과 그 액수는 이혼소송의 사실심 변론종결일을 기준으로 하여 정하는 것이 원칙이지만, 혼인관계가 파탄된 이후 변론종결일 사이에 생긴 재산관계의 변동이 부부 중 일방에 의한 후발적 사정에 의한 것으로서 혼인 중 공동으로 형성한 재산관계와 무관하다는 등의 특별한 사정이 있는 경우에는 그 변동된 재산은 재산분할의 대상에서 제외하여야 할 것이다(대판 2013.11.28. 2013므1455·1462).

★★▶ 재판상 이혼에 따른 재산분할에 있어 분할의 대상이 되는 재산과 그 액수 산정의 기준시기(=이혼소송의 사실심 변론종결일) 및 혼인관계가 파탄된 이후 사실심 변론종결일 사이에 재산관계의 변동이 있는 경우, 변동된 재산이 재산분할의 대상이 되는지 판단하는 방법

① 재판상 이혼에 따른 재산분할을 할 때 분할의 대상이 되는 재산과 그 액수는 이혼소송의 사실심 변론종결일을 기준으로 하여 정하는 것이 원칙이다. ② 다만 혼인관계가 파탄된 이후 사실심 변론종결일 사이에 생긴 재산관계의 변동이 부부 중 일방에 의한 후발적 사정에 의한 것으로서 혼인 중 공동으로 형성한 재산관계와 무관하다는 등 특별한 사정이 있는 경우 그 변동된 재산은 재산분할 대상에서 제외하여야 하나, ③ 부부의 일방이 혼인관계 파탄 이후에 취득한 재산이라도 그것이 혼인관계 파탄 이전에 쌍방의 협력에 의하여 형성된 유형·무형의 자원에 기한 것이라면 재산분할의 대상이 된다(대판 2019.10.31. 2019므12549·12556).

→ [사실관계] : 甲이 혼인 전에 개설한 주택청약종합저축 계좌를 통해 청약주택 관련 1순위 자격요건을 충족한 상태에서 乙과 혼인신고를 한 다음 아파트의 예비당첨자로 당첨되어 아파트에 관한 공

급계약을 체결하였고, 그 후 별거로 인하여 혼인관계가 파탄된 시점까지 아파트의 분양대금 중 계약금 및 중도금 등을 납입하였으며, 혼인관계의 파탄 이후 잔금을 지급하고 甲 명의로 소유권이 전등기를 마친 사안에서, 甲이 乙과 혼인생활을 시작한 후에 아파트에 관한 공급계약을 체결하였고, 이후 혼인관계가 파탄에 이르기 전까지 계약금 및 중도금으로 아파트의 분양대금 중 70% 가량을 납입함으로써 혼인관계 파탄 이전에 이미 분양대금 잔금의 납입을 통해 아파트의 소유권을 취득할 것이 잠재적으로 예정되어 있었던 점, 甲이 공급계약을 체결하고 분양대금을 납입하는 기간 동안 乙은 자녀를 출산하고 가사와 육아를 돌보았을 뿐만 아니라 회사에 복직하여 소득활동을 하는 한편 가사와 육아에 관하여 乙의 모친의 도움을 받은 점 등에 비추어 설령 甲이 혼인관계 파탄 이후 아파트의 소유권을 취득하였다고 하더라도, 이는 혼인관계 파탄 이전에 甲과 乙 쌍방의 협력에 의하여 형성된 유형·무형의 자원에 터 잡은 것이므로, 재산분할의 대상은 혼인관계 파탄 이전에 납입한 분양대금이 아니라 사실심 변론종결일 이전에 취득한 아파트가 되어야 하는데도, 이와 달리 본 원심판단에 법리오해의 잘못이 있다고 한 사례이다.

나) 퇴직금 및 연금 : 퇴직금(및 연금)은 혼인 중에 제공한 근로에 대한 대가가 유예된 것이므로 부부의 혼인 중 부부재산의 일부가 되며, 부부 중 일방이 이혼 당시에 이미 퇴직금을 수령하였다면 청산의 대상으로 삼을 수 있다.

▶ **이미 수령한 퇴직금**
퇴직금은 혼인 중에 제공한 근로에 대한 대가가 유예된 것이므로 부부의 혼인 중 재산의 일부가 되며, 부부 중 일방이 직장에서 일하다가 이혼 당시에 이미 퇴직금 등의 금원을 수령하여 소지하고 있는 경우에는 이를 청산의 대상으로 삼을 수 있다(대판 1995.3.28, 94므1584).

▶ **명예퇴직금**
재판상 이혼을 전제로 한 재산분할에서 분할의 대상이 되는 재산과 그 액수는 이혼소송의 사실심 변론종결일을 기준으로 하여 정하여야 하는데, 이혼소송의 사실심 변론종결 당시에 부부 중 일방이 직장에서 일하다가 명예퇴직을 하고 통상의 퇴직금 이외에 별도로 명예퇴직금 명목의 돈을 이미 수령한 경우, 명예퇴직금이 정년까지 계속 근로로 받을 수 있는 수입의 상실이나 새로운 직업을 얻기 위한 비용지출 등에 대한 보상의 성격이 강하다고 하더라도 일정기간 근속을 요건으로 하고 상대방 배우자의 협력이 근속 요건에 기여하였다면, 명예퇴직금 전부를 재산분할의 대상으로 삼을 수 있다. 다만 법원은 상대방 배우자가 근속 요건에 기여한 정도, 이혼소송 사실심 변론종결일부터 정년까지의 잔여기간 등을 민법 제839조의2 제2항이 정한 재산분할의 액수와 방법을 정하는 데 필요한 기타 사정으로 참작할 수 있다(대판 2011.7.14, 2009므2628·2635).

★★★▶ **이혼당시 부부 일방이 아직 퇴직하지 아니한 채 직장에 근무하고 있어 실제로 퇴직급여를 수령하지 않은 경우, 혼인기간에 제공된 근무와 관련하여 퇴직급여를 수령할 권리를 재산분할의 대상으로 볼 수 있는지 여부**(긍정)(대판(전) 2014.7.16, 2013므2250)
① 민법 제839조의2에 규정된 재산분할제도는 혼인 중에 부부 쌍방이 협력하여 이룩한 재산을 이혼 시에 청산·분배하는 것을 주된 목적으로 하는 제도이므로, 그 재산이 누구 명의로 되어 있는지 또는 그 관리를 누가 하고 있는지를 묻지 않고 분할의 대상이 된다. 한편 근로자퇴직급여보장법, 공무원연금법, 군인연금법, 사립학교교직원연금법이 각 규정하고 있는 퇴직급여는 사회보장적 급여

로서의 성격 외에 임금의 후불적 성격과 성실한 근무에 대한 공로보상적 성격도 지닌다. 그리고 이러한 퇴직급여를 수령하기 위하여는 일정기간 근무할 것이 요구되는바, 그와 같이 근무함에 있어 상대방 배우자의 협력이 기여한 것으로 인정된다면 그 퇴직급여 역시 부부 쌍방의 협력으로 이룩한 재산으로서 재산분할의 대상이 될 수 있는 것이다.

② 물론 퇴직급여채권은 퇴직이라는 급여의 사유가 발생함으로써 현실화되는 것이므로, 이혼 시점에서는 어느 정도의 불확실성이나 변동가능성을 지닐 수밖에 없다. 그러나 그렇다고 하여 퇴직급여채권을 재산분할의 대상에서 제외하고 단지 장래의 그 수령가능성을 재산분할의 액수와 방법을 정하는 데 필요한 기타 사정으로만 참작하는 것은 부부가 혼인 중 형성한 재산관계를 이혼에 즈음하여 청산·분배하는 것을 본질로 하는 재산분할제도의 취지에 맞지 않고, 당사자 사이의 실질적 공평에도 반하여 부당하다.

③ 위와 같은 재산분할제도의 취지 및 여러 사정들에 비추어 볼 때, 비록 이혼 당시 부부 일방이 아직 재직 중이어서 실제 퇴직급여를 수령하지 않았더라도 이혼소송의 사실심 변론종결 시에 이미 잠재적으로 존재하여 그 경제적 가치의 현실적 평가가 가능한 재산인 퇴직급여채권은 재산분할의 대상에 포함시킬 수 있으며, 구체적으로는 이혼소송의 사실심 변론종결 시를 기준으로 그 시점에서 퇴직할 경우 수령할 수 있을 것으로 예상되는 퇴직급여 상당액의 채권이 그 대상이 된다고 할 것이다. 이와 달리 앞에서 본 바와 같이 부부 일방이 아직 퇴직하지 아니한 채 직장에 근무하고 있을 경우 그의 퇴직급여는 재산분할의 대상에 포함시킬 수 없고 단지 장래의 그 수령가능성을 분할의 액수와 방법을 정하는 데 필요한 기타 사정으로 참작하면 충분하다는 취지로 설시한 이제까지의 대법원판결들은 이 판결의 견해에 배치되는 범위 내에서 이를 모두 변경한다.

★★★▶ 공무원 퇴직연금수급권이 재산분할의 대상이 될 수 있는지 여부(긍정)(대판(전) 2014. 7. 16, 2012므2888)

[1] 이혼소송의 사실심 변론종결 당시에 부부 중 일방이 공무원 퇴직연금을 실제로 수령하고 있는 경우, 이미 발생한 퇴직연금수급권이 재산분할의 대상에 포함되는지 여부(원칙적 적극) 및 연금수급권자인 배우자가 매월 수령할 퇴직연금액 중 일정 비율에 해당하는 금액을 상대방 배우자에게 정기적으로 지급하는 방식으로 재산분할을 하는 것이 가능한지 여부(적극)

① 민법 제839조의2에 규정된 재산분할제도는 혼인 중에 취득한 실질적인 공동재산을 청산·분배하는 것을 주된 목적으로 하는 것이므로, 부부가 재판상 이혼을 할 때 쌍방의 협력으로 이룩한 재산이 있는 한, 법원으로서는 당사자의 청구에 의하여 재산의 형성에 기여한 정도 등 당사자 쌍방의 일체의 사정을 참작하여 분할의 액수와 방법을 정하여야 한다.

② 이혼소송의 사실심 변론종결 당시에 부부 중 일방이 공무원 퇴직연금을 실제로 수령하고 있는 경우에, 위 공무원 퇴직연금에는 사회보장적 급여로서의 성격 외에 임금의 후불적 성격이 불가분적으로 혼재되어 있으므로, 혼인기간 중의 근무에 대하여 상대방 배우자의 협력이 인정되는 이상 공무원 퇴직연금수급권 중 적어도 그 기간에 해당하는 부분은 부부 쌍방의 협력으로 이룩한 재산으로 볼 수 있다. 따라서 재산분할제도의 취지에 비추어 허용될 수 없는 경우가 아니라면, 이미 발생한 공무원 퇴직연금수급권도 부동산 등과 마찬가지로 재산분할의 대상에 포함될 수 있다고 봄이 상당하다. 그리고 구체적으로는 연금수급권자인 배우자가 매월 수령할 퇴직연금액 중 일정 비율에 해당하는 금액을 상대방 배우자에게 정기적으로 지급하는 방식의 재산분할도 가능하다.

③ 이때 그 재산분할에 의하여 분할권리자가 분할의무자에 대하여 가지게 되는 위와 같은 정기금 채권은 비록 공무원 퇴직연금수급권 그 자체는 아니더라도 그 일부를 취득하는 것과 경제적으

로 동일한 의미를 가지는 권리인 점, 재산분할의 대상인 공무원 퇴직연금수급권이 사회보장적
급여로서의 성격이 강하여 일신전속적 권리에 해당하여서 상속의 대상도 되지 아니하는 점 등
을 고려하면, 분할권리자의 위와 같은 정기금채권 역시 제3자에게 양도되거나 분할권리자의 상
속인에게 상속될 수 없다고 봄이 상당하다.

④ 이와 달리 공무원 퇴직연금은 수급권자의 사망으로 그 지급이 종료되는데 수급권자의 여명을 확정
할 수 없으므로 그 자체를 재산분할의 대상으로 할 수 없고, 다만 이를 분할액수와 방법을 정함에
있어서 참작되는 '기타의 사정'으로 삼는 것으로 족하다는 취지의 대법원 1997. 3. 14. 96므1533
·1540 판결 등을 비롯하여 그러한 취지의 재판들은 이 판결의 견해에 배치되는 범위 내에서 이
를 모두 변경하기로 한다.

[2] 공무원 퇴직연금수급권에 대하여 정기금 방식으로 재산분할을 할 경우, 공무원 퇴직연금수급권과 다른
일반재산을 구분하여 개별적으로 분할비율을 정할 수 있는지 여부(적극) 및 그 분할비율의 산정 방법
민법 제839조의2 제2항의 취지에 비추어 볼 때, 재산분할비율은 개별재산에 대한 기여도를 일컫는
것이 아니라 기여도 기타 모든 사정을 고려하여 전체로서 형성된 재산에 대하여 상대방 배우자로부터
분할받을 수 있는 비율을 일컫는 것이라고 봄이 상당하므로, 법원이 합리적인 근거 없이 분할대상 재
산들을 개별적으로 구분하여 분할비율을 달리 정하는 것은 허용될 수 없다. 그러나 공무원 퇴직연금
수급권에 대하여 위와 같이 정기금 방식으로 재산분할을 할 경우에는 대체로 가액을 특정할 수 있
는 다른 일반재산과는 달리 공무원 퇴직연금수급권은 연금수급권자인 배우자의 여명을 알 수 없어
가액을 특정할 수 없는 등의 특성이 있으므로, 재산분할에서 고려되는 제반 사정에 비추어 공무원
퇴직연금수급권에 대한 기여도와 다른 일반재산에 대한 기여도를 종합적으로 고려하여 전체 재산
에 대한 하나의 분할비율을 정하는 것이 형평에 부합하지 아니하는 경우도 있을 수 있다. 그러한 경우
에는 공무원 퇴직연금수급권과 다른 일반재산을 구분하여 개별적으로 분할비율을 정하는 것이 타당
하고, 그 결과 실제로 분할비율이 달리 정하여지더라도 이는 분할비율을 달리 정할 수 있는 합리적
근거가 있는 경우에 해당한다. 그 경우에 공무원 퇴직연금의 분할비율은 전체 재직기간 중 실질적
혼인기간이 차지하는 비율, 당사자의 직업 및 업무내용, 가사 내지 육아 부담의 분배 등 상대방
배우자가 실제로 협력 내지 기여한 정도 기타 제반 사정을 종합적으로 고려하여 정하여야 한다.

▶ **재산분할청구**(대판 2019. 9. 25. 2017므11917)

[1] 부부 일방이 이혼 당시 공무원으로 재직 중인 경우, 퇴직급여 및 퇴직수당 채권에 대하여 상대방 배우자
의 협력이 기여한 것으로 인정되면 재산분할의 대상에 포함시킬 수 있는지 여부(적극) 및 그 대상 채권
의 범위
이혼 당시 부부 일방이 아직 공무원으로 재직 중이어서 실제 퇴직급여 등을 수령하지 않았더라도
이혼소송의 사실심 변론종결 시에 이미 잠재적으로 존재하여 경제적 가치의 현실적 평가가 가능한
재산인 퇴직급여 및 퇴직수당 채권은 이에 대하여 상대방 배우자의 협력이 기여한 것으로 인정되는
한 재산분할의 대상에 포함시킬 수 있으며, 구체적으로는 이혼소송의 사실심 변론종결 시를 기준으
로 그 시점에서 퇴직할 경우 수령할 수 있을 것으로 예상되는 퇴직급여 및 퇴직수당 상당액의 채권이
그 대상이 된다.

[2] 법원이 재산분할 청구 사건에서 공무원연금법이 정한 이혼배우자의 분할 청구권에 관한 규정에도 불구
하고 예상퇴직급여 채권을 재산분할 대상에 포함할지를 정할 수 있는지 여부(적극) 및 그 판단 기준
공무원연금법 제45조 제1항, 제2항에 따르면 혼인기간(배우자의 공무원 재직기간 중 실질적인 혼

인관계가 존재하지 않았던 기간을 제외한 기간)이 5년 이상인 사람이 배우자와 이혼하고, 배우자였던 사람이 퇴직연금 또는 조기퇴직연금 수급권자이며, 자신이 65세가 되었을 때에는, 그때부터 그가 생존하는 동안 공무원연금공단에 별도의 청구를 하여 배우자였던 사람의 퇴직연금 또는 조기퇴직연금액 중 위 혼인기간에 해당하는 연금액을 균등하게 나눈 금액을 분할연금으로 받을 수 있다(만일 배우자였던 사람이 퇴직연금 대신 퇴직연금일시금 등을 청구할 경우에는 공무원연금법 제49조에 따라 퇴직연금일시금 등의 분할을 청구하여 지급받을 수도 있다). 나아가 공무원연금법 제46조에서는 '위 균등분할 조항에도 불구하고 민법 제839조의2 또는 제843조에 따라 연금분할이 별도로 결정된 경우에는 그에 따른다'는 취지의 규정을 두고 있다. 따라서 법원은 이혼당사자가 재산분할 청구 시, 공무원연금법이 정한 이혼배우자의 분할연금 청구권, 퇴직연금일시금 등 분할 청구권에 관한 규정에도 불구하고 이혼소송의 사실심 변론종결 시를 기준으로 그 시점에서 퇴직할 경우 수령할 수 있을 것으로 예상되는 퇴직급여(공무원연금법 제28조 제1호에서 정한 퇴직연금, 퇴직연금일시금 등을 말한다) 채권을 재산분할 대상에 포함할지 여부에 관하여서는, 혼인 생활의 과정과 기간, 그 퇴직급여의 형성 및 유지에 대한 양 당사자의 기여 정도, 당사자 쌍방이 혼인 생활 중 협력하여 취득한 다른 적극재산과 소극재산의 존재와 규모, 양 당사자의 의사와 나이 등 여러 사정을 종합적으로 고려하여 결정할 수 있다. 즉 법원은 재산분할 청구 사건에서 위와 같은 사정을 고려하여 예상퇴직급여 채권을 재산분할 대상에 포함하여 재산분할의 액수와 방법을 정할 수도 있고, 재산분할 대상에 포함하지 아니한 채 이혼당사자들이 공무원연금법에서 정한 분할연금 청구권, 퇴직연금일시금 등 분할 청구권에 관한 규정을 따르도록 할 수도 있다.

[3] 공무원연금법이 정한 이혼배우자의 분할 청구권 규정이 적용되지 않는 공무원연금법 제28조 제4호, 제62조 소정의 퇴직수당 채권의 경우, 이혼배우자의 협력이 기여한 것으로 인정되면 재산분할의 대상이 될 수 있는지 여부(적극) 및 이때 재산분할의 방법

공무원연금법 제28조 제4호, 제62조에서 정한 퇴직수당(공무원이 1년 이상 재직하고 퇴직하거나 사망한 경우에 지급하는 수당을 말한다)에 관하여서는 이혼배우자의 분할 청구권 규정이 적용되지 아니하므로, 이혼배우자의 협력이 기여한 것으로 인정된다면 이혼소송의 사실심 변론종결 시를 기준으로 그 시점에서 퇴직할 경우 수령할 수 있을 것으로 예상되는 퇴직수당 상당액의 채권은 충분히 재산분할의 대상이 될 수 있고, 구체적으로는 위 채권을 보유한 이혼당사자의 적극재산에 포함시켜 다른 재산과 함께 일괄하여 청산하거나 이에 준하는 적절하고 합리적인 방법으로 재산분할을 할 수 있다.

다) **재산분할의 재판확정 후 재산이 새로이 추가로 발견된 경우** : 재산분할재판에서 분할대상인지 여부가 전혀 심리된 바 없는 재산이 재판확정 후 추가로 발견된 경우에는 이에 대하여 추가로 재산분할청구를 할 수 있다(대판 2003.2.28, 2000므582). ★

라) **제3자 명의의 재산** : 제3자 명의의 재산이라도 그것이 부부 중 일방에 의하여 명의신탁된 재산 또는 부부의 일방이 실질적으로 지배하고 있는 재산으로서 부부 쌍방의 협력에 의하여 형성된 것이거나 부부 쌍방의 협력에 의하여 형성된 유형·무형의 자원에 기한 것이라면 재산분할의 대상이 된다(대판 2002.9.4, 2001므718). ★

마) **합유재산** : 합유재산이라는 이유만으로 이를 재산분할의 대상에서 제외할 수는 없고, 다만 부부의 일방이 제3자와 합유하고 있는 재산 또는 그 지분은 이를 임의로 처분하지 못하므로, 직접

당해 재산의 분할을 명할 수는 없으나 그 지분의 가액을 산정하여 이를 분할의 대상으로 삼거나 다른 재산의 분할에 참작하는 방법으로 재산분할의 대상에 포함하여야 한다(대판 2009.11.12, 2009므2840·2857).

바) **소극재산** : 일방이 혼인 중 제3자에게 부담한 채무는 일상가사에 관한 것 이외에는 원칙적으로 그 개인의 채무로서 이혼 시 청산의 대상이 되지 않으나 그것이 공동재산의 형성·유지에 수반하여 부담한 채무인 때에는 청산의 대상이 되며, 그 채무로 인하여 취득한 특정 적극재산이 남아 있지 않더라도 그 채무부담행위가 부부 공동의 이익을 위한 것으로 인정될 때에는 혼인 중의 공동재산의 형성·유지에 수반하는 것으로 보아 청산의 대상이 된다(대판 2010.4.15, 2009므4297; 대판 1998.2.13, 97므1486·1493).

▶ **임대차보증금 반환채무**

부동산에 대한 임대차보증금 반환채무는 특별한 사정이 없는 한 혼인 중 재산의 형성에 수반한 채무로서 청산의 대상이 된다(대판 1999.6.11, 96므1397).

★★★★▶ 부부가 이혼할 때 雙方의 소극재산 총액이 적극재산 총액을 초과하여 재산분할을 한 결과가 결국 채무의 분담을 정하는 것이 되는 경우에도 재산분할 청구를 받아들일 수 있는지 여부(적극) 및 이 경우 채무를 분담하게 할지 여부와 분담의 방법 등을 정하는 기준(대판(전) 2013.6.20, 2010므4071·4088)

[다수의견] 민법은 분할대상인 재산을 적극재산으로 한정하고 있지 않다. 따라서 이혼 당사자 각자가 보유한 적극재산에서 소극재산을 공제하는 등으로 재산상태를 따져 본 결과 재산분할 청구의 상대방이 그에게 귀속되어야 할 몫보다 더 많은 적극재산을 보유하고 있거나 소극재산의 부담이 더 적은 경우에는 적극재산을 분배하거나 소극재산을 분담하도록 하는 재산분할은 어느 것이나 가능하다고 보아야 하고, 후자의 경우라고 하여 당연히 재산분할 청구가 배척되어야 한다고 할 것은 아니다. 그러므로 소극재산의 총액이 적극재산의 총액을 초과하여 재산분할을 한 결과가 결국 채무의 분담을 정하는 것이 되는 경우에도 법원은 채무의 성질, 채권자와의 관계, 물적 담보의 존부 등 일체의 사정을 참작하여 이를 분담하게 하는 것이 적합하다고 인정되면 구체적인 분담의 방법 등을 정하여 재산분할 청구를 받아들일 수 있다 할 것이다. 그것이 부부가 혼인 중 형성한 재산관계를 이혼에 즈음하여 청산하는 것을 본질로 하는 재산분할 제도의 취지에 맞고, 당사자 사이의 실질적 공평에도 부합한다. 다만 재산분할 청구 사건에 있어서는 혼인 중에 이룩한 재산관계의 청산뿐 아니라 이혼 이후 당사자들의 생활보장에 대한 배려 등 부양적 요소 등도 함께 고려할 대상이 되므로, 재산분할에 의하여 채무를 분담하게 되면 그로써 채무초과 상태가 되거나 기존의 채무초과 상태가 더욱 악화되는 것과 같은 경우에는 채무부담의 경위, 용처, 채무의 내용과 금액, 혼인생활의 과정, 당사자의 경제적 활동능력과 장래의 전망 등 제반 사정을 종합적으로 고려하여 채무를 분담하게 할지 여부 및 분담의 방법 등을 정할 것이고, 적극재산을 분할할 때처럼 재산형성에 대한 기여도 등을 중심으로 일률적인 비율을 정하여 당연히 분할 귀속되게 하여야 한다는 취지는 아니라는 점을 덧붙여 밝혀 둔다.

★★★★▶ **재산분할대상 재산 및 분할액 산정의 기준시점**

① 협의이혼에 따른 재산분할에 있어 분할의 대상이 되는 재산과 액수는 협의이혼이 성립한 날을 기준으로 정하여야 한다. 따라서 협의이혼 성립일 이후에 부부 일방이 새로운 채무를 부담하거나, 부부

일방의 채무가 변제된 경우에도 이와 같은 재산변동사항은 재산분할의 대상이 되는 재산과 액수를 정함에 있어 이를 참작할 것이 아니다(대판 2006.9.14, 2005다74900).
② 재판상 이혼을 전제로 한 재산분할에 있어 분할의 대상이 되는 재산과 그 액수는 이혼소송의 사실심 변론종결일을 기준으로 하여 정하여야 한다(대결 2000.5.2, 2000스13).

5) 재산분할의 방법

> **제839조의2 【재산분할청구권】**
> ① 협의상 이혼한 자의 일방은 다른 일방에 대하여 재산분할을 청구할 수 있다.
> ② 제1항의 재산분할에 관하여 협의가 되지 아니하거나 협의할 수 없는 때에는 가정법원은 당사자의 청구에 의하여 당사자 쌍방의 협력으로 이룩한 재산의 액수 기타 사정을 참작하여 분할의 액수와 방법을 정한다.

가) 협의분할(원칙) : ① 재산분할여부, 그 액수와 방법은 원칙적으로 당사자의 협의에 의해 결정하고(제839조의2 제1항), 협의가 성립하지 않거나 불가능한 때에 한하여 가정법원에 분할을 청구할 수 있다(동조 제2항). ② 협의이혼을 조건으로 재산분할약정을 하였으나 재판상 이혼이 된 경우, 그 분할약정은 효력을 상실하므로 기존의 약정대로의 이행은 청구할 수 없다. 따라서 새로운 약정을 하지 않는 한 재산분할청구소송을 할 수 밖에 없다.

★★★★► 협의이혼을 전제로 재산분할약정을 하였으나 재판상 이혼이 이루어진 경우 그 약정의 효력 유무
(무효)
재산분할에 관한 협의는 혼인 중 당사자 쌍방의 협력으로 이룩한 재산의 분할에 관하여 이미 이혼을 마친 당사자 또는 아직 이혼하지 않은 당사자 사이에 행하여지는 협의를 가리키는 것인바, 그중 아직 이혼하지 않은 당사자가 장차 협의상 이혼할 것을 약정하면서 이를 전제로 하여 위 재산분할에 관한 협의를 하는 경우에 있어서는, 특별한 사정이 없는 한, 장차 당사자 사이에 협의상 이혼이 이루어질 것을 조건으로 하여 조건부 의사표시가 행하여지는 것이라 할 것이므로, 그 협의 후 당사자가 약정한 대로 협의상 이혼이 이루어진 경우에 한하여 그 협의의 효력이 발생하는 것이지, 어떠한 원인으로든지 협의상 이혼이 이루어지지 아니하고 혼인관계가 존속하게 되거나 당사자 일방이 제기한 이혼청구의 소에 의하여 재판상 이혼(화해 또는 조정에 의한 이혼을 포함한다)이 이루어진 경우에는 위 협의는 조건의 불성취로 인하여 효력이 발생하지 않는다(대판 2000.10.24, 99다33458).

★★★★► 조건불성취로 무효가 된 재산분할약정에 기한 이행청구(기각)
협의이혼을 전제로 재산분할의 약정을 한 후 재판상 이혼이 이루어진 경우, 재판상 이혼 후 또는 재판상 이혼과 함께 재산분할을 원하는 당사자로서는, 이혼성립 후 새로운 협의가 이루어지지 아니하는 한, 이혼소송과 별도의 절차로 또는 이혼소송 절차에 병합하여 가정법원에 재산분할에 관한 심판을 청구하여야 하는 것이지(이에 따라 가정법원이 재산분할의 액수와 방법을 정함에 있어서는 그 협의의 내용과 협의가 이루어진 경위 등을 민법 제839조의2 제2항 소정 '기타 사정'의 하나로서 참작하게 될 것이다), 당초의 재산분할에 관한 협의의 효력이 유지됨을 전제로 하여 민사소송으로써 그 협의 내용 자체의 이행을 구할 수는 없다(대판 1995.10.12, 95다23156).

★★★▶ 재산분할의 액수를 정함에 있어서 성년에 달한 자녀들에 대한 부양의무 부담의 사정을 참작하여야 하는지 여부(소극)

이혼하는 부부의 자녀들이 이미 모두 성년에 달한 경우, 부가 자녀들에게 부양의무를 진다 하더라도 이는 어디까지나 부와 자녀들 사이의 법률관계일 뿐, 이를 부부의 이혼으로 인하여 이혼 배우자에게 지급할 위자료나 재산분할의 액수를 정하는 데 참작할 사정으로 볼 수는 없다(대판 2003.8.19, 2003므941).

나) **재판상 분할**(예외) : 분할에 관한 협의가 되지 않은 경우 가정법원에 분할을 청구한다(제839조의2 제2항). 재산분할청구사건은 가사비송사건으로서 조정전치주의(마류 가사비송사건)가 적용된다. 구체적인 분할방법으로는 공유물분할의 법리에 따라 현물분할을 할 수도 있고, 금전분할을 할 수도 있다.

▶ 일방의 특유재산을 쌍방의 공유로 하는 재산분할의 가부(적극)

민법 제839조의2의 규정에 의한 재산분할사건은 가사비송사건으로서, 법원으로서는 당사자 쌍방의 일체의 사정을 참작하여 분할의 액수와 방법을 정할 수 있는 것이므로, 가사소송규칙 제98조에 불구하고 당사자 일방의 단독소유인 재산을 쌍방의 공유로 하는 방법에 의한 분할도 가능하다(대판 1997.7.22, 96므318·325).

★▶ 이혼에 따른 재산분할심판에서 쌍방 당사자가 일부 재산에 관하여 분할방법에 관한 합의를 한 경우, 법원이 합리적인 이유를 제시하지 아니한 채 그 합의에 반하는 방법으로 재산분할을 할 수 있는지 여부(소극)

일방 당사자가 특정한 방법으로 재산분할을 청구하더라도 법원은 이에 구속되지 않고 타당하다고 인정되는 방법에 따라 재산분할을 명할 수 있다. 그러나 재산분할심판은 재산분할에 관하여 당사자 사이에 협의가 되지 아니하거나 협의할 수 없는 때에 한하여 하는 것이므로(제843조, 제839조의2 제2항), 쌍방 당사자가 일부 재산에 관하여 분할방법에 관한 합의를 하였고, 그것이 그 일부 재산과 나머지 재산을 적정하게 분할하는 데 지장을 가져오는 것이 아니라면 법원으로서는 이를 최대한 존중하여 재산분할을 명하는 것이 타당하다. 그 경우 법원이 아무런 합리적인 이유를 제시하지 아니한 채 그 합의에 반하는 방법으로 재산분할을 하는 것은 재산분할사건이 가사비송사건이고, 그에 관하여 법원의 후견적 입장이 강조된다는 측면을 고려하더라도 정당화되기 어렵다(대판 2021.6.10, 2021므10898).

6) 재산분할청구권의 상속 및 양도

재산분할청구권이 발생하고 행사한 상태에서 부부 일방이 사망하는 경우 재산분할청구권과 재산분할의무는 상속된다. 그러나 아직 이혼이 성립하지 않아서 재산분할청구권이 발생하지 않은 상태라면 상속되지 않는다.

▶ 재산분할청구권 발생 전 부부 일방의 사망

이혼소송과 재산분할청구소송이 병합된 경우, 재판상 이혼청구권은 부부의 행사상 일신전속적 권리이므로 당사자 일방의 사망이 사망한 때에는 상속인이 수계할 수 없음은 물론 검사가 수계할 수 있는 특별한 규정도 없으므로 이혼소송은 종료되며 재산분할청구소송도 당연히 종료한다(대판 1994.10.28, 94므246·253). → 재산분할청구권은 이혼한 당사자가 상대방에 대하여 청구하는 권리인데, 당사자 일방이 사망하면 이혼이 성립할 수 없으므로, 재산분할청구에 관련된 소송도 당연히 종료될 수밖에 없는 것이다.

★★► **당사자가 이혼이 성립하기 전에 이혼소송과 병합하여 재산분할의 청구를 한 경우, 재산분할청구권을 미리 양도하는 것이 허용되는지 여부**(소극)

이혼으로 인한 재산분할청구권은 이혼을 한 당사자의 일방이 다른 일방에 대하여 재산분할을 청구할 수 있는 권리로서, 이혼이 성립한 때에 법적 효과로서 비로소 발생하며, 또한 협의 또는 심판에 의하여 구체적 내용이 형성되기 전까지는 범위 및 내용이 불명확・불확정하기 때문에 구체적으로 권리가 발생하였다고 할 수 없다. 따라서 당사자가 이혼이 성립하기 전에 이혼소송과 병합하여 재산분할의 청구를 한 경우에, 아직 발생하지 아니하였고 구체적 내용이 형성되지 아니한 재산분할청구권을 미리 양도하는 것은 성질상 허용되지 아니하며, 법원이 이혼과 동시에 재산분할로서 금전의 지급을 명하는 판결이 확정된 이후부터 채권 양도의 대상이 될 수 있다(대판 2017.9.21, 2015다61286).

7) 재산분할청구권의 사전포기의 가부

판례는 혼인이 해소되기 전에 미리 재산분할청구권을 포기하는 것은 그 성질상 허용되지 않는다고 한다(대판 2003.3.25, 2002므1787・1794). 그러나 혼인의 파탄에 이른 당사자가 협의이혼의 약정을 하면서 재산분할청구권을 포기하는 것은 협의이혼절차가 유효하게 이루어질 것을 조건으로 하는 조건부 의사표시이므로 유효하다고 할 수 있다.

★★► **재산분할청구권을 혼인이 해소되기 전에 미리 포기하는 것이 허용되는지 여부**(소극) **및 아직 이혼하지 않은 당사자가 장차 협의상 이혼할 것을 합의하는 과정에서 이를 전제로 재산분할청구권을 포기하는 서면을 작성한 경우, 재산분할에 관한 협의로서의 포기약정이라고 볼 수 있는지 여부**(원칙적 소극)

민법 제839조의2에 규정된 재산분할제도는 혼인 중에 부부 쌍방의 협력으로 이룩한 실질적인 공동재산을 청산・분배하는 것을 주된 목적으로 하는 것이고, 이혼으로 인한 재산분할청구권은 이혼이 성립한 때에 법적 효과로서 비로소 발생하는 것일 뿐만 아니라 협의 또는 심판에 따라 구체적 내용이 형성되기까지는 범위 및 내용이 불명확・불확정하기 때문에 구체적으로 권리가 발생하였다고 할 수 없으므로, 협의 또는 심판에 따라 구체화되지 않은 재산분할청구권을 혼인이 해소되기 전에 미리 포기하는 것은 성질상 허용되지 아니한다. 아직 이혼하지 않은 당사자가 장차 협의상 이혼할 것을 합의하는 과정에서 이를 전제로 재산분할청구권을 포기하는 서면을 작성한 경우, 부부 쌍방의 협력으로 형성된 공동재산 전부를 청산・분배하려는 의도로 재산분할의 대상이 되는 재산액, 이에 대한 쌍방의 기여도와 재산분할 방법 등에 관하여 협의한 결과 부부 일방이 재산분할청구권을 포기하기에 이르렀다는 등의 사정이 없는 한 성질상 허용되지 아니하는 '재산분할청구권의 사전포기'에 불과할 뿐이므로 쉽사리 '재산분할에 관한 협의'로서의 '포기약정'이라고 보아서는 아니 된다(대결 2016.1.25, 2015스451).

► **이혼 및 재산분할 등에 관한 조정조서에 '향후 재산분할청구를 하지 않기로 하는 조항(이른바 청산조항)'을 두었을 때, 이를 국민연금법 제64조의2 제1항에서 정한 '연금의 분할에 관하여 별도로 결정된 경우'로 볼 수 있는지 여부**

국민연금법 제64조에 규정된 이혼배우자의 분할연금 수급권은 이혼한 배우자에게 전 배우자가 혼인기간 중 취득한 노령연금 수급권에 대해서 그 연금 형성에 기여한 부분을 인정하여 청산・분배를 받을 수 있도록 하는 한편, 가사노동 등으로 직업을 갖지 못하여 국민연금에 가입하지 못한 배우자에게도 상대방 배우자의 노령연금 수급권을 기초로 일정 수준의 노후 소득을 보장하려는 취지에서 마련된 것이다(헌법재판소 2016.12.29, 2015헌바182 결정 참조). 이는 민법상 재산분할청구권과는 구별되는 것으로 국민연금법에 따라 이혼배우자가 국민연금공단으로부터 직접 수령할 수 있는 이혼배우자의 고유한 권리이다. 원칙적으로 일정한 수급요건을 갖춘 이혼배우자는 국민연금법 제64조에 따라 상대방 배우자의 국민연금 가입기간 중 혼인기간에 해당하는 노령연금액을 균등하게 나눈 금액을 분할연금으로 받을 수 있다. 다만 이 사건 특례조항에 따라 협의상 또는 재판상 이혼에 따른 재산분할절차에서 이혼당사자의 협의나 법원의 심판으로 연금의 분할 비율에 관하여 달리 정할 수 있다. 이는 당사자의 의사를 존중하고 개별 사안의 특수성을 고려하여 구체적 타당성을 도모하기 위한 것이다(헌법재판소 2018.4.26, 2016헌마54 결정 참조). 이러한 국민연금법상 이혼배우자의 분할연금 수급권의 법적 성격과 이 사건 특례조항의 내용과 입법취지 등을 종합하여 보면, 이 사건 특례조항에서 정한 '연금의 분할에 관하여 별도로 결정된 경우'라고 보기 위해서는, 협의상 또는 재판상 이혼에 따른 재산분할절차에서 이혼당사자 사이에 연금의 분할 비율 등을 달리 정하기로 하는 명시적인 합의가 있었거나 법원이 이를 달리 결정하였음이 분명히 드러나야 한다. 이와 달리 이혼당사자 사이의 협의서나 조정조서 등을 포함한 재판서에 연금의 분할 비율 등이 명시되지 아니한 경우에는, 재산분할절차에서 이혼배우자가 자신의 분할연금 수급권을 포기하거나 자신에게 불리한 분할 비율 설정에 동의하는 합의가 있었다거나 그러한 내용의 법원 심판이 있었다고 쉽게 단정해서는 아니 된다(대판 2019.6.13, 2018두65088).

→ [사실관계] : 국민연금가입자인 원고가 배우자와 이혼소송을 하던 중 이혼 및 재산분할 등에 관한 조정이 성립하자 그 조정조서에 '향후 서로에 대하여 이혼과 관련한 재산분할 등을 청구하지 않는다.'는 취지의 조항(이른바 청산조항)이 포함되어 있음을 이유로 피고(국민연금공단)에게 분할비율 별도결정 신청(원고 : 배우자 = 100 : 0)을 하였으나, 피고는 조정조서에 국민연금법상 연금의 분할에 대하여 별도로 명시되어 있지 않음을 이유로 그 신청을 거부하였다. 이에 원고가 피고를 상대로 위와 같은 거부처분의 취소를 구하는 소를 제기하였고, 원심은 이 사건 특례조항의 시행으로 배우자 일방이 자신의 연금수급권을 포기하고 다른 배우자에게 온전히 귀속시키는 것이 가능하게 되었으며 이혼배우자는 향후 연금 분할을 청구하지 않겠다는 의사로 조정조서에 청산조항을 포함시킨 것으로 볼 수 있다는 이유로 피고의 거부처분을 취소한 제1심판결을 유지하였다. 그러나 대법원은 국민연금법상 이혼배우자의 분할연금 수급권의 법적 성격과 이 사건 특례조항의 내용과 입법취지 등에 비추어 조정조서에 연금의 분할비율을 명시하지 않은 채 청산조항을 둔 것만으로는 이혼당사자 사이에 연금의 분할비율 등을 달리 정한 것으로 볼 수 없다는 이유로 원심판결을 파기환송한 사안이다.

8) 재산분할청구권의 소멸

> **제839조의2 【재산분할청구권】**
> ③ 제1항의 재산분할청구권은 이혼한 날부터 2년을 경과한 때에는 소멸한다.

2년의 기간은 소멸시효기간이 아니고 제척기간으로서 그 기간이 경과하였는지 여부는 당사자의 주장에 관계없이 법원이 직권으로 조사하여 판단한다(대판 1994.9.9, 94다17536).

★★★▶ 민법 제843조, 제839조의2 제3항에서 정한 2년의 제척기간이 출소기간인지 여부(적극) 및 재산분할청구 후 제척기간이 지날 때까지 청구 목적물로 하지 않은 재산에 대해서 제척기간을 준수한 것으로 볼 수 있는지 여부(원칙적 소극) / 청구인 지위에서 대상 재산에 대해 적극적으로 재산분할을 청구하는 것이 아니라 이미 제기된 재산분할청구 사건의 상대방 지위에서 분할대상 재산을 주장하는 경우, 제척기간이 적용되는지 여부(소극)

민법 제843조, 제839조의2 제3항은 협의상 또는 재판상 이혼 시의 재산분할청구권에 관하여 '이혼한 날부터 2년을 경과한 때에는 소멸한다.'고 정하고 있는데, 위 기간은 제척기간이고, 나아가 재판 외에서 권리를 행사하는 것으로 족한 기간이 아니라 그 기간 내에 재산분할심판 청구를 하여야 하는 출소기간이다. 재산분할청구 후 제척기간이 지나면 그때까지 청구 목적물로 하지 않은 재산에 대해서는 특별한 사정이 없는 한 제척기간을 준수한 것으로 볼 수 없다. 그러나 청구인 지위에서 대상 재산에 대해 적극적으로 재산분할을 청구하는 것이 아니라, 이미 제기된 재산분할청구 사건의 상대방 지위에서 분할대상 재산을 주장하는 경우에는 제척기간이 적용되지 않는다(대결 2022.11.10, 2021스766).

★★★▶ 민법 제839조의2 제3항, 제843조에 따라 2년 제척기간 내에 재산의 일부에 대해서만 재산분할을 청구하고 제척기간이 지난 경우, 그때까지 청구 목적물로 하지 않은 재산에 대한 청구권이 소멸하는지 여부(적극) / 재산분할재판에서 분할대상인지 여부가 전혀 심리된 바 없는 재산이 재판확정 후 추가로 발견된 경우, 이에 대하여 추가로 재산분할청구를 할 수 있는지 여부(적극) 및 추가 재산분할청구에도 이혼한 날부터 2년 이내라는 제척기간을 준수하여야 하는지 여부(적극)

① 민법 제839조의2 제3항, 제843조에 따르면 재산분할청구권은 협의상 또는 재판상 이혼한 날부터 2년이 지나면 소멸한다. 2년의 제척기간 내에 재산의 일부에 대해서만 재산분할을 청구한 경우 청구 목적물로 하지 않은 나머지 재산에 대해서는 제척기간을 준수한 것으로 볼 수 없으므로, 재산분할청구 후 제척기간이 지나면 그때까지 청구 목적물로 하지 않은 재산에 대해서는 청구권이 소멸한다.

② 재산분할재판에서 분할대상인지 여부가 전혀 심리된 바 없는 재산이 재판확정 후 추가로 발견된 경우에는 이에 대하여 추가로 재산분할청구를 할 수 있다. 다만 추가 재산분할청구 역시 이혼한 날부터 2년 이내라는 제척기간을 준수하여야 한다(대결 2018.6.22, 2018스18).

9) 다른 제도와의 관계

가) 위자료청구권

재산분할청구권과 위자료청구권은 별개의 독립한 권리이다. 따라서 유책배우자에 대하여는 재산분할청구 외에 별도로 재산적·정신적 손해에 대한 배상을 청구할 수 있다. 한편, 이혼에 따른 위자료청구권은 상대방 배우자의 유책불법한 행위에 의하여 혼인관계가 파탄상태에 이르러 이혼하게 된 경우 그로 인하여 입게 된 정신적 고통을 위자하기 위한 손해배상청구권으로서의 성질로 파악하는 것이 판례의 입장이다(대판 1993.5.27, 92므143). 따라서 이에 따르면 불법행위에 의한 손해배상청구권의 규정(제766조)을 적용하게 된다.

나) 채권자대위권

> **제404조 【채권자대위권】**
> ① 채권자는 자기의 채권을 보전하기 위하여 채무자의 권리를 행사할 수 있다. 그러나 일신에 전속한 권리는 그러하지 아니하다.

이혼으로 인한 재산분할청구권은 협의 또는 심판에 의하여 그 구체적 내용이 형성되기까지는 그 범위 및 내용이 불명확·불확정하기 때문에 구체적으로는 권리가 발생하였다고 할 수 없으므로 이를 보전하기 위하여 채권자대위권을 행사할 수 없다(대판 1999.4.9, 98다58016). 그러나 재산분할청구권이 협의 또는 심판에 의하여 구체적인 채권으로 변화한 후에는 채권자대위권의 목적으로 될 수 있다.

★★★★▶ **이혼으로 인한 재산분할청구권이 채권자대위권의 목적이 될 수 있는지 여부**(소극) **및 파산재단에 속하는지 여부**(소극)

이혼으로 인한 재산분할청구권은 이혼을 한 당사자의 일방이 다른 일방에 대하여 재산분할을 청구할 수 있는 권리로서 청구인의 재산에 영향을 미치지만, 순전한 재산법적 행위와 같이 볼 수는 없다. 오히려 이혼을 한 경우 당사자는 배우자, 자녀 등과의 관계 등을 종합적으로 고려하여 재산분할청구권 행사 여부를 결정하게 되고, 법원은 청산적 요소뿐만 아니라 이혼 후의 부양적 요소, 정신적 손해(위자료)를 배상하기 위한 급부로서의 성질 등도 고려하여 재산을 분할하게 된다. 또한 재산분할청구권은 협의 또는 심판에 의하여 구체적 내용이 형성되기까지는 그 범위 및 내용이 불명확·불확정하기 때문에 구체적으로 권리가 발생하였다고 할 수 없어 채무자의 책임재산에 해당한다고 보기 어렵고, 채권자의 입장에서는 채무자의 재산분할청구권 불행사가 그의 기대를 저버리는 측면이 있다고 하더라도 채무자의 재산을 현재의 상태보다 악화시키지 아니한다. 이러한 사정을 종합하면, 이혼으로 인한 재산분할청구권은 그 행사 여부가 청구인의 인격적 이익을 위하여 그의 자유로운 의사결정에 전적으로 맡겨진 권리로서 행사상의 일신전속성을 가지므로, 채권자대위권의 목적이 될 수 없고 파산재단에도 속하지 않는다고 보아야 한다(대판 2023.9.21, 2023므10861).

다) 채권자취소권

> **제839조의3 【재산분할청구권 보전을 위한 사해행위취소권】**
> ① 부부의 일방이 다른 일방의 재산분할청구권 행사를 해함을 알면서도 재산권을 목적으로 하는 법률행위를 한 때에는 다른 일방은 제406조 제1항(= 채권자취소권)을 준용하여 그 취소 및 원상회복을 가정법원에 청구할 수 있다.
> ② 제1항의 소는 제406조 제2항의 기간(= 1년, 5년) 내에 제기하여야 한다.
>
> **제406조 【채권자취소권】**
> ① 채무자가 채권자를 해함을 알고 재산권을 목적으로 한 법률행위를 한 때에는 채권자는 그 취소 및 원상회복을 법원에 청구할 수 있다. 그러나 그 행위로 인하여 이익을 받은 자나 전득한 자가 그 행위 또는 전득 당시에 채권자를 해함을 알지 못한 경우에는 그러하지 아니하다.
> ② 전항의 소는 채권자가 취소원인을 안 날로부터 1년, 법률행위 있은 날로부터 5년 내에 제기하여야 한다.

① 배우자에 대한 사해행위의 성립(제839조의3) : 2007년 개정법에서 재산분할청구권 보전을 위한 사해행위취소권 제도가 신설되었다. 이에 의하면 부부의 일방이 다른 일방의 재산분할청구권 행사를 해함을 알면서도 재산권을 목적으로 하는 법률행위를 한 때에는 다른 배우자 일방은 채권자 취소권 규정을 준용하여 그 취소 및 원상회복을 가정법원에 청구할 수 있다.

② 제3자에 대한 사해행위의 성립(제406조) : 채무초과 상태의 채무자가 이혼을 하면서 배우자에게 재산분할로 재산을 양도한 경우에 채권자에 대한 관계에서 사해행위가 되는지 문제되나, 재산분할액이 상당하다고 인정되는 때에는 사해행위가 되지 않는다는 것이 통설·판례의 입장이다.

★★★▶ **재산분할청구권에 의한 재산취득이 사해행위로 되는 요건 및 그 입증책임**(채권자)

이미 채무초과 상태에 있는 채무자가 이혼을 함에 있어 자신의 배우자에게 재산분할로 일정한 재산을 양도함으로써 결과적으로 일반 채권자에 대한 공동담보를 감소시키는 결과로 되어도, 위 재산분할이 민법 제839조의2 제2항 규정의 취지에 따른 상당한 정도를 벗어나는 과대한 것이라고 인정할 만한 특별한 사정이 없는 한 사해행위로서 채권자에 의한 취소의 대상으로 되는 것은 아니라고 할 것이고, 다만 위와 같은 상당한 정도를 벗어나는 초과부분에 관한 한 적법한 재산분할이라고 할 수 없기 때문에 그 취소의 대상으로 될 수 있다고 할 것인바, 위와 같이 상당한 정도를 벗어나는 과대한 재산분할이라고 볼 만한 특별한 사정이 있다는 점에 관한 입증책임은 채권자에게 있다(대판 2000.7.28, 2000다14101).

★★★▶ **협의 또는 심판에 의하여 구체화되지 않은 이혼에 따른 재산분할청구권을 포기하는 행위가 채권자취소권의 대상이 되는지 여부**(소극)

이혼으로 인한 재산분할청구권은 이혼을 한 당사자의 일방이 다른 일방에 대하여 재산분할을 청구할 수 있는 권리로서 이혼이 성립한 때에 그 법적 효과로서 비로소 발생하는 것일 뿐만 아니라, 협의 또는 심판에 의하여 구체적 내용이 형성되기까지는 그 범위 및 내용이 불명확·불확정하기 때문에 구체적으로 권리가 발생하였다고 할 수 없으므로 협의 또는 심판에 의하여 구체화되지 않은 재산분할청구권은 채무자의 책임재산에 해당하지 아니하고, 이를 포기하는 행위 또한 채권자취소권의 대상이 될 수 없다(대판 2013.10.11, 2013다7936).

(2) 손해배상청구권

> **제843조【준용규정】**
>
> 재판상 이혼에 따른 손해배상책임에 관하여는 제806조를 준용하고, 재판상 이혼에 따른 자녀의 양육책임 등에 관하여는 제837조를 준용하며, 재판상 이혼에 따른 면접교섭권에 관하여는 제837조의2를 준용하고, 재판상 이혼에 따른 재산분할청구권에 관하여는 제839조의2를 준용하며, 재판상 이혼에 따른 재산분할청구권 보전을 위한 사해행위취소권에 관하여는 제839조의3을 준용한다.
>
> **제806조【약혼해제와 손해배상청구권】**
>
> ① 약혼을 해제한 때에는 당사자 일방은 과실 있는 상대방에 대하여 이로 인한 손해의 배상을 청구할 수 있다.
>
> ② 전항의 경우에는 재산상 손해 외에 정신상 고통에 대하여도 손해배상의 책임이 있다.
>
> ③ 정신상 고통에 대한 배상청구권은 양도 또는 승계하지 못한다. 그러나 당사자 간에 이미 그 배상에 관한 계약이 성립되거나 소를 제기한 후에는 그러하지 아니하다.

이혼의 경우 당사자 일방은 과실 있는 상대방에게 재산상의 손해에 대하여 뿐만 아니라 정신상의 고통에 대하여도 손해배상을 청구할 수 있다. 즉 재산상의 손해배상청구권과 위자료청구권이 발생한다. 민법은 재판상 이혼에 관하여만 손해배상청구권을 규정하고 있으나, 협의이혼의 경우에도 당연히 적용된다(통설·판례).

1) 위자료청구권의 양도·승계 가능성

위자료청구권은 행사상 일신전속권일 뿐, 귀속상의 일신전속권은 아니다. 따라서 당사자 간에 그 배상에 관한 계약이 성립되거나 소를 제기한 후에는 승계될 수 있다(제806조 제3항).

★▶ 이혼소송 계속 중 배우자 일방의 사망 효과

[1] 이혼소송의 종료 여부(적극) – 재판상 이혼청구권은 부부의 일신전속적 권리이므로 이혼소송 계속 중 배우자 일방이 사망한 때에는 상속인이 수계할 수 없음은 물론 검사가 수계할 수 있는 특별한 규정도 없으므로 이혼소송은 종료된다.

[2] 이혼위자료청구권의 승계가능성(적극) – 이혼위자료청구권의 양도 내지 승계의 가능 여부에 관하여 민법 제806조 제3항은 약혼해제로 인한 손해배상청구권에 관하여 정신상 고통에 대한 손해배상청구권은 양도 또는 승계하지 못하지만 당사자 간에 배상에 관한 계약이 성립되거나 소를 제기한 후에는 그러하지 아니하다고 규정하고 같은 법 제843조가 위 규정을 재판상 이혼의 경우에 준용하고 있으므로 이혼위자료청구권은 원칙적으로 일신전속적 권리로서 양도나 상속 등 승계가 되지 아니하나 이는 행사상 일신전속권이고 귀속상 일신전속권은 아니라 할 것인바, 그 청구권자가 위자료의 지급을 구하는 소송을 제기함으로써 청구권을 행사할 의사가 외부적 객관적으로 명백하게 된 이상 양도나 상속 등 승계가 가능하다(대판 1993.5.27. 92므143).

---

2) 제3자에 대한 청구

이혼하는 부부 일방은 혼인의 파탄에 책임이 있는 제3자에 대하여도 손해배상을 청구할 수 있다. 그리하여 심히 부당한 대우를 한 배우자의 직계존속, 배우자와 간통한 제3자, 부와 부첩관계에 있는 자 등에 대하여 위자료청구권을 가진다.

★▶ 간통한 부녀 및 상간자가 부녀의 자녀에 대한 관계에서 불법행위책임을 부담하는지 여부(소극)

배우자 있는 부녀와 간통행위를 하고, 이로 인하여 그 부녀가 배우자와 별거하거나 이혼하는 등으로 혼인관계를 파탄에 이르게 한 경우 그 부녀와 간통행위를 한 제3자(상간자)는 그 부녀의 배우자에 대하여 불법행위를 구성하고, 따라서 그로 인하여 그 부녀의 배우자가 입은 정신상의 고통을 위자할 의무가 있다고 할 것이나, 이러한 경우라도 간통행위를 한 부녀 자체가 그 자녀에 대하여 불법행위책임을 부담한다고 할 수는 없고, 또한 간통행위를 한 제3자(상간자) 역시 해의를 가지고 부녀의 그 자녀에 대한 양육이나 보호 내지 교양을 적극적으로 저지하는 등의 특별한 사정이 없는 한 그 자녀에 대한 관계에서 불법행위책임을 부담한다고 할 수는 없다(대판 2005.5.13. 2004다1899).

▶ 이혼을 원인으로 하는 제3자에 대한 손해배상청구가 가정법원의 전속관할에 속하는지 여부(적극)

이혼을 원인으로 하는 손해배상청구는 제3자에 대한 청구를 포함하여 가사소송법 제2조 제1항 제1호 다목 2)에서 정한 다류 가사소송사건으로서 가정법원의 전속관할에 속한다(대판 2014.5.16. 2013다101104).

| 제3절 | 부모와 자 |

제1관 친자관계

친자관계란 부모와 자라는 신분관계를 말하고, 민법상 친자관계에는 친생 친자관계(= 친생자 관계)와 법정 친자관계(= 양자관계 또는 양친자 관계)가 있다.

Ⅰ. 친생자

친생 친자관계는 부모와 자의 관계가 혈연에 기초하고 있는 것인데, 여기의 친생자에는 혼인 중의 출생자와 혼인 외의 출생자가 있다. 그리고 혼인 외의 출생자에는 부에게 인지된 자와 인지되지 않은 자가 있다.

1. 혼인 중의 출생자

(1) 생래적 혼인 중의 출생자

> **제844조 【남편의 친생자의 추정】**
> ① 아내가 혼인 중에 임신한 자녀는 남편의 자녀로 추정한다.
> ② 혼인이 성립한 날부터 200일 후에 출생한 자녀는 혼인 중에 임신한 것으로 추정한다.
> ③ 혼인관계가 종료된 날부터 300일 이내에 출생한 자녀는 혼인 중에 임신한 것으로 추정한다.

① 자가 출생할 당시 부와 모가 혼인관계에 있는 경우 그 자는 생래적 혼인 중의 출생자(혼생자)가 된다. ② 생래적 혼인 중의 자는 출생시점이 언제이냐에 따라 친생추정을 받는 혼인 중의 자와 친생추정을 받지 않는 혼인 중의 자로 나뉜다(제844조).

(2) 준정에 의한 혼인 중의 출생자

> **제855조 【인지】**
> ② 혼인 외의 출생자는 그 부모가 혼인한 때에는 그때로부터 혼인 중의 출생자로 본다.

혼인 외의 자로 출생하였으나 후에 부모가 혼인한 경우, 부모가 혼인한 때로부터 혼인 중의 출생자로 되는 자이다(제855조 제2항).

2. 혼인 외의 출생자

모가 부의 처가 아닌 관계에서 태어난 자를 말한다. 예컨대 약혼·사실혼 관계·무효혼의 관계에서 출생한 자 등이 이에 해당한다. 이때 부와의 관계는 인지에 의하여 확정되나, 모와의 관계는 출산한 사실로 증명될 수 있고 인지는 확인적 의미이다.

Ⅱ. 양자

법정 친생관계는 부모와 자의 관계가 법률에 의하여 인정된 것이다. 현행법상 법정친자관계로는 양친자관계가 있다. 양자는 혼인 중의 출생자와 동일한 것으로 본다(제772조).

제2관 친생자

제2-1관 혼인 중의 출생자

Ⅰ. 의의

1) 혼인 중의 출생자는 혼인관계에 있는 부모 사이에서 태어난 자를 말한다. 혼인 중의 출생자에는 출생 시부터 혼인 중의 출생자의 지위를 취득하는 생래적 혼인 중의 출생자와, 출생 시에는 혼인 외의 출생자이었으나 후에 부모의 혼인에 의하여 혼인 중의 출생자의 지위를 취득하는 준정(準正)에 의한 혼인 중의 출생자가 있다.

2) 그리고 생래적 혼인 중의 출생자에는 언제 태어났는가에 따라, ① 친생자의 추정을 받는 혼인 중의 출생자, ② 친생자의 추정을 받지 않는 혼인 중의 출생자가 있다.

Ⅱ. 친생자의 추정을 받는 혼인 중의 출생자

> **제844조【남편의 친생자의 추정】**
> ① 아내가 혼인 중에 임신한 자녀는 남편의 자녀로 추정한다.
> ② 혼인이 성립한 날부터 200일 후에 출생한 자녀는 혼인 중에 임신한 것으로 추정한다.
> ③ 혼인관계가 종료된 날부터 300일 이내에 출생한 자녀는 혼인 중에 임신한 것으로 추정한다.

1. 친생자 추정을 받기 위한 요건 및 제한

1) 처가 혼인 중에 임신한 자녀는 남편의 자로 추정한다(제844조 제1항). 그리고 혼인성립의 날부터 200일 후 또는 혼인관계 종료의 날부터 300일 내에 출생한 자녀는 혼인 중에 임신한 것으로 추정하므로(동조 제2항), 친생자 추정을 받는 혼인 중의 출생자로 된다.

2) 여기서 혼인 성립의 날이란 본래 혼인신고를 한 날을 의미하지만, 통설은 사실혼이 법률혼에 선행하는 실제의 관행을 고려하여 사실혼 성립의 날도 포함하는 것으로 해석한다. 판례도 마찬가지이다(대판 1963.6.13, 63다228). 따라서 혼인신고일로부터 200일이 되기 전에 출생한 자라도 사실혼 성립일로부터 200일 후에 출생하였으면 친생자의 추정을 받게 된다.

3) 다만 판례는 부부가 비록 혼인 중에 있더라도 동서의 결여로 처가 부의 자를 임신할 수 없음이 객관적으로 명백한 사정이 있는 경우에는 제844조의 적용을 배제하여 친생자의 추정이 미치지 않는다고 보았다(외관설: 대판(전) 1983.7.12. 82므59 ↔ 혈연설).

★★▶ 처가 부의 자를 포태(임신)할 수 없음이 외관상 명백한 경우

민법 제844조는 부부가 동거하여 처가 부의 자를 포태할 수 있는 상태에서 자를 포태한 경우에 적용되는 것이고 부부의 한쪽이 장기간에 걸쳐 해외에 나가 있거나 사실상의 이혼으로 부부가 별거하고 있는 경우 등 동서의 결여로 처가 부의 자를 포태할 수 없는 것이 외관상 명백한 사정이 있는 경우에는 그 추정이 미치지 아니하므로 이 사건에 있어서 처가 가출하여 부와 별거한지 약 2년 2개월 후에 자를 출산하였다면 이에는 동조의 추정이 미치지 아니하여 부는 친생부인의 소에 의하지 않고 친자관계부존재확인소송을 제기할 수 있다(대판(전) 1983.7.12. 82므59).

★★★▶ 친생자 추정(대판(전) 2019.10.23. 2016므2510)

[1] 아내가 혼인 중 남편이 아닌 제3자의 정자를 제공받아 인공수정으로 임신한 자녀를 출산한 경우, 출생한 자녀가 남편의 자녀로 추정되는지 여부(적극) / 인공수정에 동의한 남편이 나중에 이를 번복하고 친생부인의 소를 제기할 수 있는지 여부(소극) 및 남편이 인공수정 자녀에 대해서 친자관계를 공시·용인해 왔다고 볼 수 있는 경우, 동의가 있는 경우와 마찬가지로 취급하여야 하는지 여부(적극)

(가) 친생자와 관련된 민법 규정, 특히 친생추정 규정의 문언과 체계, 민법이 혼인 중 출생한 자녀의 법적 지위에 관하여 친생추정 규정을 두고 있는 기본적인 입법 취지와 연혁, 헌법이 보장하고 있는 혼인과 가족제도 등에 비추어 보면, 아내가 혼인 중 남편이 아닌 제3자의 정자를 제공받아 인공수정으로 자녀를 출산한 경우에도 친생추정 규정을 적용하여 인공수정으로 출생한 자녀가 남편의 자녀로 추정된다고 보는 것이 타당하다. 상세한 이유는 다음과 같다. ① 민법은 친생추정 규정과 이에 대한 번복방법인 민법 제847조의 친생부인의 소 규정을 엄격하게 정하고 있고, 친생부인을 할 수 없게 된 경우 자녀의 법적 지위가 종국적으로 확정된다. 따라서 혼인 중 출생한 자녀의 부자관계는 민법 규정에 따라 일률적으로 정해지는 것이고 혈연관계를 개별적·구체적으로 심사하여 정해지는 것이 아니다. ② 친생추정 규정은 혼인 중 출생한 자녀에 대해서 적용되는데, 친생추정 규정의 문언과 입법 취지, 혼인과 가족생활에 대한 헌법적 보장 등에 비추어 혼인 중 출생한 인공수정 자녀도 혼인 중 출생한 자녀에 포함된다고 보아야 한다. ③ 자녀의 복리를 지속적으로 책임지는 부모에게 자녀와의 신분관계를 귀속시키는 것이 자녀의 복리에 도움이 된다. 인공수정 자녀에 대해서 친생자관계가 생기지 않는다고 보는 것은 인공수정 자녀를 양육해 왔던 혼인 부부에게 커다란 충격일 뿐만 아니라 이를 바탕으로 가족관계를 형성해 온 자녀에게도 회복하기 어려운 위험이라고 할 수 있다. ④ 인공수정 자녀의 출생 과정과 이를 둘러싼 가족관계의 실제 모습에 비추어 보더라도 인공수정 자녀에 대해서 친생추정 규정을 적용하는 것에 사회적 타당성을 인정할 수 있다.

(나) ① 정상적으로 혼인생활을 하고 있는 부부 사이에서 인공수정 자녀가 출생하는 경우 남편은 동의의 방법으로 자녀의 임신과 출산에 참여하게 되는데, 이것이 친생추정 규정이 적용되는 근거라고 할 수 있다. 남편이 인공수정에 동의하였다가 나중에 이를 번복하고 친생부인의 소를 제기하는 것은 허용되지 않는다. 나아가 인공수정 동의와 관련된 현행법상 제도의 미비, 인공수정이 이루어지는 의료 현실, 민법 제852조에서 친생자임을 승인한 자의 친생부인을 제한하고 있는 취지 등에 비추어 이러한 동의가 명백히 밝혀지지 않았던 사정이 있다고 해서 곧바로 친자관계가 부정된다거나 친생부인의 소를 제기할 수 있다고 볼 것은 아니다. ② 부부가 정상적인 혼인생활을 하고 있는 경우

출생한 인공수정 자녀에 대해서는 남편의 동의가 있었을 개연성이 높다. 따라서 혼인 중 출생한 인공수정 자녀에 대해서는 다른 명확한 사정에 관한 증명이 없는 한 남편의 동의가 있었던 것으로 볼 수 있다. 동의서 작성이나 그 보존 여부가 명백하지 않더라도 인공수정 자녀의 출생 이후 남편이 인공수정 자녀라는 사실을 알면서 출생신고를 하는 등 인공수정 자녀를 자신의 친자로 공시하는 행위를 하거나, 인공수정 자녀의 출생 이후 상당 기간 동안 실질적인 친자관계를 유지하면서 인공수정 자녀를 자신의 자녀로 알리는 등 사회적으로 보아 친자관계를 공시·용인해 왔다고 볼 수 있는 경우에는 동의가 있는 경우와 마찬가지로 취급하여야 한다.

[2] 혼인 중 아내가 임신하여 출산한 자녀가 남편과 혈연관계가 없다는 점이 밝혀진 경우에도 친생추정이 미치는지 여부(적극)

민법 제844조 제1항(이하 '친생추정 규정'이라 한다)의 문언과 체계, 민법이 혼인 중 출생한 자녀의 법적 지위에 관하여 친생추정 규정을 두고 있는 기본적인 입법 취지와 연혁, 헌법이 보장하고 있는 혼인과 가족제도, 사생활의 비밀과 자유, 부부와 자녀의 법적 지위와 관련된 이익의 구체적인 비교형량 등을 종합하면, 혼인 중 아내가 임신하여 출산한 자녀가 남편과 혈연관계가 없다는 점이 밝혀졌더라도 친생추정이 미치지 않는다고 볼 수 없다. 상세한 이유는 다음과 같다. ① 혈연관계의 유무를 기준으로 친생추정 규정이 미치는 범위를 정하는 것은 민법 규정의 문언에 배치될 뿐만 아니라 친생추정 규정을 사실상 사문화하는 것으로 친생추정 규정을 친자관계의 설정과 관련된 기본 규정으로 삼고 있는 민법의 취지와 체계에 반한다. ② 혈연관계의 유무를 기준으로 친생추정 규정의 효력이 미치는 범위를 정하게 되면 필연적으로 가족관계의 당사자가 아닌 제3자가 부부관계나 가족관계 등 가정 내부의 내밀한 영역에 깊숙이 관여하게 되는 결과를 피할 수 없다. 혼인과 가족관계가 다른 사람의 기본권이나 공공의 이익을 침해하지 않는 한 혼인과 가족생활에 대한 국가기관의 개입은 자제하여야 한다. ③ 법리적으로 보아도 혈연관계의 유무는 친생추정을 번복할 수 있는 사유에는 해당할 수 있지만 친생추정이 미치지 않는 범위를 정하는 사유가 될 수 없다.

→ [사실관계] : 아내가 남편인 원고의 동의를 얻어 제3자의 정자로 인공수정을 하거나 다른 남자와의 관계에서 임신을 하여 원고와 혈연관계가 없는 피고들을 출산하였는데, 그 후 남편인 원고가 아내와 이혼하고 피고들을 상대로 친생자관계부존재 확인을 구한 사안에서, 아내가 혼인 중 남편이 아닌 제3자의 정자를 제공받아 인공수정으로 자녀를 출산한 경우에도 친생추정 규정을 적용하여 그 자녀는 남편의 자녀로 추정된다고 보는 것이 타당하고, 혼인 중 아내가 임신하여 출산한 자녀의 경우 유전자 검사를 통하여 남편과 혈연관계가 없다는 점이 밝혀졌더라도 여전히 친생추정이 미친다고 보아, 원심판결의 소 각하 결론을 받아들이고 원고의 상고를 기각한 사례이다.

→ [판단] : ① 아울러 대법원은 혼인 중 임신한 자녀는 친자로 본다는 민법 규정이 인공수정으로 태어난 자녀에게도 똑같이 적용되어야 한다고 함으로써 친자 여부를 따질 때에는 자녀의 복리를 가장 우선적으로 고려해야 한다고 밝히고 있다. 혈연관계가 아니라는 이유로 예외로 인정하는 건 가정의 평화와 자녀의 법적 지위를 지키려 만들어진 법 취지에 반한다는 것이다. 즉 대법원은 이번 판결이 "가족관계를 보호하기 위해 혈연관계만을 기준으로 친자 여부를 판단하면 안된다는 것을 분명히 한 의미가 있다."고 설명하고 있다. 또한 이유에서 "정상적으로 혼인생활을 하고 있는 부부 사이에서 인공수정 자녀가 출생하는 경우 남편은 동의의 방법으로 자녀의 임신과 출산에 참여하게 되는데, 이것이 친생추정 규정이 적용되는 근거라고 할 수 있다. 나아가 인공수정 동의와 관련된 현행법상 제도의 미비, 인공수정이 이루어지는 의료 현실, 민법 제852조에서 친생자임을 승인한 자의 친생부인을 제한하고 있는 취지 등에 비추어 이러한 동의가 명백히 밝

혀지지 않았던 사정이 있다고 해서 곧바로 친자관계가 부정된다거나 친생부인의 소를 제기할 수 있다고 볼 것은 아니다. (중략) 남편이 인공수정 자녀에 대해서 출생신고를 하거나 인공수정 자녀의 출생 이후 상당 기간 동안 실질적인 친자관계를 유지해 오는 것과 같이 친자관계를 공시·용인하는 행위를 한 경우 이는 인공수정 자녀의 출생 전 과정을 알고 있다고 볼 수 있는 남편이 그러한 사실을 전제하면서 인공수정 자녀를 자신의 자녀로 승인하는 행위로 평가할 수 있다. 그 후 남편이 친생부인을 주장하는 것은 민법 제852조의 취지에 반할 뿐만 아니라 선행행위와 모순되는 행위로서 신의성실의 원칙에 비추어 허용되지 않는다고 보아야 한다."고 밝히고 있다. 결국 남편이 인공수정에 동의하였다가 나중에 이를 번복하고 친생부인의 소를 제기하는 것은 허용되지 않는다. ② 위와 같은 다수의견에 대하여, 인공수정 자녀의 친자관계는 민법상 친생추정 규정의 적용 여부가 아니라 남편과 아내의 의사의 합치 여부에 따라 결정되어야 하고, 혈연관계가 없다는 점이 증명되고 법률상 부자 사이에 사회적 친자관계가 형성되지 않았거나 파탄된 경우에는 친생추정의 예외가 인정되어야 한다는 별개의견, 친생추정 규정은 남편의 동의를 받은 제3자 정자제공형 인공수정의 경우에 한정하여 적용된다고 보아야 하고, 동거의 결여뿐만 아니라 아내가 남편의 자녀를 임신할 수 없었던 것이 외관상 명백하다고 볼 수 있는 다른 사정이 있는 경우에도 친생추정의 예외가 인정되어야 한다는 별개의견 및 반대의견이 있었다.

★★★▶ 생물학적 혈연관계가 없다는 점이 친생부인의 소로써 친생추정을 번복할 수 있게 하는 사유인지 여부(적극) **및 이를 넘어서 처음부터 친생추정이 미치지 않도록 하는 사유인지 여부**(소극) / **처가 혼인 중에 포태하였으나 동거의 결여로 처가 부(夫)의 자를 포태할 수 없는 것이 외관상 명백한 사정이 있는 경우, 민법 제844조 제1항의 친생추정이 미치는지 여부**(소극)
① 민법은 <u>친생추정 규정을 두면서도 남편에게 친생부인의 사유가 있음을 안 날부터 2년 내에 친생부인의 소를 제기할 수 있도록 하고 있다.</u> 이는 진실한 혈연관계에 대한 인식을 바탕으로 법률적인 친자관계를 진실에 부합시키고자 하는 남편에게 친생추정을 부인할 수 있는 실질적인 기회를 부여한 것이다. <u>친생부인의 소가 적법하게 제기되면 부모와 출생한 자녀 사이에 생물학적 혈연관계가 존재하는지가 증명의 대상이 되는 주요사실을 구성한다.</u> 결국 혈연관계 없음을 알게 되면 친생부인의 소를 제기할 수 있는 제소기간이 진행하고, <u>실제로 생물학적 혈연관계가 없다는 점은 친생부인의 소로써 친생추정을 번복할 수 있게 하는 사유이다.</u> ② 이처럼 <u>혈연관계 유무나 그에 대한 인식은 친생부인의 소를 이유 있게 하는 근거 또는 제소기간의 기산점 기준으로서 친생부인의 소를 통해 친생추정을 번복할 수 있도록 하는 사유이다.</u> 그러나 <u>이를 넘어서 처음부터 친생추정이 미치지 않도록 하는 사유로서 친생부인의 소를 제기할 필요조차 없도록 하는 요소가 될 수는 없다.</u> 혈연관계가 없다는 점을 친생추정이 미치지 않는 전제사실로 보는 것은 원고적격과 제소기간의 제한을 두고 있는 친생부인의 소의 존재를 무의미하게 만드는 것으로 현행 민법의 해석상 받아들이기 어렵다. 친생부인권을 실질적으로 행사할 수 있는 기회를 부여받았는데도 제소기간이 지나도록 이를 행사하지 않아 더 이상 이를 다툴 수 없게 된 경우 그러한 상태가 남편이 가정생활과 신분관계에서 누려야 할 인격권, 행복추구권, 개인의 존엄과 양성의 평등에 기초한 혼인과 가족생활에 대한 기본권을 침해한다고 볼 수 없다. ③ 다만 친생추정 규정은 부부가 정상적인 혼인생활을 영위하고 있는 경우를 전제로 가정의 평화를 위하여 마련된 것이어서 그 전제사실을 갖추지 않은 경우까지 적용하여 요건이 엄격한 친생부인의 소로써 부인할 수 있도록 하는 것은 제도의 취지에 반하여 진실한 혈연관계에 어긋나는 부자관계를 성립하게 하는 등 부당한 결과를 가져올 수 있다. 대법원 2019.10.23. 2016므2510 전원합의체 판결에서도

이러한 입장이 변경되지 아니하였다. ④ 따라서 민법 제844조 제1항의 친생추정은 반증을 허용하지 않는 강한 추정이므로, 처가 혼인 중에 포태한 이상 그 부부의 한쪽이 장기간에 걸쳐 해외에 나가 있거나, 사실상의 이혼으로 부부가 별거하고 있는 경우 등 '동거의 결여'로 처가 부(夫)의 자를 포태할 수 없는 것이 외관상 명백한 사정이 있는 경우에만 그 추정이 미치지 않을 뿐이고, 이러한 예외적인 사유가 없는 한 누구라도 그 자가 부의 친생자가 아님을 주장할 수 없다(대판 2021.9.9, 2021므13293).

2. 친생자 추정의 효과

> **제854조의2 【친생부인의 허가 청구】**
> ① 어머니 또는 어머니의 전 남편은 제844조 제3항의 경우에 가정법원에 친생부인의 허가를 청구할 수 있다. 다만, 혼인 중의 자녀로 출생신고가 된 경우에는 그러하지 아니하다.
> ② 제1항의 청구가 있는 경우에 가정법원은 혈액채취에 의한 혈액형 검사, 유전인자의 검사 등 과학적 방법에 따른 검사결과 또는 장기간의 별거 등 그 밖의 사정을 고려하여 허가 여부를 정한다.
> ③ 제1항 및 제2항에 따른 허가를 받은 경우에는 제844조 제1항 및 제3항의 추정이 미치지 아니한다.
>
> **제855조의2 【인지의 허가 청구】**
> ① 생부는 제844조 제3항의 경우에 가정법원에 인지의 허가를 청구할 수 있다. 다만, 혼인 중의 자녀로 출생신고가 된 경우에는 그러하지 아니하다.
> ② 제1항의 청구가 있는 경우에 가정법원은 혈액채취에 의한 혈액형 검사, 유전인자의 검사 등 과학적 방법에 따른 검사결과 또는 장기간의 별거 등 그 밖의 사정을 고려하여 허가 여부를 정한다.
> ③ 제1항 및 제2항에 따라 허가를 받은 생부가 「가족관계의 등록 등에 관한 법률」 제57조 제1항에 따른 신고를 하는 경우에는 제844조 제1항 및 제3항의 추정이 미치지 아니한다.

1) 혼인관계 종료일로부터 300일 이내에 출생한 자는 혼인 중 포태한 것으로 추정하는 민법 제844조 제2항이 헌법재판소에 의해 헌법불합치 결정을 받음에 따라(헌재 2015.4.30, 2013헌마623), 국회는 그 결정취지를 반영하여 민법 제844조를 위와 같이 개정하고 제854조의2를 신설(시행일 2018.2.1.)하였다. 구법하에서는 이혼 등으로 혼인관계가 종료된 후 300일 이내에 출생한 자는 혼인 중 포태된 것으로 추정됨에 따라 여성이 이혼 후 재혼을 하여 출생한 자녀가 전 남편의 자녀로 친생추정되는 문제가 있었고, 개정 민법은 이러한 문제점을 해결하기 위해 혼인종료 후 300일 내에 출생하였지만 재혼 배우자의 자녀일 경우에는 친모 혹은 전 남편이 '친생부인의 허가청구'를 법원에 할 수 있도록 새로운 규정을 신설하다. 또한 과거에는 '친생부인의 소'란 소송을 제기하여야만 했지만 이제는 소송을 하지 않고 법원에 허가청구를 하는 것만으로도 혼인 종료 후 300일 내에 출생한 자의 친생추정을 부인할 수 있게 되었다.

2) 또한 혼인종료 후 300일 내에 출생하여 자신의 자식이 전혼 배우자의 자녀로 친생추정을 받는 경우, 과거에는 친생부인의 소를 제기한 후 인지를 해야만 했는데, 이에 따라 친생부인의 소에서 인용확정 판결을 얻지 못하면 인지를 할 수 없었기 때문에 자신의 자녀임에도 불구하고 자신의 자식으로 인정할 기본권이 제한되는 문제가 있었다. 이 점을 적극 반영하여, 개정 민법 제855조의2를 신설(시행일 2018.2.1.)하여 별도의 소송을 거치지 않고 법원에 '인지의 허가 청구'를 하여 친자녀가 전 남편의 자녀로 친생추정 받는 불합리한 법 상태를 제거할 수 있도록 하였다.

3) 이처럼 친생부인의 허가 청구에 따라 허가를 받은 경우 또는 인지의 허가 청구에 따라 허가를 받은 후 이를 신고한 경우에는 제844조 제1항 및 제3항의 추정은 미치지 아니한다.

4) 다만 이미 혼인 중의 자녀로 출생신고가 된 경우에는 친생부인의 허가 청구 또는 인지의 허가 청구는 할 수 없도록 하였다.

► **친생추정의 번복 방법 - 친생부인의 소**

민법 제844조 제1항의 친생추정은 반증을 허용하지 않는 강한 추정이므로, 처가 혼인 중에 포태한 이상 그 부부의 한 쪽이 장기간에 걸쳐 해외에 나가 있거나, 사실상의 이혼으로 부부가 별거하고 있는 경우 등 동서의 결여로 처가 부(夫)의 자를 포태할 수 없는 것이 외관상 명백한 사정이 있는 경우에만 그 추정이 미치지 않을 뿐이고, 이러한 예외적인 사유가 없는 한 누구라도 그 자가 부의 친생자가 아님을 주장할 수 없는 것이어서, 이와 같은 추정을 번복하기 위하여는 민법 제846조, 제847조에서 규정하는 친생부인의 소에 의하여 그 확정판결을 받아야 하고, 이러한 친생부인의 소가 아닌 민법 제865조 소정의 친생자관계부존재확인의 소에 의하여 그 친생자관계의 부존재확인을 구하는 것은 부적법하다 (대판 2000.8.22. 2000므292).

► **친생추정자에 대한 확정된 친생자관계존부확인판결의 효력**

추정을 받고 있는 상태에서는 추정을 번복하기 위하여서는 부측에서 민법 제846조, 제847조가 규정하는 친생부인의 소를 제기하여 그 부인판결을 받아야 하며, 친생자관계부존재확인의 소의 방법에 의하여 그 친생자관계의 부존재확인을 소구하는 것은 부적법하다. 그러나 부적법한 친생자관계부존재확인의 청구일지라도 법원이 그 잘못을 간과하고 청구를 받아들여 친생자관계가 존재하지 않는다는 확인의 판결을 선고하고 그 판결이 확정된 이상 그 판결이 당연무효라고 할 수는 없다(대판 1992.7. 24. 91므566).

Ⅲ. 친생자의 추정을 받지 않는 혼인 중의 출생자

1. 의의

혼인이 성립한 날로부터 200일이 되기 전에 출생한 자는 친생자의 추정을 받지 못하며, 이때에는 친생자관계 부존재 확인의 소에 의하여 부자관계를 부정할 수 있다.

2. 친생추정이 미치지 않는 경우의 효과

(1) 자의 인지청구 가능성(적극)

친생자 추정이 미치지 않는 경우 법률상 이해관계 있는 자는 누구든지 친생자관계부존재 확인의 소를 제기할 수 있고, 자는 진실한 부에 대하여 인지청구의 소를 제기할 수 있다.

(2) 생부의 임의인지 가능성(소극)

친생추정이 미치지 않는 혼인 중의 출생자라고 하더라도 생부가 임의인지를 하기 위해서는 먼저 친생자관계부존재확인의 소에 의하여 가족관계등록부상의 기재를 정정한 이후에 하여야 한다.

Ⅳ. 친생부인의 소

1. 의의

> **제846조【자의 친생부인】**
> 부부의 일방은 제844조(=부의 친생자의 추정)의 경우에 그 자가 친생자임을 부인하는 소를 제기할 수 있다.

친생부인의 소는 부부의 일방이 그 자의 친생자 추정을 번복해서 부자관계를 부정하기 위하여 제기하는 소이다. 자의 친생자 추정은 기본적으로 친생부인의 소에 의해서 번복될 수 있다.

2. 소의 대상

제844조의 친생추정을 받는 자이다.

3. 당사자적격

(1) 원고적격(= 친생부인권자)

> **제847조【친생부인의 소】**
> ① 친생부인의 소는 부 또는 처가 다른 일방 또는 자를 상대로 하여 그 사유가 있음을 안 날부터 2년 내에 이를 제기하여야 한다.
> **제848조【성년후견과 친생부인의 소】**
> ① 남편이나 아내가 피성년후견인인 경우에는 그의 성년후견인이 성년후견감독인의 동의를 받아 친생부인의 소를 제기할 수 있다. 성년후견감독인이 없거나 동의할 수 없을 때에는 가정법원에 그 동의를 갈음하는 허가를 청구할 수 있다.
> ② 제1항의 경우 성년후견인이 친생부인의 소를 제기하지 아니하는 경우에는 피성년후견인은 성년후견 종료의 심판이 있은 날부터 2년 내에 친생부인의 소를 제기할 수 있다.
> **제850조【유언에 의한 친생부인】**
> 부 또는 처가 유언으로 부인의 의사를 표시한 때에는 유언집행자는 친생부인의 소를 제기하여야 한다.
> **제851조【부의 자 출생 전 사망 등과 친생부인】**
> 부가 자의 출생 전에 사망하거나 부 또는 처가 제847조 제1항의 기간 내에 사망한 때에는 부 또는 처의 직계존속이나 직계비속에 한하여 그 사망을 안 날부터 2년 내에 친생부인의 소를 제기할 수 있다.

① 친생부인의 소는 원칙적으로 부 또는 처만이 제기할 수 있다(제847조). 일정한 경우에는 그 성년후견인(제848조)・유언집행자(제850조)・부 또는 처의 직계존속이나 직계비속(제851조)도 친생부인의 소를 제기할 수 있다.

② 그러나 자는 친생부인의 소를 제기할 수 없고, 친생부인의 상대방이 될 수 있을 뿐이다.

★▶ 민법 제846조, 제847조 제1항에서 정한 친생부인의 소의 원고적격이 있는 '처'는 자의 생모에 한정되는지 여부(적극) 및 여기에 '재혼한 처'가 포함되는지 여부(소극)

민법 제846조에서의 '부부의 일방'은 제844조의 경우에 해당하는 '부부의 일방', 즉 제844조 제1항에서의 '부'와 '자를 혼인 중에 포태한 처'를 가리키고, 그렇다면 이 경우의 처는 '자의 생모'를 의미하며, 제847조 제1항에서의 '처'도 제846조에 규정된 '부부의 일방으로서의 처'를 의미한다고 해석되므로, 결국 친생부인의 소를 제기할 수 있는 처는 자의 생모를 의미한다. 우리 민법은 부자관계를 결정함에 있어 '가정의 평화' 또는 '자의 복리'를 위하여 혼인 중 출생자를 부의 친생자로 강하게 추정하면서도, '혈연진실주의'를 채택하여 일정한 경우에 친생자임을 부인하는 소를 제기할 수 있도록 하고 있다. 구 민법(2005. 3. 31. 법률 제7427호로 개정되기 전의 것) 당시에는 부(夫)만 친생부인의 소를 제기할 수 있도록 규정하였으나, 위 민법 개정으로 부 외에 처도 친생부인의 소를 제기할 수 있게 되었는데, 개정 이유는 부만 친생부인의 소를 제기할 수 있도록 하는 것은 혈연진실주의 및 부부평등의 이념에 부합되지 아니한다는 취지에서였다. 즉 부부가 이혼하여 처가 자의 생부와 혼인한 경우, 부부가 화해의 전망 없이 상당한 기간 별거하고 있는 경우, 부가 친생부인은 하지 않은 채 단지 보복적 감정에서 자를 학대하는 경우 등에는 생모도 친생부인을 할 수 있도록 하는 것이 주된 개정 이유였다. 이러한 개정 이유에 비추어 보아도 친생부인의 소를 제기할 수 있는 '처'는 '자의 생모'만을 의미한다. 위와 같은 민법 규정의 입법 취지, 개정 연혁과 체계 등에 비추어 보면, 민법 제846조, 제847조 제1항에서 정한 친생부인의 소의 원고적격이 있는 '부, 처'는 자의 생모에 한정되고, 여기에 친생부인이 주장되는 대상자의 법률상 부와 '재혼한 처'는 포함되지 않는다(대판 2014. 12. 11. 2013므4591).

(2) 피고적격

> **제847조 【친생부인의 소】**
> ① 친생부인의 소는 부 또는 처가 다른 일방 또는 자를 상대로 하여 그 사유가 있음을 안 날부터 2년 내에 이를 제기하여야 한다.
> ② 제1항의 경우에 상대방이 될 자가 모두 사망한 때에는 그 사망을 안 날부터 2년 내에 검사를 상대로 하여 친생부인의 소를 제기할 수 있다.
> **제849조 【자 사망 후의 친생부인】**
> 자가 사망한 후에도 그 직계비속이 있는 때에는 그 모를 상대로, 모가 없으면 검사를 상대로 하여 부인의 소를 제기할 수 있다.

다른 일방 배우자 또는 자가 친생부인의 소의 상대방이 된다(제847조). 일정한 경우에는 검사(제847조 제2항, 제849조)도 상대방이 될 수 있다.

4. 친생부인권의 소멸

(1) 제소기간의 도과

① 친생부인의 소는 그 사유가 있음을 안 날부터 2년 내에 제기하여야 한다(제847조 제1항). 다만 상대방이 될 자가 모두 사망한 때에는 그 사망을 안 날부터 2년 내에 제기할 수 있다(제847조 제2항). ② 남편이나 아내가 피성년후견인인 경우 그의 성년후견인이 친생부인의 소를 제기하지 아니하는 경우에는 피성년후견인은 성년후견종료의 심판이 있은 날부터 2년 내에 친생부인의 소를 제기할 수 있다(제848조 제2항).

(2) 친생자임을 승인한 경우

> **제852조【친생부인권의 소멸】**
> 자의 출생 후에 친생자임을 승인한 자는 다시 친생부인의 소를 제기하지 못한다.
> **제854조【사기, 강박으로 인한 승인의 취소】**
> 제852조의 승인이 사기 또는 강박으로 인한 때에는 이를 취소할 수 있다.

5. 친생부인판결의 효과

① 부가 제기한 친생부인의 소에 대한 판결이 확정되면 자는 생모의 혼인 외의 출생자가 된다. 즉 자녀 출생 시로 소급하여 부와의 법적인 친자관계는 소멸하고 단지 인척관계(배우자의 혈족)로 유지된다.

② 친생부인의 판결은 제3자에게도 효력이 있다(대세효). 그리하여 생부는 비로소 그 자를 인지할 수 있다.

③ 부부관계에는 영향이 없다. 다만 부정(不貞)을 이유로 이혼사유가 될 수 있음은 별론이다.

6. 친생부인의 허가 청구

> **제854조의2【친생부인의 허가 청구】**
> ① 어머니 또는 어머니의 전(前) 남편은 제844조 제3항의 경우에 가정법원에 친생부인의 허가를 청구할 수 있다. 다만, 혼인 중의 자녀로 출생신고가 된 경우에는 그러하지 아니하다.
> ② 제1항의 청구가 있는 경우에 가정법원은 혈액채취에 의한 혈액형 검사, 유전인자의 검사 등 과학적 방법에 따른 검사결과 또는 장기간의 별거 등 그 밖의 사정을 고려하여 허가 여부를 정한다.
> ③ 제1항 및 제2항에 따른 허가를 받은 경우에는 제844조 제1항 및 제3항의 추정이 미치지 아니한다.

V. 부를 정하는 소

> **제845조【법원에 의한 부의 결정】**
> 재혼한 여자가 해산한 경우에 제844조의 규정(= 부의 친생자의 추정)에 의하여 그 자의 부를 정할 수 없는 때에는 법원이 당사자의 청구에 의하여 이를 정한다.

여자가 전혼이 해소된 뒤 곧바로 재혼하여 자를 출산한 경우, 자의 출생일이 후혼 성립일로부터 200일 이후이고 전혼 종료일부터 300일 내인 경우가 있을 수 있다. 그러한 때에는 그 자가 제844조에 의하여 전혼의 부의 자로 추정되고 후혼의 부의 자로도 추정되어 부성추정의 충돌이 일어난다. 이와 같은 경우 당사자의 청구에 의하여 가정법원이 자의 부를 결정하도록 하는 소를, 부를 정하는 소라고 한다.

<h1 style="text-align:center">제2-2관 혼인 외의 출생자</h1>

Ⅰ. 의의

혼인 외의 출생자는 부모가 혼인하지 않은 상태에서 출생한 자이다. 혼인 외의 출생자는 ① 모와의 사이에는 출산과 동시에 친자관계가 발생하나, ② 생부와의 사이에서는 인지가 있어야 친자관계가 발생한다. 한편 혼인 외의 자는 그 부모가 나중에 혼인하게 되면 그때부터 혼인 중의 출생자로 보게 되는데, 이를 준정(準正)이라고 한다.

Ⅱ. 인지

1. 인지의 의의

(1) 개념

인지란 혼인 외의 출생자의 생부 또는 생모가 그를 자기의 자로 인정하여 법률상의 친자관계를 발생시키는 일방적인 의사표시이다.

(2) 인지의 종류

① 인지에는 부 또는 모가 스스로 인지의 의사표시를 하는 경우(임의인지)와 ② 부 또는 모를 상대로 인지의 소를 제기하여 인지의 효과를 발생케 하는 경우(강제인지)가 있다.

(3) 인지의 법적 성격

① 실부는 아직 인지가 있기 전에는 법률상의 부가 아니므로 혼인 외의 출생자와 사이에서 아무런 부자관계가 발생하지 않는다. 따라서 실부의 인지는 창설적 의미를 가진다. 반면 ② 혼인 외의 출생자와 생모 사이의 모자관계는 인지나 출생신고를 기다리지 않고 자의 출생으로 당연히 생기므로, 따로 인지를 할 필요가 없다. 따라서 기아 등의 경우에 있어서 모가 인지하더라도 그것은 확인적 의미를 가진다.

2. 임의인지

(1) 인지권자

> **제855조【인지】**
> ① 혼인 외의 출생자는 그 생부나 생모가 이를 인지할 수 있다. 부모의 혼인이 무효인 때에는 출생자는 혼인 외의 출생자로 본다.
> **제855조의2【인지의 허가 청구】**
> ① 생부는 제844조 제3항의 경우에 가정법원에 인지의 허가를 청구할 수 있다. 다만, 혼인 중의 자녀로 출생신고가 된 경우에는 그러하지 아니하다.

> ② 제1항의 청구가 있는 경우에 가정법원은 혈액채취에 의한 혈액형 검사, 유전인자의 검사 등 과학적
> 방법에 따른 검사결과 또는 장기간의 별거 등 그 밖의 사정을 고려하여 허가 여부를 정한다.
> ③ 제1항 및 제2항에 따라 허가를 받은 생부가 「가족관계의 등록 등에 관한 법률」 제57조 제1항에 따른
> 신고를 하는 경우에는 제844조 제1항 및 제3항의 추정이 미치지 아니한다.
>
> **제856조【피성년후견인의 인지】**
> 아버지가 피성년후견인인 경우에는 성년후견인의 동의를 받아 인지할 수 있다.

임의인지는 생부 또는 생모가 할 수 있다(제855조 제1항). 이들은 행위능력이 없더라도 의사능력이
있으면 법정대리인의 동의 없이 임의인지를 할 수 있다. 다만, 아버지가 피성년후견인인 경우로서
인지를 하는 때에는 성년후견인의 동의를 얻어야 한다(제856조).

(2) 피인지자

1) 타인의 친생자로 추정을 받고 있는 자

혼인종료 후 300일 내에 출생하여 자신의 자식이 전혼 배우자의 자녀로 친생추정을 받는 경우,
과거에는 친생부인의 소를 제기한 후 인지를 해야만 했는데(대판 1968.2.27, 67므34), 이에 따라 친
생부인의 소에서 인용확정 판결을 얻지 못하면 인지를 할 수 없었기 때문에 자신의 자녀임에도
불구하고 자신의 자식으로 인정할 기본권이 제한되는 문제가 있었다. 이 점을 적극 반영하여, 개
정 민법 제855조의2에서는 별도의 소송을 거치지 않고 법원에 '인지의 허가 청구'를 하여 친자녀
가 전 남편의 자녀로 친생추정 받는 불합리한 법 상태를 제거할 수 있도록 하였다. 다만, 혼인
중의 자녀로 출생신고가 된 경우에는 그러하지 아니하다.

2) 타인의 친생자 추정을 받지 않는 혼인 중의 자

① 부 입장에서는 친생자관계부존재확인의 소에 의하여 가족관계등록부상의 부와 자 사이에 친자
관계가 존재하지 않는다는 것을 확정한 후에 인지할 수 있고, ② 자 입장에서는 친생자관계부존재
확인의 소를 제기할 필요 없이 바로 인지청구소송을 제기할 수 있다(대판 2000.1.28, 99므1817).

★▶ **생부모가 호적상의 부모와 다른 사실이 객관적으로 명백한 경우, 친생추정을 깨뜨리지 않고도**
생부모를 상대로 인지청구를 할 수 있는지 여부(적극)
민법 제844조의 친생추정을 받는 자는 친생부인의 소에 의하여 그 친생추정을 깨뜨리지 않고서는
다른 사람을 상대로 인지청구를 할 수 없으나, 호적상의 부모의 혼인 중의 자로 등재되어 있는 자라
하더라도 그의 생부모가 호적상의 부모와 다른 사실이 객관적으로 명백한 경우에는 그 친생추정이 미
치지 아니하므로, 그와 같은 경우에는 곧바로 생부모를 상대로 인지청구를 할 수 있다(대판 2000.1.28,
99므1817).

---

3) 타인이 먼저 인지한 자

타인이 먼저 인지한 경우에는 그 인지에 대한 이의의 소(제862조)를 제기하여 그 판결이 확정된
후에 인지할 수 있다.

4) 사망한 자

> **제857조 【사망자의 인지】**
> 자가 사망한 후에도 그 직계비속이 있는 때에는 이를 인지할 수 있다.

자가 사망한 후에는 원칙적으로 인지할 수 없으나, 자의 직계비속이 있는 때에는 인지할 수 있다.

5) 포태 중에 있는 자

> **제858조 【포태중인 자의 인지】**
> 부는 포태 중에 있는 자에 대하여도 이를 인지할 수 있다.

(3) 인지의 방법

> **제859조 【인지의 효력발생】**
> ① 인지는 가족관계의 등록 등에 관한 법률의 정하는 바에 의하여 신고함으로써 그 효력이 생긴다.
> ② 인지는 유언으로도 이를 할 수 있다. 이 경우에는 유언집행자가 이를 신고하여야 한다.

1) 생전인지

인지는 「가족관계의 등록 등에 관한 법률」이 정한 바에 의하여 신고함으로써 그 효력이 생긴다 (제859조 제1항). 여기의 신고는 창설적 신고이다. 따라서 신고가 없으면 인지의 효과가 생기지 않는다.

2) 유언에 의한 인지

인지는 유언으로도 할 수 있고, 그 때에는 유언집행자가 이를 신고하여야 한다(동조 제2항). 그런데 여기의 신고는 보고적 신고이다. 따라서 신고가 없더라도 인지의 효력이 생긴다.

■ **인지신고의 법적 성격**

> [1] 부의 생전의 인지신고 - 창설적 신고
> [2] 유언에 의한 유언집행자의 인지신고 - 보고적 신고
> [3] 인지판결에 의한 인지신고 - 보고적 신고

3) 무효인 출생신고의 인지로의 전환(무효행위의 전환)

가) **무효행위의 전환 :** 부가 혼인 외의 출생자에 대하여 혼인 중의 출생자로 친생자 출생신고를 한 때에는 그 신고는 인지의 효력이 있다(가족관계등록법 제57조). → 다만 그 신고는 인지의 효력을 가 지기는 하나 형식상 인지신고가 아니라 출생신고일 뿐이므로, 그 신고의 효력을 다투는 방법은 인지관 련 소송이 아니라 친생자관계부존재확인의 소에 의하여야 한다.

▶ **친생자 출생신고에 의한 인지의 효력을 다투는 방법**
인지에 대한 이의의 소 또는 인지무효의 소는 민법 제855조 제1항, (구)호적법 제60조의 규정에 의하여 생부 또는 생모가 인지신고를 함으로써 혼인 외의 자를 인지한 경우에 그 효력을 다투기 위한 소송이며, 위 각 법조에 의한 인지신고에 의함이 없이 일반 출생신고에 의하여 호적부상 등재된 친자관계를 다투기 위하여는 위의 각 소송과는 별도로 민법 제865조가 규정하고 있는 친생자관계부존재확인의 소에 의하여야 할 것인바, (구)호적법 제62조에 부가 혼인 외의 자에 대하여 친생자 출생신고를 한 때에는 그 신고는 인지의 효력이 있는 것으로 규정되어 있으나, 그 신고가 인지신고가 아니라 출생신고인 이상 그와 같은 신고로 인한 친자관계의 외관을 배제하고자 하는 때에도 인지에 관련된 소송이 아니라 친생자관계부존재확인의 소를 제기하여야 한다(대판 1993.7.27, 91므306).

나) **구체적인 예 :** 혼인신고가 위법하여 무효인 경우에도 무효의 혼인 중 출생한 자를 그 호적에 출생신고하여 등재한 이상 그 자에 대하여 인지의 효력이 있다(대판 1971.11.15, 71다1983).

다) **부의 의사 개입이 없는 경우는 무효 :** 임의인지는 부의 진정한 의사를 기초로 하기 때문에 **부의 의사와 무관하게 이루어진 신고에는 인지의 효력을 인정할 수 없다.** 즉 ① 혼인 외의 출생자의 생모가 부의 사망 후 그들 간에 출생한 친생자인양 출생신고를 한 경우(대판 1985.10.22, 84다카1165), ② 생모가 타인의 인장을 위조하여 혼인신고와 친생자로서의 출생신고를 한 경우(대판 1984.9.25, 84므73), ③ 조부가 출생신고를 한 경우(대판 1976.4.13, 75다948)에는 인지의 효력이 생기지 않는다.

▶ **혼인 외의 출생자에 대하여 부 사망 후 처가 한 출생신고를 부의 인지로 볼 수 있는지 여부**(소극)
혼인 외의 출생자와 그 부와의 법률상 부자관계는 오로지 인지에 의해서만 생기는 것인바, 부 사망 후 그의 처가 그들 간에 출생한 친생자인양 출생신고를 하였다 하더라도 그것이 위 인지로서의 효력이 없다(대판 1985.10.22, 84다카1165).

(4) 인지의 무효와 취소

1) 인지의 무효

① 민법에는 규정이 없으나, 가사소송법은 인지의 무효에 관하여 규정하고 있다. 통설은 (ㄱ) 인지가 사실에 반하는 경우, (ㄴ) 의사능력을 결한 경우, (ㄷ) 인지자의 의사에 의하지 않고 인지신고된 경우에 인지가 무효라고 한다.

② 인지의 무효는 당연무효이므로, 소 또는 기타의 절차에 의하지 않고도 또 누구라도 그 무효를 주장할 수 있으며, 다른 소에서 선결문제로서 인지무효를 주장할 수 있다.

▶ **친생자 아닌 자에 대한 인지신고의 효력**
친생자가 아닌 자에 대하여 한 인지신고는 당연무효이며 이런 인지는 무효를 확정하기 위한 판결 기타의 절차에 의하지 아니하고도, 또 누구에 의하여도 그 무효를 주장할 수 있는 것이다. 그리고 위와 같은 인지라도 그 신고 당시 당사자 사이에 입양의 명백한 의사가 있고 기타 입양의 성립요건이 모두 구비된 경우라면 입양의 효력이 있는 것으로 해석할 수 있다(대판 1992.10.23, 92다29399).

▶ **인지무효의 소와 인지청구의 소와의 관계**
생부의 인지 없이 생모에 의해 임의로 생부의 친생자로 출생신고 되었다는 것을 이유로 한 인지무효확인의 확정심판은 생부 스스로 자(子)를 그의 친생자로 인정하여 출생신고를 한 바 없는데도 생모에 의해 그러한 행위를 한 것처럼 호적상 기재가 되어 있으니 그 출생신고에 의한 임의 인지가 무효임을 확인한다는 것이 심판대상임이 명백하고, 따라서 그 기판력 역시 생부의 출생신고에 의한 임의 인지가 무효라는 점에 한하여 발생할 뿐이며, 나아가 생부와 자(子) 사이에 친생자관계가 존재하는지의 여부에 대해서까지 그 확정심판의 효력이 미치는 것은 아니므로, 그 확정심판의 효력은 자와 생부 사이에 친생자관계가 존재함을 전제로 하여 재판상 인지를 구하는 청구에는 미치지 아니한다(대판 1999.10.8, 98므1698).

2) 인지취소의 소

> **제861조【인지의 취소】**
> 사기, 강박 또는 중대한 착오로 인하여 인지를 한 때에는 사기나 착오를 안 날 또는 강박을 면한 날로부터 6월 내에 가정법원에 그 취소를 청구할 수 있다.

① 사기·강박 또는 중대한 착오로 인하여 인지를 한 때에는, 사기나 착오를 안 날 또는 강박을 면한 날부터 6개월 내에 가정법원에 그 취소를 청구할 수 있다(제861조).
② 인지를 취소하는 판결이 확정되면 인지는 처음부터 무효로 되며, 그 판결은 제3자에게도 효력이 있다.
③ 민법 총칙상의 착오·사기·강박에 의한 의사표시 규정(제109조~제110조)은 적용되지 않는다.

3) 인지에 대한 이의의 소

> **제862조【인지에 대한 이의의 소】**
> 자 기타 이해관계인은 인지의 신고 있음을 안 날로부터 1년 내에 인지에 대한 이의의 소를 제기할 수 있다.
> **제864조【부모의 사망과 인지청구의 소】**
> 제862조 및 제863조의 경우에 부 또는 모가 사망한 때에는 그 사망을 안 날로부터 2년 내에 검사를 상대로 하여 인지에 대한 이의 또는 인지청구의 소를 제기할 수 있다.

① 혼인 외의 자를 그 생부가 아닌 사람이 인지한 경우에는 자 기타 이해관계인은 인지의 신고 있음을 안 날부터 1년 내에 인지에 대한 이의의 소를 제기할 수 있다(제862조).
② 인지에 대한 이의의 소는 임의인지를 대상으로 하는 것이므로, 강제인지에 대하여는 재심의 소로써 이를 다투어야 하고, 인지에 대한 이의의 소로써는 다툴 수 없다.

3. 강제인지(재판상 인지)

(1) 의의

부 또는 모가 임의로 인지하지 않을 경우 부모의 의사와 관계없이 재판에 의하여 인지를 강제할 수 있는데, 이를 강제인지라고 한다.

(2) 인지청구의 소의 성질

① 인지청구를 인용하는 판결의 확정에 의하여 혼인 외의 출생자와 부 사이에 법률상의 친자관계가 창설되고 그 판결은 제3자에게도 효력이 있으므로 형성의 소이다. ② 다만, 모에 대한 인지청구의 소는 확인의 소이다.

> ▶ **생모와 혼인 외의 출생자 관계**
> 기아와 같은 특수한 경우를 제외하고는 혼인외의 생모자 관계는 분만하였다는 사실로써 명백한 것이며 생부의 혼인 외의 출생자에 대한 인지가 형성적인 것에 대하여 생모의 혼인 외의 출생자에 대한 인지는 확인적인 것인 점을 고려하면 혼인 외의 출생자와 생모 간에는 그 생모의 인지나 출생신고를 기다리지 아니하고 자의 출생으로 당연히 법률상의 친족관계가 생긴다고 해석하는 것이 타당하다(대판 1967. 10.4, 67다1791).

(3) 소의 당사자

> **제863조 【인지청구의 소】**
> 자와 그 직계비속 또는 그 법정대리인은 부 또는 모를 상대로 하여 인지청구의 소를 제기할 수 있다.
> **제864조 【부모의 사망과 인지청구의 소】**
> 제862조 및 제863조의 경우에 부 또는 모가 사망한 때에는 그 사망을 안 날로부터 2년 내에 검사를 상대로 하여 인지에 대한 이의 또는 인지청구의 소를 제기할 수 있다.

(4) 인지청구의 소의 허용여부

① 자가 친생추정을 받는 자인 경우에는 부 또는 처로부터 친생부인의 소에 의하여 친생부인이 되지 않는 한 실부를 상대로 인지청구를 할 수 없다.

② 자가 친생추정을 받지 않는 경우에는 그가 법률상 부의 가족관계등록부에 등재되어 있더라도 친생자관계 부존재 확인의 소를 제기하지 않고 곧바로 생부를 상대로 인지청구의 소를 제기할 수 있다.

(5) 제소기간

① 인지청구의 소의 제기기간에 관하여는 제한이 없다. 따라서 부가 생존하는 동안 자는 언제든지 소를 제기할 수 있다.

② 그러나 부 또는 모가 사망하여 검사를 상대로 소를 제기하는 경우에는 부 또는 모의 사망을 안 날부터 2년 내에 제소하여야 한다(제864조). 이 경우 2년은 제척기간이다.

(6) 인지청구권의 포기

인지청구권은 일신전속적인 신분관계상의 권리로서 포기할 수 없고, 포기하였더라도 그 효력이 발생하지 않으며, 포기가 허용되지 않는 이상 거기에 실효의 법리가 적용될 여지도 없다.

▶ 인지청구권 행사와 신의칙 - 신의칙 적용의 한계

① 혼인 외의 자가 친생자관계의 부존재를 확인하는 대가로 금원 등을 지급받으면서 추가적인 금전적 청구를 포기하기로 합의하였다 하더라도 이러한 합의는 당사자가 임의로 처분할 수 없는 사항에 관한 처분을 전제로 한 것이므로, 이에 반하여 인지청구를 하고 그 확정판결에 따라 상속분 상당 가액 지급청구를 하더라도 신의칙 위반으로 보기 어렵다(대판 2007.7.26, 2006므2757·2764).

② 인지청구권의 행사가 상속재산에 대한 이해관계에서 비롯되었다 하더라도 정당한 신분관계를 확정하기 위해서라면 신의칙에 반하는 것이라 하여 막을 수 없다(대판 1982.3.9, 81므10).

③ 인지청구권을 포기한 후 다시 인지를 청구하는 것은 금반언의 원칙에 반한다거나 권리남용에 해당한다고 할 수 없다(대판(전) 2011.1.20, 2009두13474).

④ 인지청구권의 포기가 허용되지 않는 이상 실효의 법리가 적용될 여지도 없다(대판 2001.11.27, 2001므1353).

(7) 인지판결에 따른 신고

인지의 재판이 확정된 경우에는 재판의 확정일로부터 1개월 내에 신고를 하여야 한다. 이 신고는 보고적 신고이다.

4. 인지의 효과

(1) 인지의 소급효

> 제860조【인지의 소급효】
> 인지는 그 자의 출생 시에 소급하여 효력이 생긴다. 그러나 제3자의 취득한 권리를 해하지 못한다.
> 제864조의2【인지와 자의 양육책임 등】
> 제837조(= 이혼 시의 양육책임) 및 제837조의2(= 이혼 시의 면접교섭권)의 규정은 자가 인지된 경우에 자의 양육책임과 면접교섭권에 관하여 이를 준용한다.

1) 소급효

인지는 인지자인 부와 피인지자인 자 사이에 법률상 부자관계가 출생 시에 소급하여 효력이 생긴다(제860조). 따라서 인지된 자와 그 부모사이의 부양권·상속권은 출생 시로 소급하여 발생한다.

2) 과거의 부양료 청구

그 결과 부는 자의 출생 시부터 자에 대한 부양의무를 분담하였어야 하므로, 인지 전에 모가 자를 혼자서 양육한 경우에는 부에 대하여 과거의 양육비의 상환도 청구할 수 있다.

★★★▶ 과거의 부양료 청구

① 어떠한 사정으로 인하여 부모 중 어느 한 쪽만이 자녀를 양육하게 된 경우에, 그와 같은 일방에 의한 양육이 그 양육자의 일방적이고 이기적인 목적이나 동기에서 비롯한 것이라거나 자녀의 이익을 위하여 도움이 되지 아니하거나 그 양육비를 상대방에게 부담시키는 것이 오히려 형평에 어긋나게 되는 등 특별한 사정이 있는 경우를 제외하고는, 양육하는 일방은 상대방에 대하여 현재 및 장래에

있어서의 양육비 중 적정 금액의 분담을 청구할 수 있음은 물론이고, 부모의 자녀양육의무는 특별한 사정이 없는 한 자녀의 출생과 동시에 발생하는 것이므로 과거의 양육비에 대하여도 상대방이 분담함이 상당하다고 인정되는 경우에는 그 비용의 상환을 청구할 수 있다.

② 한 쪽의 양육자가 양육비를 청구하기 이전의 과거의 양육비 모두를 상대방에게 부담시키게 되면 상대방은 예상하지 못하였던 양육비를 일시에 부담하게 되어 지나치고 가혹하며 신의성실의 원칙이나 형평의 원칙에 어긋날 수도 있으므로, 이와 같은 경우에는 반드시 이행청구 이후의 양육비와 동일한 기준에서 정할 필요는 없고, 부모 중 한 쪽이 자녀를 양육하게 된 경위와 그에 소요된 비용의 액수, 그 상대방이 부양의무를 인식한 것인지 여부와 그 시기, 그것이 양육에 소요된 통상의 생활비인지 아니면 이례적이고 불가피하게 소요된 다액의 특별한 비용(치료비 등)인지 여부와 당사자들의 재산 상황이나 경제적 능력과 부담의 형평성 등 여러 사정을 고려하여 적절하다고 인정되는 분담의 범위를 정할 수 있다(대결(전) 1994.5.13, 92스21).

③ 민법 제860조는 "인지는 그 자의 출생 시에 소급하여 효력이 생긴다."라고 규정하고 있다. 따라서 인지판결 확정으로 법률상 부양의무가 현실화되는 것이기는 하지만 부모의 법률상 부양의무는 인지판결이 확정되면 그 자의 출생 시로 소급하여 효력이 생기는 것이므로, 양육자는 인지판결의 확정 전에 발생한 과거의 양육비에 대하여도 상대방이 부담함이 상당한 범위 내에서 그 비용의 상환을 청구할 수 있다고 보아야 한다(대결 2023.10.31, 2023스643).

④ 미성년의 자녀를 양육한 자가 공동 양육의무자인 다른 쪽 상대방에 대하여 과거 양육비의 지급을 구하는 권리는 당초에는 기본적으로 친족관계를 바탕으로 하여 인정되는 하나의 추상적인 법적 지위이었던 것이 당사자 사이의 협의 또는 당해 양육비의 내용 등을 재량적·형성적으로 정하는 가정법원의 심판에 의하여 구체적인 청구권으로 전환됨으로써 비로소 보다 뚜렷하게 독립한 재산적 권리로서의 성질을 가지게 되는 것으로서, 당사자의 협의 또는 가정법원의 심판에 의하여 구체적인 지급청구권으로 성립하기 전에는 과거의 양육비에 관한 권리는 양육자가 그 권리를 행사할 수 있는 재산권에 해당한다고 할 수 없으므로, 그 상태에서는 소멸시효가 진행할 여지가 없다고 보아야 한다(대결 2011.8.16, 2010스85).

(2) 인지의 소급효 제한

인지의 소급효는 제3자가 취득한 권리를 해하지 못한다(동조 단서). 이와 관련하여 인지된 자의 부에 관하여 상속이 개시된 뒤 인지된 경우에 다른 공동상속인과의 관계가 문제되나, 민법은 이를 제1014조의 명문규정을 두어 해결하였다. 이에 대하여는 상속편에서 후술함.

★★★★▶ 피인지자보다 후순위 상속인은 피인지자의 출현으로 자신이 취득한 상속권을 소급하여 잃게 되는지 여부(적극)

민법 제860조는 인지의 소급효는 제3자가 이미 취득한 권리에 의하여 제한받는다는 취지를 규정하면서 민법 제1014조는 상속개시 후의 인지 또는 재판의 확정에 의하여 공동상속인이 된 자는 그 상속분에 상응한 가액의 지급을 청구할 권리가 있다고 규정하여 제860조 소정의 제3자의 범위를 제한하고 있는 취지에 비추어 볼 때, 혼인 외의 출생자가 부의 사망 후에 인지의 소에 의하여 친생자로 인지받은 경우 피인지자보다 후순위 상속인인 피상속인의 직계존속 또는 형제자매 등은 피인지자의 출현과 함께 자신이 취득한 상속권을 소급하여 잃게 되는 것으로 보아야 하고, 그것이 민법 제860조 단서의 규정에 따라 인지의 소급효 제한에 의하여 보호받게 되는 제3자의 기득권에 포함된다고는 볼 수 없다(대판 1993.3.12, 92다48512).

→ 선순위 상속권자는 후순위 상속인에 대하여 본조의 가액지급청구가 아닌 상속회복청구를 할 수 있다.

★★★▶ 인지를 요하지 아니하는 모자관계에서 인지의 소급효 제한에 관한 제860조 단서가 적용 또는 유추적용되는지 여부(소극) 및 제1014조를 근거로 자가 모의 다른 공동상속인이 한 상속재산에 대한 분할 또는 처분의 효력을 부인하지 못하는지 여부(소극)

민법 제860조는 본문에서 "인지는 그 자의 출생 시에 소급하여 효력이 생긴다."고 하면서 단서에서 "그러나 제3자의 취득한 권리를 해하지 못한다."라고 하여 인지의 소급효를 제한하고 있고, 민법 제1014조는 "상속개시 후의 인지 또는 재판의 확정에 의하여 공동상속인이 된 자가 상속재산의 분할을 청구할 경우에 다른 공동상속인이 이미 분할 기타 처분을 한 때에는 그 상속분에 상당한 가액의 지급을 청구할 권리가 있다."라고 규정하고 있다. 그런데 혼인 외의 출생자와 생모 사이에는 생모의 인지나 출생신고를 기다리지 아니하고 자의 출생으로 당연히 법률상의 친자관계가 생기고, 가족관계 등록부의 기재나 법원의 친생자관계존재확인판결이 있어야만 이를 인정할 수 있는 것이 아니다. 따라서 인지를 요하지 아니하는 모자관계에는 인지의 소급효 제한에 관한 민법 제860조 단서가 적용 또는 유추적용되지 아니하며, 상속개시 후의 인지 또는 재판의 확정에 의하여 공동상속인이 된 자의 가액지급청구권을 규정한 민법 제1014조를 근거로 자가 모의 다른 공동상속인이 한 상속재산에 대한 분할 또는 처분의 효력을 부인하지 못한다고 볼 수도 없다. 이는 비록 다른 공동상속인이 이미 상속재산을 분할 또는 처분한 이후에 모자관계가 친생자관계존재확인판결의 확정 등으로 비로소 명백히 밝혀졌다 하더라도 마찬가지이다(대판 2018.6.19. 2018다1049).

III. 준정

> **제855조【인지】**
> ② 혼인 외의 출생자는 그 부모가 혼인한 때에는 그때로부터 혼인 중의 출생자로 본다.

① 준정이란 혼인 외의 출생자가 그 부모의 혼인에 의하여 혼인 중의 출생자의 지위를 취득하는 제도이다(제855조 제2항).

② 준정은 혼인 전에 출생하여 부로부터 인지를 받고 있는 자가 부모의 혼인에 의하여 준정이 되는 경우로서 반드시 두 가지의 요건, 즉 인지와 혼인이 필요하다.

③ 준정에 의해 혼인 시부터 혼인 중의 출생자가 된다. 따라서 출생 시부터 혼인 중의 출생자로 되는 것이 아니다.

④ 나아가 준정은 혼인 중의 출생자로 될 뿐, 친생자추정은 받지 못하므로(제844조 참고), 그에 대하여 친자관계를 다툴 때에는 친생부인의 소가 아니고 친생자관계부존재 확인의 소에 의한다.

IV. 친생자관계존부확인의 소

1. 의의

친생자관계존부확인의 소는 특정인 사이에 친생자관계의 존부가 명확하지 않은 경우에 그에 대한 확인을 구하는 소로서, 장래를 향하여 새로운 법률상태를 형성하는 소(부를 정하는 소, 친생부인의 소, 인지청구의 소, 인지이의의 소, 인지취소의 소 등)와 다르다.

2. 사유

> 제865조 【다른 사유를 원인으로 하는 친생자관계존부확인의 소】
> ① 제845조(부를 정하는 소), 제846조 · 제848조 · 제850조 · 제851조(=이상, 친생부인의 소), 제862조 (인지이의의 소)와 제863조(인지청구의 소)의 규정에 의하여 소를 제기할 수 있는 자는 다른 사유를 원인으로 하여 친생자관계존부의 확인의 소를 제기할 수 있다.
> ② 제1항의 경우에 당사자 일방이 사망한 때에는 그 사망을 안 날로부터 2년 내에 검사를 상대로 하여 소를 제기할 수 있다.

(1) 친생자관계존부확인의 소의 보충성

부를 정하는 소(제845조), 친생부인의 소(제846조), 인지에 대한 이의의 소(제862조), 인지청구의 소(제863조)의 목적과 저촉되지 않은 다른 사유를 원인으로 하여야만 한다. 즉, 친생자관계존부확인의 소는 위에 열거한 소와의 관계에서 보충적으로만 인정된다.

(2) 구체적인 인정 例

1) 부모가 진정하지 않은 경우

자신이 허위의 출생신고를 한 경우에도 외형상 친생자관계가 존재하는 것처럼 보이므로, 가족관계등록부상의 부모와 자 사이에 친생자관계부존재확인을 구할 수 있다(대결 1967.7.18, 67마332).

2) 친생자의 추정을 받지 않는 자

혼인성립의 날로부터 200일 전에 출생한 자 등 친생자추정이 미치지 않는 자에 대하여는 친생자관계부존재확인의 소로 충분하다(대판 1998.5.10, 88므85). 타인의 자를 자기와 그 처의 사이의 친생자로 출생신고를 하더라도 그 자는 친생자의 추정을 받지 아니하여 부가 부자관계를 다투는 때에는 친생부인의 소에 의하지 아니하고, 친자관계부존재확인의 소에 의할 수 있다.

3) 친생자의 추정을 형식상 받지만 포태기간에 부부가 사실상 동거하지 않은 경우

형식상 친생자 추정을 받으나 포태기간 중 부부가 사실상 동거하지 않는 것이 외관상 명백하여 추정이 미치지 않는 경우에는 친생자관계부존재확인의 소를 제기할 수 있다.

4) 허위친생자출생신고에 의하여 입양의 효력이 인정되는 경우(소극)

친생자로 출생신고를 한 것이 입양신고로서의 기능을 발휘하여 입양의 효력이 발생하였다면(무효행위의 전환), 파양 등의 특별한 사정이 없는 한 친생자관계부존재확인의 소는 제기할 수 없다.

★★★▶ **입양의 의사로 친생자출생신고를 하고 거기에 입양의 실질적 요건이 모두 구비되어 있는 경우, 입양의 효력발생 여부**(적극) **및 이 경우 친생자관계부존재확인청구의 가능 여부**(한정 소극)

① 당사자가 양친자관계를 창설할 의사로 친생자출생신고를 하고 거기에 입양의 실질적 요건이 모두 구비되어 있다면 그 형식에 다소 잘못이 있더라도 입양의 효력이 발생하고, 양친자관계는 파양에 의하여 해소될 수 있는 점을 제외하고는 법률적으로 친생자관계와 똑같은 내용을 갖게 되므로 이 경우의 허위의 친생자출생신고는 법률상의 친자관계인 양친자관계를 공시하는 입양신고의 기능을 발휘하게 되는 것이며, 이와 같은 경우 파양에 의하여 그 양친자관계를 해소할 필요가 있는 등 특별한 사정이 없는 한 그 호적기재 자체를 말소하여 법률상 친자관계의 존재를 부인하게 하는 친생자관계부존재확인청구는 허용될 수 없는 것이다(대판(전) 2001.5.24, 2000므1493). ② 파양에 의하여 양친자관계를 해소할 필요가 있는 등 특별한 사정이 있는 경우에는 호적기재 자체를 말소하여 법률상 친자관계의 존재를 부인하게 하는 친생자관계부존재확인청구가 허용될 수 있고, 이와 같은 양친자관계를 해소하기 위한 친생자관계부존재확인청구의 인용판결이 확정되면 확정일 이후부터는 더 이상 양친자관계의 존재를 주장할 수 없다(대판 2023.9.21, 2021므13354).

(3) 인지청구의 소와의 관계

1) 혼인 외의 자에 대한 부자관계 형성

인지관련 소송에 의하여야 한다.

★▶ **생모나 친족 등 이해관계인이 혼인 외 출생자를 상대로 혼인 외 출생자와 사망한 부 사이의 친생자관계존재확인을 구하는 소가 허용되는지 여부**(소극)

혼인 외 출생자의 경우에 모자관계는 인지를 요하지 아니하고 법률상 친자관계가 인정될 수 있지만, 부자관계는 부의 인지에 의하여서만 발생하는 것이므로, 부가 사망한 경우에는 그 사망을 안 날로부터 2년 이내에 검사를 상대로 인지청구의 소를 제기하여야 하고, 생모나 친족 등 이해관계인이 혼인 외 출생자를 상대로 혼인 외 출생자와 사망한 부 사이의 친생자관계존재확인을 구하는 소는 허용될 수 없다(대판 2022.1.27, 2018므11273).

2) 인지청구의 소와 친생자관계부존재확인의 소의 기판력은 상호 무관계

양자는 상호 중복될 수 없으므로 상호 기판력이 작용하지 않는다.

▶ **친생자관계 부존재확인의 소의 기판력이 인지청구의 소에도 미치는지 여부**(소극)

친생자관계 부존재확인청구사건에서 이 사건 인지청구사건 청구인과 소외망 甲 간에는 친생자 관계가 없는데도 친생자 관계가 있는 것처럼 호적상 기재되어 있다는 이유를 들어 이해관계 있는 소외 乙이 청구인을 상대로 친생자관계 부존재확인의 소를 제기하여 그 친생자관계 부존재의 판결이 확정된 바 있다 하더라도 동 판결의 기판력은 이 사건 인지청구에는 미치지 아니한다(대판 1982.12.14, 82므46).

▶ 인지청구의 소에서 당사자의 증명이 충분하지 못할 경우, 법원이 직권으로 사실조사와 증거조사를 하여야 하는지 여부(적극) 및 혈연상 친생자관계를 증명하는 방법 / 혈연상 친생자관계가 인정된 확정판결의 효과(친자관계 창설) 및 확정판결에 반하여 친생자관계부존재확인의 소로써 친자관계가 존재하지 않는다고 다툴 수 있는지 여부(소극)

인지청구의 소는 부와 자 사이에 사실상의 친자관계의 존재를 확정하고 법률상의 친자관계를 창설함을 목적으로 하는 소송으로서, 당사자의 증명이 충분하지 못할 때에는 법원이 직권으로 사실조사와 증거조사를 하여야 하고, 친자관계를 증명할 때는 부와 자 사이의 혈액형검사, 유전자검사 등 과학적 증명방법이 유력하게 사용되며, 이러한 증명에 의하여 혈연상 친생자관계가 인정되어 확정판결을 받으면 당사자 사이에 친자관계가 창설된다. 이와 같은 인지청구의 소의 목적, 심리절차와 증명방법 및 법률적 효과 등을 고려할 때, 인지의 소의 확정판결에 의하여 일단 부와 자 사이에 친자관계가 창설된 이상, 재심의 소로 다투는 것은 별론으로 하고, 확정판결에 반하여 친생자관계부존재확인의 소로써 당사자 사이에 친자관계가 존재하지 않는다고 다툴 수는 없다(대판 2015.6.11, 2014므8217).

3. 당사자적격

(1) 원고적격

① 부를 정하는 소(제845조), 친생부인의 소(제846조), 인지에 대한 이의의 소(제862조), 인지청구의 소(제863조)를 제기할 수 있는 사람은 친생자관계존부확인을 제기할 수 있는 원고적격자이다.

② 종래 판례는 민법 제777조의 규정에 의한 친족은 그와 같은 신분관계를 가졌다는 사실만으로써 당연히 원고적격을 가진다는 입장이었으나, 최근 전원합의체판결로 친생자관계존부확인의 소를 제기할 수 있는 자는 민법 제865조 제1항에서 정한 제소권자로 한정되고 민법 제777조에서 정한 친족이라는 사실만으로 당연히 원고적격을 인정하는 것은 아니라고 변경되었다.

★★★★▶ 친생자관계존부확인의 소를 제기할 수 있는 자[다수의견](대판(전) 2020.6.18, 2015므8351)

[1] 친생자관계존부확인의 소의 원고적격자

친생자관계에 관하여 민법은 임신과 출산이라는 자연적인 사실에 의하여 그 관계가 명확히 결정되는 모자관계와 달리 부자관계의 성립과 해소에 대하여는 그 관계 확정을 위한 여러 규정을 두고 있다. 아내가 혼인 중에 임신한 자녀를 남편의 자녀로 추정하는 친생추정 규정(제844조 제1항)과 이에 대한 번복방법인 친생부인의 소에 관한 규정(제846조 내지 제851조), 재혼한 여자가 해산한 경우 법원에 의한 부의 결정에 관한 규정(제845조), 혼인 외 출생자의 인지에 관한 규정(제855조 제1항, 제863조), 인지의 취소 및 인지에 대한 이의의 소에 관한 규정(제861조 및 제862조)이 이에 해당한다. 따라서 법적 친생자관계의 성립과 해소를 구하는 소송절차에서는 위 각 규정에 명시된 제소권자가 해당 규정이 정한 요건을 갖춰 소를 제기하는 것이 원칙이다. 민법 제865조 제1항은 "제845조, 제846조, 제848조, 제850조, 제851조, 제862조, 제863조의 규정에 의하여 소를 제기할 수 있는 자는 다른 사유를 원인으로 하여 친생자관계존부확인의 소를 제기할 수 있다."라고 정한다. 이는 법적 친자관계와 가족관계등록부에 표시된 친자관계가 일치하지 않을 때 이를 바로잡기 위하여 친생자관계존부확인의 소를 제기할 수 있도록 한 것이다. 민법 제865조 제1항이 <u>친생자관계존부확인의 소를 제기할 수 있는 자를 구체적으로 특정하여 직접 규정하는 대신 소송목적이 유사한 다른 소송절차에 관한 규정들을 인용하면서 각 소의 제기권자에게 원고적격을 부여하고 그 사유만을 달리하게 한 점</u>에 비추어 보면, 민법 제865조 제1항이 정한 친생자관계존부확인의 소는 법적 친생자관계의 성립과 해소에 관한 다른 소송절차에 대하여 보충성을 가진다. 이처럼 민법 제865조 제1항의 규정 형식과 문언 및 체계, 위 각 규정들이 정한 소송절차의 특성, 친생자관계존부확인의 소의 보충성 등을 고려하면, 친생자관계존부확인의 소를 제기할 수 있는 자는 민법 제865조 제1항에서 정한 제소권자로 한정된다고 봄이 타당하다.

[2] 원고적격의 구체적 범위

① 친생자관계의 당사자인 부, 모, 자녀는 민법 제845조, 제846조, 제862조, 제863조에 의하여 소를 제기할 수 있는 자로서 다른 사유를 원인으로 하는 경우에는 친생자관계존부확인의 소를 제기할 수 있다.

② 친생자관계의 당사자인 자녀의 직계비속과 그 법정대리인은 민법 제863조에 의하여 소를 제기할 수 있는 자로서 다른 사유를 원인으로 하는 경우에는 친생자관계존부확인의 소를 제기할 수 있다.

③ 민법 제848조, 제850조, 제851조의 제소권자인 성년후견인, 유언집행자, 부 또는 처의 직계존속이나 직계비속은 위 규정들에 의하여 소를 제기할 수 있는 요건을 갖춘 경우에 한하여 원고적격이 있다. 즉, <u>성년후견인은 남편이나 아내가 성년후견을 받게 되었을 때</u>(제848조), <u>유언집행자는 부 또는 처가 유언으로 친생자관계를 부정하는 의사를 표시한 때</u>(제850조), <u>부 또는 처의 직계존속이나 직계비속은 부가 자녀의 출생 전에 사망하거나 부 또는 처가 친생부인의 소의 제기기간 내에 사망한 때</u>(제851조) 비로소 다른 사유를 원인으로 하여 친생자관계존부확인의 소를 제기할 수 있다.

④ 이해관계인은 민법 제862조에 따라 다른 사유를 원인으로 하여 친생자관계존부확인의 소를 제기할 수 있다. 여기서 이해관계인은 <u>다른 사람들 사이의 친생자관계가 존재하거나 존재하지 않는다는 내용의 판결이 확정됨으로써 일정한 권리를 얻거나 의무를 면하는 등 법률상 이해관계가 있는 제3자</u>를 뜻한다. 이러한 이해관계인에 해당하는지 여부는 원고의 주장 내용과 변론에 나타난 제반 사정을 토대로 상속이나 부양 등에 관한 원고의 권리나 의무, 법적 지위에 미치는 구체적인 영향이 무엇인지를 개별적으로 심리하여 판단해야 한다. 결국 친생자관계존부확인의 소를 제기한 원고가 앞서 본 바와 같이 당연히 원고적격이 인정되는 경우가 아니라면, 여기서 말하는 이해관계인에 해당하는 경우에만 원고적격이 있다. 이러한 이해관계인에 해당하는지 여부는 원고의 주장 내용과 변론에 나타난 제반 사정을 토대로 상속이나 부양 등에 관한 원고의 권리나 의무, 법적 지위에 미치는 구체적인 영향이 무엇인지를 개별적으로 심리하여 판단해야 한다.

[3] 민법 제777조에서 정한 친족은 당연히 친생자관계존부확인의 소를 제기할 수 있는지 여부(소극)

구 인사소송법 등의 폐지와 가사소송법의 제정·시행, 호주제 폐지 등 가족제도의 변화, 신분관계 소송의 특수성, 가족관계 구성의 다양화와 그에 대한 당사자 의사의 존중, 법적 친생자관계의 성립이나 해소를 목적으로 하는 다른 소송절차와의 균형 등을 고려할 때, <u>민법 제777조에서 정한 친족이라는 사실만으로 당연히 친생자관계존부확인의 소를 제기할 수 있다고 한 종전 대법원 판례는 더 이상 유지될 수 없게 되었다</u>고 보아야 한다. 상세한 이유는 다음과 같다. ① 가사소송법은 혼인무효의 소 등의 상대방에 관한 규정(제24조)만을 친생자관계존부확인의 소에 준용하고 있을 뿐 제기권자에 관한 규정(제23조)은 준용하지 않고 있다. 따라서 구 인사소송법이 폐지되고 가사소송법이 시행됨으로써 종전 대법원 판례의 법률적 근거가 사라지게 되었다. ② 가족관계를 둘러싼 법질서나 사회적 상황의 변화 등에 따라 부부관계와 더불어 가족관계의 근간을 이루는 친생자관계를 바라보는 사회일반의 인식도 함께 변화하였다. 가족제도 등에 관한 법률적, 사회적 상황의 변화에 비추어 보면, 호주제가 유지되던 때와 달리 오늘날에는 민법 제777조에서 정한 친족이라는 이유만으로 밀접한 신분적 이해관계를 가진다고 볼 법률적, 사회적 근거가 약해졌다. ③ 오늘날에는 가족관계가 혈연관계뿐만 아니라 당사자의 의사를 기초로 하여 다양하게 형성되고 있다. 따라서 혼인과 가족관계의 기초가 되는 법적 친자관계의 형성에 관한 당사자의 자유로운 의사를 존중하는 한편, 이에 관하여 제3자가 부당하게 개입하지 않도록 일정한 제한을 둘 필요가 있다. ④ 유전자검사 등으로 혈연관계의 증명이 어렵지 않게 된 현실을 고려할 때, 혈연의 진실을 위한다는 이유로 친생자관계의 존부를 다툴 수 있는 제3자의 범위를 넓게 보아 본안심리에 나아가도록 하는 것은 필연적으로 신분질서의 안정을 해치고 혼인과 가족생활에 관한 당사자의 자율적인 의사결정을 침해하는 결과를 가져올 가능성이 크다. 따라서 친생자관계의 존부를 다투는 소를 제기할 수 있는 제3자의 범위를 명문의 법률 규정 없이 해석을 통하여 함부로 확대하는 것은 바람직하지 않다. ⑤ 친생자관계존부확인의 소는 이미 여러 측면에서 제소요건이 완화되어 있는데, 여기에 더하여 원고적격 범위를 민법 제777조에서 정한 친족으로 넓히는 것은 앞서 본 다른 소송절차와 비교해서도 균형이 맞지 않는다. 이는 다른 소송절차에 관한 법률 규정이 정하고 있는 요건이나 제한 등을 회피하기 위한 수단으로 친생자관계존부확인의 소가 변질될 우려가 있다는 점에서 더욱 그러하다. ⑥ 민법은 민법 제865조 제1항에서 친생자관계의 당사자 아닌 제3자가 이해관계인에 해당하는 경우에는 그 존부를 다툴 수 있게 하고 있으므로, 친족관계에 있는 제3자도 이해관계인에 해당하는 경우에는 원고적격을 가진다. 따라서 민법 제777조의 모든 친족에게 일률적으로 원고적격을 부여하지 않더라도 친생자관계의 존부에 대해 법률상 이해관계를 가지는 제3자의 권리나 재판청구권을 부당하게 제약한다고 볼 수 없다. 따라서 <u>민법 제777조에서 정한 친족은 특별한 사정이 없는 한 그와 같은 신분관계에 있다는 사실만으로 친생자관계존부확인의 소를 제기할 소송상 이익이 있다고 판단한 판결은 이 판결의 견해에 배치되는 범위에서 이를 변경하기로 한다.</u>

→ **[사실관계 및 해설]** : ① 독립유공자인 甲의 장녀인 乙의 자녀인 丙이 독립유공자의 유족으로 인정되자, 甲의 장남인 丁의 손자인 戊가 검사를 상대로 甲과 乙 사이에 친생자관계가 존재하지 않는다는 확인 등을 구한 사안에서, 戊가 甲의 직계비속(증손자)으로 甲과 친족관계에 있다는 사실만으로 당연히 친생자관계존부확인의 소를 제기할 수 있는 것은 아니고, 민법 제865조 제1항, 제862조에 따라 원고적격이 인정되어야 하는데, 구 독립유공자예우법이 정한 기준에 따르면 甲의 증손자에 불과한 戊는 독립유공자의 유족으로 등록될 수 없을 뿐만 아니라, 甲의 손자녀로는 丙 외에도 차녀 己의 자녀가 생존한 것으로 보이므로, 戊가 甲과 乙 사이의 친생자관계부존재확인 판결을 받더라도 독립유공자의 유족으로 등록될 수 없으며, 따라서 甲과 乙 사이에 친생자관계가 존재하지 않는다는 내용의 확인 판결이 확정되더라도 戊는 이에 대해 법률상 이해관계를 가진다고 할 수 없으므로, 위 확인의 소는 원고적격을 갖추지 못한 사람이 제기한 것으로 부적법하다고 한 사례이다. ② 반면, 다음과 같은 별개의견이 있었다. 즉 戊는 甲 및 庚(甲의 아내)의 증손자로서 직계비속이므로, 민법 제865조 제1항, 제851조에서 정한 친생자관계존부확인의 소의 제기권자인 '부 또는 처의 직계비속'에 해당한다. 또한 戊가 구 독립유공자예우법에 따라 독립유공자의 유족으로 등록될 수 있는지에 관하여 직권으로 엄격하게 심리·판단할 것은

아니고, 판결 결과에 따라 독립유공자의 유족으로 등록될 수 있는지에 대해 영향을 미칠 가능성이 있음이 밝혀지기만 해도 이해관계인으로서 제소권자에 포함된다고 보아야 한다는 것이다.

(2) 피고적격

1) 친생자관계의 일방 당사자가 소를 제기한 경우

타방 당사자가 피고가 된다. 즉 부모가 소를 제기한 경우에는 자가, 자가 소를 제기한 경우에는 부모가 피고가 된다.

> ▶ **친생자관계존부 확인소송 계속 중 피고가 사망한 경우, 검사로 하여금 피고의 지위를 수계하도록 소송수계를 신청할 수 있는지 여부**(적극) **및 소송수계를 신청할 수 있는 기간 / 이와 같은 법리는 친생자관계존부 확인소송 계속 중 피고에 대하여 실종선고가 확정된 경우에도 마찬가지로 적용되는지 여부**(적극)
>
> 친생자관계존부 확인소송은 소송물이 일신전속적인 것이지만, 당사자 일방이 사망한 때에는 일정한 기간 내에 검사를 상대로 하여 그 소를 제기할 수 있으므로(민법 제865조 제2항), 당초에는 원래의 피고적격자를 상대로 친생자관계존부 확인소송을 제기하였으나 소송 계속 중 피고가 사망한 경우 원고의 수계신청이 있으면 검사로 하여금 사망한 피고의 지위를 수계하게 하여야 한다. 그러나 그 경우에도 가사소송법 제16조 제2항을 유추적용하여 원고는 피고가 사망한 때로부터 6개월 이내에 수계신청을 하여야 하고, 그 기간 내에 수계신청을 하지 않으면 그 소송절차는 종료된다고 보아야 한다. 이와 같은 법리는 친생자관계존부 확인소송 계속 중 피고에 대하여 실종선고가 확정되어 피고가 사망한 것으로 간주되는 경우에도 마찬가지로 적용된다. 소송이 적법하게 계속된 후 당해 소송의 당사자에 대하여 실종선고가 확정된 경우에 실종자가 사망하였다고 보는 시기는 실종기간이 만료한 때라 하더라도 소송상 지위의 승계절차는 실종선고가 확정되어야만 비로소 취할 수 있으므로 실종선고가 있기까지는 소송상 당사자능력이 없다고 할 수 없고 소송절차가 법률상 진행을 할 수 없게 된 때, 즉 실종선고가 확정된 때에 소송절차가 중단된다. 따라서 친생자관계존부 확인소송의 계속 중 피고에 대하여 실종선고가 확정된 경우 원고는 실종선고가 확정된 때로부터 6개월 이내에 위와 같은 수계신청을 하여야 한다(대판 2014.9.4, 2013므4201).[2]

---

[2] 기록에 의하면, 원고들은 피고를 상대로 피고가 원고들 사이에 출생한 자녀가 아니라고 주장하며 이 사건 친생자관계부존재 확인소송을 제기한 사실, 원고 1은 이 사건 소송 계속 중 피고를 사건본인으로 하여 전주지방법원 2012느단903호로 실종선고를 청구하여, 이 사건 원심 변론종결 후인 2013.7.8. 피고에 대한 실종선고를 받았고, 그 실종선고는 2013.7.27. 확정된 사실, 피고에 대한 실종선고가 확정되어 이 사건 소송절차가 중단되었음에도 불구하고 원심은 2013.8.28. 원고들의 항소를 모두 기각하는 원심판결을 선고한 사실, 한편 원고들은 위 실종선고가 확정된 때로부터 6개월이 경과하도록 검사로 하여금 피고의 지위를 수계하게 하는 소송절차 수계신청을 하지 않은 사실을 알 수 있다. 위와 같은 사실관계를 앞서 본 법리에 비추어 살펴보면, 그 소송물이 일신전속적인 이 사건 친생자관계부존재 확인소송에 있어서, 피고에 대하여 실종선고가 확정되어 피고가 사망한 것으로 간주됨에도 불구하고 이를 간과하고 원고들의 항소를 기각한 원심판결에는 친생자관계부존재 확인소송에 있어서 실종선고의 확정으로 인한 소송중단 및 수계, 소송종료에 관한 법리를 오해한 위법이 있다. 또한 원고들이 위 실종선고가 확정된 때로부터 6개월 이내에 소송절차 수계신청을 하지 않았으므로, 이 사건 소송은 피고에 대한 실종선고로 위 실종선고가 확정된 때로부터 6개월이 지난 2014.1.27. 종료되었다.

2) 제3자가 소를 제기한 경우

부모와 자 모두를 피고로 한다. 예컨대 제3자가 부자 사이의 친생자관계 부존재 확인을 구하는 경우에는 부자가 상대방이 되며, 모는 상대방이 아니다.

★★★▶ 이해관계 있는 제3자가 제기한 친생관계부존재확인의 소에 있어서의 피고적격

① 친생자관계존부확인청구소송에 있어 부모와 자 중의 일방이 타방을 상대로 확인청구를 하는 것이 아니고 이해관계 있는 제3자로서 확인을 청구하는 경우와 같이 친생자관계가 없음에도 불구하고 친생자관계가 있는 것처럼 호적상 기재되어 있음을 전제로 한 때에는 그 부모와 자 쌍방을 상대로 할 것이고 그 부모와 자 중의 어느 한편이 사망하였을 때에는 생존자만을 상대로 친생자관계부존재확인의 소를 제기할 수 있으며 부모와 자가 모두 사망하였을 경우에는 검사를 상대로 위의 소를 제기할 수 있다(대판 1971.7.27. 71므13; 대판 2018.5.15. 2014므4963).

② 친생자관계존부 확인소송은 소송물이 일신전속적인 것이므로, 제3자가 친자 쌍방을 상대로 제기한 친생자관계 부존재확인소송이 계속되던 중 친자 중 어느 한편이 사망하였을 때에는 <u>생존한 사람만 피고가 되고, 사망한 사람의 상속인이나 검사가 절차를 수계할 수 없다.</u> 이 경우 <u>사망한 사람에 대한 소송은 종료된다</u>(대판 2018.5.15. 2014므4963).

---

4. 제소기간

> **제865조【다른 사유를 원인으로 하는 친생자관계존부확인의 소】**
> ② 제1항의 경우에 당사자 일방이 사망한 때에는 그 사망을 안 날로부터 2년 내에 검사를 상대로 하여 소를 제기할 수 있다.

① 당사자가 생존하고 있다면, 친생자관계 존부 확인의 소의 제소기간에 대한 제한이 없으므로 언제라도 소를 제기할 수 있다.

② 다만, (ㄱ) 당사자 일방이 사망한 때에는 그 사망을 안 날부터 2년 내에 검사를 상대로 하여 소를 제기하여야 한다(제865조 제2항). 그리고 (ㄴ) 당사자 쌍방이 모두 사망한 경우에는 당사자 쌍방 모두가 사망한 사실을 안 날부터 2년 내에 검사를 상대로 소를 제기하여야 한다(대판 2004. 2.12. 2003므2503).

★★▶ 인지청구의 소와 친생자관계부존재확인의 소에서 제소기간의 기산점이 되는 '사망을 안 날'의 의미
(사망이라는 객관적 사실을 안 날)

인지청구의 소와 친생자관계부존재확인의 소(이하 '인지청구 등의 소'라고 한다)에서 제소기간을 둔 것은 친생자관계를 진실에 부합시키고자 하는 사람의 이익과 친생자관계의 신속한 확정을 통하여 법적 안정을 찾고자 하는 사람의 이익을 조화시킨다는 의미가 있는데, 당사자가 사망함과 동시에 상속이 개시되어 신분과 재산에 대한 새로운 법률관계가 형성되는데, 오랜 시간이 지난 후에 인지청구 등의 소를 허용하게 되면 상속에 따라 형성된 법률관계를 불안정하게 할 우려가 있는 점, 친생자관계의 존부에 관하여 알게 된 때를 제소기간의 시점으로 삼을 경우에는 사실상 이해관계인이 주장하는 시기가 제소기간의 기산점이 되어 제소기간을 두는 취지를 살리기 어렵게 되는 점 등을 고려할 때, 인지청구 등의 소에서 제소기간의 기산점이 되는 '사망을 안 날'은 사망이라는 객관적 사실을 아는 것을 의미하고, 사망자와 친생자관계에 있다는 사실까지 알아야 하는 것은 아니라고 해석함이 타당하다 (대판 2015.2.12, 2014므4871).

5. 판결의 효력

판결의 확정에 의하여 친생자관계의 존부가 확정되며, 그 판결은 제3자에게도 효력이 있다. 판결이 확정되면 판결의 확정일로부터 1개월 내에 가족관계등록부의 정정을 신청하여야 한다.

▶ **재판상 화해의 효력**(무효)

친생자관계의 존부확인과 같이 현행 가사소송법상의 가류 가사소송사건에 해당하는 청구는 성질상 당사자가 임의로 처분할 수 없는 사항을 대상으로 하는 것으로서 이에 관하여 조정이나 재판상 화해가 성립되더라도 효력이 있을 수 없다(대판 1999.10.8, 98므1698).

제3관 양자

Ⅰ. 총설

1. 양자제도의 의의

자연혈연적 친자관계가 없는 사람들 사이에 법률상 친자관계를 의제하는 제도이다.

2. 양자제도의 변천

현대의 양자법은 입양의 성립과정에 있어서 양친자관계의 창설을 단순한 사적 계약으로 보는 계약형 양자의 단계에서 국가기관이 자의 복리를 위하여 입양의 성립에 적극적으로 관여하는 복지형 양자제도로 변천하고 있으며, 입양의 효과 면에서 양자와 친생부모의 친족관계를 존속시키는 불완전양자에서 양자와 친생부모와의 친족관계를 단절시키는 완전양자제도로 발전하고 있다.

3. 친양자제도의 도입

민법은 2005년 개정 시에 기존의 양자제도를 그대로 유지하면서, 양자와 친생부모의 친족관계를 단절시키고 양부의 성과 본을 따르도록 하는 친양자제도를 도입하였다.

Ⅱ. 입양의 성립과 요건

1. 입양의 의의

입양이란 양친자관계를 창설할 것을 목적으로 하는 양자와 양친 사이의 합의(일종의 계약)이다. 입양은 가족관계의 등록 등에 관한 법률에 의하여 일정한 방식으로 신고하여야 성립하는 요식행위이다.

2. 입양의 성립요건 – 입양의 합의(계약) + 입양신고

(1) 실질적 요건 – 당사자의 입양의 합의

당사자인 양부모와 양자사이에 외형적인 의사표시의 일치로서 충분하다. 여기서 입양의 합의에 있어서 입양의사란 실질적으로 양친자로서의 신분적 생활관계를 형성하려는 의사이며, 그러한 의사의 합치가 없는 경우에는 입양은 무효이다. 따라서 고소사건으로 인한 처벌 등을 모면할 목적에서 이루어진 가장입양은 무효이다(대판 1995.9.29, 94므1553·1560).

(2) 형식적 요건 – 입양신고

1) 입양신고

> **제878조 【입양의 성립】**
> 입양은 「가족관계의 등록 등에 관한 법률」에서 정한 바에 따라 신고함으로써 그 효력이 생긴다.
> **제882조 【외국에서의 입양 신고】**
> 외국에서 입양 신고를 하는 경우에는 제814조를 준용한다.

2) 허위의 출생자신고에 의한 입양의 효력 인정(무효행위의 전환)

가) **무효행위의 전환** : 판례는 무효행위의 전환을 인정하여 당사자 사이에 양친자관계를 창설하려는 명백한 의사가 있고, 기타 입양의 실질적 성립요건이 모두 구비된 때에는 입양으로서의 효력을 인정한다(대판(전) 1977.7.26, 77다492).

나) **무효행위의 전환이 인정되기 위한 입양의 실질적 요건** : 입양의 실질적 요건이 구비되어 있다고 하기 위하여는 입양의 합의가 있을 것, 13세 미만자는 법정대리인의 대락이 있을 것, 양자는 양부모의 존속 또는 연장자가 아닐 것 등 제883조 각 호 소정의 입양의 무효사유가 없어야 함은 물론, 감호·양육 등 양친자로서의 신분적 생활사실이 반드시 수반되어야 하는 것으로서, 입양의 의사로 친생자 출생신고를 하였다 하더라도 위와 같은 요건을 갖추지 못한 경우에는 입양신고로서의 효력이 생기지 않는다고 한다(대판 2000.6.9, 99므1633·1640).

다) **무효인 친생자출생신고의 추인 인정여부** : 친생자 출생신고 당시 입양의 실질적 요건을 갖추지 못하여 입양신고로서의 효력이 생기지 않았더라도 그 후에 입양의 실질적 요건을 갖추게 된 경우에는 무효인 친생자 출생신고는 소급하여 입양신고로서의 효력을 갖게 된다(대판 2000.6.9, 99므1633·1640).

★▶ **입양의 의사로 친생자출생신고를 하고 입양의 실질적 요건이 구비된 경우, 입양의 효력을 인정할 수 있는지 여부**(적극)

입양은 기본적으로 입양 당사자 개인 간의 법률행위이다. 구 민법(2012.2.10. 법률 제11300호로 개정되기 전의 것)상 입양의 경우 입양의 실질적 요건이 모두 구비되어 있다면 입양신고 대신 친생자출생신고를 한 형식상 잘못이 있어도 입양의 효력은 인정할 수 있다. 입양과 같은 신분행위에서 '신고'라는 형식을 요구하는 이유는 당사자 사이에 신고에 대응하는 의사표시가 있었음을 확실히 하고 또 이를 외부에 공시하기 위함인데, 허위의 친생자출생신고도 당사자 사이에 법률상 친자관계를 설정하려는 의사표시가 명백히 나타나 있고 양친자관계는 파양에 의하여 해소될 수 있다는 점을 제외하면 법률적으로 친생자관계와 똑같은 내용을 가지므로, 허위의 친생자출생신고는 법률상 친자관계의 존재를 공시하는 신고로서 입양신고의 기능을 한다고 볼 수 있기 때문이다(대판 2018.5.15, 2014므4963).

→ [사실관계] : 여성 甲과 남성 乙이 부모를 알 수 없는 丙을 데려와 함께 키우며 丙을 乙의 호적에 입적시키고 출생신고를 하였는데, 乙이 丙을 상대로 甲과 丙 사이에 친생자관계 부존재확인을 구한 사안에서, 甲과 丙 사이에는 개별적인 입양의 실질적 요건이 모두 갖추어져 있고, 甲에게 乙과 공동으로 양부모가 되는 것이 아니라면 단독으로는 양모도 되지 않았을 것이란 의사, 즉 乙과 丙 사이의 입양이 불성립, 무효, 취소, 혹은 파양되는 경우에는 甲도 丙을 입양할 의사가 없었을 것이라고 볼 특별한 사정도 찾아볼 수 없으며, 입양 신고 대신 丙에 대한 친생자출생신고가 이루어진 후 호적제도가 폐지되고 가족관계등록제도가 시행됨으로써 甲의 가족관계등록부에는 丙이 甲의 자녀로 기록되었고, 丙의 가족관계증명서에도 甲이 丙의 모(母)로 기록되어 있는 점 등에 비추어, 甲과 丙 사이에는 양친자관계가 성립할 수 없다고 본 원심판결에 법리오해의 잘못이 있다고 한 사례이다.

★▶ 구 민법 제869조에서 정한 입양승낙 없이 친생자로서의 출생신고 방법으로 입양된 15세 미만의 자가 입양의 승낙능력이 생긴 15세 이후에도 계속하여 자신을 입양한 상대방을 부모로 여기고 생활하는 등 입양의 실질적인 요건을 갖춘 경우, 친생자로 신고된 자가 15세가 된 이후에 상대방이 한 입양에 갈음하는 출생신고를 묵시적으로 추인하였다고 보아 무효인 친생자 출생신고가 소급적으로 입양신고로서 효력을 갖게 될 수 있는지 여부(적극)

친생자 출생신고 당시 입양의 실질적 요건을 갖추지 못하여 입양신고로서의 효력이 생기지 않았더라도 그 후에 입양의 실질적 요건을 갖추게 된 경우에는 무효인 친생자 출생신고는 소급적으로 입양신고로서의 효력을 갖게 된다고 할 것이나, 당사자 간에 무효인 신고행위에 상응하는 신분관계가 실질적으로 형성되어 있지 아니한 경우에는 무효인 신분행위에 대한 추인의 의사표시만으로 그 무효행위의 효력을 인정할 수 없다. 그리하여 구 민법(1990.1.13. 법률 제4199호로 개정되기 전의 것) 제869조 소정의 입양승낙 없이 친생자로서의 출생신고 방법으로 입양된 15세 미만의 자가 입양의 승낙능력이 생긴 15세 이후에도 계속하여 자신을 입양한 상대방을 부모로 여기고 생활하는 등 입양의 실질적인 요건을 갖춘 경우에는 친생자로 신고된 자가 15세가 된 이후에 상대방이 한 입양에 갈음하는 출생신고를 묵시적으로 추인하였다고 보아 무효인 친생자 출생신고가 소급적으로 입양신고로서의 효력을 갖게 되는 것으로 볼 수 있지만, 이와 달리 감호·양육 등 양친자로서의 신분적 생활사실이 계속되지 아니하여 입양의 실질적인 요건을 갖추지 못한 경우에는 친생자로 신고된 자가 15세가 된 이후에 상대방이 한 입양에 갈음하는 출생신고를 묵시적으로 추인한 것으로 보기도 힘들 뿐만 아니라 설령 묵시적으로 추인한 것으로 볼 수 있는 경우라고 하더라도 무효인 친생자 출생신고가 소급적으로 입양신고로서의 효력을 갖게 될 수 없는 것이다(대판 2020.5.14, 2017므12484).

(3) 입양의 장애사유

1) 양친은 성년자일 것

> 제866조【입양을 할 능력】
> 성년이 된 사람은 입양을 할 수 있다.

① 미성년자는 입양을 할 수 없으며, 입양을 하려는 자는 성년자이어야 한다. 다만 미성년자가 혼인하여 성년으로 의제되는 경우에는 입양을 할 수 있다고 하여야 한다.

② 성년자라면 남녀, 기혼·미혼을 불문하고 또한 자녀의 유무를 묻지 않고 양부모가 될 수 있다.

2) 법정대리인의 대락

> **제867조 【미성년자의 입양에 대한 가정법원의 허가】**
> ① 미성년자를 입양하려는 사람은 **가정법원의 허가**를 받아야 한다.
> ② 가정법원은 양자가 될 미성년자의 복리를 위하여 그 양육 상황, 입양의 동기, 양부모의 양육능력, 그 밖의 사정을 고려하여 제1항에 따른 입양의 허가를 하지 아니할 수 있다.
>
> **제869조 【입양의 의사표시】**
> ① 양자가 될 사람이 **13세 이상의 미성년자**인 경우에는 **법정대리인의 동의**를 받아 입양을 승낙한다.
> ② 양자가 될 사람이 **13세 미만**인 경우에는 **법정대리인**이 그를 갈음하여 입양을 승낙한다.
> ③ 가정법원은 다음 각 호의 어느 하나에 해당하는 경우에는 제1항에 따른 동의 또는 제2항에 따른 승낙이 없더라도 제867조 제1항에 따른 입양의 허가를 할 수 있다.
>   1. 법정대리인이 정당한 이유 없이 동의 또는 승낙을 거부하는 경우. 다만, 법정대리인이 친권자인 경우에는 제870조 제2항의 사유가 있어야 한다.
>   2. 법정대리인의 소재를 알 수 없는 등의 사유로 동의 또는 승낙을 받을 수 없는 경우
> ④ 제3항 제1호의 경우 가정법원은 법정대리인을 심문하여야 한다.
> ⑤ 제1항에 따른 동의 또는 제2항에 따른 승낙은 제867조 제1항에 따른 입양의 허가가 있기 전까지 철회할 수 있다.

① 양자가 될 자가 13세 미만인 때에는 그에 갈음하여 법정대리인이 입양의 승낙을 하여야 한다. 이러한 승낙을 대락이라고 한다.

② 이에 위반한 입양은 입양신고가 설령 수리되어도 무효이다. 다만 양자가 13세 이상이 되어 무효인 입양을 추인하면 그 입양은 소급해서 유효하게 된다(대판 1997.7.11, 96므1151).

③ 원칙적으로 미성년자를 입양하려는 사람은 가정법원의 허가를 받아야 하는데(제867조 제1항), 이 경우 만약 법정대리인이 정당한 이유 없이 승낙을 거부하거나 법정대리인의 소재를 알 수 없는 등의 사유로 승낙을 받을 수 없는 경우에는 가정법원은 법정대리인의 승낙이 없더라도 입양의 허가를 할 수 있다(제869조 제3항).

3) 미성년자 입양

> **제869조 【입양의 의사표시】**
> ① 양자가 될 사람이 13세 이상의 미성년자인 경우에는 법정대리인의 동의를 받아 입양을 승낙한다.
>
> **제870조 【미성년자 입양에 대한 부모의 동의】**
> ① 양자가 될 미성년자는 부모의 동의를 받아야 한다. 다만, 다음 각 호의 어느 하나에 해당하는 경우에는 그러하지 아니하다.

> 1. 부모가 제869조 제1항에 따른 동의를 하거나 같은 조 제2항에 따른 승낙을 한 경우
> 2. 부모가 친권상실의 선고를 받은 경우
> 3. 부모의 소재를 알 수 없는 등의 사유로 동의를 받을 수 없는 경우
> ② 가정법원은 다음 각 호의 어느 하나에 해당하는 사유가 있는 경우에는 부모가 동의를 거부하더라도 제867조 제1항에 따른 입양의 허가를 할 수 있다. 이 경우 가정법원은 부모를 심문하여야 한다.
> 1. 부모가 3년 이상 자녀에 대한 부양의무를 이행하지 아니한 경우
> 2. 부모가 자녀를 학대 또는 유기하거나 그 밖에 자녀의 복리를 현저히 해친 경우
> ③ 제1항에 따른 동의는 제867조 제1항에 따른 입양의 허가가 있기 전까지 철회할 수 있다.

4) 성년자 입양

> 제871조 【성년자 입양에 대한 부모의 동의】
> ① 양자가 될 사람이 성년인 경우에는 부모의 동의를 받아야 한다. 다만, 부모의 소재를 알 수 없는 등의 사유로 동의를 받을 수 없는 경우에는 그러하지 아니하다.
> ② 가정법원은 부모가 정당한 이유 없이 동의를 거부하는 경우에 양부모가 될 사람이나 양자가 될 사람의 청구에 따라 부모의 동의를 갈음하는 심판을 할 수 있다. 이 경우 가정법원은 부모를 심문하여야 한다.

5) 피성년후견인의 입양

> 제873조 【피성년후견인의 입양】
> ① 피성년후견인은 성년후견인의 동의를 받아 입양을 할 수 있고 양자가 될 수 있다.
> ② 피성년후견인이 입양을 하거나 양자가 되는 경우에는 제867조를 준용한다.
> ③ 가정법원은 성년후견인이 정당한 이유 없이 제1항에 따른 동의를 거부하거나 피성년후견인의 부모가 정당한 이유 없이 제871조 제1항에 따른 동의를 거부하는 경우에 그 동의가 없어도 입양을 허가할 수 있다. 이 경우 가정법원은 성년후견인 또는 부모를 심문하여야 한다.

6) 배우자가 있는 경우 – 부부의 공동입양

> 제874조 【부부의 공동 입양 등】
> ① 배우자가 있는 사람은 배우자와 공동으로 입양하여야 한다.
> ② 배우자가 있는 사람은 그 배우자의 동의를 받아야만 양자가 될 수 있다.

배우자 있는 자가 입양을 할 때에는 배우자와 공동으로 하여야 하며, 배우자 있는 자가 양자가 될 때에는 그 배우자의 동의를 얻어야 한다.

★▶ 부부일방이 단독으로 한 입양의 효력
 처가 있는 자가 입양을 함에 있어서 혼자만의 의사로 부부 쌍방 명의의 입양신고를 하여 수리된 경우, 처와 양자가 될 자 사이에서는 입양의 일반요건 중 하나인 당사자 간의 입양합의가 없으므로 입양이

무효가 되는 것이지만, 처가 있는 자와 양자가 될 자 사이에서는 입양의 일반 요건을 모두 갖추었어도 부부공동 입양의 요건을 갖추지 못하였으므로 처가 그 입양의 취소를 청구할 수 있으나, 그 취소가 이루어지지 않는 한 그들 사이의 입양은 유효하게 존속하는 것이고, 당사자가 양친자관계를 창설할 의사로 친생자출생신고를 하고, 거기에 입양의 실질적 요건이 모두 구비되어 있다면 그 형식에 다소 잘못이 있더라도 입양의 효력이 발생하고, 양친자관계는 파양에 의하여 해소될 수 있는 점을 제외하고는 법률적으로 친생자관계와 똑같은 내용을 갖게 되므로, 이 경우의 허위의 친생자출생신고는 법률상의 친자관계인 양친자관계를 공시하는 입양신고의 기능을 발휘하게 된다(대판 2006.1.12, 2005도8427).

7) 양자는 양친의 존속 또는 연장자가 아닐 것

> **제877조【입양의 금지】**
> 존속이나 연장자를 입양할 수 없다.

존속이나 연장자는 이를 양자로 하지 못한다. 여기의 존속은 직계와 방계를 모두 포함하며, 존속일 경우에는 연장자가 아니라도 양자로 할 수 없다. 또한 비속일지라도 연장자이면 양자로 할 수 없다. 그러나 존속만 아니면 되므로 같은 항렬이거나 아래 항렬에 있는 자도 연장자가 아니면 양자로 할 수 있다. 존속이나 연장자가 아니라면 동갑이라고 하더라도 양자로 할 수 있다는 것이 판례이다(대판 1991.5.28, 90므347).

Ⅲ. 입양의 무효와 취소

1. 입양의 무효

(1) 무효사유

> **제883조【입양무효의 원인】**
> 다음 각 호의 어느 하나에 해당하는 입양은 무효이다.
> 1. 당사자 사이에 입양의 합의가 없는 경우
> 2. 제867조 제1항(제873조 제2항에 따라 준용되는 경우를 포함한다), 제869조 제2항, 제877조를 위반한 경우

1) 당사자 사이에 입양의 합의가 없는 경우(제1호)

당사자 사이에 입양의 합의가 없는 경우 입양은 무효이다. 그 밖에 ① 입양 당사자가 의사무능력자인 경우, ② 가장입양의 경우, ③ 조건부 또는 기한부로 입양의 합의를 한 경우의 입양은 무효이다.

★★▶ **형식적으로만 입양한 것처럼 가장하기로 하여 이루어진 입양신고의 효력**(소극)

민법 제883조 제1호의 입양무효사유인 '당사자 간에 입양의 합의가 없는 때'라 함은 당사자 간에 실제로 양친자로서의 신분적 생활관계를 형성할 의사를 가지고 있지 아니한 경우를 말하므로, 입양신

고가 호적상 형식적으로만 입양한 것처럼 가장하기로 하여 이루어진 것일 뿐 당사자 사이에 실제로 양친자로서의 신분적 생활관계를 형성한다는 의사의 합치가 없었던 것이라면 이는 당사자 간에 입양의 합의가 없는 때에 해당하여 무효라고 보아야 한다(대판 2004.4.9, 2003므2411).

2) 기타 무효 사유(제2호)

① 미성년자의 입양에 가정법원의 허가를 받지 않은 경우(제867조 제1항), ② 피성년후견인이 가정법원의 허가를 받지 않고 입양을 하거나 양자가 되는 경우(제873조 제2항, 제867조 제1항), ③ 13세 미만의 미성년자가 법정대리인의 대락 없이 양자가 된 경우(제869조 제2항), ④ 존속이나 연장자를 양자로 삼은 경우(제877조)는 모두 입양무효 사유에 해당한다.

★▶ 당시의 민법 규정에 따라 적법하게 입양신고를 마친 사람이 동성애자로서 자신의 성과 다른 성 역할을 하는 사람이라는 이유만으로 입양이 무효라고 할 수 있는지 여부(소극) **및 이는 입양의 의사로 친생자 출생신고를 한 경우에도 마찬가지인지 여부**(적극)

2013.7.1. 민법 개정으로 입양허가제도가 도입되기 전에는 성년에 달한 사람은 성별, 혼인 여부 등을 불문하고 당사자들의 입양 합의와 부모의 동의 등만 있으면 입양을 할 수 있었으므로, 당시의 민법 규정에 따라 적법하게 입양신고를 마친 사람이 단지 동성애자로서 동성과 동거하면서 자신의 성과 다른 성 역할을 하는 사람이라는 이유만으로는 입양이 선량한 풍속에 반하여 무효라고 할 수 없고, 이는 그가 입양의 의사로 친생자 출생신고를 한 경우에도 마찬가지이다(대판 2014.7.24, 2012므806).

★★▶ 조부모가 손자녀를 입양할 수 있는지 여부(적극) **/ 조부모에 의한 미성년 손자녀 입양의 허가 여부를 판단하는 기준 및 이때 법원이 고려하여야 할 요소**

[다수의견] 입양은 출생이 아니라 법에 정한 절차에 따라 원래는 부모·자녀가 아닌 사람 사이에 부모·자녀 관계를 형성하는 제도이다. 조부모와 손자녀 사이에는 이미 혈족관계가 존재하지만 부모·자녀 관계에 있는 것은 아니다. 민법은 입양의 요건으로 동의와 허가 등에 관하여 규정하고 있을 뿐이고 존속을 제외하고는 혈족의 입양을 금지하고 있지 않다(민법 제877조 참조). 따라서 조부모가 손자녀를 입양하여 부모·자녀 관계를 맺는 것이 입양의 의미와 본질에 부합하지 않거나 불가능하다고 볼 이유가 없다. 따라서 조부모가 자녀의 입양허가를 청구하는 경우에 입양의 요건을 갖추고 입양이 자녀의 복리에 부합한다면 이를 허가할 수 있다. 다만 조부모가 자녀를 입양하는 경우에는, 양부모가 될 사람과 자녀 사이에 이미 조손관계가 존재하고 있고 입양 후에도 양부모가 여전히 자녀의 친생부 또는 친생모에 대하여 부모의 지위에 있다는 특수성이 있으므로, 이러한 사정이 자녀의 복리에 미칠 영향에 관하여 세심하게 살필 필요가 있다(대결(전) 2021.12.23, 2018스5).

(2) 입양무효의 효과

① 입양에 무효사유가 존재하는 경우 입양은 무효판결을 받지 않아도 당연무효이다(당연무효설, 다수설). 따라서 처음부터 입양이 없었던 것으로 된다. ② 입양이 무효인 경우라도 무효행위의 추인에 의해 유효로 될 수 있다. ③ 그리고 입양이 무효로 된 경우 당사자 일방은 과실 있는 상대방에 대하여 이로 인한 재산적·정신적 손해의 배상을 청구할 수 있다.

2. 입양의 취소

(1) 취소사유 · 취소 청구권자 및 취소 청구권의 소멸

제884조【입양취소의 원인】
① 입양이 다음 각 호의 어느 하나에 해당하는 경우에는 가정법원에 그 취소를 청구할 수 있다.
    1. 제866조, 제869조 제1항, 같은 조 제3항 제2호, 제870조 제1항, 제871조 제1항, 제873조 제1항, 제874조를 위반한 경우
    2. 입양 당시 양부모와 양자 중 어느 한쪽에게 악질이나 그 밖에 중대한 사유가 있음을 알지 못한 경우
    3. 사기 또는 강박으로 인하여 입양의 의사표시를 한 경우
② 입양 취소에 관하여는 제867조 제2항을 준용한다.

제885조【입양 취소 청구권자】
양부모, 양자와 그 법정대리인 또는 직계혈족은 제866조를 위반한 입양의 취소를 청구할 수 있다.

제886조【입양 취소 청구권자】
양자나 동의권자는 제869조 제1항, 같은 조 제3항 제2호, 제870조 제1항을 위반한 입양의 취소를 청구할 수 있고, 동의권자는 제871조 제1항을 위반한 입양의 취소를 청구할 수 있다.

제887조【입양 취소 청구권자】
피성년후견인이나 성년후견인은 제873조 제1항을 위반한 입양의 취소를 청구할 수 있다.

제888조【입양 취소 청구권자】
배우자는 제874조를 위반한 입양의 취소를 청구할 수 있다.

제889조【입양 취소 청구권의 소멸】
양부모가 성년이 되면 제866조를 위반한 입양의 취소를 청구하지 못한다.

제891조【입양 취소 청구권의 소멸】
① 양자가 성년이 된 후 3개월이 지나거나 사망하면 제869조 제1항, 같은 조 제3항 제2호, 제870조 제1항을 위반한 입양의 취소를 청구하지 못한다.
② 양자가 사망하면 제871조 제1항을 위반한 입양의 취소를 청구하지 못한다.

제893조【입양 취소 청구권의 소멸】
성년후견개시의 심판이 취소된 후 3개월이 지나면 제873조 제1항을 위반한 입양의 취소를 청구하지 못한다.

제894조【입양 취소 청구권의 소멸】
제869조 제1항, 같은 조 제3항 제2호, 제870조 제1항, 제871조 제1항, 제873조 제1항, 제874조를 위반한 입양은 그 사유가 있음을 안 날부터 6개월, 그 사유가 있었던 날부터 1년이 지나면 그 취소를 청구하지 못한다.

제896조【입양 취소 청구권의 소멸】
제884조 제1항 제2호에 해당하는 사유가 있는 입양은 양부모와 양자 중 어느 한 쪽이 그 사유가 있음을 안 날부터 6개월이 지나면 그 취소를 청구하지 못한다.

취소사유	취소 청구권자	취소 청구권의 소멸
양부모가 성년자가 아닌 경우(제866조)	양부모, 양자와 그 법정대리인 또는 직계혈족(제885조)	양부모가 성년이 된 경우(제889조)
13세 이상의 미성년자가 법정대리인의 동의를 받지 않고 양자가 된 경우 (제869조 제1항)	양자나 동의권자 (제886조 전단)	① 양자가 성년이 된 후 3개월이 지나거나 사망한 경우(제891조 제1항) ② 사유가 있음을 안 날부터 6개월, 그 사유가 있었던 날부터 1년이 지난 경우(제894조)
법정대리인의 소재를 알 수 없는 등의 사유로 동의나 승낙을 받을 수 없는 경우가 아님에도 가정법원이 동의나 승낙 없이 미성년자의 입양을 허가한 경우(제869조 제3항 제2호)	양자나 동의권자 (제886조 전단)	① 양자가 성년이 된 후 3개월이 지나거나 사망한 경우(제891조 제1항) ② 사유가 있음을 안 날부터 6개월, 그 사유가 있었던 날부터 1년이 지난 경우(제894조)
미성년자가 부모의 동의를 받지 않고 양자가 된 경우(제870조 제1항)	양자나 동의권자 (제886조 전단)	① 양자가 성년이 된 후 3개월이 지나거나 사망한 경우(제891조 제1항) ② 사유가 있음을 안 날부터 6개월, 그 사유가 있었던 날부터 1년이 지난 경우(제894조)
성년자가 부모의 동의를 받지 않고 양자가 된 경우(제871조 제1항)	동의권자(제886조 후단)	① 양자가 성년이 된 후 3개월이 지나거나 사망한 경우(제891조 제1항) ② 사유가 있음을 안 날부터 6개월, 그 사유가 있었던 날부터 1년이 지난 경우(제894조)
피성년후견인이 성년후견인의 동의 없이 입양하거나 양자가 된 경우(제873조 제1항)	피성년후견인이나 성년후견인(제887조)	① 성년후견개시의 심판이 취소된 후 3개월이 지난 경우(제893조) ② 사유가 있음을 안 날부터 6개월, 그 사유가 있었던 날부터 1년이 지난 경우(제894조)
배우자 있는 사람이 그 배우자와 공동으로 입양하지 않거나 그 배우자의 동의 없이 양자가 된 경우(제874조)	배우자(제888조)	사유가 있음을 안 날부터 6개월, 그 사유가 있었던 날부터 1년이 지난 경우(제894조)
입양 당시 일방에게 악질 기타 중대한 사유가 있음을 알지 못했던 경우 (제884조 제1항 제2호)	양부모나 양자 중 이를 몰랐던 자	양부모와 양자 중 어느 한 쪽이 그 사유가 있음을 안 날부터 6개월이 지난 경우 (제896조)
사기 또는 강박으로 인하여 입양의 의사표시를 한 경우(제884조 제1항 제3호)	사기나 강박을 당한 자	사기를 안 날, 강박을 면할 날로부터 3월을 경과한 경우(제897조, 제823조)

(2) 입양취소의 효과

> **제897조【준용규정】**
> 입양의 무효 또는 취소에 따른 손해배상책임에 관하여는 제806조를 준용하고, 사기 또는 강박으로 인한
> 입양 취소 청구권의 소멸에 관하여는 제823조(=사기·강박으로 인한 혼인취소)를 준용하며, 입양 취소
> 의 효력에 관하여는 제824조(=혼인취소의 비소급효)를 준용한다.

입양취소의 효력은 기왕에 소급하지 않는다(비소급효, 제897조, 제824조). 따라서 취소판결이 확정된
때부터 입양이 무효로 된다. 그리고 입양으로 인하여 발생한 친족관계도 종료한다. 또한 입양이
취소된 경우 당사자 일방은 과실 있는 상대방에 대하여 이로 인한 재산적·정신적 손해의 배상을
청구할 수 있다.

Ⅳ. 입양의 효과

1. 법정혈족관계의 창설

> **제772조【양자와의 친계와 촌수】**
> ① 양자와 양부모 및 그 혈족, 인척사이의 친계와 촌수는 입양한 때로부터 혼인 중의 출생자와 동일한
>   것으로 본다.
> ② 양자의 배우자, 직계비속과 그 배우자는 전항의 양자의 친계를 기준으로 하여 촌수를 정한다.
> **제909조【친권자】**
> ① 부모는 미성년인 자의 친권자가 된다. 양자의 경우에는 양부모가 친권자가 된다.

① 양자는 입양한 때, 즉 입양신고일로부터 혼인 중의 출생자와 동일한 것으로 본다(제772조 제1항).
② 그리고 양부모의 혈족·인척과의 사이에도 친족관계가 발생하고, 상속관계 및 부양관계 등이
   발생한다.
③ 양자가 미성년인 경우 양부모의 친권에 따른다(제909조 제1항).
④ 나중에 양부모가 이혼하여도 양부자관계뿐만 아니라 양모자관계도 소멸하지 않는다(대판(전)
   2001.5.24, 2000므1493).

★★★▶ **양부모가 이혼한 경우 양모자관계가 소멸하는지 여부**(소극)
   민법 제776조는 "입양으로 인한 친족관계는 입양의 취소 또는 파양으로 인하여 종료한다"라고 규정
   하고 있을 뿐 '양부모의 이혼'을 입양으로 인한 친족관계의 종료사유로 들고 있지 않고, 구관습시대
   에는 오로지 가계계승을 위하여만 양자가 인정되었기 때문에 입양을 할 때 처는 전혀 입양당사자가
   되지 못하였으므로 양부모가 이혼하여 양모가 부의 家를 떠났을 때에는 입양당사자가 아니었던 양
   모와 양자의 친족관계가 소멸하는 것은 논리상 가능하였으나, 처를 부와 함께 입양당사자로 하는 현
   행 민법 아래에서는 부부공동입양제가 되어 처도 부와 마찬가지로 입양당사자가 되기 때문에 양부모가
   이혼하였다고 하여 양모를 양부와 다르게 취급하여 양모자관계만 소멸한다고 볼 수는 없는 것이다(대판
   (전) 2001.5.24, 2000므1493).

2. 생가친족과의 관계

친양자와 달리 보통양자의 경우 양자와 생가와의 친족관계는 존속한다. 따라서 생가의 친족에 대한 부양관계·상속관계 등 친족적 효과는 그대로 존속한다. 다만 (후술하는) 친양자 입양의 경우에는 생가와의 친족관계가 종료한다(제908조의3 제2항).

3. 양자의 성

① 입양 후에도 양자의 성(姓)은 변경되지 않는다. 즉 양친의 성과 본을 따를 수 없다. 다만, 입양 촉진 및 절차에 관한 특례법에 의하여 입양되는 경우에 한하여 양부모의 성과 본을 따를 수 있다.

② 그러나 2008년 개정법부터는 자의 복리를 위하여 필요한 때에는 가정법원의 허가를 받아 자의 姓과 본을 변경할 수 있게 되었으므로(제781조 제6항), 이 규정에 의하여 양부 또는 양모의 성으로 변경하는 것이 가능하게 되었다.

V. 파양

1. 의의

양친자관계는 법정혈족관계가 생기므로, 입양당사자의 사망만으로는 해소되지 않고 오로지 파양에 의해서만 해소된다. 이러한 파양은 유효하게 성립한 양친자관계를 인위적으로 해소하는 것으로서, 협의상 파양과 재판상 파양이 있다.

2. 협의상 파양

(1) 의의

양친자는 협의에 의하여 파양할 수 있다(제898조 제1항). 넓은 의미에서 하나의 계약이며, 요식행위이다(제904조). 따라서 협의상 파양이 성립하려면 파양의 합의가 있어야 하고 파양신고를 하여야 한다(제904조).

(2) 성립요건

> **제898조【협의상 파양】**
> 양부모와 양자는 협의하여 파양할 수 있다. 다만, 양자가 미성년자 또는 피성년후견인인 경우에는 그러하지 아니하다.
> **제902조【피성년후견인의 협의상 파양】**
> 피성년후견인인 양부모는 성년후견인의 동의를 받아 파양을 협의할 수 있다.
> **제903조【파양신고의 심사】**
> 제898조, 제902조, 그 밖의 법령을 위반하지 아니한 파양 신고는 수리하여야 한다.
> **제904조【준용규정】**
> 사기 또는 강박으로 인한 파양 취소 청구권의 소멸에 관하여는 제823조를 준용하고, 협의상 파양의 성립에 관하여는 제878조(= 입양의 성립요건으로서 신고)를 준용한다.

1) **파양의 합의** : 협의상 파양을 성립시키기 위한 합의는 외형적인 의사표시의 일치로서 충분하다. 양자가 피성년후견인이 아니고 성년자인 때에만 협의파양을 할 수 있다(제898조). 다만 양부모가 피성년후견인인 경우에는 성년후견인의 동의를 받아 파양을 협의할 수 있다(제902조).

2) **파양신고** : 협의상 파양은 가족관계의 등록 등에 관한 법률에 정한 바에 의하여 <u>신고함으로써</u> 그 효력이 생긴다(제903조). 이 신고는 창설적 신고이다.

(3) 협의상 파양의 무효와 취소

1) 협의상 파양의 무효

민법에는 협의상 파양의 무효에 관한 규정이 없으나 입양의 무효에 관한 규정(제883조)을 유추적용하여, ① 파양의 합의가 없을 때, ② 의사무능력자의 파양, ③ 조건부 파양은 무효이다.

2) 협의상 파양의 취소

> **제904조【준용규정】**
> 사기 또는 강박으로 인한 파양 취소 청구권의 소멸에 관하여는 제823조(=사기·강박으로 인한 혼인취소권, 3개월)를 준용하고, 협의상 파양의 성립에 관하여는 제878조(= 입양의 성립요건으로서 신고)를 준용한다.

사기 또는 강박으로 인하여 파양의 의사표시를 한 자는 사기를 안 날 또는 강박을 면한 날부터 3개월 이내에 취소를 청구할 수 있다(제904조, 제823조). 협의상 파양의 취소는 가정법원에 소를 제기하여야 하고, 취소가 되면 파양의 효과는 소급적으로 소멸한다(통설).

3. 재판상 파양

(1) 재판상 파양의 원인

> **제905조【재판상 파양의 원인】**
> 양부모, 양자 또는 제906조에 따른 청구권자는 다음 각 호의 어느 하나에 해당하는 경우에는 가정법원에 파양을 청구할 수 있다.
> 1. 양부모가 양자를 학대 또는 유기하거나 그 밖에 양자의 복리를 현저히 해친 경우
> 2. 양부모가 양자로부터 심히 부당한 대우를 받은 경우
> 3. 양부모나 양자의 생사가 3년 이상 분명하지 아니한 경우
> 4. 그 밖에 양친자관계를 계속하기 어려운 중대한 사유가 있는 경우

(2) 재판상 파양의 절차 – 파양청구의 소

1) 조정전치주의

재판상 파양은 조정전치주의의 적용을 받는다(가사소송법 제2조 제1항, 나류사건). 따라서 가정법원에 먼저 조정을 신청하여야 한다.

2) 소의 당사자

> **제906조 【파양 청구권자】**
> ① 양자가 13세 미만인 경우에는 제869조 제2항에 따른 승낙을 한 사람이 양자를 갈음하여 파양을 청구
> 할 수 있다. 다만, 파양을 청구할 수 있는 사람이 없는 경우에는 제777조에 따른 양자의 친족이나
> 이해관계인이 가정법원의 허가를 받아 파양을 청구할 수 있다.
> ② 양자가 13세 이상의 미성년자인 경우에는 제870조 제1항에 따른 동의를 한 부모의 동의를 받아 파양
> 을 청구할 수 있다. 다만, 부모가 사망하거나 그 밖의 사유로 동의할 수 없는 경우에는 동의 없이
> 파양을 청구할 수 있다.
> ③ 양부모나 양자가 피성년후견인인 경우에는 성년후견인의 동의를 받아 파양을 청구할 수 있다.
> ④ 검사는 미성년자나 피성년후견인인 양자를 위하여 파양을 청구할 수 있다.

가) 원칙 : 파양청구의 소의 당사자는 양부모와 양자이며, 제3자는 원칙적으로 파양을 청구할 수
없다(대판 1983.9.13, 83므16). 부부 공동입양의 원칙상 양친이 부부인 경우 파양도 부부 공동으
로 하여야 할 것이나, 양친인 부부 일방이 사망하거나 양친이 이혼한 때에는 공동파양의 원칙이
적용될 여지가 없다(대판 2001.8.21, 99므2230).

★► 양친 부부 중 일방이 사망한 후 생존하는 다른 일방이 사망한 일방과 양자 사이의 양친자관계의
해소를 위한 재판상 파양에 갈음하는 친생자관계부존재확인의 소를 제기할 이익이 있는지 여부(소극)
민법 제874조 제1항은 "배우자 있는 자가 양자를 할 때에는 배우자와 공동으로 하여야 한다"고 규정함으로
써 부부의 공동입양원칙을 선언하고 있는바, 파양에 관하여는 별도의 규정을 두고 있지는 않고 있으나
부부의 공동입양원칙의 규정 취지에 비추어 보면 양친이 부부인 경우 파양을 할 때에도 부부가 공동으로
하여야 한다고 해석할 여지가 없지 아니하나(양자가 미성년자인 경우에는 양자제도를 둔 취지에 비추어 그와
같이 해석하여야 할 필요성이 크다), 그렇게 해석한다고 하더라도 양친 부부 중 일방이 사망하거나 또는 양
친이 이혼한 때에는 부부의 공동파양의 원칙이 적용될 여지가 없다고 할 것이고, 따라서 양부가 사망한
때에는 양모는 단독으로 양자와 협의상 또는 재판상 파양을 할 수 있으되 이는 양부와 양자 사이의 양친자
관계에 영향을 미칠 수 없는 것이고, 또 양모가 사망한 양부에 갈음하거나 또는 양부를 위하여 파양을 할
수는 없다고 할 것이며, 이는 친생자부존재확인을 구하는 청구에 있어서 입양의 효력은 있으나 재판상
파양 사유가 있어 양친자관계를 해소할 필요성이 있는 이른바 재판상 파양에 갈음하는 친생자관계부존
재확인청구에 관하여도 마찬가지라고 할 것이다. 왜냐하면 양친자관계는 파양에 의하여 해소될 수 있
는 점을 제외하고는 친생자관계와 똑같은 내용을 갖게 되는데, 진실에 부합하지 않는 친생자로서의
호적기재가 법률상의 친자관계인 양친자관계를 공시하는 효력을 갖게 되었고 사망한 양부와 양자 사이
의 이러한 양친자관계는 해소할 방법이 없으므로 그 호적기재 자체를 말소하여 법률상 친자관계를 부
인하게 하는 친생자관계존부확인청구는 허용될 수 없는 것이기 때문이다(대판 2001.8.21, 99므2230).

나) 예외 : ① 양자가 13세 미만인 경우에는 입양을 대락한 법정대리인이 양자를 갈음하여 파양을
청구할 수 있다. 다만, 파양을 청구할 수 있는 사람이 없는 경우에는 제777조에 따른 양자의
친족이나 이해관계인이 가정법원의 허가를 받아 파양을 청구할 수 있다(제906조 제1항). ② 양자
가 13세 이상의 미성년자인 경우에는 제870조 제1항에 따른 동의를 한 부모의 동의를 받아 파

양을 청구할 수 있다. 다만, 부모가 사망하거나 그 밖의 사유로 동의할 수 없는 경우에는 동의 없이 파양을 청구할 수 있다(제906조 제2항). ③ 양부모나 양자가 피성년후견인인 경우에는 성년 후견인의 동의를 받아 파양을 청구할 수 있다(제906조 제3항). ④ 검사는 미성년자나 피성년후견 인인 양자를 위하여 파양을 청구할 수 있다(제906조 제4항).

3) 제소기간

> **제907조【파양청구권의 소멸】**
> 파양 청구권자는 제905조 제1호·제2호·제4호의 사유가 있음을 안 날부터 6개월, 그 사유가 있었던 날부터 3년이 지나면 파양을 청구할 수 없다.

4) 확정판결과 신고

판결이 확정되면 파양의 효력이 생기며, 이 경우의 신고는 보고적 신고이다.

4. 파양의 효과

> **제908조【준용규정】**
> 재판상 파양에 따른 손해배상책임에 관하여는 제806조(=약혼 해제 시 손해배상청구권)를 준용한다.

① 협의상 파양이나 재판상 파양이 성립하면 양부모와 양자 사이의 양친자관계를 비롯한 친족관 계가 모두 소멸한다. 양자가 미성년자인 경우에는 친생부모의 친권이 부활한다.
② 재판상 파양을 한 때에는 과실 있는 상대방은 이로 인한 재산적·정신적 손해배상 책임이 있다.

VI. 친양자

1. 서설

① 개정법은 종전 양자제도를 그대로 유지하면서 양자의 복리를 더욱 증진시키기 위하여, 양친과 양자를 친생자관계로 보아 종전의 친족관계를 종료시키고 양친과의 친족관계만을 인정하며 양 친의 성과 본을 따를 수 있도록 하는 친양자제도를 신설하였다.
② 친양자제도는 양자를 양친의 친생자와 같이 다루는 것으로서 외국의 완전양자제도에 해당하는 것이다. 그리고 종래의 계약형 양자제도와는 달리, 법원의 재판에 의하여 성립하므로 복지형 내지 선고형 양자제도라고 할 수 있다.
③ 친양자제도가 도입됨에 따라 우리 민법상 양자제도는 보통양자와 친양자로 이원화되었다.
④ 외국인 부부인 甲과 乙이 아동복지법상 보호대상아동으로 모가 입양에 동의하여 보장시설에 보호의뢰된 丙에 대하여 민법상 친양자 입양을 청구하더라도, 丙에 대하여는 입양특례법에 따른 입양 청구만이 가능하므로, 甲과 乙이 민법상 친양자 입양만을 청구하였더라도, 위 입양은 허가될 수 없다(대결 2022.5.31, 2020스514).

2. 친양자 입양의 요건

① 일정한 요건을 갖춘 자의 <u>청구</u> + ② <u>가정법원의 재판</u>

(1) 일정한 자의 청구

> **제908조의2 【친양자 입양의 요건 등】**
> ① 친양자를 입양하려는 사람은 다음 각 호의 요건을 갖추어 가정법원에 친양자 입양을 청구하여야 한다.
>   1. 3년 이상 혼인 중인 부부로서 공동으로 입양할 것. 다만, 1년 이상 혼인 중인 부부의 한쪽이 그 배우자의 친생자를 친양자로 하는 경우에는 그러하지 아니하다. → 친양자 입양을 하고자 하는 양부모는 법률혼의 부부이어야 하고, 사실혼의 부부는 입양할 수 없다.
>   2. 친양자가 될 사람이 미성년자일 것
>   3. 친양자가 될 사람의 친생부모가 친양자 입양에 동의할 것. 다만, 부모가 친권상실의 선고를 받거나 소재를 알 수 없거나 그 밖의 사유로 동의할 수 없는 경우에는 그러하지 아니하다.
>   4. 친양자가 될 사람이 13세 이상인 경우에는 법정대리인의 동의를 받아 입양을 승낙할 것
>   5. 친양자가 될 사람이 13세 미만인 경우에는 법정대리인이 그를 갈음하여 입양을 승낙할 것

(2) 가정법원의 재판

> **제908조의2 【친양자 입양의 요건 등】**
> ② 가정법원은 다음 각 호의 어느 하나에 해당하는 경우에는 제1항 제3호·제4호에 따른 동의 또는 같은 항 제5호에 따른 승낙이 없어도 제1항의 청구를 인용할 수 있다. 이 경우 가정법원은 동의권자 또는 승낙권자를 심문하여야 한다.
>   1. 법정대리인이 정당한 이유 없이 동의 또는 승낙을 거부하는 경우. 다만, 법정대리인이 친권자인 경우에는 제2호 또는 제3호의 사유가 있어야 한다.
>   2. 친생부모가 자신에게 책임이 있는 사유로 3년 이상 자녀에 대한 부양의무를 이행하지 아니하고 면접교섭을 하지 아니한 경우
>   3. 친생부모가 자녀를 학대 또는 유기하거나 그 밖에 자녀의 복리를 현저히 해친 경우
> ③ 가정법원은 친양자가 될 사람의 복리를 위하여 그 양육상황, 친양자 입양의 동기, 양부모의 양육능력, 그 밖의 사정을 고려하여 친양자 입양이 적당하지 아니하다고 인정하는 경우에는 제1항의 청구를 기각할 수 있다.

3. 친양자 입양의 취소

> **제908조의4 【친양자 입양의 취소 등】**
> ① 친양자로 될 사람의 친생의 아버지 또는 어머니는 자신에게 책임이 없는 사유로 인하여 제908조의2 제1항 제3호 단서에 따른 동의를 할 수 없었던 경우에 친양자 입양의 사실을 안 날부터 6개월 안에 가정법원에 친양자 입양의 취소를 청구할 수 있다.
> ② 친양자 입양에 관하여는 제883조(=입양무효), 제884조(=입양취소)를 적용하지 아니한다.
> **제908조의7 【친양자 입양의 취소·파양의 효력】**
> ① 친양자 입양이 취소되거나 파양된 때에는 친양자관계는 소멸하고 입양 전의 친족관계는 부활한다.
> ② 제1항의 경우에 친양자 입양의 취소의 효력은 소급하지 아니한다.

① 친양자 입양은 가정법원의 엄격한 심사에 의하므로, 흠이 있을 가능성은 매우 적다. 그래서 민법은 한 가지 사유에 대하여만 취소사유를 두고 있다(제908조의4).

② 친양자 입양이 취소되면 친양자관계는 소멸하고 입양 전 친족관계가 부활한다. 따라서 친생부모가 친권자가 되고 자는 친생부모의 성을 따르게 된다. 이러한 입양취소의 효력은 취소의 재판이 확정되는 때 생기고 소급효가 없다(제908조의7).

4. 친양자 입양의 효과

(1) 양친 쪽 친자관계의 형성 – 혼인 중의 출생자로 의제

> **제908조의3 【친양자 입양의 효력】**
> ① 친양자는 부부의 혼인 중 출생자로 본다.

① 친양자는 양친부부의 혼인 중 출생자로 본다. 따라서 친양자는 양친의 성과 본을 따르게 된다.
② 친양자와 양부모쪽의 친족 사이에도 당연히 친족관계가 발생하므로 부양·상속관계도 발생한다.

(2) 생가 쪽 친족관계의 단절 – 입양 전 친족관계의 종료

> **제908조의3 【친양자 입양의 효력】**
> ② 친양자의 입양 전의 친족관계는 제908조의2 제1항의 청구에 의한 친양자 입양이 확정된 때에 종료한다. 다만, 부부의 일방이 그 배우자의 친생자를 단독으로 입양한 경우에 있어서의 배우자 및 그 친족과 친생자간의 친족관계는 그러하지 아니하다.

① 친양자로 입양되면 친양자의 입양 전의 친족관계는 친양자 입양이 확정된 때에 종료한다.
② 다만, 부부의 일방이 그 배우자의 친생자를 단독으로 입양한 경우에는 배우자 및 그 친족과의 친생자 간 친족관계는 종료하지 않는다.

5. 친양자의 파양

> **제908조의5 【친양자의 파양】**
> ① 양친, 친양자, 친생의 부 또는 모나 검사는 다음 각 호의 어느 하나의 사유가 있는 경우에는 가정법원에 친양자의 파양을 청구할 수 있다.
> 　1. 양친이 친양자를 학대 또는 유기하거나 그 밖에 친양자의 복리를 현저히 해하는 때
> 　2. 친양자의 양친에 대한 패륜행위로 인하여 친양자 관계를 유지시킬 수 없게 된 때
> ② 제898조(= 협의파양) 및 제905조(= 보통양자의 재판상 파양사유)의 규정은 친양자의 파양에 관하여 이를 적용하지 아니한다.
> **제908조의6 【준용규정】**
> 제908조의2 제3항(= 적당하지 아니한 경우 법원의 기각재량인정)은 친양자 입양의 취소 또는 제908조의5 제1항 제2호의 규정에 의한 파양의 청구에 관하여 이를 준용한다.

> **제908조의7 【친양자 입양의 취소·파양의 효력】**
> ① 친양자 입양이 취소되거나 파양된 때에는 친양자관계는 소멸하고 입양 전의 친족관계는 부활한다.
> ② 제1항의 경우에 친양자 입양의 취소의 효력은 소급하지 아니한다.
>
> **제908조의8 【준용규정】**
> 친양자에 관하여 이 관에 특별한 규정이 있는 경우를 제외하고는 그 성질에 반하지 아니하는 범위 안에서 양자에 관한 규정을 준용한다.

① 양자를 마치 양부모의 친생자처럼 다루는 친양자제도의 본질상 파양은 친양자제도와 어울리지 않는다. 그러나 아직은 친자관계에 관한 우리의 정서를 무시 할 수 없어 민법은 제한된 범위에서 재판상 파양을 인정하고 있다.

② 파양원인은 두 가지이다. (ㄱ) 하나는 양친이 친양자를 학대 또는 유기하거나 그 밖에 친양자의 복리를 현저히 해하는 때이고, (ㄴ) 다른 하나는 친양자의 양친에 대한 패륜행위로 인하여 친양자관계를 유지시킬 수 없게 된 때이다.

③ 친양자 입양이 파양된 때에는 친양자 관계는 소멸하고 입양 전의 친족관계가 부활한다. 따라서 친생부모가 자의 친권자가 되고 자의 성도 친생부모를 따라 다시 변경된다.

④ 친양자 입양의 경우에는 협의상 파양이 인정되지 않으며 보통 입양에 있어서의 재판상 파양원인에 관한 규정도 적용되지 않는다.

제4절 │ 친권과 후견 및 후견감독

제1관 친권

I. 서설

친권은 미성년의 자에 대한 부모의 권리를 말한다. 친권은 부모의 개인적 이익 내지 자에 대한 지배를 위한 권리가 아니라, 미성숙의 자를 보호·교양해야 할 지위로서의 성질을 가진다. 즉 의무적 성격이 강한 권리이다. 친권에 복종하는 자는 미성년의 자이다. 한편 미성년자가 혼인한 때에는 성년자로 의제되므로 친권에 따르지 않는다.

Ⅱ. 친권자

1. 혼인 중의 출생자의 경우

(1) 친권자

> **제909조【친권자】**
> ① 부모는 미성년자인 자의 친권자가 된다. 양자의 경우에는 양부모가 친권자가 된다.
> **제911조【미성년자인 자의 법정대리인】**
> 친권을 행사하는 부 또는 모는 미성년자인 자의 법정대리인이 된다.

(2) 부모의 친권공동행사

> **제909조【친권자】**
> ② 친권은 부모가 혼인 중인 때에는 부모가 공동으로 이를 행사한다. 그러나 부모의 의견이 일치하지 아니하는 경우에는 당사자의 청구에 의하여 가정법원이 이를 정한다.

1) 친권공동행사의 의미

친권의 행사는 부모가 혼인 중인 때에는 부모가 공동으로 행사하여야 한다(제909조 제2항 본문). ① 여기서 친권을 공동으로 행사한다는 것은 친권행사를 부모의 공동의사에 따라 해야 한다는 의미이며, 행위 자체를 반드시 부모가 공동으로 하거나 공동의 명의로 하여야 한다는 것이 아니다(의사결정공동설). ② 한편, 부모의 의견이 일치하지 않을 때에는 당사자의 청구에 의하여 가정법원이 친권자를 정한다(동항 단서). 이 때 특별대리인을 선임해야 하는 것은 아니다.

▶ 따라서 부모 중 일방이 단독의 명의로 자를 대리하거나 자의 법률행위에 동의하였더라도 다른 일방의 동의를 얻어서 한 경우에는 대리행위나 동의는 모두 유효하게 된다.

2) 위반의 효과

> **제920조의2【공동친권자의 일방이 공동명의로 한 행위의 효력】**
> 부모가 공동으로 친권을 행사하는 경우 부모의 일방이 공동명의로 자를 대리하거나 자의 법률행위에 동의한 때에는 다른 일방의 의사에 반하는 때에도 그 효력이 있다. 그러나 상대방이 악의인 때에는 그러하지 아니한다.

부모 중 일방이 다른 일방의 동의 없이 대리행위나 동의를 한 경우에는 그 행위는 무권대리가 되어 다른 일방의 추인이 없는 한 무효이다. 다만, 부모 일방이 공동명의로 대리행위나 동의를 한 경우에도 상대방이 선의인 한, 그 신뢰를 보호하여 친권공동행사가 있는 것처럼 취급된다(제920조의2).

3) 부모의 일방이 친권을 행사할 수 없을 때

> **제909조【친권자】**
> ③ 부모의 일방이 친권을 행사할 수 없을 때에는 다른 일방이 이를 행사한다.

2. 혼인 외의 출생자 및 그 밖의 경우

(1) 부의 인지 전

혼인 외의 출생자가 아직 인지되지 않은 경우에는 그 모가 친권자가 된다.

(2) 임의인지 · 협의이혼의 경우

> **제909조 【친권자】**
> ④ 혼인 외의 자가 인지된 경우와 부모가 이혼하는 경우에는 부모의 협의로 친권자를 정하여야 하고, 협의할 수 없거나 협의가 이루어지지 아니하는 경우에는 가정법원은 직권으로 또는 당사자의 청구에 따라 친권자를 지정하여야 한다. 다만, 부모의 협의가 자의 복리에 반하는 경우에는 가정법원은 보정을 명하거나 직권으로 친권자를 정한다.

임의인지된 경우와 협의이혼한 경우, 부모의 협의로 친권자를 정하여야 하고 협의할 수 없거나 협의가 이루어지지 않는 경우에는 가정법원은 직권으로 또는 당사자의 청구에 따라 친권자를 지정하여야 한다. 다만, 부모의 협의가 자의 복리에 반하는 경우에는 가정법원은 보정을 명하거나 직권으로 친권자를 정한다. 재판상 이혼의 경우에는 가정법원이 직권으로 친권자를 정한다(제909조 제4항).

(3) 강제인지 · 혼인의 취소 · 재판상 이혼의 경우

> **제909조 【친권자】**
> ⑤ 가정법원은 혼인의 취소, 재판상 이혼 또는 인지청구의 소의 경우에는 직권으로 친권자를 정한다.

강제인지, 재판상 이혼의 경우, 혼인이 취소된 경우 및 혼인이 무효인 경우(→ 민법에는 규정이 없으나, 가사소송법상 혼인취소와 동일취급 함)에는 가정법원이 직권으로 친권자를 정한다(제909조 제5항).

(4) 양자의 경우

> **제909조 【친권자】**
> ① 부모는 미성년자인 자의 친권자가 된다. 양자의 경우에는 양부모가 친권자가 된다.

양자의 경우에는 양부모가 친권자가 된다. 친양자의 경우에도 같다. 친권행사의 방법은 혼인 중의 출생자에 있어서와 같다. 그리고 파양을 하게 되면 친생부모의 친권이 부활한다.

3. 친권자의 변경

> **제909조 【친권자】**
> ⑥ 가정법원은 자의 복리를 위하여 필요하다고 인정되는 경우에는 자의 4촌 이내의 친족의 청구에 의하여 정하여진 친권자를 다른 일방으로 변경할 수 있다.

혼인 외의 자의 인지, 부모의 이혼, 혼인의 무효·취소 등으로 부모 중 일방이 친권자로 정해진 경우에도, 가정법원은 자의 복리를 위하여 필요한 경우 자의 4촌 이내의 친족의 청구에 의하여 친권자를 다른 일방으로 변경할 수 있다(제909조 제6항).

4. 친권자의 지정 등

> **제909조의2 【친권자의 지정 등】**
> ① 제909조 제4항부터 제6항까지의 규정(=임의인지·협의이혼, 강제인지·혼인취소·재판상 이혼, 친권자변경)에 따라 단독 친권자로 정하여진 부모의 일방이 사망한 경우 생존하는 부 또는 모, 미성년자, 미성년자의 친족은 그 사실을 안 날부터 1개월, 사망한 날부터 6개월 내에 가정법원에 생존하는 부 또는 모를 친권자로 지정할 것을 청구할 수 있다.
> ② 입양이 취소되거나 파양된 경우 또는 양부모가 모두 사망한 경우 친생부모 일방 또는 쌍방, 미성년자, 미성년자의 친족은 그 사실을 안 날부터 1개월, 입양이 취소되거나 파양된 날 또는 양부모가 모두 사망한 날부터 6개월 내에 가정법원에 친생부모 일방 또는 쌍방을 친권자로 지정할 것을 청구할 수 있다. 다만, 친양자의 양부모가 사망한 경우에는 그러하지 아니하다.
> ③ 제1항 또는 제2항의 기간 내에 친권자 지정의 청구가 없을 때에는 가정법원은 직권으로 또는 미성년자, 미성년자의 친족, 이해관계인, 검사, 지방자치단체의 장의 청구에 의하여 미성년후견인을 선임할 수 있다. 이 경우 생존하는 부 또는 모, 친생부모 일방 또는 쌍방의 소재를 모르거나 그가 정당한 사유 없이 소환에 응하지 아니하는 경우를 제외하고 그에게 의견을 진술할 기회를 주어야 한다.
> ④ 가정법원은 제1항 또는 제2항에 따른 친권자 지정 청구나 제3항에 따른 후견인 선임 청구가 생존하는 부 또는 모, 친생부모 일방 또는 쌍방의 양육의사 및 양육능력, 청구 동기, 미성년자의 의사, 그 밖의 사정을 고려하여 미성년자의 복리를 위하여 적절하지 아니하다고 인정하면 청구를 기각할 수 있다. 이 경우 가정법원은 직권으로 미성년후견인을 선임하거나 생존하는 부 또는 모, 친생부모 일방 또는 쌍방을 친권자로 지정하여야 한다.
> ⑤ 가정법원은 다음 각 호의 어느 하나에 해당하는 경우에 직권으로 또는 미성년자, 미성년자의 친족, 이해관계인, 검사, 지방자치단체의 장의 청구에 의하여 제1항부터 제4항까지의 규정에 따라 친권자가 지정되거나 미성년후견인이 선임될 때까지 그 임무를 대행할 사람을 선임할 수 있다. 이 경우 그 임무를 대행할 사람에 대하여는 제25조 및 제954조를 준용한다.
> 1. 단독 친권자가 사망한 경우
> 2. 입양이 취소되거나 파양된 경우
> 3. 양부모가 모두 사망한 경우
> ⑥ 가정법원은 제3항 또는 제4항에 따라 미성년후견인이 선임된 경우라도 미성년후견인 선임 후 양육상황이나 양육능력의 변동, 미성년자의 의사, 그 밖의 사정을 고려하여 미성년자의 복리를 위하여 필요하면 생존하는 부 또는 모, 친생부모 일방 또는 쌍방, 미성년자의 청구에 의하여 후견을 종료하고 생존하는 부 또는 모, 친생부모 일방 또는 쌍방을 친권자로 지정할 수 있다.

5. 기타

(1) 친권의 행사능력

친권은 자의 신분과 재산에 대한 포괄적 권리를 내용으로 하므로 친권을 행사하기 위해서는 행위능력이 필요하다. 따라서 무능력자는 친권을 행사하지 못한다. 다만, 혼인한 미성년자는 친권을 행사할 수 있다.

(2) 친권행사의 기준

> **제912조【친권 행사와 친권자 지정의 기준】**
> ① 친권을 행사함에 있어서는 자의 복리를 우선적으로 고려하여야 한다.
> ② 가정법원이 친권자를 지정함에 있어서는 자의 복리를 우선적으로 고려하여야 한다. 이를 위하여 가정법원은 관련 분야의 전문가나 사회복지기관으로부터 자문을 받을 수 있다.

Ⅲ. 친권의 내용

1. 자의 신분에 관한 권리·의무

(1) 보호·교양에 관한 권리·의무

> **제913조【보호, 교양의 권리의무】**
> 친권자는 자를 보호하고 교양할 권리의무가 있다.

1) 부부 공동의 비용부담

보호·교양에 필요한 비용은 부부의 공동생활에 필요한 비용으로서 당사자 사이에 특별한 약정이 없으면 부모가 공동으로 부담한다. 그러므로 이혼한 부부 중 일방이 미성년의 자를 양육한 경우, 타방에게 과거의 양육비도 청구할 수 있다(대결(전) 1994.5.13, 92스21).

2) 부양의무의 성질

친권자로서의 부모는 자에 대한 부양의무를 지는데 이는 친족적 부양과 달리 1차적 부양의무이다. 따라서 그 근거규정은 제974조가 아니라 제913조이다.

3) 대리감독자의 불법행위책임

책임능력 없는 미성년자가 타인에게 불법행위를 한 경우에는 친권자는 보호·교양의 감독의무자로서 손해배상책임을 진다(제755조 제1항).

(2) 자의 인도청구권

친권자는 보호·교양의 권리·의무를 이행하기 위하여 자를 자기의 지배하에 둘 필요가 있다. 따라서 제3자가 불법적으로 자를 억류하고 있는 경우 친권자는 자의 인도를 청구할 수 있다.

(3) 거소지정권

> **제914조【거소지정권】**
> 자는 친권자의 지정한 장소에 거주하여야 한다.

(4) 징계권

> **제915조【징계권】**
> 친권자는 그 자를 보호 또는 교양하기 위하여 필요한 징계를 할 수 있고 법원의 허가를 얻어 감화 또는 교정기관에 위탁할 수 있다. → 친권자의 징계권 규정은 아동학대 가해자인 친권자의 항변사유로 이용되는 등 아동학대를 정당화하는 데 악용될 소지가 있는바, 징계권 규정을 삭제함으로써 이를 방지하고 아동의 권리와 인권을 보호하려는 취지에서 삭제 [2021.1.26.→ 공포한 날부터 시행]

(5) 자의 신분상 행위에 대한 대리권 및 동의권

1) 대리권 및 동의권

① 친권자는 미성년의 자의 법정대리인으로서 법률에 특별규정이 있는 경우에 한하여 자의 신분상의 행위를 대리할 수 있다. 예컨대 인지이의의 소(제862조), 인지청구의 소(제863조), 입양의 취소청구의 소(제885조 등) 등에 대하여 대리권이 있다.

② 친권자는 가족법상 자의 혼인 등의 신분행위에 대한 동의권을 가지는데 이는 친권자로서보다는 부모의 지위에서 인정되는 것이 대부분이다.

2) 친권의 대행

> **제910조【자의 친권의 대행】**
> 친권자는 그 친권에 따르는 자에 갈음하여 그 자에 대한 친권을 행사한다.

친권자는 그 친권에 따르는 자에 갈음하여 그 자에 대한 친권을 행사한다. 민법상 미성년자가 혼인을 하면 성년자로 의제되어 스스로 친권을 행사할 수 있기 때문에, 이 규정은 미성년자가 혼인하지 않은 상태에서 혼인 외의 자를 출생한 경우에만 적용된다.

2. 자의 재산에 관한 권리·의무

(1) 재산관리권

1) 내용

> **제916조【자의 특유재산과 그 관리】**
> 자가 자기의 명의로 취득한 재산은 그 특유재산으로 하고 법정대리인인 친권자가 이를 관리한다.
> **제922조【친권자의 주의의무】**
> 친권자가 그 자에 대한 법률행위의 대리권 또는 재산관리권을 행사함에는 자기의 재산에 관한 행위와 동일한 주의를 하여야 한다.

2) 무상으로 수여한 제3자(= 증여자)에 의한 재산관리권의 배제

> **제918조【제3자가 무상으로 자에게 수여한 재산의 관리】**
> ① 무상으로 자에게 재산을 수여한 제3자가 친권자의 관리에 반대하는 의사를 표시한 때에는 친권자는 그 재산을 관리하지 못한다.
> ② 전항의 경우에 제3자가 그 재산관리인을 지정하지 아니한 때에는 법원은 재산의 수여를 받은 자 또는 제777조의 규정에 의한 친족의 청구에 의하여 관리인을 선임한다.
> ③ 제3자의 지정한 관리인의 권한이 소멸하거나 관리인을 개임할 필요 있는 경우에 제3자가 다시 관리인을 지정하지 아니한 때에도 전항과 같다.
> ④ 제24조 제1항, 제2항, 제4항, 제25조 전단 및 제26조 제1항, 제2항의 규정(= 부재자 재산관리인 규정)은 전2항의 경우에 준용한다.

3) 관리의 종료 및 친권자의 재산수익권

> **제923조【재산관리의 계산】**
> ① 법정대리인인 친권자의 권한이 소멸한 때에는 그 자의 재산에 대한 관리의 계산을 하여야 한다.
> ② 전항의 경우에 그 자의 재산으로부터 수취한 과실은 그 자의 양육, 재산관리의 비용과 상계한 것으로 본다. 그러나 무상으로 자에게 재산을 수여한 제3자가 반대의 의사를 표시한 때에는 그 재산에 관하여는 그러하지 아니하다.
> **제919조【위임에 관한 규정의 준용】**
> 제691조(= 위임종료 시의 긴급사무처리), 제692조(= 위임종료의 대항요건)의 규정은 전3조의 재산관리(= 친권자의 재산관리)에 준용한다.

▶ 민법 제923조 제1항에서 정한 '관리의 계산'의 의미 / 친권자가 자녀의 특유재산을 통상적인 양육비용으로 사용할 수 있는 경우 / 친권자가 자녀에 대한 재산 관리 권한에 기하여 자녀에게 지급되어야 할 돈을 자녀 대신 수령한 경우, 재산 관리 권한이 소멸하면 그 돈 중 재산 관리 권한 소멸 시까지 정당하게 지출한 부분을 공제한 나머지를 자녀 또는 그 법정대리인에게 반환할 의무가 있는지 여부(적극) 및 이때 친권자가 자녀를 대신하여 수령한 돈을 정당하게 지출하였

다는 점에 대한 증명책임의 소재(=친권자) / 자녀의 친권자에 대한 위와 같은 반환청구권을 자녀의 채권자가 압류할 수 있는지 여부(적극)

① 친권자는 자녀가 그 명의로 취득한 특유재산을 관리할 권한이 있는데(민법 제916조), 그 재산 관리 권한이 소멸하면 자녀의 재산에 대한 관리의 계산을 하여야 한다(민법 제923조 제1항). 여기서 '관리의 계산'이란 자녀의 재산을 관리하던 기간의 그 재산에 관한 수입과 지출을 명확히 결산하여 자녀에게 귀속되어야 할 재산과 그 액수를 확정하는 것을 말한다. 친권자의 위와 같은 재산 관리 권한이 소멸한 때에는 위임에 관한 민법 제683조, 제684조가 유추적용되므로, 친권자는 자녀 또는 그 법정대리인에게 위와 같은 계산 결과를 보고하고, 자녀에게 귀속되어야 할 재산을 인도하거나 이전할 의무가 있다. ② 한편 부모는 자녀를 공동으로 양육할 책임이 있고 양육에 소요되는 비용도 원칙적으로 공동으로 부담하여야 하는 점을 고려할 때, 친권자는 자녀의 특유재산을 자신의 이익을 위하여 임의로 사용할 수 없음은 물론 자녀의 통상적인 양육비용으로도 사용할 수도 없는 것이 원칙이나, 친권자가 자신의 자력으로는 자녀를 부양하거나 생활을 영위하기 곤란한 경우, 친권자의 자산, 수입, 생활수준, 가정상황 등에 비추어 볼 때 통상적인 범위를 넘는 현저한 양육비용이 필요한 경우 등과 같이 정당한 사유가 있는 경우에는 자녀의 특유재산을 그와 같은 목적으로 사용할 수 있다. 따라서 친권자는 자녀에 대한 재산 관리 권한에 기하여 자녀에게 지급되어야 할 돈을 자녀 대신 수령한 경우 그 재산 관리 권한이 소멸하면 그 돈 중 재산 관리 권한 소멸 시까지 위와 같이 정당하게 지출한 부분을 공제한 나머지를 자녀 또는 그 법정대리인에게 반환할 의무가 있다. 이 경우 친권자가 자녀를 대신하여 수령한 돈을 정당하게 지출하였다는 점에 대한 증명책임은 친권자에게 있다. ③ 친권자의 위와 같은 반환의무는 민법 제923조 제1항의 계산의무 이행 여부를 불문하고 그 재산 관리 권한이 소멸한 때 발생한다고 봄이 타당하다. 이에 대응하는 자녀의 친권자에 대한 위와 같은 반환청구권은 재산적 권리로서 일신전속적인 권리라고 볼 수 없으므로, 자녀의 채권자가 그 반환청구권을 압류할 수 있다(대판 2022.11.17, 2018다294179).

(2) 재산상 행위에 대한 대리권 · 동의권

1) 재산상 행위에 대한 대리권

> 제920조 【자의 재산에 관한 친권자의 대리권】
> 법정대리인인 친권자는 자의 재산에 관한 법률행위에 대하여 그 자를 대리한다. 그러나 그 자의 행위를 목적으로 하는 채무를 부담할 경우에는 본인의 동의를 얻어야 한다.

가) 대리권의 범위 및 제한 : 법정대리인인 친권자는 자의 재산에 관한 법률행위에 대하여 그 자를 대리한다(제920조 본문). 그러나 자의 행위를 목적으로 하는 채무를 부담할 경우에는 자의 동의를 얻어야 한다(동조 단서). 그러나 ① 허락받은 영업에 관한 재산(제8조), ② 제3자가 친권자의 관리에 반대하면서 무상으로 자에게 증여한 재산(제918조 제1항) 등에 관한 행위, ③ 근로계약의 체결(근로기준법 제67조 제1항)과 ④ 임금청구(근로기준법 제68조)는 대리할 수 없다.

나) 대리권의 남용 : 친권자가 자기 또는 제3자의 이익을 위하여 대리행위를 한 경우에는 대리권 남용 이론이 적용된다.

★★▶ **친권의 남용에 해당하여 자에게 그 대리행위의 효과가 미치지 않는 경우**

① 친권자인 모가 미성년인 자의 법정대리인으로서 자의 유일한 재산을 아무런 대가도 받지 않고 자의 삼촌에게 증여하였고 삼촌도 그와 같은 사정을 알고 있었던 경우, 그 증여행위는 친권의 남용에 의한 것이므로 그 효과는 자에게 미치지 않는다(대판 1997.1.24, 96다43928).

② 친권자인 부가 미성년인 자의 부동산을 자의 반대에도 불구하고 성년인 장남에게 아무런 대가를 받지 않고 증여한 경우에 대하여 친권의 남용에 의한 것으로 그 효과는 자에게 미치지 않는다(대판 1981.10. 13, 81다649).

▶ **친권자의 자 소유 재산에 대한 처분행위가 대리권 남용에 해당하기 위한 요건**

① 친권자가 자를 대리하는 법률행위는 친권자와 자 사이의 이해상반행위에 해당하지 않는 한, 그것을 할 것인가 아닌가는 자를 위하여 친권을 행사하는 친권자가 자를 둘러싼 여러 사정을 고려하여 행할 수 있는 재량에 맡겨진 것으로 보아야 하므로, 이와 같이 친권자가 자를 대리하여 행한 자 소유의 재산에 대한 처분행위에 대해서는 그것이 사실상 자의 이익을 무시하고 친권자 본인 혹은 제3자의 이익을 도모하는 것만을 목적으로 하여 이루어졌다고 하는 등 친권자에게 자를 대리할 권한을 수여한 법의 취지에 현저히 반한다고 인정되는 사정이 존재하지 않는 한 친권자에 의한 대리권의 남용에 해당한다고 쉽게 단정할 수 없다.

② 망인 명의의 토지가 명의신탁된 것이었을 가능성이 있다는 점 등을 고려하여, 친권자(망인의 처)가 미성년자인 딸과 공동으로 상속받은 토지를 망인의 형에게 증여한 행위는 친권의 남용에 해당하지 않는다(대판 2009.1.30, 2008다73731).

▶ **친권자인 모가 자기 오빠의 사업을 위하여 자의 부동산을 제3자에게 담보로 제공한 경우**(소극)

★★ ① 미성년자의 친권자인 모가 자기 오빠의 제3자에 대한 채무의 담보로 미성년자 소유의 부동산에 근저당권을 설정하는 행위가, 채무자를 위한 것으로서 미성년자에게는 불이익만을 주는 것이라고 하더라도, 민법 제921조 제1항에 규정된 '법정대리인인 친권자와 그 자 사이에 이해상반되는 행위'라고 볼 수는 없다.

② 미성년자의 친권자인 모가 미성년자에게는 오로지 불이익만을 주는데도 자기 오빠의 사업을 위하여 미성년자 소유의 부동산을 제3자에게 담보로 제공하였고, 제3자도 그와 같은 사정을 잘 알고 있었다고 하더라도, 그와 같은 사실만으로 모의 근저당권 설정행위가 바로 '친권을 남용한 경우'에 해당한다고는 볼 수 없다(대판 1991.11.26, 91다32466).

2) 재산상 행위에 대한 동의권

> **제5조【미성년자의 능력】**
> ① 미성년자가 법률행위를 함에는 법정대리인의 동의를 얻어야 한다. 그러나 권리만을 얻거나 의무만을 면하는 행위는 그러하지 아니하다.
> ② 전항의 규정에 위반한 행위는 취소할 수 있다.

(3) 이해상반행위의 경우 친권행사의 제한

1) 의의

친권자와 그 자 사이 또는 친권에 따르는 자들 사이에 이해가 충돌하는 경우에는 친권의 공정한 행사를 기대하기 어려우므로, 그러한 이해상반행위에 대하여는 친권자의 친권행사를 제한하고 가정법원이 선임한 특별대리인이 대신한다.

2) 이해상반행위

> **제921조【친권자와 그 자간 또는 수인의 자간의 이해상반행위】**
> ① 법정대리인인 친권자와 그 자 사이에 이해상반 되는 행위를 함에는 친권자는 법원에 그 자의 특별대리인의 선임을 청구하여야 한다.
> ② 법정대리인인 친권자가 그 친권에 따르는 수인의 자 사이에 이해상반 되는 행위를 함에는 법원에 그 자 일방의 특별대리인의 선임을 청구하여야 한다.

가) 유형

① **친권자 vs 그 자 사이**(제921조 제1항) : 친권자와 미성년자인 자가 각각 당사자 일방이 되어서 하는 법률행위를 말한다.

▶ 친권자와 자가 당사자 일방이 되지는 않지만, 친권자가 자기를 위하여 금전을 차용하면서 미성년자 소유의 부동산에 저당권을 설정하는 행위와 같이 법률행위 자체로 보아 친권자를 위해서는 이익이 되고 미성년자에 대하여는 불이익이 되는 행위도 포함한다.

② **친권에 따르는 수인의 자 사이**(동조 제2항) : 친권자의 친권에 따르는 미성년의 자들이 각각 당사자 일방이 되어서 하는 법률행위를 말한다.

▶ 친권에 따르는 수인의 자들이 당사자 일방이 되지는 않지만 친권자가 미성년자 일방을 위하여 타인으로부터 금전을 차입하면서 다른 미성년자 소유의 부동산에 저당권을 설정하는 행위와 같이 미성년자 일방을 위하여서는 이익이 되고 다른 미성년자에 대하여는 불이익이 되는 행위도 포함한다.

나) 판단기준

법정대리인인 친권자와 그 자 사이의 이해상반의 유무는 전적으로 그 행위 자체를 객관적으로 관찰하여 판단하여야 할 것이지, 그 행위의 동기나 연유를 고려하여 판단하여야 할 것은 아니다(형식적 판단설; 대판 2002.1.11, 2001다65960).

***▶ 이해상반행위의 해당 - 긍정 예**

① 민법 제921조 제1항 소정의 이해상반되는 행위라 함은 친권자인 자와 미성년자인 자가 각각 당사자의 일방이 되어서 하는 법률행위뿐만 아니라 친권자가 자기를 위하여 타인으로부터 금전을 차입함에 있어 미성년자인 자의 소유부동산에 저당권을 설정하는 행위와 같이 친권자를 위해서는 이익이 되고 미성년자를 위해서는 불이익되는 경우도 이에 포함된다고 해석함이 상당할 것으로서, 본건과 같이 친권자가 자기의 영업자금을 마련하기 위하여 미성년자인 자를 대리하여 그 소유 부동산을 담보로 제공·저당권을 설정한 행위는 바로 위의 이해상반된 행위에 포함된다 할 것이다(대판 1971. 7.27, 71다1113).

② 친권자인 모가 자신이 연대보증한 차용금 채무의 담보로 자신과 자의 공유인 토지 중 자신의 공유지 분에 관하여는 공유지분권자로서, 자의 공유지분에 관하여는 그 법정대리인의 자격으로 각각 근저 당권설정계약을 체결한 경우, 위 채권의 만족을 얻기 위하여 채권자가 위 토지 중 자의 공유지분에 관한 저당권의 실행을 선택한 때에는, 그 경매대금이 변제에 충당되는 한도에 있어서 모의 책임이 경감되고, 또한 채권자가 모에 대한 연대보증책임의 추구를 선택하여 변제를 받은 때에는, 모는 채권자를 대위하여 위 토지 중 자의 공유지분에 대한 저당권을 실행할 수 있는 것으로 되는바, 위와 같이 친권자인 모와 자 사이에 이해의 충돌이 발생할 수 있는 것이, 친권자인 모가 한 행위 자체의 외형상 객관적으로 당연히 예상되는 것이어서, 모가 자를 대리하여 위 토지 중 자의 공유지 분에 관하여 위 근저당권설정계약을 체결한 행위는 이해상반행위로서 무효라고 보아야 한다(대판 2002.1.11, 2001다65960).

③ 친권자가 미성년인 자와 동순위로 공동상속인이 된 경우에 미성년자인 자의 친권자로서 상속재산 을 분할하는 협의를 하는 행위(대판 2001.6.29, 2001다28299).

★★★▶ 이해상반행위의 해당 - 부정 예

① 법정대리인인 친권자가 부동산을 매수하여 이를 그 자에게 증여하는 행위는 미성년자인 자에게 이익만을 주는 행위이므로 친권자와 자 사이의 이해상반행위에 속하지 아니하고, 또 자기계약이 지만 유효하다(대판 1981.10.13, 81다649).

② 친권자가 부동산을 미성년자인 자에게 명의신탁 하는 행위(대판 1998.4.10, 97다4005).

③ 친권자인 모가 자기 오빠의 제3자에 대한 채무의 담보로 미성년자 소유의 부동산에 근저당권을 설 정하는 행위(대판 1991.11.26, 91다32466).

④ 친권자인 모가 자신이 대표이사로 있는 주식회사의 채무 담보를 위하여 자신과 미성년인 자의 공유 재산에 대하여 자의 법정대리인 겸 본인의 자격으로 근저당권을 설정한 행위는, 친권자가 채무자 회사의 대표이사로서 그 주식의 66%를 소유하는 대주주이고 미성년인 자에게는 불이익만을 주는 것이라는 점을 감안하더라도, 그 행위의 객관적 성질상 채무자 회사의 채무를 담보하기 위한 것에 불과하므로 친권자와 그 자 사이에 이해의 대립이 생길 우려가 있는 이해상반행위라고 볼 수 없다 (대판 1996.11.22, 96다10270).

⑤ 친권자이자 공동재산상속인인 모가 자신의 재산상속을 포기함과 동시에 공동상속인이면서 미성년 자인 3인의 친권자로서 그 3인을 대리하여 다른 성년의 자를 위하여 그들의 재산상속을 포기한 행위(대판 1989.9.12, 88다카28044).

★★★▶ 성년인 자와 미성년인 자 사이에 이해상반행위가 성립하는지 여부(소극)

민법 제921조 제2항의 경우 이해상반행위의 당사자는 쌍방이 모두 친권에 복종하는 미성년자일 경우 이어야 하고, 이 때에는 친권자가 미성년자 쌍방을 대리할 수는 없는 것이므로 그 어느 미성년자를 위하여 특별대리인을 선임하여야 한다는 것이지 성년이 되어 친권자의 친권에 복종하지 아니하는 자 와 친권에 복종하는 미성년자인 자 사이에 이해상반이 되는 경우가 있다 하여도 친권자는 미성년자를 위한 법정대리인으로서 그 고유의 권리를 행사할 수 있으므로 그러한 친권자의 법률행위는 같은 조 항 소정의 이해상반행위에 해당한다고 할 수 없다(대판 1989.9.12, 88다카28044).

3) 이해상반행위의 효과

친권자가 미성년인 자와 이해상반 되는 행위를 특별대리인에 의하지 않고 스스로 대리한 경우 그 행위는 무권대리가 되어 적법한 추인이 없는 한 무효이다(대판 2001.6.29, 2001다28299). 추인은 본인인 자가 성년이 된 후에 하여야 한다.

4) 특별대리인의 선임

가) 친권자 vs 미성년자인 자 사이 이해상반행위 : 친권자는 법원에 그 자의 특별대리인의 선임을 청구하여야 한다.

나) 친권자 vs 미성년자인 수인의 자 사이 이해상반행위 : 가령, 공동상속인인 친권자와 미성년자인 수인의 자 사이에 상속재산 분할의 협의를 하게 되는 경우에는, 미성년자 각자에 대하여 특별대리인이 선임되어야 한다.

★★► **공동상속인인 친권자와 수인의 미성년인 자 사이의 공동상속재산분할협의**
민법 제921조의 '이해상반행위'란 행위의 객관적 성질상 친권자와 자 사이 또는 친권에 복종하는 수인의 자 사이에 이해의 대립이 생길 우려가 있는 행위를 가리키는 것으로서 친권자의 의도나 그 행위의 결과 실제로 이해의 대립이 생겼는가의 여부는 묻지 아니하는 것이라 할 것인바, 공동상속재산분할협의는 행위의 객관적 성질상 상속인 상호간에 이해의 대립이 생길 우려가 있는 행위라고 할 것이므로 공동상속인인 친권자와 미성년인 수인의 자 사이에 상속재산분할협의를 하게 되는 경우에는 미성년자 각자마다 특별대리인을 선임하여 각 특별대리인이 각 미성년자인 자를 대리하여 상속재산분할의 협의를 하여야 하고, 만약 친권자가 수인의 미성년자의 법정대리인으로서 상속재산분할협의를 한 것이라면 이는 민법 제921조에 위반된 것으로서 이러한 대리행위에 의하여 성립된 상속재산분할협의는 피대리자 전원에 의한 추인이 없는 한 무효이다(대판 1993.4.13, 92다54524).

다) 미성년자인 수인의 자 사이 이해상반행위 : 법원에 그 자 일방의 특별대리인의 선임을 청구하여야 한다. 즉 이 경우에는 수인의 자 각각을 위하여 특별대리인의 선임을 청구할 필요가 없으며, 그 중 하나의 자는 친권자가 대리하고 다른 자를 위하여서만 특별대리인의 선임을 청구하면 된다.

3. 친권자의 동의를 갈음하는 재판

> **제922조의2【친권자의 동의를 갈음하는 재판】**
> 가정법원은 친권자의 동의가 필요한 행위에 대하여 친권자가 정당한 이유 없이 동의하지 아니함으로써 자녀의 생명, 신체 또는 재산에 중대한 손해가 발생할 위험이 있는 경우에는 자녀, 자녀의 친족, 검사 또는 지방자치단체의 장의 청구에 의하여 친권자의 동의를 갈음하는 재판을 할 수 있다.

일정한 행위에 대한 친권자의 동의를 갈음하는 재판 제도를 도입(2014.10.15. 개정, 2015.10.16. 시행)하였다. 예를 들어 부모가 종교상 이유로 자녀의 수술동의를 거부하는 경우 부모의 친권이 유지되도록 하면서도 자녀의 생명 등을 보호하기 위한 조치가 가능하도록 하기 위한 것이다. 신상감호 등 신분상 행위뿐만 아니라 재산상 행위에 대하여도 적용된다.

Ⅳ. 친권의 소멸 · 일시정지 · 일부제한 및 회복

1. 친권의 소멸

(1) 친권의 절대적 소멸

① 자가 사망한 경우, ② 자가 성년이 된 경우, ③ 자가 혼인한 경우가 있다.

(2) 친권의 상대적 소멸

① 친권자가 사망한 경우, ② 자가 다른 사람의 양자가 된 경우, ③ 혼인 외의 자가 인지된 후 부가 친권자로 된 경우, ④ 부모의 이혼 또는 혼인의 무효 · 취소로 부모 일방이 친권자가 된 경우, ⑤ 입양의 무효 · 취소 또는 파양의 경우, ⑥ 법원의 심판에 의하여 친권자가 변경된 경우(제909조 제6항), ⑦ 친권상실의 선고를 받은 경우(제924조) 등이 있다.

2. 친권의 상실 또는 일시정지

(1) 친권일시정지제도의 도입(2014.10.15. 개정, 2015.10.16. 시행)

구법은 친권상실제도만을 두고 있었으나, 친권을 일정한 기간 동안 일시적으로 제한하는 제도를 도입하였다. 친권 제한 사유가 단기간 내에 소멸할 개연성이 있는 경우에 친권을 일시 정지시키는 것이 가능하게 하기 위한 것이다.

(2) 친권상실 또는 일시정지의 요건

> 제924조 【친권의 상실 또는 일시 정지의 선고】[3]
> ① 가정법원은 부 또는 모가 친권을 남용하여 자녀의 복리를 현저히 해치거나 해칠 우려가 있는 경우에는 자녀, 자녀의 친족, 검사 또는 지방자치단체의 장의 청구에 의하여 그 친권의 상실 또는 일시 정지를 선고할 수 있다.
> ② 가정법원은 친권의 일시 정지를 선고할 때에는 자녀의 상태, 양육상황, 그 밖의 사정을 고려하여 그 기간을 정하여야 한다. 이 경우 그 기간은 2년을 넘을 수 없다.
> ③ 가정법원은 자녀의 복리를 위하여 친권의 일시 정지 기간의 연장이 필요하다고 인정하는 경우에는 자녀, 자녀의 친족, 검사, 지방자치단체의 장, 미성년후견인 또는 미성년후견감독인의 청구에 의하여 2년의 범위에서 그 기간을 한 차례만 연장할 수 있다.

1) 친권의 남용

친권의 남용이란 친권을 자의 복리실현에 현저하게 반하는 방식으로 행사하는 것이다. 예컨대 자녀에 대한 신체적 · 정신적 학대, 자녀의 취학 거부, 친권자의 이익을 위한 자녀의 재산처분이 그에 해당한다.

---

[3] 구 제924조 【친권상실의 선고】 부 또는 모가 친권을 남용하거나 현저한 비행 기타 친권을 행사시킬 수 없는 중대한 사유가 있는 때에는 법원은 제777조의 규정에 의한 자의 친족 또는 검사의 청구에 의하여 그 친권의 상실을 선고할 수 있다.

2) 자녀의 복리를 현저히 해치거나 해칠 우려가 있을 것

① 구법의 '현저한 비행 기타 친권을 행사시킬 수 없는 중대한 사유가 있는 때'라는 요건을 삭제하고, '자녀의 복리를 현저히 해치거나 해칠 우려가 있는 경우'라는 요건을 추가하였다.

② 판례는 모의 간통행위로 부가 사망한 결과가 초래된 경우에 정신지체자 등인 자녀 2명을 76세의 할머니가 돌보는 것보다는 더 낫다는 이유에서 모의 친권상실을 인정하지 않았다(대결 1993. 3.4, 93스3).

▶ **간통행위가 친권상실사유에 해당하는지 여부 - 구체적 판단**

① 친권은 미성년인 자의 양육과 감호 및 재산관리를 적절히 함으로써 그의 복리를 확보하도록 하기 위한 부모의 권리이자 의무의 성격을 갖는 것으로서, 민법 제924조에 의한 친권상실선고사유의 해당 여부를 판단함에 있어서도 친권의 목적이 자녀의 복리보호에 있다는 점이 판단의 기초가 되어야 하고, 설사 친권자에게 간통 등의 비행이 있어 자녀들의 정서나 교육 등에 악영향을 줄 여지가 있다 하더라도 친권의 대상인 자녀의 나이나 건강상태를 비롯하여 관계인들이 처해 있는 여러 구체적 사정을 고려하여 비행을 저지른 친권자를 대신하여 다른 사람으로 하여금 친권을 행사하거나 후견을 하게 하는 것이 자녀의 복리를 위하여 보다 낫다고 인정되는 경우가 아니라면 섣불리 친권상실을 인정하여서는 안 된다.

② 자녀들의 양육과 보호에 관한 의무를 소홀히 하지 아니한 모의 간통행위로 말미암아 부가 사망하는 결과가 초래된 사실만으로써는 모에 대한 친권상실선고사유에 해당한다고 볼 수 없다(대결 1993.3. 4, 93스3).

---

③ 다만 판례는 남편 등과의 불화로 집을 나가 별거한 이후 남편이 교통사고로 사망하자 보상금을 전부 수령하여 거의 다 소비하여 버리는 등 자녀들의 부양에 대하여 전혀 노력하지 않는 모에게 자식들에 대한 친권을 행사시킬 수 없는 중대한 사유가 있다고 본 바 있다(대판 1991.12.10, 91므641).

3) 청구권자

친권상실이나 일시정지의 원인이 있는 경우 자녀, 자녀의 친족, 검사 또는 지방자치단체의 장은 친권상실·일시정지 선고의 청구를 할 수 있다.

(3) 친권상실·일시정지 선고의 효과

1) 친권상실 선고의 효과

① 친권상실선고가 확정되면 친권자는 친권을 상실한다.

▶ ① 공동친권자인 부모 중 일방이 친권상실선고를 받은 때에는 다른 일방이 친권자로 되고, ② 공동친권자인 부모 모두가 친권상실선고를 받거나 단독친권자가 친권상실신고를 받은 때에는 후견이 개시된다. ③ 이혼 등으로 단독친권자로 결정된 부 또는 모가 친권상실선고를 받은 때에는 친권자지정청구 절차가 준용된다(제927조의2).

② 그러나 친권을 상실하더라도 직계혈족으로서의 권리에는 영향이 없다. 따라서 자녀의 혼인동의권, 부양의 권리·의무, 상속에 관한 권리·의무는 그대로 가진다.

2) 친권 일시정지의 효과

친권자는 친권이 일시 정지된 기간 동안 "친권 전부"를 행사할 수 없다. 친권 전부가 포괄적으로 정지된다는 점이 친권의 일부제한과의 차이점이다.

3. 친권의 일부제한

> **제924조의2 【친권의 일부 제한의 선고】**
> 가정법원은 거소의 지정이나 그 밖의 신상에 관한 결정 등 특정한 사항에 관하여 친권자가 친권을 행사하는 것이 곤란하거나 부적당한 사유가 있어 자녀의 복리를 해치거나 해칠 우려가 있는 경우에는 자녀, 자녀의 친족, 검사 또는 지방자치단체의 장의 청구에 의하여 구체적인 범위를 정하여 친권의 일부 제한을 선고할 수 있다. → 종전 "거소의 지정이나 징계"를 "거소의 지정이나"로 하고, 징계 부분을 삭제 [개정 2021.1.26.→ 공포한 날부터 시행]

① 특정한 사항에 관한 친권의 일부 제한 제도를 마련하였다(2014.10.15. 개정, 2015.10.16. 시행). 친권자의 동의를 갈음하는 재판 제도로는 해결할 수 없는 사안이지만 친권을 전부 상실시킬 필요가 없는 경우에 자녀의 생명 등을 보호하기 위한 필요 최소한도의 친권 제한 조치로 친권 중 일부를 제한하는 것이 가능하게 하기 위하여 신설된 규정이다.

② 친권의 일부제한은 친권전부를 상실시키거나 일시정지하는 것이 아니라, 거소의 지정이나 그 밖의 신상에 관한 결정 등 "특정한 사항"에 관한 친권을 제한하는 제도라는 점이 친권의 상실·일시정지와 구별된다.

★► **가정법원이 민법 제924조의2에 따라 부모의 친권 중 양육권만을 제한하여 미성년후견인으로 하여금 자녀에 대한 양육권을 행사하도록 결정한 경우, 민법 제837조를 유추적용하여 미성년후견인이 비양육친을 상대로 가사소송법 제2조 제1항 제2호 (나)목 3)에 따른 양육비심판을 청구할 수 있는지 여부**(적극)

가사소송법 제2조 제1항 제2호 (나)목 3)은 '민법 제837조(동조가 준용되는 경우 포함)에 따른 자녀의 양육에 관한 처분과 그 변경'을 마류 가사비송사건으로 정하고, 민법 제837조는 '양육자의 결정, 양육비용의 부담'을 자의 양육에 관한 사항으로 정하며(제2항), '가정법원은 부·모·자 및 검사의 청구 또는 직권으로 자의 양육에 관한 사항을 변경하거나 다른 적당한 처분을 할 수 있다.'고 정하고 있다(제5항). 가사소송규칙 제99조 제1항은 '자의 양육에 관한 처분과 변경에 관한 심판은 부모 중 일방이 다른 일방을 상대방으로 하여 청구하여야 한다.'고 정하고 있다. 또한 민법은 친권의 상실(제924조), 법률행위 대리권·재산관리권의 상실(제925조)에 관한 규정만을 두고 있었으나, 2014.10.15. 법률 제12777호로 개정되면서 가정법원은 친권 상실사유에 이르지 않더라도 미성년 자녀의 복리를 위해서 친권의 일부를 제한할 수 있다는 규정(제924조의2)을 신설하였고, 가정법원은 미성년 자녀의 보호에 공백이 생기는 것을 막기 위해 친권의 일부 제한 등으로 그 제한된 범위의 친권을 행사할 사람이 없는 경우 미성년후견인을 직권으로 선임하며(제932조 제2항, 제928조), 이 경우 미성년후견인의 임무는 제한된 친권의 범위에 속하는 행위에 한정되는 것으로 정하였다(제946조). 이에 따라 가정법원은 부모가 미성년 자녀를 양육하는 것이 오히려 자녀의 복리에 반한다고 판단한 경우 부모의 친권 중 보호·교양에 관한 권리(민법 제913조), 거소지정권(민법 제914조) 등 자녀의 양육과 관련된 권한(이하 '양육권'이라고 한다)만을 제한하여 미성년후견인이 부모를 대신하여 그 자녀를 양육하도록 하는 내용의 결정도 할 수 있게 되었다. 앞서 본 규정 내용과 체계, 민법의 개정 취지 등에 비추어 보면, 가정법원이 민법 제924조의2에 따라 부모의 친권 중 양육권만을 제한하여 미성년후견인으로 하여금 자녀에 대한 양육권을 행사하도록 결정한 경우에 민법 제837조를 유추적용하여 미성년후견인은 비양육친을 상대로 가사소송법 제2조 제1항 제2호 (나)목 3)에 따른 양육비심판을 청구할 수 있다고 봄이 타당하다(대결 2021.5.27. 2019스621).

4. 대리권과 재산관리권의 상실

> **제925조 【대리권, 재산관리권 상실의 선고】**
> 가정법원은 법정대리인인 친권자가 부적당한 관리로 인하여 자녀의 재산을 위태롭게 한 경우에는 자녀의 친족, 검사 또는 지방자치단체의 장의 청구에 의하여 그 법률행위의 대리권과 재산관리권의 상실을 선고할 수 있다.4)

구법 제925조 중 "제777조에 따른 자녀의 친족 또는 검사의 청구에 따라"를 "자녀의 친족, 검사 또는 지방자치단체의 장의 청구에 의하여"로 개정하였다(2014.10.15. 개정, 2015.10.16. 시행).

5. 친권상실 선고 등의 관계

> **제925조의2 【친권 상실 선고 등의 판단 기준】**
> ① 제924조에 따른 친권 상실의 선고는 같은 조에 따른 친권의 일시 정지, 제924조의2에 따른 친권의 일부 제한, 제925조에 따른 대리권·재산관리권의 상실 선고 또는 그 밖의 다른 조치에 의해서는 자녀의 복리를 충분히 보호할 수 없는 경우에만 할 수 있다.
> ② 제924조에 따른 친권의 일시 정지, 제924조의2에 따른 친권의 일부 제한 또는 제925조에 따른 대리권·재산관리권의 상실 선고는 제922조의2에 따른 동의를 갈음하는 재판 또는 그 밖의 다른 조치에 의해서는 자녀의 복리를 충분히 보호할 수 없는 경우에만 할 수 있다.

친권상실선고는 다른 조치에 대하여 보충적인 조치이다. 친권의 일시정지, 친권의 일부제한, 대리권·재산관리권의 상실선고는 친권자의 동의를 갈음하는 재판에 대하여는 보충적인 관계이나, 그 상호간에는 선택적인 관계에 있다.

★▶ **민법 제924조 제1항에 따라 친권 상실 청구가 있고, 가정법원이 민법 제925조의2의 판단 기준을 참작하여 친권 상실사유에는 해당하지 않지만 자녀의 복리를 위하여 친권의 일부 제한이 필요하다고 볼 경우, 청구취지에 구속되지 않고 친권의 일부 제한을 선고할 수 있는지 여부**(적극)
민법은 친권 남용 등의 중대한 사유가 있는 때 법원이 친권 상실을 선고할 수 있다는 규정만을 두고 있었으나(제924조), 2014.10.15. 법률 제12777호로 민법을 개정할 당시 친권 상실 선고 외에도 친

---

4) 구 제925조 【대리권, 관리권상실의 선고】 가정법원은 법정대리인인 친권자가 부적당한 관리로 인하여 자녀의 재산을 위태롭게 한 경우에는 제777조에 따른 자녀의 친족 또는 검사의 청구에 따라 그 법률행위의 대리권과 재산관리권의 상실을 선고할 수 있다.

권의 일시 정지(제924조)와 친권의 일부 제한(제924조의2)을 선고할 수 있다는 규정을 신설하고 친권 상실 선고 등의 판단 기준도 신설하였다(제925조의2). 가사소송규칙 제93조는 (마)류 가사비송사건에 대하여 가정법원이 가장 합리적인 방법으로 청구의 목적이 된 법률관계를 조정할 수 있는 내용의 심판을 하도록 하고 있고(제1항), 금전의 지급이나 물건의 인도, 기타 재산상의 의무이행을 구하는 청구에 대하여는 청구취지를 초과하여 의무의 이행을 명할 수 없다고 하면서도 자녀의 복리를 위하여 양육에 관한 사항을 정하는 경우를 제외하고 있다(제2항). 위와 같은 규정 내용과 체계 등에 비추어 친권 상실이나 제한의 경우에도 자녀의 복리를 위한 양육과 마찬가지로 가정법원이 후견적 입장에서 폭넓은 재량으로 당사자의 법률관계를 형성하고 그 이행을 명하는 것이 허용되며 당사자의 청구취지에 엄격하게 구속되지 않는다고 보아야 한다. 따라서 민법 제924조 제1항에 따른 친권 상실 청구가 있으면 가정법원은 민법 제925조의2의 판단 기준을 참작하여 친권 상실사유에는 해당하지 않지만 자녀의 복리를 위하여 친권의 일부 제한이 필요하다고 볼 경우 청구취지에 구속되지 않고 친권의 일부 제한을 선고할 수 있다(대결 2018.5.25, 2018스520).

6. 친권상실 등과 부모의 권리·의무

> **제925조의3【부모의 권리와 의무】**
> 제924조와 제924조의2, 제925조에 따라 친권의 상실, 일시 정지, 일부 제한 또는 대리권과 재산관리권의 상실이 선고된 경우에도 부모의 자녀에 대한 그 밖의 권리와 의무는 변경되지 아니한다.

7. 실권회복

> **제926조【실권 회복의 선고】**
> 가정법원은 제924조(친권의 상실 또는 일시 정지), 제924조의2(친권의 일부 제한) 또는 제925조(대리권, 재산관리권 상실)에 따른 선고의 원인이 소멸된 경우에는 본인, 자녀, 자녀의 친족, 검사 또는 지방자치단체의 장의 청구에 의하여 실권의 회복을 선고할 수 있다.

8. 대리권·재산관리권의 사퇴(일부사퇴)와 회복

> **제927조【대리권, 관리권의 사퇴와 회복】**
> ① 법정대리인인 친권자는 정당한 사유가 있는 때에는 법원의 허가를 얻어 그 법률행위의 대리권과 재산관리권을 사퇴할 수 있다.
> ② 전항의 사유가 소멸한 때에는 그 친권자는 법원의 허가를 얻어 사퇴한 권리를 회복할 수 있다.

친권의 전부사퇴는 불가능하고, 일부사퇴(대리권·재산관리권의 사퇴)만 가능하다.

9. 친권 상실 등과 친권자의 지정청구절차의 준용

제927조의2 【친권의 상실, 일시 정지 또는 일부 제한과 친권자의 지정 등】

① 제909조 제4항부터 제6항까지의 규정에 따라 단독 친권자가 된 부 또는 모, 양부모(친양자의 양부모를 제외한다) 쌍방에게 다음 각 호의 어느 하나에 해당하는 사유가 있는 경우에는 제909조의2 제1항 및 제3항부터 제5항(친권자지정절차)까지의 규정을 준용한다. 다만, 제1호의3·제2호 및 제3호의 경우 새로 정하여진 친권자 또는 미성년후견인의 임무는 제한된 친권의 범위에 속하는 행위에 한정된다.

　1. 제924조에 따른 친권상실의 선고가 있는 경우

　1의2. 제924조에 따른 친권 일시 정지의 선고가 있는 경우

　1의3. 제924조의2에 따른 친권 일부 제한의 선고가 있는 경우

　2. 제925조에 따른 대리권과 재산관리권 상실의 선고가 있는 경우

　3. 제927조 제1항에 따라 대리권과 재산관리권을 사퇴한 경우

　4. 소재불명 등 친권을 행사할 수 없는 중대한 사유가 있는 경우

② 가정법원은 제1항에 따라 친권자가 지정되거나 미성년후견인이 선임된 후 단독 친권자이었던 부 또는 모, 양부모 일방 또는 쌍방에게 다음 각 호의 어느 하나에 해당하는 사유가 있는 경우에는 그 부모 일방 또는 쌍방, 미성년자, 미성년자의 친족의 청구에 의하여 친권자를 새로 지정할 수 있다.

　1. 제926조에 따라 실권의 회복이 선고된 경우

　2. 제927조 제2항에 따라 사퇴한 권리를 회복한 경우

　3. 소재불명이던 부 또는 모가 발견되는 등 친권을 행사할 수 있게 된 경우

---

① 혼인 외의 자의 인지, 이혼, 혼인의 취소, 가정법원의 친권자변경(제909조 제4항부터 제6항)에 따라 정해진 단독친권자, 양부모 쌍방에게 친권상실 등의 사유(제927조의2 제1항 각 호)가 있는 경우 친권자지정절차가 준용된다.

② 제927조의2 제1항에서 "제909조의2 제2항(양부모 쌍방이 사망한 경우 친권자지정청구)"을 준용하고 있지 않다. 이는 양부모 쌍방이 친권을 행사할 수 없는 경우에는 후견개시의 사유가 되어(제928조), 후견인선임청구를 하여야 하기 때문이다(제932조).

③ 제927조의2 제1항은 '양부모' 중 친양자의 양부모를 제외하고 있다. 이는 제909조의2 제2항(양부모 쌍방이 사망한 경우 친권자지정청구) 단서에서 친양자의 양부모가 사망한 경우를 제외하고 있는 것과 마찬가지이다. 친양자의 경우 양부모가 모두 사망하거나 친권을 상실하더라도 친생부모와의 친족관계는 부활하지 않기 때문이다. 따라서 이 경우에는 후견이 개시된다.

제2관 후견

I. 의의

후견이란 제한능력자를 보호하는 것을 가리킨다. 후견에는 미성년후견과 성년후견·한정후견·특정후견이 있고, 질병·장애·노령 그 밖의 사유로 인한 정신적 제약으로 사무를 처리할 능력이 부족한 상황에 있거나 부족하게 될 상황에 대비하여 자신의 재산관리 및 신상보호에 관한 사무의 전부 또는 일부를 다른 자에게 위탁하고 그 위탁사무에 관하여 대리권을 수여하는 것을 내용으로 하는 계약에 의한 임의후견이 있다.

II. 미성년후견

1. 미성년후견의 개시

> **제928조【미성년자에 대한 후견의 개시】**
> 미성년자에게 친권자가 없거나 친권자가 제924조, 제924조의2, 제925조 또는 제927조 제1항에 따라 친권의 전부 또는 일부를 행사할 수 없는 경우에는 미성년후견인을 두어야 한다.
> **제930조【후견인의 수와 자격】**
> ① 미성년후견인의 수는 한 명으로 한다.

제928조 중 "친권자가 법률행위의 대리권과 재산관리권을 행사할 수 없는 경우"를 "친권자가 제924조(친권의 상실 또는 일시 정지의 선고), 제924조의2(친권의 일부 제한의 선고), 제925조(대리권, 재산관리권 상실의 선고) 또는 제927조 제1항(대리권, 관리권의 사퇴)에 따라 친권의 전부 또는 일부를 행사할 수 없는 경우"로 개정하였다.

2. 미성년후견인

(1) 지정후견인

> **제931조【유언에 의한 미성년후견인의 지정 등】**
> ① 미성년자에게 친권을 행사하는 부모는 유언으로 미성년후견인을 지정할 수 있다. 다만, 법률행위의 대리권과 재산관리권이 없는 친권자는 그러하지 아니하다.
> ② 가정법원은 제1항에 따라 미성년후견인이 지정된 경우라도 미성년자의 복리를 위하여 필요하면 생존하는 부 또는 모, 미성년자의 청구에 의하여 후견을 종료하고 생존하는 부 또는 모를 친권자로 지정할 수 있다.

(2) 선임후견인

> **제932조【미성년후견인의 선임】**
> ① 가정법원은 제931조에 따라 지정된 미성년후견인이 없는 경우에는 직권으로 또는 미성년자, 친족, 이해관계인, 검사, 지방자치단체의 장의 청구에 의하여 미성년후견인을 선임한다. 미성년후견인이 없게 된 경우에도 또한 같다.
> ② 가정법원은 제924조, 제924조의2 및 제925조에 따른 친권의 상실, 일시 정지, 일부 제한의 선고 또는 법률행위의 대리권이나 재산관리권 상실의 선고에 따라 미성년후견인을 선임할 필요가 있는 경우에는 직권으로 미성년후견인을 선임한다.
> ③ 친권자가 대리권 및 재산관리권을 사퇴한 경우에는 지체 없이 가정법원에 미성년후견인의 선임을 청구하여야 한다.

제932조 제2항 중 "친권상실의 선고나 대리권 및 재산관리권 상실의 선고"를 "제924조(친권의 상실 또는 일시 정지의 선고), 제924조의2(친권의 일부 제한의 선고), 제925조(대리권, 재산관리권 상실의 선고)에 따른 친권의 상실, 일시 정지, 일부 제한의 선고 또는 법률행위의 대리권이나 재산관리권 상실의 선고"로 개정하였다.

(3) 결격·사임·변경

1) 결격

> **제937조【후견인의 결격사유】**
> 다음 각 호의 어느 하나에 해당하는 자는 후견인이 되지 못한다.
> 1. 미성년자
> 2. 피성년후견인, 피한정후견인, 피특정후견인, 피임의후견인
> 3. 회생절차개시결정 또는 파산선고를 받은 자
> 4. 자격정지 이상의 형의 선고를 받고 그 형기 중에 있는 사람
> 5. 법원에서 해임된 법정대리인
> 6. 법원에서 해임된 성년후견인, 한정후견인, 특정후견인, 임의후견인과 그 감독인
> 7. 행방이 불분명한 사람
> 8. 피후견인을 상대로 소송을 하였거나 하고 있는 사람
> 9. 제8호에서 정한 사람의 배우자와 직계혈족. 다만, 피후견인의 직계비속은 제외한다. [개정 2016.12.20.]
>   → 공포한 날부터 시행하고, 제9호의 개정규정은 이 법 시행 당시 법원에 계속 중인 사건에도 적용한다 (부칙).

2) 사임

> **제939조【후견인의 사임】**
> 후견인은 정당한 사유가 있는 경우에는 가정법원의 허가를 받아 사임할 수 있다. 이 경우 그 후견인은 사임청구와 동시에 가정법원에 새로운 후견인의 선임을 청구하여야 한다.

3) 변경

> **제940조 【후견인의 변경】**
> 가정법원은 피후견인의 복리를 위하여 후견인을 변경할 필요가 있다고 인정하면 직권으로 또는 피후견인, 친족, 후견감독인, 검사, 지방자치단체의 장의 청구에 의하여 후견인을 변경할 수 있다.

★► 민법 제940조에서 성년후견인 변경요건으로 정한 '피성년후견인의 복리를 위하여 후견인을 변경할 필요가 있다고 인정되는 경우'의 의미 및 성년후견인 변경사유를 판단할 때 재산관리와 신상보호라는 양 업무의 측면을 모두 고려하여야 하는지 여부(원칙적 적극)

가정법원은 직권 또는 친족 등의 청구에 의하여 성년후견인을 변경할 수 있는데(민법 제940조), 그 변경의 요건은 '피성년후견인의 복리를 위하여 후견인을 변경할 필요가 있다고 인정되는 경우'이다. 성년후견제도의 도입 취지 및 목적, 성년후견인의 임무와 범위, 가정법원의 감독권한 등을 종합하면 성년후견인의 변경사유인 '피성년후견인의 복리를 위하여 후견인을 변경할 필요가 있다고 인정되는 경우'는 가정법원이 성년후견인의 임무수행을 전체적으로 살펴보았을 때 선량한 관리자로서의 주의의무를 게을리하여 후견인으로서 그 임무를 수행하는 데 적당하지 않은 사유가 있는 경우로서 그 부적당한 점으로 피후견인의 복리에 영향이 있는 경우라고 봄이 상당하다. 또한 성년후견인의 임무에는 피성년후견인의 재산관리 임무뿐 아니라 신상보호 임무가 포함되어 있고, 신상보호 임무 역시 재산관리 임무 못지않게 피성년후견인의 복리를 위하여 중요한 의미를 가지기 때문에, 특별한 사정이 없는 한 성년후견인 변경사유를 판단함에 있어서는 재산관리와 신상보호의 양 업무의 측면을 모두 고려하여야 한다(대결 2021.2.4, 2020스647).

→ [사실관계] : 甲이 뇌출혈 발병으로 거동이나 의사소통 등을 할 수 없게 되자, 甲의 큰형인 乙이 성년후견개시심판을 청구하여 甲에 대한 성년후견개시 및 乙을 성년후견인으로 선임하는 내용 등의 심판이 선고되어 확정되었는데, 위 심판절차에서 '乙이 성년후견인이 되는 것에 동의한다.'는 취지의 후견동의서를 제출하였던 甲의 자녀 丙이 위 심판 확정 직후 乙 등이 甲의 재산을 빼앗고 후견동의서를 위조하여 제출하는 등 불법을 저질렀다고 주장하면서 성년후견인 변경청구를 한 사안에서, 甲이 현재 뇌출혈로 거동이나 의사표시가 어려운 상태인 사정 등을 감안하면 신상보호 임무의 관점에서 丁 사단법인이 乙보다 더 적합한 성년후견인에 해당한다고 단정하기 어려움에도, 乙이 수행한 재산관리와 신상보호 임무를 모두 살펴보았을 때 임무를 수행하는 데 적당하지 않아 피후견인의 복리에 저해가 된다고 볼 만한 구체적 사정이 있는지, 기존의 성년후견인 선임을 유지한 채 다른 처분을 하는 것이 오히려 피성년후견인의 복리에 더 부합하는 것은 아닌지 등에 대하여 충분히 살펴보지 않은 채, 甲 명의의 재산 등을 둘러싸고 가족들 사이에 갈등이 계속되면 甲의 신상과 재산에 손해나 위험이 발생할 가능성이 높아진다는 등의 사유만을 내세워, 성년후견인 변경사유가 있고 丁 사단법인이 乙보다 더 성년후견인으로 적합하다고 보아 변경심판을 한 원심판단에는 성년후견인 변경에 대한 법리오해 등의 잘못이 있다고 한 사례이다.

3. 미성년후견인의 임무 등

(1) 미성년자의 신분에 관한 후견인의 권리·의무

1) 미성년자에 대한 보호·교양, 거소지정권, 징계권

> **제945조【미성년자의 신분에 관한 후견인의 권리·의무】**
> 미성년후견인은 제913조 및 제914조에서 규정한 사항에 관하여는 친권자와 동일한 권리와 의무가 있다. 다만, 다음 각 호의 어느 하나에 해당하는 경우에는 미성년후견감독인이 있으면 그의 동의를 받아야 한다. → 종전 "제913조부터 제915조까지"를 "제913조 및 제914"조라 하고, 제915조 부분은 삭제 [개정 2021.1.26. → 공포한 날부터 시행]
> 1. 친권자가 정한 교육방법, 양육방법 또는 거소를 변경하는 경우
> 2. 미성년자를 감화기관이나 교정기관에 위탁하는 경우 → 삭제 [2021.1.26. → 공포한 날부터 시행]
> 3. 친권자가 허락한 영업을 취소하거나 제한하는 경우

2) 신분행위에 대한 동의권과 대리권

> **제938조【후견인의 대리권 등】**
> ① 후견인은 피후견인의 법정대리인이 된다.

① 후견인은 미성년자의 약혼과 혼인에 대한 동의권, 13세 이상 미성년자 입양에 대한 동의권 등 신분행위에 대한 동의권을 갖는다.
② 또한 혼인적령 미달자에 대한 혼인의 취소, 인지청구의 소제기, 13세 미만 미성년자의 입양에 대한 대락, 미성년자가 양친이 된 입양의 취소, 13세 이상 미성년자가 동의권자의 동의를 얻지 않고 양자가 되었을 때의 취소, 상속의 승인 내지 포기 등의 권한도 가진다.

(2) 미성년자의 재산에 관한 임무

1) 재산관리권·대리권

> **제949조【재산관리권과 대리권】**
> ① 후견인은 피후견인의 재산을 관리하고 그 재산에 관한 법률행위에 대하여 피후견인을 대리한다.
> ② 제920조 단서(= 자의 행위를 목적으로 하는 채무부담시 본인의 동의)의 규정은 전항의 법률행위에 준용한다.
>
> **제949조의3【이해상반행위】**
> 후견인에 대하여는 제921조를 준용한다. 다만, 후견감독인이 있는 경우에는 그러하지 아니하다. → 이해상반행위의 경우 후견인은 특별대리인의 선임을 법원에 청구하여야 한다. 다만 후견감독인이 있는 경우에는 후견감독인이 피후견인을 대리한다.
>
> **제950조【후견감독인의 동의를 필요로 하는 행위】**
> ① 후견인이 피후견인을 대리하여 다음 각 호의 어느 하나에 해당하는 행위를 하거나 미성년자의 다음 각 호의 어느 하나에 해당하는 행위에 동의를 할 때는 후견감독인이 있으면 그의 동의를 받아야 한다.

> 1. 영업에 관한 행위
> 2. 금전을 빌리는 행위
> 3. 의무만을 부담하는 행위
> 4. 부동산 또는 중요한 재산에 관한 권리의 득실변경을 목적으로 하는 행위
> 5. 소송행위
> 6. 상속의 승인, 한정승인 또는 포기 및 상속재산의 분할에 관한 협의
>
> ② 후견감독인의 동의가 필요한 행위에 대하여 후견감독인이 피후견인의 이익이 침해될 우려가 있음에도 동의를 하지 아니하는 경우에는 가정법원은 후견인의 청구에 의하여 후견감독인의 동의를 갈음하는 허가를 할 수 있다.
> ③ 후견감독인의 동의가 필요한 법률행위를 후견인이 후견감독인의 동의 없이 하였을 때에는 피후견인 또는 후견감독인이 그 행위를 취소할 수 있다.

가) 후견감독인의 동의 없는 재산처분 등의 효과(= 취소권의 발생) : 피후견인 또는 후견감독인이 그 행위를 취소할 수 있다(제950조 제3항). 취소권의 행사기간에 관하여 제146조가 적용된다. 즉 취소권은 추인할 수 있는 날로부터 3년 내에 법률행위를 한 날로부터 10년 내에 행사하여야 한다.

> ▶ **피후견인 또는 친족회**(현행 후견감독인)**의 취소권 행사기간**
> 한정치산자(=현행 피한정후견인)의 후견인이 친족회의 동의 없이 피후견인의 부동산을 처분한 경우에 발생하는 취소권은 민법 제146조에 의하여 추인할 수 있는 날로부터 3년 내에, 법률행위를 한 날로부터 10년 내에 행사하여야 한다. 이 경우 피후견인이 스스로 법률행위를 취소함에 있어서는 한정치산선고가 취소되어 피후견인이 능력자로 복귀한 날로부터 3년 내에 그 취소권을 행사하여야 하고(대판 1997.6.27, 97다3828), 친족회가 취소하는 경우에는 친족회소집이 가능한 날부터 3년 내에 행사하여야 하는 바, 이때 위 기간 내에 소를 제기하여야만 하는 것은 아니고 재판 외의 행사로도 족하다(대판 1993.7.27, 92다52795).

> ▶ **친족회**(현행 후견감독인)**의 취소권이 채권자대위권의 목적이 되는지 여부**(소극)
> 후견인이 민법 제950조 제1항 각호의 행위를 하면서 친족회의 동의를 얻지 아니한 경우, 제2항의 규정에 의하여 피후견인 또는 친족회가 그 후견인의 행위를 취소할 수 있는 권리(취소권)는 행사상의 일신전속권이므로 채권자대위권의 목적이 될 수 없다(대판 1996.5.31, 94다35985).

나) 제126조 표현대리 적용여부(=적극) : 제950조 제1항에 위반한 행위는 무권대리행위가 되고 상대방에게 정당한 이유가 있으면 제126조의 표현대리가 성립할 수 있다(판례). 즉, 후견인의 법정대리권도 제126조의 기본대리권이 된다.

> ★★★▶ **제950조 위반행위에 제126조 적용여부**(적극)
> 민법 제126조 소정의 권한을 넘는 표현대리 규정은 거래의 안전을 도모하여 거래 상대방의 이익을 보호하려는 데에 그 취지가 있으므로 법정대리라고 하여 임의대리와는 달리 그 적용이 없다고 할 수 없고, 따라서 한정치산자(=현행 피한정후견인)의 후견인이 친족회의 동의를 얻지 않고 피후견인의 부동산을 처분하는 행위를 한 경우에도 상대방이 친족회의 동의가 있다고 믿은 데에 정당한 사유가 있는 때에는 본인인 한정치산자에게 그 효력이 미친다(대판 1997.6.27, 97다3828).

다) 예외 : 후견인이 후견감독인의 동의 없이 한 '소송행위'(제950조 제1항 제5호)는 무효

▶ **후견인이 친족회**(현행 후견감독인)**의 동의 없이 한 소송행위의 효력**(무효)

한정치산자(현행 피한정후견인)의 후견인이 한정치산자의 이름으로 소송을 제기하는 등의 소송행위를 함에는 친족회의 동의를 얻어야 하며 친족회의 동의를 얻지 아니한 채 제소하여 사실심의 변론종결시까지 그 동의가 보정되지 아니하였다면 그 제소 등 일련의 소송행위는 그에 필요한 수권이 흠결된 법정대리인에 의한 것으로서 절차적 안정이 요구되는 소송행위의 성격상 민법 제950조 제2항(=현행 동조 제3항)의 규정에도 불구하고 무효이다. 그러나 법정대리인의 소송행위에 필요한 친족회의 동의가 보정되면 행위시에 소급하여 그의 효력이 생기고 그 보정은 상고심에서도 할 수 있다(대판 2001.7.27, 2001다5937).

2) 피후견인에 대한 제3자의 채권 양수 제한

> **제951조 【피후견인의 재산 등의 양수에 대한 취소】**
> ① 후견인이 피후견인에 대한 제3자의 권리를 양수하는 경우에는 피후견인은 이를 취소할 수 있다.
> ② 제1항에 따른 권리의 양수의 경우 후견감독인이 있으면 후견인은 후견감독인의 동의를 받아야 하고, 후견감독인의 동의가 없는 경우에는 피후견인 또는 후견감독인이 이를 취소할 수 있다.
>
> **제952조 【상대방의 추인 여부 최고】**
> 제950조 및 제951조의 경우에는 제15조(= 제한능력자의 상대방의 확답을 촉구할 권리)를 준용한다.

3) 재산관리에 한하는 후견인 경우

> **제946조 【친권 중 일부에 한정된 후견】**
> 미성년자의 친권자가 제924조의2, 제925조 또는 제927조 제1항에 따라 친권 중 일부에 한정하여 행사할 수 없는 경우에 미성년후견인의 임무는 제한된 친권의 범위에 속하는 행위에 한정된다.[5]

4) 재산목록작성의무 등

> **제941조 【재산조사와 목록작성】**
> ① 후견인은 지체 없이 피후견인의 재산을 조사하여 2개월 내에 그 목록을 작성하여야 한다. 다만, 정당한 사유가 있는 경우에는 법원의 허가를 받아 그 기간을 연장할 수 있다.
> ② 후견감독인이 있는 경우 제1항에 따른 재산조사와 목록작성은 후견감독인의 참여가 없으면 효력이 없다.
>
> **제942조 【후견인의 채권·채무의 제시】**
> ① 후견인과 피후견인 사이에 채권·채무의 관계가 있고 후견감독인이 있는 경우에는 후견인은 재산목록의 작성을 완료하기 전에 그 내용을 후견감독인에게 제시하여야 한다.
> ② 후견인이 피후견인에 대한 채권이 있음을 알고도 제1항에 따른 제시를 게을리한 경우에는 그 채권을 포기한 것으로 본다.
>
> **제943조 【목록작성 전의 권한】**
> 후견인은 재산조사와 목록작성을 완료하기까지는 긴급 필요한 경우가 아니면 그 재산에 관한 권한을 행사하지 못한다. 그러나 이로써 선의의 제3자에게 대항하지 못한다.

---

5) 구 제946조 【재산관리에 한정된 후견】 미성년자의 친권자가 법률행위의 대리권과 재산관리권에 한정하여 친권을 행사할 수 없는 경우에 미성년후견인의 임무는 미성년자의 재산에 관한 행위에 한정된다.

> **제944조 【피후견인이 취득한 포괄적 재산의 조사 등】**
> 전3조의 규정은 후견인의 취임 후에 피후견인이 포괄적 재산을 취득한 경우에 준용한다.

5) 후견인의 보수

> **제955조 【후견인에 대한 보수】**
> 법원은 후견인의 청구에 의하여 피후견인의 재산상태 기타 사정을 참작하여 피후견인의 재산 중에서 상당한 보수를 후견인에게 수여할 수 있다.
> **제955조의2 【지출금액의 예정과 사무비용】**
> 후견인이 후견사무를 수행하는 데 필요한 비용은 피후견인의 재산 중에서 지출한다.

6) 후견인의 주의의무 등

> **제956조 【위임과 친권의 규정의 준용】**
> 제681조(= 수임인의 선관주의의무) 및 제918조(= 제3자가 무상으로 수여한 재산의 관리권 배제)의 규정은 후견인에게 이를 준용한다. → 반면 친권자는 자기재산과 동일한 주의의무(제922조)를 질 뿐이다.

4. 미성년후견의 감독

(1) 미성년후견감독인에 의한 감독

1) 미성년후견감독인의 지정·선임

> **제940조의2 【미성년후견감독인의 지정】**
> 미성년후견인을 지정할 수 있는 사람은 유언으로 미성년후견감독인을 지정할 수 있다.
> **제940조의3 【미성년후견감독인의 선임】**
> ① 가정법원은 제940조의2에 따라 지정된 미성년후견감독인이 없는 경우에 필요하다고 인정하면 직권으로 또는 미성년자, 친족, 미성년후견인, 검사, 지방자치단체의 장의 청구에 의하여 미성년후견감독인을 선임할 수 있다. → 필요한 경우에 미성년후견감독인을 선임할 수 있다는 것이므로, 미성년후견이 개시되었다고 하여 반드시 미성년후견감독인이 선임되는 것은 아니다.
> ② 가정법원은 미성년후견감독인이 사망, 결격, 그 밖의 사유로 없게 된 경우에는 직권으로 또는 미성년자, 친족, 미성년후견인, 검사, 지방자치단체의 장의 청구에 의하여 미성년후견감독인을 선임한다.
> **제940조의7 【위임 및 후견인 규정의 준용】**
> 후견감독인에 대하여는 제681조, 제691조, 제692조, 제930조 제2항·제3항, 제936조 제3항·제4항, 제937조, 제939조, 제940조, 제947조의2 제3항부터 제5항까지, 제949조의2, 제955조 및 제955조의2를 준용한다.
> **제936조 【성년후견인의 선임】**
> ③ 가정법원은 성년후견인이 선임된 경우에도 필요하다고 인정하면 직권으로 또는 제2항의 청구권자나 성년후견인의 청구에 의하여 추가로 성년후견인을 선임할 수 있다.

④ 가정법원이 성년후견인을 선임할 때에는 피성년후견인의 의사를 존중하여야 하며, 그 밖에 피성년후견인의 건강, 생활관계, 재산상황, 성년후견인이 될 사람의 직업과 경험, 피성년후견인과의 이해관계의 유무(법인이 성년후견인이 될 때에는 사업의 종류와 내용, 법인이나 그 대표자와 피성년후견인 사이의 이해관계의 유무를 말한다) 등의 사정도 고려하여야 한다.

2) 미성년후견감독인의 수·자격·결격 등

제940조의7 【위임 및 후견인 규정의 준용】
후견감독인에 대하여는 제681조, 제691조, 제692조, 제930조 제2항·제3항, 제936조 제3항·제4항, 제937조(=후견인의 결격사유), 제939조(=후견인의 사임), 제940조(=후견인의 변경), 제947조의2 제3항부터 제5항까지, 제949조의2, 제955조 및 제955조의2를 준용한다.

제930조 【후견인의 수와 자격】
② 성년후견인은 피성년후견인의 신상과 재산에 관한 모든 사정을 고려하여 여러 명을 둘 수 있다.
③ 법인도 성년후견인이 될 수 있다.

제949조의2 【성년후견인이 여러 명인 경우 권한의 행사 등】
① 가정법원은 직권으로 여러 명의 성년후견인이 공동으로 또는 사무를 분장하여 그 권한을 행사하도록 정할 수 있다.
② 가정법원은 직권으로 제1항에 따른 결정을 변경하거나 취소할 수 있다.
③ 여러 명의 성년후견인이 공동으로 권한을 행사하여야 하는 경우에 어느 성년후견인이 피성년후견인의 이익이 침해될 우려가 있음에도 법률행위의 대리 등 필요한 권한행사에 협력하지 아니할 때에는 가정법원은 피성년후견인, 성년후견인, 후견감독인 또는 이해관계인의 청구에 의하여 그 성년후견인의 의사표시를 갈음하는 재판을 할 수 있다.

3) 미성년후견감독인의 직무 및 보수·비용

제940조의6 【후견감독인의 직무】
① 후견감독인은 후견인의 사무를 감독하며, 후견인이 없는 경우 지체 없이 가정법원에 후견인의 선임을 청구하여야 한다.
② 후견감독인은 피후견인의 신상이나 재산에 대하여 급박한 사정이 있는 경우 그의 보호를 위하여 필요한 행위 또는 처분을 할 수 있다.
③ 후견인과 피후견인 사이에 이해가 상반되는 행위에 관하여는 후견감독인이 피후견인을 대리한다.

제953조 【후견감독인의 후견사무의 감독】
후견감독인은 언제든지 후견인에게 그의 임무 수행에 관한 보고와 재산목록의 제출을 요구할 수 있고 피후견인의 재산상황을 조사할 수 있다.

제940조의7 【위임 및 후견인 규정의 준용】
후견감독인에 대하여는 제681조(=선관주의의무), 제691조(=위임종료시의 긴급사무처리), 제692조(=위임종료의 대항요건), 제930조 제2항·제3항, 제936조 제3항·제4항, 제937조, 제939조, 제940조, 제947조의2 제3항부터 제5항까지, 제949조의2, 제955조 및 제955조의2를 준용한다.

(2) 가정법원에 의한 감독

> **제954조【가정법원의 후견사무에 관한 처분】**
> 가정법원은 직권으로 또는 피후견인, 후견감독인, 제777조에 따른 친족, 그 밖의 이해관계인, 검사, 지방자치단체의 장의 청구에 의하여 피후견인의 재산상황을 조사하고, 후견인에게 재산관리 등 후견임무 수행에 관하여 필요한 처분을 명할 수 있다.

5. 미성년후견의 종료

(1) 종료원인

1) 절대적 종료원인

① 미성년자 보호필요성의 종료(예 피후견인의 사망, 성년의제 등), ② 종전의 친권으로 이행하는 경우(예 행방불명이던 친권자의 출현 등), ③ 새로 친권이 생기는 경우(예 피후견인이 양자로 된 때 등)

2) 상대적 종료원인

후견인의 사망, 사퇴, 변경, 결격의 사유가 발생한 때 등이다.

(2) 종료의 효과

> **제957조【후견사무의 종료와 관리의 계산】**
> ① 후견인의 임무가 종료된 때에는 후견인 또는 그 상속인은 1개월 내에 피후견인의 재산에 관한 계산을 하여야 한다. 다만, 정당한 사유가 있는 경우에는 법원의 허가를 받아 그 기간을 연장할 수 있다.
> ② 제1항의 계산은 후견감독인이 있는 경우에는 그가 참여하지 아니하면 효력이 없다.
> **제958조【이자의 부가와 금전소비에 대한 책임】**
> ① 후견인이 피후견인에게 지급할 금액이나 피후견인이 후견인에게 지급할 금액에는 계산종료의 날로부터 이자를 부가하여야 한다.
> ② 후견인이 자기를 위하여 피후견인의 금전을 소비한 때에는 그 소비한 날로부터 이자를 부가하고 피후견인에게 손해가 있으면 이를 배상하여야 한다.
> **제959조【위임규정의 준용】**
> 제691조(= 위임종료 시의 긴급처리), 제692조(= 위임종료의 대항요건)의 규정은 후견의 종료에 이를 준용한다.

III. 성년후견

1. 성년후견의 개시

> **제9조【성년후견개시의 심판】**
> ① 가정법원은 질병, 장애, 노령, 그 밖의 사유로 인한 정신적 제약으로 사무를 처리할 능력이 지속적으로 결여된 사람에 대하여 본인, 배우자, 4촌 이내의 친족, 미성년후견인, 미성년후견감독인, 한정후견인, 한정후견감독인, 특정후견인, 특정후견감독인, 검사 또는 지방자치단체의 장의 청구에 의하여 성년후견개시의 심판을 한다.

② 가정법원은 성년후견개시의 심판을 할 때 본인의 의사를 고려하여야 한다.

제10조【피성년후견인의 행위와 취소】

① 피성년후견인의 법률행위는 취소할 수 있다.

② 제1항에도 불구하고 가정법원은 취소할 수 없는 피성년후견인의 법률행위의 범위를 정할 수 있다.

③ 가정법원은 본인, 배우자, 4촌 이내의 친족, 성년후견인, 성년후견감독인, 검사 또는 지방자치단체의 장의 청구에 의하여 제2항의 범위를 변경할 수 있다.

④ 제1항에도 불구하고 일용품의 구입 등 일상생활에 필요하고 그 대가가 과도하지 아니한 법률행위는 성년후견인이 취소할 수 없다.

제11조【성년후견종료의 심판】

성년후견개시의 원인이 소멸된 경우에는 가정법원은 본인, 배우자, 4촌 이내의 친족, 성년후견인, 성년후견감독인, 검사 또는 지방자치단체의 장의 청구에 의하여 성년후견종료의 심판을 한다.

제929조【성년후견심판에 의한 후견의 개시】

가정법원의 성년후견개시심판이 있는 경우에는 그 심판을 받은 사람의 성년후견인을 두어야 한다.

제930조【후견인의 수와 자격】

② 성년후견인은 피성년후견인의 신상과 재산에 관한 모든 사정을 고려하여 여러 명을 둘 수 있다.

③ 법인도 성년후견인이 될 수 있다.

제949조의2【성년후견인이 여러 명인 경우 권한의 행사 등】

① 가정법원은 직권으로 여러 명의 성년후견인이 공동으로 또는 사무를 분장하여 그 권한을 행사하도록 정할 수 있다.

② 가정법원은 직권으로 제1항에 따른 결정을 변경하거나 취소할 수 있다.

③ 여러 명의 성년후견인이 공동으로 권한을 행사하여야 하는 경우에 어느 성년후견인이 피성년후견인의 이익이 침해될 우려가 있음에도 법률행위의 대리 등 필요한 권한행사에 협력하지 아니할 때에는 가정법원은 피성년후견인, 성년후견인, 후견감독인 또는 이해관계인의 청구에 의하여 그 성년후견인의 의사표시를 갈음하는 재판을 할 수 있다.

▶ **성년후견개시**(대결 2021.6.10. 2020스596)

★★[1] 한정후견의 개시를 청구한 사건에서 가정법원이 성년후견을 개시할 수 있는 요건 및 성년후견 개시를 청구하고 있더라도 필요한 경우, 한정후견을 개시할 수 있는지 여부(적극)

성년후견이나 한정후견에 관한 심판 절차는 가사소송법 제2조 제1항 제2호 (가)목에서 정한 가사비송사건으로서, 가정법원이 당사자의 주장에 구애받지 않고 후견적 입장에서 합목적적으로 결정할 수 있다. 이때 성년후견이든 한정후견이든 본인의 의사를 고려하여 개시 여부를 결정한다는 점은 마찬가지이다(민법 제9조 제2항, 제12조 제2항). 위와 같은 규정 내용이나 입법 목적 등을 종합하면, 성년후견이나 한정후견 개시의 청구가 있는 경우 가정법원은 청구 취지와 원인, 본인의 의사, 성년후견 제도와 한정후견 제도의 목적 등을 고려하여 어느 쪽의 보호를 주는 것이 적절한지를 결정하고, 그에 따라 필요하다고 판단하는 절차를 결정해야 한다. 따라서 한정후견의 개시를 청구한 사건에서 의사의 감정 결과 등에 비추어 성년후견 개시의 요건을 충족하고 본인도 성년후견의 개시를 희망한다면 법원이 성년후견을 개시할 수 있고, 성년후견 개시를 청구하고 있더라도 필요하다면 한정후견을 개시할 수 있다고 보아야 한다.

[2] 가사소송법 제45조의2 제1항의 의미 및 피성년후견인이나 피한정후견인이 될 사람의 정신상태를 판단할 만한 다른 충분한 자료가 있는 경우, 가정법원은 의사의 감정이 없더라도 성년후견이나 한정후견을

개시할 수 있는지 여부(적극)

가사소송법 제45조의2 제1항은 "가정법원은 성년후견 개시 또는 한정후견 개시의 심판을 할 경우에는 피성년후견인이 될 사람이나 피한정후견인이 될 사람의 정신상태에 관하여 의사에게 감정을 시켜야 한다. 다만 피성년후견인이 될 사람이나 피한정후견인이 될 사람의 정신상태를 판단할 만한 다른 충분한 자료가 있는 경우에는 그러하지 아니하다."라고 정하고 있다. 이 규정의 의미는 의사의 감정에 따라 정신적 제약으로 사무를 처리할 능력이 부족하거나 지속적으로 결여되었는지를 결정하라는 것이 아니라, 의학상으로 본 정신능력을 기초로 하여 성년후견이나 한정후견의 개시 요건이 충족되었는지 여부를 결정하라는 것이다. 따라서 피성년후견인이나 피한정후견인이 될 사람의 정신상태를 판단할 만한 다른 충분한 자료가 있는 경우 가정법원은 의사의 감정이 없더라도 성년후견이나 한정후견을 개시할 수 있다.

2. 성년후견인

(1) 선임

> **제936조【성년후견인의 선임】**
> ① 제929조에 따른 성년후견인은 가정법원이 직권으로 선임한다.
> ② 가정법원은 성년후견인이 사망, 결격, 그 밖의 사유로 없게 된 경우에도 직권으로 또는 피성년후견인, 친족, 이해관계인, 검사, 지방자치단체의 장의 청구에 의하여 성년후견인을 선임한다.
> ③ 가정법원은 성년후견인이 선임된 경우에도 필요하다고 인정하면 직권으로 또는 제2항의 청구권자나 성년후견인의 청구에 의하여 추가로 성년후견인을 선임할 수 있다.
> ④ 가정법원이 성년후견인을 선임할 때에는 피성년후견인의 의사를 존중하여야 하며, 그 밖에 피성년후견인의 건강, 생활관계, 재산상황, 성년후견인이 될 사람의 직업과 경험, 피성년후견인과의 이해관계의 유무(법인이 성년후견인이 될 때에는 사업의 종류와 내용, 법인이나 그 대표자와 피성년후견인 사이의 이해관계의 유무를 말한다) 등의 사정도 고려하여야 한다.

성년후견인의 경우는 선임후견인만 인정되고, 구법상 인정되었던 법정후견인에 관한 규정들은 모두 삭제되었다.

(2) 결격·사임·변경

후견인의 결격, 후견인의 사임과 후견인의 변경은 미성년후견인의 경우와 그 내용이 같다(제937조, 제939조, 제940조).

3. 성년후견인의 임무 등

(1) 피성년후견인의 복리와 의사존중

> **제947조【피성년후견인의 복리와 의사존중】**
> 성년후견인은 피성년후견인의 재산관리와 신상보호를 할 때 여러 사정을 고려하여 그의 복리에 부합하는 방법으로 사무를 처리하여야 한다. 이 경우 성년후견인은 피성년후견인의 복리에 반하지 아니하면 피성년후견인의 의사를 존중하여야 한다.

(2) 피성년후견인의 신상에 관한 임무

> **제938조 【후견인의 대리권 등】**
> ③ 가정법원은 성년후견인이 피성년후견인의 신상에 관하여 결정할 수 있는 권한의 범위를 정할 수 있다.
>
> **제947조의2 【피성년후견인의 신상결정 등】**
> ① 피성년후견인은 자신의 신상에 관하여 그의 상태가 허락하는 범위에서 단독으로 결정한다.
> ② 성년후견인이 피성년후견인을 치료 등의 목적으로 정신병원이나 그 밖의 다른 장소에 격리하려는 경우에는 가정법원의 허가를 받아야 한다. → 긴급을 요하는 상태라도 사후허가 ✗
> ③ 피성년후견인의 신체를 침해하는 의료행위에 대하여 피성년후견인이 동의할 수 없는 경우에는 성년후견인이 그를 대신하여 동의할 수 있다.
> ④ 제3항의 경우 피성년후견인이 의료행위의 직접적인 결과로 사망하거나 상당한 장애를 입을 위험이 있을 때에는 가정법원의 허가를 받아야 한다. 다만, 허가절차로 의료행위가 지체되어 피성년후견인의 생명에 위험을 초래하거나 심신상의 중대한 장애를 초래할 때에는 사후에 허가를 청구할 수 있다.

(3) 피성년후견인의 재산에 관한 임무(재산관리권과 대리권)

1) 내용

> **제938조 【후견인의 대리권 등】**
> ① 후견인은 피후견인의 법정대리인이 된다.
> ② 가정법원은 성년후견인이 제1항에 따라 가지는 법정대리권의 범위를 정할 수 있다.
> ③ 가정법원은 성년후견인이 피성년후견인의 신상에 관하여 결정할 수 있는 권한의 범위를 정할 수 있다.
> ④ 제2항 및 제3항에 따른 법정대리인의 권한의 범위가 적절하지 아니하게 된 경우에 가정법원은 본인, 배우자, 4촌 이내의 친족, 성년후견인, 성년후견감독인, 검사 또는 지방자치단체의 장의 청구에 의하여 그 범위를 변경할 수 있다.
>
> **제949조 【재산관리권과 대리권】**
> ① 후견인은 피후견인의 재산을 관리하고 그 재산에 관한 법률행위에 대하여 피후견인을 대리한다.

2) 제한

> **제947조의2 【피성년후견인의 신상결정 등】**
> ⑤ 성년후견인이 피성년후견인을 대리하여 피성년후견인이 거주하고 있는 건물 또는 그 대지에 대하여 매도, 임대, 전세권 설정, 저당권 설정, 임대차의 해지, 전세권의 소멸, 그 밖에 이에 준하는 행위를 하는 경우에는 가정법원의 허가를 받아야 한다.
>
> **제949조 【재산관리권과 대리권】**
> ② 제920조 단서(= 자의 행위를 목적으로 하는 채무부담시 본인의 동의)의 규정은 전항의 법률행위에 준용한다.
>
> **제949조의2 【성년후견인이 여러 명인 경우 권한의 행사 등】**
> ① 가정법원은 직권으로 여러 명의 성년후견인이 공동으로 또는 사무를 분장하여 그 권한을 행사하도록 정할 수 있다.

> ② 가정법원은 직권으로 제1항에 따른 결정을 변경하거나 취소할 수 있다.
> ③ 여러 명의 성년후견인이 공동으로 권한을 행사하여야 하는 경우에 어느 성년후견인이 피성년후견인의 이익이 침해될 우려가 있음에도 법률행위의 대리 등 필요한 권한행사에 협력하지 아니할 때에는 가정법원은 피성년후견인, 성년후견인, 후견감독인 또는 이해관계인의 청구에 의하여 그 성년후견인의 의사표시를 갈음하는 재판을 할 수 있다.
>
> **제949조의3 【이해상반행위】**
> 후견인에 대하여는 제921조를 준용한다. 다만, 후견감독인이 있는 경우에는 그러하지 아니하다.

(4) 기타

성년후견인의 주의의무(제956조, 제681조), 보수 및 비용(제955조, 제955조의2)은 미성년후견인과 동일하다.

4. 성년후견의 감독

(1) 성년후견감독인에 의한 감독

> **제940조의4 【성년후견감독인의 선임】**
> ① 가정법원은 필요하다고 인정하면 직권으로 또는 피성년후견인, 친족, 성년후견인, 검사, 지방자치단체의 장의 청구에 의하여 성년후견감독인을 선임할 수 있다.
> ② 가정법원은 성년후견감독인이 사망, 결격, 그 밖의 사유로 없게 된 경우에는 직권으로 또는 피성년후견인, 친족, 성년후견인, 검사, 지방자치단체의 장의 청구에 의하여 성년후견감독인을 선임한다.

① 성년후견감독인의 자격 및 결격, 보수 및 비용은 미성년후견감독인과 같다.
② 성년후견감독인의 직무도 원칙적으로 미성년후견인의 직무와 같다. 다만 성년후견인에게는 동의권이 없으므로(제10조 제1항 참조), 제950조 제1항 각호의 행위에 대한 성년후견인의 동의행위에 대한 감독인의 동의권 역시 인정될 수 없다.

(2) 가정법원에 의한 감독

> **제947조의2 【피성년후견인의 신상결정 등】**
> ② 성년후견인이 피성년후견인을 치료 등의 목적으로 정신병원이나 그 밖의 다른 장소에 격리하려는 경우에는 가정법원의 허가를 받아야 한다.
> ④ 제3항의 경우 피성년후견인이 의료행위의 직접적인 결과로 사망하거나 상당한 장애를 입을 위험이 있을 때에는 가정법원의 허가를 받아야 한다. 다만, 허가절차로 의료행위가 지체되어 피성년후견인의 생명에 위험을 초래하거나 심신상의 중대한 장애를 초래할 때에는 사후에 허가를 청구할 수 있다.

5. 성년후견의 종료

> **제11조【성년후견종료의 심판】**
> 성년후견개시의 원인이 소멸된 경우에는 가정법원은 본인, 배우자, 4촌 이내의 친족, 성년후견인, 성년후견감독인, 검사 또는 지방자치단체의 장의 청구에 의하여 성년후견종료의 심판을 한다.
> **제14조의3【심판 사이의 관계】**
> ② 가정법원이 피성년후견인 또는 피특정후견인에 대하여 한정후견개시의 심판을 할 때에는 종전의 성년후견 또는 특정후견의 종료 심판을 한다.

종료의 효과는 미성년후견의 경우와 같다(제957조 내지 제959조).

IV. 한정후견

1. 한정후견의 개시

> **제12조【한정후견개시의 심판】**
> ① 가정법원은 질병, 장애, 노령, 그 밖의 사유로 인한 정신적 제약으로 사무를 처리할 능력이 부족한 사람에 대하여 본인, 배우자, 4촌 이내의 친족, 미성년후견인, 미성년후견감독인, 성년후견인, 성년후견감독인, 특정후견인, 특정후견감독인, 검사 또는 지방자치단체의 장의 청구에 의하여 한정후견개시의 심판을 한다.
> ② 한정후견개시의 경우에 제9조 제2항을 준용한다.
> **제13조【피한정후견인의 행위와 동의】**
> ① 가정법원은 피한정후견인이 한정후견인의 동의를 받아야 하는 행위의 범위를 정할 수 있다.
> ② 가정법원은 본인, 배우자, 4촌 이내의 친족, 한정후견인, 한정후견감독인, 검사 또는 지방자치단체의 장의 청구에 의하여 제1항에 따른 한정후견인의 동의를 받아야만 할 수 있는 행위의 범위를 변경할 수 있다.
> ③ 한정후견인의 동의를 필요로 하는 행위에 대하여 한정후견인이 피한정후견인의 이익이 침해될 염려가 있음에도 그 동의를 하지 아니하는 때에는 가정법원은 피한정후견인의 청구에 의하여 한정후견인의 동의를 갈음하는 허가를 할 수 있다.
> ④ 한정후견인의 동의가 필요한 법률행위를 피한정후견인이 한정후견인의 동의 없이 하였을 때에는 그 법률행위를 취소할 수 있다. 다만, 일용품의 구입 등 일상생활에 필요하고 그 대가가 과도하지 아니한 법률행위에 대하여는 그러하지 아니하다.
> **제14조【한정후견종료의 심판】**
> 한정후견개시의 원인이 소멸된 경우에는 가정법원은 본인, 배우자, 4촌 이내의 친족, 한정후견인, 한정후견감독인, 검사 또는 지방자치단체의 장의 청구에 의하여 한정후견종료의 심판을 한다.
> **제959조의2【한정후견의 개시】**
> 가정법원의 한정후견개시의 심판이 있는 경우에는 그 심판을 받은 사람의 한정후견인을 두어야 한다.

2. 한정후견인의 선임 · 결격 · 사임 · 변경

> **제959조의3 【한정후견인의 선임 등】**
> ① 제959조의2에 따른 한정후견인은 가정법원이 직권으로 선임한다.
> ② 한정후견인에 대하여는 제930조 제2항(수인) · 제3항(법인), 제936조 제2항부터 제4항까지(추가선임,
>   의사존중 등), 제937조(결격사유), 제939조(사임), 제940조(변경) 및 제949조의3(이해상반행위)을
>   준용한다.

3. 한정후견인의 임무 등

> **제959조의6 【한정후견사무】**
> 한정후견의 사무에 관하여는 제681조, 제920조 단서, 제947조, 제947조의2, 제949조, 제949조의2,
> 제949조의3, 제950조부터 제955까지 및 제955조의2를 준용한다. → 제956조(제918조 제1항)는 준용
> 규정에 포함되지 않는다. 따라서 무상으로 재산을 피한정후견인에게 수여한 제3자가 한정후견인의
> 재산관리에 반대하는 의사를 표시한 때라도 한정후견인의 재산관리권이 제한되지 않는다.
>
> **제959조의4 【한정후견인의 대리권 등】**
> ① 가정법원은 한정후견인에게 대리권을 수여하는 심판을 할 수 있다. → 한정후견인은 법원의 대리권
>   을 수여하는 심판을 받은 경우에 한하여 법정대리인이 된다는 점에 주의를 요한다.
> ② 한정후견인의 대리권 등에 관하여는 제938조 제3항 및 제4항을 준용한다.

4. 한정후견의 감독

> **제959조의5 【한정후견감독인】**
> ① 가정법원은 필요하다고 인정하면 직권으로 또는 피한정후견인, 친족, 한정후견인, 검사, 지방자치단
>   체의 장의 청구에 의하여 한정후견감독인을 선임할 수 있다.
> ② 한정후견감독인에 대하여는 제681조, 제691조, 제692조, 제930조 제2항 · 제3항, 제936조 제3항 ·
>   제4항, 제937조, 제939조, 제940조, 제940조의3 제2항, 제940조의5, 제940조의6, 제947조의2 제
>   3항부터 제5항까지, 제949조의2, 제955조 및 제955조의2를 준용한다. 이 경우 제940조의6 제3항 중
>   "후견인을 대리한다"는 "피한정후견인을 대리하거나 피한정후견인이 그 행위를 하는 데 동의한다"로 본다.

5. 한정후견의 종료

> **제14조 【한정후견종료의 심판】**
> 한정후견개시의 원인이 소멸된 경우에는 가정법원은 본인, 배우자, 4촌 이내의 친족, 한정후견인, 한정
> 후견감독인, 검사 또는 지방자치단체의 장의 청구에 의하여 한정후견종료의 심판을 한다.
>
> **제14조의3 【심판 사이의 관계】**
> ① 가정법원이 피한정후견인 또는 피특정후견인에 대하여 성년후견개시의 심판을 할 때에는 종전의 한
>   정후견 또는 특정후견의 종료 심판을 한다.
>
> **제959조의7 【한정후견인의 임무의 종료 등】**
> 한정후견인의 임무가 종료한 경우에 관하여는 제691조, 제692조, 제957조 및 제958조를 준용한다.

V. 특정후견

1. 특정후견의 개시

> **제14조의2 【특정후견의 심판】**
> ① 가정법원은 질병, 장애, 노령, 그 밖의 사유로 인한 정신적 제약으로 일시적 후원 또는 특정한 사무에 관한 후원이 필요한 사람에 대하여 본인, 배우자, 4촌 이내의 친족, 미성년후견인, 미성년후견감독인, 검사 또는 지방자치단체의 장의 청구에 의하여 특정후견의 심판을 한다.
> ② 특정후견은 본인의 의사에 반하여 할 수 없다.
> ③ 특정후견의 심판을 하는 경우에는 특정후견의 기간 또는 사무의 범위를 정하여야 한다.
>
> **제14조의3 【심판 사이의 관계】**
> ① 가정법원이 피한정후견인 또는 피특정후견인에 대하여 성년후견개시의 심판을 할 때에는 종전의 한정후견 또는 특정후견의 종료 심판을 한다.
> ② 가정법원이 피성년후견인 또는 피특정후견인에 대하여 한정후견개시의 심판을 할 때에는 종전의 성년후견 또는 특정후견의 종료 심판을 한다.

2. 특정후견인의 선임·결격·사임·변경

> **제959조의9 【특정후견인의 선임 등】**
> ① 가정법원은 제959조의8에 따른 처분으로 피특정후견인을 후원하거나 대리하기 위한 특정후견인을 선임할 수 있다.
> ② 특정후견인에 대하여는 제930조 제2항(수인)·제3항(법인), 제936조 제2항부터 제4항까지(추가선임, 의사존중 등), 제937조(결격사유), 제939조(사임) 및 제940조(변경)를 준용한다.

3. 특정후견인의 임무 등

> **제959조의12 【특정후견사무】**
> 특정후견의 사무에 관하여는 제681조, 제920조 단서, 제947조, 제949조의2, 제953조부터 제955조까지 및 제955조의2를 준용한다.
>
> **제959조의11 【특정후견인의 대리권】**
> ① 피특정후견인의 후원을 위하여 필요하다고 인정하면 가정법원은 기간이나 범위를 정하여 특정후견인에게 대리권을 수여하는 심판을 할 수 있다. → 가정법원이 기간도 정하여 대리권을 수여하는 심판을 할 수 있다는 점에서 한정후견인과 차이가 있다.
> ② 제1항의 경우 가정법원은 특정후견인의 대리권 행사에 가정법원이나 특정후견감독인의 동의를 받도록 명할 수 있다.

4. 특정후견의 감독

> **제959조의10 【특정후견감독인】**
> ① 가정법원은 필요하다고 인정하면 직권으로 또는 피특정후견인, 친족, 특정후견인, 검사, 지방자치단
> 체의 장의 청구에 의하여 특정후견감독인을 선임할 수 있다.
> ② 특정후견감독인에 대하여는 제681조, 제691조, 제692조, 제930조 제2항·제3항, 제936조 제3항·
> 제4항, 제937조, 제939조, 제940조, 제940조의5, 제940조의6, 제949조의2, 제955조 및 제955조
> 의2를 준용한다.

5. 특정후견의 종료

> **제14조의3 【심판 사이의 관계】**
> ① 가정법원이 피한정후견인 또는 피특정후견인에 대하여 성년후견개시의 심판을 할 때에는 종전의 한
> 정후견 또는 특정후견의 종료 심판을 한다.
> **제959조의13 【특정후견인의 임무의 종료 등】**
> 특정후견인의 임무가 종료한 경우에 관하여는 제691조, 제692조, 제957조 및 제958조를 준용한다.

VI. 후견계약

1. 의의

후견계약이란 질병, 장애, 노령, 그 밖의 사유로 인한 정신적 제약으로 사무를 처리할 능력이 부족
한 상황에 있거나 부족하게 될 상황에 대비하여 자신의 재산관리 및 신상보호에 관한 사무의 전부
또는 일부를 다른 자에게 위탁하고 그 위탁사무에 관하여 대리권을 수여하는 것을 내용으로 하는
계약을 말한다(제959조의14).

이와 같은 후견계약으로 대리권을 수여받은 자를 임의후견인이라 한다. 따라서 임의후견인의 구
체적인 내용 역시 당사자의 계약 내용에 의해 결정되고, 피후견인의 행위능력이 제한되지 않는다.

2. 후견계약의 성립 및 효력발생시기

(1) 성립

> **제959조의14 【후견계약의 의의와 체결방법 등】**
> ① 후견계약은 질병, 장애, 노령, 그 밖의 사유로 인한 정신적 제약으로 사무를 처리할 능력이 부족한
> 상황에 있거나 부족하게 될 상황에 대비하여 자신의 재산관리 및 신상보호에 관한 사무의 전부 또는
> 일부를 다른 자에게 위탁하고 그 위탁사무에 관하여 대리권을 수여하는 것을 내용으로 한다.
> ② 후견계약은 공정증서로 체결하여야 한다.

1) 당사자 사이의 합의

임의후견을 받을 자와 임의후견인이 될 자 사이에 의사표시의 합치가 있어야 한다. 따라서 임의후
견을 받을 자는 의사능력이 있어야 한다.

2) 공정증서에 의한 계약의 체결

① 후견계약을 신중히 체결하도록 하며, 그 내용을 명확히 하기 위해 후견계약은 공정증서로 체결하여야 한다(제959조의14 제2항). 나아가 후견계약체결의 사실 및 임의후견인의 대리권 범위를 공시하기 위해 후견계약은 후견등기부에 의해 공시된다(후견등기에 관한 법률 제26조, 제27조).

② 다만 후견계약의 등기는 성립요건이 아니고, 후견계약이 등기되어 있어야 가정법원은 임의후견감독인을 선임할 수 있고(제959조의15 제1항), 후견계약은 가정법원이 임의후견감독인을 선임한 때부터 효력이 발생하게 된다(제959조의14 제3항).

(2) 효력발생시기

① 후견계약은 가정법원이 임의후견감독인을 선임한 때부터 효력이 발생한다(제959조의14 제3항).

② 본인 또는 임의후견인은 임의후견감독인의 선임 전에는 언제든지 공증인의 인증을 받은 서면으로 후견계약의 의사표시를 철회함으로써 후견계약을 종료할 수 있다(제959조의18 제1항).

3. 임의후견인과 임의후견감독인

(1) 임의후견인의 해임

> **제959조의17 【임의후견개시의 제한 등】**
> ② 임의후견감독인을 선임한 이후 임의후견인이 현저한 비행을 하거나 그 밖에 그 임무에 적합하지 아니한 사유가 있게 된 경우에는 가정법원은 임의후견감독인, 본인, 친족, 검사 또는 지방자치단체의 장의 청구에 의하여 임의후견인을 해임할 수 있다.

(2) 임의후견감독인의 선임 등

> **제959조의15 【임의후견감독인의 선임】**
> ① 가정법원은 후견계약이 등기되어 있고, 본인이 사무를 처리할 능력이 부족한 상황에 있다고 인정할 때에는 본인, 배우자, 4촌 이내의 친족, 임의후견인, 검사 또는 지방자치단체의 장의 청구에 의하여 임의후견감독인을 선임한다.
> ② 제1항의 경우 본인이 아닌 자의 청구에 의하여 가정법원이 임의후견감독인을 선임할 때에는 미리 본인의 동의를 받아야 한다. 다만, 본인이 의사를 표시할 수 없는 때에는 그러하지 아니하다.
> ③ 가정법원은 임의후견감독인이 없게 된 경우에는 직권으로 또는 본인, 친족, 임의후견인, 검사 또는 지방자치단체의 장의 청구에 의하여 임의후견감독인을 선임한다.
> ④ 가정법원은 임의후견임감독인이 선임된 경우에도 필요하다고 인정하면 직권으로 또는 제3항의 청구권자의 청구에 의하여 임의후견감독인을 추가로 선임할 수 있다.
> ⑤ 임의후견감독인에 대하여는 제940조의5(=후견인의 가족은 후견감독인 결격사유)를 준용한다.
>
> **제959조의17 【임의후견개시의 제한 등】**
> ① 임의후견인이 제937조 각 호에 해당하는 자 또는 그 밖에 현저한 비행을 하거나 후견계약에서 정한 임무에 적합하지 아니한 사유가 있는 자인 경우에는 가정법원은 임의후견감독인을 선임하지 아니한다.

4. 후견계약과 성년후견 · 한정후견 · 특정후견의 관계

> **제959조의20【후견계약과 성년후견 · 한정후견 · 특정후견의 관계】**
> ① 후견계약이 등기되어 있는 경우에는 가정법원은 본인의 이익을 위하여 특별히 필요할 때에만 임의후견인 또는 임의후견감독인의 청구에 의하여 성년후견, 한정후견 또는 특정후견의 심판을 할 수 있다. 이 경우 후견계약은 본인이 성년후견 또는 한정후견 개시의 심판을 받은 때 종료된다.
> ② 본인이 피성년후견인, 피한정후견인 또는 피특정후견인인 경우에 가정법원은 임의후견감독인을 선임함에 있어서 종전의 성년후견, 한정후견 또는 특정후견의 종료 심판을 하여야 한다. 다만, 성년후견 또는 한정후견 조치의 계속이 본인의 이익을 위하여 특별히 필요하다고 인정하면 가정법원은 임의후견감독인을 선임하지 아니한다.

★★▶ **한정후견개시심판 청구 후 본인이 후견계약을 등기한 경우 가정법원이 한정후견개시심판을 하기 위한 요건 및 민법 제959조의20 제1항에서 정한 '본인의 이익을 위하여 특별히 필요할 때'의 의미**(대결 2017.6.1. 2017스515)

① 민법 제959조의20 제1항은 "후견계약이 등기되어 있는 경우에는 가정법원은 본인의 이익을 위하여 특별히 필요할 때에만 임의후견인 또는 임의후견감독인의 청구에 의하여 성년후견, 한정후견 또는 특정후견의 심판을 할 수 있다. 이 경우 후견계약은 본인이 성년후견 또는 한정후견 개시의 심판을 받은 때 종료된다."라고 규정하고, 같은 조 제2항은 "본인이 피성년후견인, 피한정후견인 또는 피특정후견인인 경우에 가정법원은 임의후견감독인을 선임함에 있어서 종전의 성년후견, 한정후견 또는 특정후견의 종료 심판을 하여야 한다. 다만, 성년후견 또는 한정후견 조치의 계속이 본인의 이익을 위하여 특별히 필요하다고 인정하면 가정법원은 임의후견감독인을 선임하지 아니한다."고 규정하고 있다. 이와 같은 민법 규정은 후견계약이 등기된 경우에는 사적자치의 원칙에 따라 본인의 의사를 존중하여 후견계약을 우선하도록 하고, 예외적으로 본인의 이익을 위하여 특별히 필요할 때에 한하여 법정후견(성년후견, 한정후견 또는 특정후견을 가리킨다)에 의할 수 있도록 한 것으로서, 민법 제959조의20 제1항에서 후견계약의 등기 시점에 특별한 제한을 두지 않고 있고, 같은 조 제2항 본문이 본인에 대해 이미 한정후견이 개시된 경우에는 임의후견감독인을 선임하면서 종전 한정후견의 종료 심판을 하도록 한 점 등에 비추어 보면, 위 제1항은 본인에 대해 한정후견개시심판 청구가 제기된 후 그 심판이 확정되기 전에 후견계약이 등기된 경우에도 그 적용이 있다고 보아야 하므로, 그와 같은 경우 가정법원은 본인의 이익을 위하여 특별히 필요하다고 인정할 때에만 한정후견개시심판을 할 수 있다.

② 민법 제959조의20 제1항에서 정하는 후견계약의 등기에 불구하고 한정후견 등의 심판을 할 수 있는 '본인의 이익을 위하여 특별히 필요할 때'란 후견계약의 내용, 후견계약에서 정한 임의후견인이 그 임무에 적합하지 아니한 사유가 있는지, 본인의 정신적 제약의 정도, 기타 후견계약과 본인을 둘러싼 제반 사정 등을 종합하여, 후견계약에 따른 후견이 본인의 보호에 충분하지 아니하여 법정후견에 의한 보호가 필요하다고 인정되는 경우를 말한다. → 본인에 대한 한정후견개시심판 항고심 계속 중 본인이 후견계약을 등기하고 임의후견감독인 선임청구를 하였음을 밝히면서 한정후견개시심판 절차의 중단을 요청한 사안에서, 후견계약의 등기에 불구하고 한정후견을 개시하는 것이 본인의 이익을 위하여 특별히 필요하다고 보아 항고를 기각한 원심판단을 수긍한 사례이다.

★▶ 후견계약이 등기된 상태에서 본인의 이익을 위한 특별한 필요성이 인정되어 법정후견 심판을
한 경우, 후견계약이 임의후견감독인의 선임과 관계없이 본인이 성년후견 또는 한정후견 개시의
심판을 받은 때 종료하는지 여부(적극)

민법 제959조의20 제1항 전문은 후견계약이 등기된 경우에는 본인의 이익을 위하여 특별히 필요한
때에만 법정후견 심판을 할 수 있다고 정하고 있을 뿐이고 임의후견감독인이 선임되어 있을 것을
요구하고 있지 않다. 또한 법정후견 청구권자로 '임의후견인 또는 임의후견감독인'을 정한 것은 임의
후견에서 법정후견으로 원활하게 이행할 수 있도록 민법 제9조 제1항, 제12조 제1항, 제14조의2
제1항에서 정한 법정후견 청구권자 외에 임의후견인 또는 임의후견감독인을 추가한 것이다. 민법
제959조의20 제1항 후문은 "이 경우 후견계약은 성년후견 또는 한정후견 개시의 심판을 받은 때 종
료된다."고 정하고 있고, '이 경우'는 같은 항 전문에 따라 법정후견 심판을 한 경우를 가리킨다. 이
러한 규정의 문언, 체제와 목적 등에 비추어 보면, 후견계약이 등기된 경우 본인의 이익을 위한 특별
한 필요성이 인정되어 민법 제9조 제1항 등에서 정한 법정후견 청구권자, 임의후견인이나 임의후견
감독인의 청구에 따라 법정후견 심판을 한 경우 후견계약은 임의후견감독인의 선임과 관계없이 본인이
성년후견 또는 한정후견 개시의 심판을 받은 때 종료한다고 보아야 한다(대결 2021.7.15. 2020으547).

5. 후견계약의 효과

(1) 임의후견인의 사무

임의후견인은 본인의 재산관리 및 신상보호에 관한 사무의 전부 또는 일부를 대리할 수 있다(제959
조의14 제1항). 임의후견인이 후견계약을 이행·운영할 때에는 본인의 의사를 최대한 존중하여야
한다(제959조의14 제4항).

(2) 임의후견감독인의 사무

> **제959조의14 【후견계약의 의의와 체결방법 등】**
> ④ 가정법원, 임의후견인, 임의후견감독인 등은 후견계약을 이행·운영할 때 본인의 의사를 최대한 존중
> 하여야 한다.
> **제959조의16 【임의후견감독인의 직무 등】**
> ① 임의후견감독인은 임의후견인의 사무를 감독하며 그 사무에 관하여 가정법원에 정기적으로 보고하여
> 야 한다.
> ③ 임의후견감독인에 대하여는 제940조의6 제2항(=긴급처리)·제3항(=이해상반행위의 대리), 제940
> 조의7 및 제953조를 준용한다.

(3) 가정법원의 감독

> **제959조의14 【후견계약의 의의와 체결방법 등】**
> ④ 가정법원, 임의후견인, 임의후견감독인 등은 후견계약을 이행·운영할 때 본인의 의사를 최대한 존중
> 하여야 한다.

> **제959조의16 【임의후견감독인의 직무 등】**
> ② 가정법원은 필요하다고 인정하면 임의후견감독인에게 감독사무에 관한 보고를 요구할 수 있고 임의후견인의 사무 또는 본인의 재산상황에 대한 조사를 명하거나 그 밖에 임의후견감독인의 직무에 관하여 필요한 처분을 명할 수 있다.

6. 후견계약의 종료

> **제959조의18 【후견계약의 종료】**
> ① 임의후견감독인의 선임 전에는 본인 또는 임의후견인은 언제든지 공증인의 인증을 받은 서면으로 후견계약의 의사표시를 철회할 수 있다.
> ② 임의후견감독인의 선임 이후에는 본인 또는 임의후견인은 정당한 사유가 있는 때에만 가정법원의 허가를 받아 후견계약을 종료할 수 있다.
> **제959조의19 【임의후견인의 대리권 소멸과 제3자와의 관계】**
> 임의후견인의 대리권 소멸은 등기하지 아니하면 선의의 제3자에게 대항할 수 없다.
> **제959조의20 【후견계약과 성년후견ㆍ한정후견ㆍ특정후견의 관계】**
> ① 후견계약이 등기되어 있는 경우에는 가정법원은 본인의 이익을 위하여 특별히 필요할 때에만 임의후견인 또는 임의후견감독인의 청구에 의하여 성년후견, 한정후견 또는 특정후견의 심판을 할 수 있다. 이 경우 후견계약은 본인이 성년후견 또는 한정후견 개시의 심판을 받은 때 종료된다.

제5절 │ 부양

I. 서설

1. 의의

부양이란 일정한 범위의 친족이 다른 친족의 생활을 유지해 주거나 부조하는 것이다.

2. 부양의 유형

민법상 부양에는 ① 부모와 미성년의 자 사이 및 부부 사이의 부양(= 1차적 부양)과 ② 그 밖의 친족 사이의 부양(= 2차적 부양)의 두 가지가 있다.

(1) 1차적 부양

> **제913조 【보호, 교양의 권리의무】**
> 친권자는 자를 보호하고 교양할 권리의무가 있다.
> **제826조 【부부간의 의무】**
> ① 부부는 동거하며 서로 부양하고 협조하여야 한다. 그러나 정당한 이유로 일시적으로 동거하지 아니하는 경우에는 서로 인용하여야 한다.

① 부모와 미성년의 자 사이(제913조) 및 부부 간(제826조 제1항)의 부양을 말한다. → 성년의 자와의 부양관계는 2차적 부양에 해당한다.

② 부부관계나 친자관계의 공동생활 자체에서 당연히 요구되는 부양의무를 말하므로 부양능력의 여유를 묻지 않고 당연히 부양해야 하는 관계이다.

★★★★▶ 부양료청구(대결 2017.8.25, 2014스26)

[1] 민법 제826조에서 정한 부부간의 부양·협조의 의미 및 민법 제833조에 의한 생활비용청구가 민법 제826조와는 무관한 별개의 청구원인에 기한 청구라고 볼 수 있는지 여부(소극)

민법 제826조 제1항 본문은 "부부는 동거하며 서로 부양하고 협조하여야 한다."라고 규정하고, 민법 제833조는 "부부의 공동생활에 필요한 비용은 당사자 간에 특별한 약정이 없으면 부부가 공동으로 부담한다."라고 규정하고 있다. 제826조의 부부간의 부양·협조는 부부가 서로 자기의 생활을 유지하는 것과 같은 수준으로 상대방의 생활을 유지시켜 주는 것을 의미한다. 이러한 부양·협조의무를 이행하여 자녀의 양육을 포함하는 공동생활로서의 혼인생활을 유지하기 위해서는 부부간에 생활비용의 분담이 필요한데, 제833조는 그 기준을 정하고 있다. 즉 제826조 제1항은 부부간의 부양·협조의무의 근거를, 제833조는 위 부양·협조의무 이행의 구체적인 기준을 제시한 조항이다. 가사소송법도 제2조 제1항 제2호의 가사비송사건 중 마류 1호로 '민법 제826조 및 제833조에 따른 부부의 동거·부양·협조 또는 생활비용의 부담에 관한 처분'을 두어 위 제826조에 따른 처분과 제833조에 따른 처분을 같은 심판사항으로 규정하고 있다. 따라서 제833조에 의한 생활비용청구가 제826조와는 무관한 별개의 청구원인에 기한 청구라고 볼 수는 없다. → 원고가 주위적으로 민법 제833조에 기해 생활비용분담 청구를, 예비적으로 민법 제826조 제1항 본문에 기해 부양료 청구를 한 사건에서, 제826조 제1항은 부부간의 부양·협조의무의 근거를, 제833조는 위 부양·협조의무 이행의 구체적인 기준을 제시한 조항으로서 위 두 청구가 무관한 별개의 청구원인에 기한 청구라고 볼 수 없다는 이유로, 원고의 위 두 청구를 단순청구로 판단한 원심판결에 대한 재항고를 기각한 사례이다.

[2] 과거 부양료의 지급을 청구할 수 있는 경우 및 부양의무자가 부양의무의 이행을 청구받기 이전의 부양료의 지급을 청구할 수 있는지 여부(소극)

민법 제826조 제1항에 규정된 부부간의 상호부양의무는 부부의 일방에게 부양을 받을 필요가 생겼을 때 당연히 발생되는 것이기는 하지만, 과거의 부양료에 관하여는 특별한 사정이 없는 한, 부양을 받을 자가 부양의무자에게 부양의무의 이행을 청구하였음에도 불구하고 부양의무자가 부양의무를 이행하지 아니함으로써 이행지체에 빠진 이후의 것에 대하여만 부양료의 지급을 청구할 수 있을 뿐, 부양의무자가 부양의무의 이행을 청구받기 이전의 부양료의 지급은 청구할 수 없다고 보는 것이 부양의무의 성질이나 형평의 관념에 합치된다.

★★★★▶ 선행 부양료 심판에서 부부 일방의 상대방에 대한 부양의무가 인정된 후 쌍방이 이혼 등을 청구하는 본소와 반소를 서로 제기한 경우 부부간 부양의무 존속 여부 및 기간(= 법률상 혼인관계 해소 시까지 존속)

부부간 부양의무는 '혼인관계의 본질적 의무'로서 부양받을 자의 생활을 부양의무자의 생활과 같은 정도로 보장하여 부부공동생활의 유지를 가능하게 하는 것이다(대판 2012.12.27, 2011다96932 참조). 따라서 혼인이 사실상 파탄되어 부부가 별거하면서 서로 이혼소송을 제기하는 경우라고 하더라도, 특별한 사정이 없는 한 이혼을 명한 판결의 확정 등으로 법률상 혼인관계가 완전히 해소될 때까지는 부부간 부양의무가 소멸하지 않는다고 보아야 한다(대결 2023.3.24, 2022스771).

(2) 2차적 부양

> **제974조 【부양의무】**
> 다음 각 호의 친족은 서로 부양의의무가 있다.
> 1. 직계혈족 및 그 배우자 간
> 2. 삭제
> 3. 기타 친족 간(생계를 같이 하는 경우에 한한다)

① 친족 간의 부양(제974조)을 말한다.

② 부양능력 없는 요부양자에 대하여 부양의 여력이 있는 자가 그 여력의 범위 내에서만 행하는 부양을 말한다.

★★★★▶ 혼인의 효력으로서 부양의무(대판 2012.12.27, 2011다96932)

[1] 부부간의 상호부양의무와 부모의 성년 자녀에 대한 부양의무의 우선순위 및 2차 부양의무자의 1차 부양의무자에 대한 상환청구 가능 여부(적극)

민법 제826조 제1항에 규정된 부부간 상호부양의무는 혼인관계의 본질적 의무로서 부양을 받을 자의 생활을 부양의무자의 생활과 같은 정도로 보장하여 부부공동생활의 유지를 가능하게 하는 것을 내용으로 하는 제1차 부양의무이고, 반면 부모가 성년의 자녀에 대하여 직계혈족으로서 민법 제974조 제1호, 제975조에 따라 부담하는 부양의무는 부양의무자가 자기의 사회적 지위에 상응하는 생활을 하면서 생활에 여유가 있음을 전제로 하여 부양을 받을 자가 자력 또는 근로에 의하여 생활을 유지할 수 없는 경우에 한하여 그의 생활을 지원하는 것을 내용으로 하는 제2차 부양의무이다. 이러한 제1차 부양의무와 제2차 부양의무는 의무이행의 정도뿐만 아니라 의무이행의 순위도 의미하는 것이므로, 제2차 부양의무자는 제1차 부양의무자보다 후순위로 부양의무를 부담한다. 따라서 제1차 부양의무자와 제2차 부양의무자가 동시에 존재하는 경우에 제1차 부양의무자는 특별한 사정이 없는 한 제2차 부양의무자에 우선하여 부양의무를 부담하므로, 제2차 부양의무자가 부양받을 자를 부양한 경우에는 소요된 비용을 제1차 부양의무자에 대하여 상환청구할 수 있다. → 원고는 1968년생인 소외인의 모이고, 피고는 소외인의 배우자인 사실, 소외인이 2006.11.15. 경막외 출혈 등으로 수술을 받은 후 2009.12.29. 현재까지 의식이 혼미하고 마비증세가 지속되고 있는 사실을 알 수 있는바, 이러한 사정을 앞서 본 법리에 비추어 살펴보면, 피고는 제1차 부양의무자로서 특별한 사정이 없는 한 제2차 부양의무자인 원고에 우선하여 소외인을 부양할 의무가 있으므로, 원고의 주장과 같이 원고가 소외인의 병원비 등을 지출함으로써 소외인을 부양하였다면 피고는 원고에게 자신이 소외인에게 부담할 부양의무의 범위 내에서 이를 상환할 의무가 있다 할 것이다.

[2] 부부간의 부양의무를 이행하지 않은 부부의 일방을 상대로 상대방의 친족이 과거의 부양료 상환청구를 하는 경우, 상환의무의 존부 및 범위를 정할 때 고려하여야 할 사항

부부간의 부양의무 중 과거의 부양료에 관하여는 특별한 사정이 없는 한 부양을 받을 사람이 부양의무자에게 부양의무의 이행을 청구하였음에도 불구하고 부양의무자가 부양의무를 이행하지 아니함으로써 이행지체에 빠진 후의 것에 관하여만 부양료의 지급을 청구할 수 있을 뿐이므로, 부양의무자인 부부의 일방에 대한 부양의무 이행청구에도 불구하고 배우자가 부양의무를 이행하지 아니함으로써 이행지체에 빠진 후의 것이거나, 그렇지 않은 경우에는 부양의무의 성질이나 형평의 관념상 이를 허용해야 할 특별한 사정이 있는 경우에 한하여 이행청구 이전의 과거 부양료를 지급하여야 한다. 그리고 부부 사이의 부양료 액수는 당사자 쌍방의 재산 상태와 수입액, 생활정도 및 경제적

능력, 사회적 지위 등에 따라 부양이 필요한 정도, 그에 따른 부양의무의 이행정도, 혼인생활 파탄의 경위와 정도 등을 종합적으로 고려하여 판단하여야 한다. 따라서 상대방의 친족이 부부의 일방을 상대로 한 과거의 부양료 상환청구를 심리 · 판단함에 있어서도 이러한 점을 모두 고려하여 상환의무의 존부 및 범위를 정하여야 한다.

[3] 부부간의 부양의무를 이행하지 않은 부부의 일방에 대하여 상대방의 친족이 구하는 부양료의 상환청구가 민사소송사건에 해당하는지 여부(적극)

가사소송법 제2조 제1항 제2호 나. 마류사건 제1호는 민법 제826조에 따른 부부의 부양에 관한 처분을, 같은 법 제2조 제1항 제2호 나. 마류사건 제8호는 민법 제976조부터 제978조까지의 규정에 따른 부양에 관한 처분을 각각 별개의 가사비송사건으로 규정하고 있다. 따라서 부부간의 부양의무를 이행하지 않은 부부의 일방에 대한 상대방의 부양료 청구는 위 마류사건 제1호의 가사비송사건에 해당하고, 친족 간의 부양의무를 이행하지 않은 친족의 일방에 대한 상대방의 부양료 청구는 위 마류사건 제8호의 가사비송사건에 해당한다 할 것이나, 부부간의 부양의무를 이행하지 않은 부부의 일방에 대하여 상대방의 친족이 구하는 부양료의 상환청구는 같은 법 제2조 제1항 제2호 나. 마류사건의 어디에도 해당하지 아니하여 이를 가사비송사건으로 가정법원의 전속관할에 속하는 것이라고 할 수는 없고, 이는 민사소송사건에 해당한다고 봄이 타당하다.

★★★★▶ 부부 일방이 사망한 경우 생존한 상대방이 사망한 자의 직계혈족에 대해 부양의무가 인정되는 경우

민법 제775조 제2항에 의하면 부부의 일방이 사망한 경우에 혼인으로 인하여 발생한 그 직계혈족과 생존한 상대방 사이의 인척관계는 일단 그대로 유지되다가 상대방이 재혼한 때에 비로소 종료하게 되어 있으므로 부부의 일방이 사망하여도 그 부모 등 직계혈족과 생존한 상대방 사이의 친족관계는 그대로 유지되나, 그들 사이의 관계는 민법 제974조 제1호의 '직계혈족 및 그 배우자' 간에 해당한다고 볼 수 없다. 배우자관계는 혼인의 성립에 의하여 발생하여 당사자 일방의 사망, 혼인의 무효 · 취소, 이혼으로 인하여 소멸하는 것이므로, 그 부모의 직계혈족인 부부 일방이 사망함으로써 그와 생존한 상대방 사이의 배우자관계가 소멸하였기 때문이다. 따라서 부부 일방의 부모 등 그 직계혈족과 상대방 사이에서는, ① 직계혈족이 생존해 있다면 민법 제974조 제1호에 의하여 생계를 같이 하는지와 관계없이 부양의무가 인정되지만, ② 직계혈족이 사망하면 생존한 상대방이 재혼하지 않았더라도 민법 제974조 제3호에 의하여 생계를 같이 하는 경우에 한하여 부양의무가 인정된다(대결 2013.8.30, 2013 스96). → 부부인 甲, 乙 중 甲이 사망한 경우, 乙이 재혼하기 전이라 하더라도 乙은 甲의 생모 丙에 대하여 민법 제974조 제1호에 의하여 부양의무를 부담하는 것도 아니고, 乙과 丙이 생계를 같이 하고 있는 경우가 아니므로 민법 제974조 제3호에 의한 부양의무도 부담하지 않는다고 본 사례이다.

★★★▶ 성년의 자녀가 부모를 상대로 부양료를 청구할 수 있는 경우 및 범위 / 통상적인 생활필요비라고 보기 어려운 유학비용의 충당을 위해 성년의 자녀가 부모를 상대로 부양료를 청구할 수 있는지 여부(원칙적 소극)(대결 2017.8.25, 2017스5)

① 민법 제826조 제1항에서 규정하는 미성년 자녀의 양육 · 교육 등을 포함한 부부간 상호부양의무는 혼인관계의 본질적 의무로서 부양을 받을 자의 생활을 부양의무자의 생활과 같은 정도로 보장하여 부부공동생활의 유지를 가능하게 하는 것을 내용으로 하는 제1차 부양의무이고, 반면 부모가 성년의 자녀에 대하여 직계혈족으로서 민법 제974조 제1호, 제975조에 따라 부담하는 부양의무는 부양의무자가 자기의 사회적 지위에 상응하는 생활을 하면서 생활에 여유가 있음을 전제로 하여 부양을 받을 자가 자력 또는 근로에 의하여 생활을 유지할 수 없는 경우에 한하여 그의 생활을 지원하는 것을 내용으로 하는 제2차 부양의무이다. 따라서 성년의 자녀는 요부양상태, 즉 객관적으로

보아 생활비 수요가 자기의 자력 또는 근로에 의하여 충당할 수 없는 곤궁한 상태인 경우에 한하여, 부모를 상대로 그 부모가 부양할 수 있을 한도 내에서 생활부조로서 생활필요비에 해당하는 부양료를 청구할 수 있을 뿐이다.

② 나아가 이러한 부양료는 부양을 받을 자의 생활정도와 부양의무자의 자력 기타 제반 사정을 참작하여 부양을 받을 자의 통상적인 생활에 필요한 비용의 범위로 한정됨이 원칙이므로, 특별한 사정이 없는 한 통상적인 생활필요비라고 보기 어려운 유학비용의 충당을 위해 성년의 자녀가 부모를 상대로 부양료를 청구할 수는 없다. → 미국 대학교에서 유학 중인 원고가 아버지를 상대로 구하는 부양료 청구권이 인정되지 않는다고 판단하여 재항고를 기각한 사례이다.

Ⅱ. 부양청구권

1. 부양청구권의 발생

> **제975조【부양의무와 생활능력】**
> 부양의 의무는 부양을 받을 자가 자기의 자력 또는 근로에 의하여 생활을 유지할 수 없는 경우에 한하여 이를 이행할 책임이 있다.

2. 부양청구권의 성질

> **제1005조【상속과 포괄적 권리의무의 승계】**
> 상속인은 상속개시된 때로부터 피상속인의 재산에 관한 포괄적 권리의무를 승계한다. 그러나 피상속인의 일신에 전속한 것은 그러하지 아니하다.
> **제979조【부양청구권처분의 금지】**
> 부양을 받을 권리는 이를 처분하지 못한다.

부양청구권은 재산권이기는 하나 신분관계에 기한 재산권이므로, 보통의 재산권과는 다른 성질을 가진다.

(1) 일신전속적 권리

부양청구권은 부양청구권자의 생존유지를 위한 불가결의 권리이므로 행사상·귀속상 일신전속권이다. 따라서 ① 채권자대위권의 객체가 되지 않고(제404조 단서), ② 상속되지도 않는다(제1005조).

(2) 양도금지채권

부양청구권은 법률상 양도가 금지된 채권(제979조)이므로, ① 타인에게 양도할 수 없고, ② 장래에 향하여 포기하지 못한다. → 이미 이행기에 도래한 부양청구권의 포기, 양도 등의 처분은 가능하다는 점에 주의를 요한다.

★★★► **구체적인 내용과 범위가 확정된 양육비 채권 중 이미 이행기에 도달한 양육비채권의 처분 가능 여부**(적극)

이혼한 부부 사이에서 자에 대한 양육비의 지급을 구할 권리는 당사자의 협의 또는 가정법원의 심판에 의하여 구체적인 청구권의 내용과 범위가 확정되기 전에는 '상대방에 대하여 양육비의 분담액을 구할 권리를 가진다'라는 추상적인 청구권에 불과하고 당사자의 협의나 가정법원이 당해 양육비의 범위 등을 재량적·형성적으로 정하는 심판에 의하여 비로소 구체적인 액수만큼의 지급청구권이 발생한다고 보아야 하므로, 당사자의 협의 또는 가정법원의 심판에 의하여 구체적인 청구권의 내용과 범위가 확정되기 전에는 그 내용이 극히 불확정하여 상계할 수 없지만, 가정법원의 심판에 의하여 구체적인 청구권의 내용과 범위가 확정된 후의 양육비채권 중 이미 이행기에 도달한 후의 양육비채권은 완전한 재산권(손해배상청구권)으로서 친족법상의 신분으로부터 독립하여 처분이 가능하고, 권리자의 의사에 따라 포기, 양도 또는 상계의 자동채권으로 하는 것도 가능하다(대판 2006.7.4, 2006므751).

(3) 압류금지채권

> **민법 제497조 【압류금지채권을 수동채권으로 하는 상계의 금지】**
> 채권이 압류하지 못할 것인 때에는 그 채무자는 상계로 채권자에게 대항하지 못한다.
> **민사집행법 제246조 【압류금지채권】**
> ① 다음 각 호의 채권은 압류하지 못한다.
>   1. 법령에 규정된 부양료 및 유족부조료
>   4. 급료·연금·봉급·상여금·퇴직연금, 그 밖에 이와 비슷한 성질을 가진 급여채권의 2분의 1에 해당하는 금액. 다만, 그 금액이 국민기초생활보장법에 의한 최저생계비를 감안하여 대통령령이 정하는 금액에 미치지 못하는 경우 또는 표준적인 가구의 생계비를 감안하여 대통령령이 정하는 금액을 초과하는 경우에는 각각 당해 대통령령이 정하는 금액으로 한다.
>   5. 퇴직금 그 밖에 이와 비슷한 성질을 가진 급여채권의 2분의 1에 해당하는 금액
>   6. 주택임대차보호법 제8조, 같은 법 시행령의 규정에 따라 우선변제를 받을 수 있는 금액

부양청구권은 압류금지채권(민사집행법 제246조)이다. 따라서 ① 부양청구권자의 채권자가 압류할 수 없으며, 따라서 파산재단에 속하지도 않는다. 또한 ② 부양청구권자의 채무자가(이를 수동채권으로 하여) 상계할 수 없다(제497조). → 부양청구권을 자동채권으로 한 상계는 가능하다.

(4) 기타 재산권으로서의 보호

부양청구권이 제3자에 의해 침해된 경우 제3자에게 불법행위책임이 생긴다(제750조).

★★★▶ 부양료청구권의 침해를 이유로 채권자취소권을 행사하는 경우, 제척기간의 기산일(취소원인을 안 날 또는 법률행위가 있은 날)
민법 제974조, 제975조에 의하여 부양의 의무 있는 사람이 여러 사람인 경우에 그중 부양의무를 이행한 1인이 다른 부양의무자에 대하여 이미 지출한 과거 부양료의 지급을 구하는 권리는 당사자의 협의 또는 가정법원의 심판 확정에 의하여 비로소 구체적이고 독립한 재산적 권리로 성립하게 되지만, 그러한 부양료청구권의 침해를 이유로 채권자취소권을 행사하는 경우의 제척기간은 부양료청구권이 구체적인 권리로서 성립한 시기가 아니라 민법 제406조 제2항이 정한 '취소원인을 안 날' 또는 '법률행위가 있은 날'로부터 진행한다(대판 2015.1.29, 2013다79870).

3. 부양청구권의 내용

(1) 부양의 당사자 – 부양청구의 권리·의무자

1) 부양당사자의 범위

> **제974조【부양의무】**
> 다음 각 호의 친족은 서로 부양의 의무가 있다.
> 1. 직계혈족 및 그 배우자 간
> 2. 삭제
> 3. 기타 친족 간(생계를 같이 하는 경우에 한한다)

2) 부양당사자의 순위

> **제976조【부양의 순위】**
> ① 부양의 의무 있는 자가 수인인 경우에 부양을 할 자의 순위에 관하여 당사자 간에 협정이 없는 때에는 법원은 당사자의 청구에 의하여 이를 정한다. 부양을 받을 권리자가 수인인 경우에 부양의무자의 자력이 그 전원을 부양할 수 없는 때에도 같다.
> ② 전항의 경우에 법원은 수인의 부양의무자 또는 권리자를 선정할 수 있다.

(2) 부양의 내용

> **제977조【부양의 정도, 방법】**
> 부양의 정도 또는 방법에 관하여 당사자 간에 협정이 없는 때에는 법원은 당사자의 청구에 의하여 부양을 받을 자의 생활정도와 부양의무자의 자력 기타 제반사정을 참작하여 이를 정한다.
> **제978조【부양관계의 변경 또는 취소】**
> 부양을 할 자 또는 부양을 받을 자의 순위, 부양의 정도 또는 방법에 관한 당사자의 협정이나 법원의 판결이 있은 후 이에 관한 사정변경이 있는 때에는 법원은 당사자의 청구에 의하여 그 협정이나 판결을 취소 또는 변경할 수 있다.

► **혼인비용이 부양의 내용이 되는지 여부**(소극)
  자녀의 혼인비용을 부모가 부담하는 것은 인륜의 자연일 뿐 이를 부모에게 법적으로 청구할 수 없다(대판 1979.6.12, 79다249).

(3) 과거의 부양료 청구 문제

1) 과거의 부양료 청구

가) 자녀의 과거 양육비 청구 – 적극

★★★► **부모 중 한 쪽만이 자녀를 양육하게 된 경우 과거의 양육비 상환의 청구 가능 여부**(적극)
  ① 어떠한 사정으로 인하여 부모 중 어느 한 쪽만이 자녀를 양육하게 된 경우에, 그와 같은 일방에

의한 양육이 그 양육자의 일방적이고 이기적인 목적이나 동기에서 비롯한 것이라거나 자녀의 이익을 위하여 도움이 되지 아니하거나 그 양육비를 상대방에게 부담시키는 것이 오히려 형평에 어긋나게 되는 등 특별한 사정이 있는 경우를 제외하고는, 양육하는 일방은 상대방에 대하여 현재 및 장래에 있어서의 양육비 중 적정 금액의 분담을 청구할 수 있음은 물론이고, 부모의 자녀양육의무는 특별한 사정이 없는 한 자녀의 출생과 동시에 발생하는 것이므로 과거의 양육비에 대하여도 상대방이 분담함이 상당하다고 인정되는 경우에는 그 비용의 상환을 청구할 수 있다.

② 한 쪽의 양육자가 양육비를 청구하기 이전의 과거의 양육비 모두를 상대방에게 부담시키게 되면 상대방은 예상하지 못하였던 양육비를 일시에 부담하게 되어 지나치고 가혹하며 신의성실의 원칙이나 형평의 원칙에 어긋날 수도 있으므로, 이와 같은 경우에는 반드시 이행청구 이후의 양육비와 동일한 기준에서 정할 필요는 없고, 부모 중 한 쪽이 자녀를 양육하게 된 경위와 그에 소요된 비용의 액수, 그 상대방이 부양의무를 인식한 것인지 여부와 그 시기, 그것이 양육에 소요된 통상의 생활비인지 아니면 이례적이고 불가피하게 소요된 다액의 특별한 비용(치료비 등)인지 여부와 당사자들의 재산 상황이나 경제적 능력과 부담의 형평성 등 여러 사정을 고려하여 적절하다고 인정되는 분담의 범위를 정할 수 있다(대결(전) 1994.5.13, 92스21).

③ 미성년의 자녀를 양육한 자가 공동 양육의무자인 다른 쪽 상대방에 대하여 과거 양육비의 지급을 구하는 권리는 당초에는 기본적으로 친족관계를 바탕으로 하여 인정되는 하나의 추상적인 법적 지위였던 것이 당사자 사이의 협의 또는 당해 양육비의 내용 등을 재량적·형성적으로 정하는 가정법원의 심판에 의하여 구체적인 청구권으로 전환됨으로써 비로소 보다 뚜렷하게 독립한 재산적 권리로서의 성질을 가지게 되는 것으로서, 당사자의 협의 또는 가정법원의 심판에 의하여 구체적인 지급청구권으로 성립하기 전에는 과거의 양육비에 관한 권리는 양육자가 그 권리를 행사할 수 있는 재산권에 해당한다고 할 수 없으므로, 그 상태에서는 소멸시효가 진행할 여지가 없다고 보아야 한다(대결 2011.8.16, 2010스85).

나) 부부간의 부양료 청구

★★★▶ 부부간의 상호부양의무에 있어 이행청구 전 과거의 부양료에 대한 청구의 가부(소극)

민법 제826조 제1항에 규정된 부부간의 상호부양의무는 부부의 일방에게 부양을 받을 필요가 생겼을 때 당연히 발생하는 것이기는 하지만, 과거의 부양료에 관하여는 부양을 받을 자가 부양의무자에게 부양의무의 이행을 청구하였음에도 불구하고 부양의무자가 부양의무를 이행하지 아니함으로써 이행지체에 빠진 이후의 것에 대하여만 부양료의 지급을 청구할 수 있을 뿐, 부양의무자가 부양의무의 이행을 청구받기 이전의 부양료의 지급은 청구할 수 없다고 보는 것이 부양의무의 성질이나 형평의 관념에 합치된다(대결 2008.6.12, 2005스50).

★★★★▶ 동거·협조의무를 위반 한 자의 상대방에 대한 부양료지급청구의 가부(소극)

민법 제826조 제1항이 규정하고 있는 부부간의 동거, 부양, 협조의무는 정상적이고 원만한 부부관계의 유지를 위한 광범위한 협력의무를 구체적으로 표현한 것으로서 서로 독립된 별개의 의무가 아니라고 할 것이므로, 부부의 일방이 정당한 이유 없이 동거를 거부함으로써 자신의 협력의무를 스스로 저버리고 있다면, 상대방의 동거청구가 권리의 남용에 해당하는 등의 특별한 사정이 없는 한, 상대방에게 부양료의 지급을 청구할 수 없다(대판 1991.12.10, 91므245).

2) 제3자의 부양료 구상청구 - 사무관리 긍정

부양의무가 없는 제3자가 부양이 필요한 사람을 부양한 경우에는 사무관리가 성립하므로 그 제3자는 사무관리 규정에 따라 비용상환청구를 할 수 있다(제739조).

★► **혼인 외 자를 양육한 자의 생부에 대한 부당이득반환 또는 사무관리 비용상환청구 가부**(소극)
제3자인 원고가 피고의 혼인 외 출생자를 양육 및 교육하면서 그 비용을 지출하였다고 하여도 피고가 동 혼인 외 출생자를 인지하거나 부모의 결혼으로 그 혼인 중의 출생자로 간주되지 않는 한 실부인 피고는 동 혼인 외 출생자를 부양할 법률상 의무는 없으므로 피고가 원고의 위 행위로 인하여 부당이득을 하였다거나 원고가 피고의 사무를 관리하였다고 볼 수 없다(대판 1981.5.26, 80다2515).

상속법

상속법

제1절 │ 상속

제1관 총설

Ⅰ. 상속의 의의

상속이란 사람이 사망한 경우에 그의 재산상의 지위가 법률규정에 의하여 타인에게 포괄적으로 승계되는 것을 말한다. 이 때 재산상의 지위가 승계당하는 자를 피상속인이라고 하고, 승계하는 자를 상속인이라고 한다.

★▶ **실종선고로 인한 상속에 관한 경과규정인 개정 민법**(1990.1.13. 법률 제4199호로 개정된 것) **부칙 제12조 제2항의 의미 – 개정 민법**(1990.1.13. 법률 제4199호로 개정된 것) **시행 이후 실종선고로 인하여 제정 민법**(1958.2.22. 법률 제471호로 제정된 것) **시행 이전에 실종기간이 만료되어 사망한 것으로 간주된 경우, 그 실종선고로 인한 상속관계에 적용할 법령이 제정 민법인지 개정 민법인지 여부**(개정 민법)

1990.1.13. 법률 제4199호로 개정된 민법(이하 '개정 민법'이라 한다) 부칙 제12조는 상속에 관한 경과규정으로 제1항에서 '이 법 시행일 전에 개시된 상속에 관하여는 이 법 시행일 후에도 구법(舊法)의 규정을 적용한다.'고 정하고, 제2항에서 '실종선고로 인하여 상속이 개시되는 경우에 그 실종기간이 구법 시행기간 중에 만료되는 때에도 그 실종이 이 법 시행일 후에 선고된 때에는 상속에 관하여는 이 법의 규정을 적용한다.'고 정하고 있다. 이는 개정 민법 시행 전에 개시된 상속에 관해서는 개정 민법의 시행에도 불구하고 상속 개시 시점을 기준으로 제정 민법 시행 전에는 구 관습을 적용하고 제정 민법 시행 후에는 제정 민법을 적용하되, 「개정 민법 시행 후 실종선고가 있는 경우」에는 실종기간의 만료 시점이 언제인지와 관계없이 실종선고로 인한 상속에 관해서는 개정 민법을 적용하기로 한 것으로 보아야 한다(대판 2017.12.22. 2017다360·377).

→ [사실관계] : A가 개정 민법(1990.1.13. 법률 제4199호로 개정된 것)이 시행된 후인 2008.7.31. 실종선고로 제정 민법(1958.2.22. 법률 제471호로 제정된 것) 시행 전인 1955.9.9.경 사망한 것으로 간주된 사안에서, 민법 부칙의 구법에 관한 정의 규정, 상속에 관한 경과규정, 실종선고로 인한 상속에 관한 경과규정의 문언, 체계와 그 입법취지 등에 비추어 그 상속에 관해서는 제정 민법이 아니라 실종선고 시에 시행되는 개정 민법이 적용되므로, A의 생모(生母)인 B만이 상속인이 되고(제정 민법 시행 이후 유지된 적모서자의 법정 친자관계가 개정 민법 시행으로 소멸되었음), 구 관습상 적모(嫡母)인 C는 상속권이 없다고 판단한 원심이 타당하다고 본 사례이다.

Ⅱ. 상속의 유형

1. 법정상속 · 유언상속

상속인이 될 자의 범위와 순위가 법률상 정해져 있는 상속이 법정상속이고, 피상속인의 유언에 의하여 상속인이 지정되는 상속이 유언상속이다. 민법상 법정상속만 인정되며 유언에 의한 상속인의 지정은 허용하지 않는다. 다만, 포괄적 유증을 통하여 상속인을 지정한 것과 같은 효과를 얻을 수는 있다(제1078조).

2. 단독상속 · 공동상속

단독상속은 상속인 1인이 상속하는 것이고, 공동상속은 복수의 상속인이 공동으로 상속하는 것이다.

제2관 상속의 개시

Ⅰ. 상속개시의 원인

> **제997조 【상속개시의 원인】**
> 상속은 사망으로 인하여 개시된다.

상속개시의 원인은 피상속인의 사망이다(제997조). 여기의 사망에는 자연적 사망과 실종선고, 인정사망 등을 포함한다.

Ⅱ. 상속개시의 시기

상속개시의 시기는 ① 상속인의 자격 · 범위 · 순위를 결정하는 기준이 되고, ② 상속에 관한 권리의 행사기간의 기산점이 되므로 중요하다.

1. 자연사망

피상속인이 실제의 사망시기, 즉 호흡과 맥박이 영구적으로 멈춘 때(= 맥박종지설)에 상속이 개시되고, 사망신고 시가 아니다(= 보고적 신고). 가족관계등록부에 기록된 사망시기로 확정되는 것도 아니며, 다만 그 시기에 사망한 것으로 추정될 뿐이다.

2. 인정사망 · 실종선고

① 인정사망은 관공서의 사망보고에 의해 가족관계등록부에 기재된 사망일에 사망한 것으로 강한 추정적 효과가 있으므로 기재된 사망일에 상속이 개시된다.

② 어떤 자에 대하여 실종선고가 내려지면 실종선고를 받은 자는 실종기간 만료 시에 사망한 것으로 간주되므로 상속의 효력이 발생한다.

3. 동시사망의 추정

> **제30조【동시사망】**
> 2인 이상이 동일한 위난으로 사망한 경우에는 동시에 사망한 것으로 추정한다.
>
> **제1001조【대습상속】**
> 전조 제1항 제1호와 제3호의 규정에 의하여 상속인이 될 직계비속 또는 형제자매가 상속개시 전에 사망하거나 결격자가 된 경우에 그 직계비속이 있는 때에는 그 직계비속이 사망하거나 결격된 자의 순위에 갈음하여 상속인이 된다.

2인 이상이 동일한 위난으로 사망한 경우에는 동시에 사망한 것으로 추정된다(제30조). 동시사망자 상호간에는 상속이 되지 않는다(동시존재의 원칙). 그러나 동시사망의 경우에도 대습상속은 인정된다(대판 2001.3.9, 99다13157).

Ⅲ. 상속개시의 장소

> **제998조【상속개시의 장소】**
> 상속은 피상속인의 주소지에서 개시한다.

Ⅳ. 상속에 관한 비용

> **제998조의2【상속비용】**
> 상속에 관한 비용은 상속재산 중에서 지급한다.

★▶ 장례비용, 상속재산 관리를 위한 소송비용이 상속에 관한 비용(제998조의2)에 해당하는지 여부
(적극)
상속에 관한 비용은 상속재산 중에서 지급하는 것이고, 상속에 관한 비용이라 함은 상속재산의 관리 및 청산에 필요한 비용을 의미한다고 할 것인바, 장례비용은 피상속인이나 상속인의 사회적 지위와 그 지역의 풍속 등에 비추어 합리적인 금액 범위 내라면 이를 상속비용으로 보는 것이 옳고, 묘지구입비는 장례비용의 일부라고 볼 것이며, 상속재산의 관리·보존을 위한 소송비용도 상속에 관한 비용에 포함된다(대판 1997.4.25, 97다3996).

▶ 부의금의 귀속주체
사람이 사망한 경우에 부조금 또는 조위금 등의 명목으로 보내는 부의금은 상호부조의 정신에서 유족의 정신적 고통을 위로하고 장례에 따르는 유족의 경제적 부담을 덜어줌과 아울러 유족의 생활안정에 기여함을 목적으로 증여되는 것으로서, 장례비용에 충당하고 남는 것에 관하여는 특별한 다른 사정이 없는 한 사망한 사람의 공동상속인들이 각자의 상속분에 응하여 권리를 취득하는 것으로 봄이 우리의 윤리감정이나 경험칙에 합치된다고 할 것이다(대판 1992.8.18, 92다2998).

제3관 상속인

Ⅰ. 상속인의 자격

1. 상속능력 – 상속인이 될 수 있는 능력

(1) 권리능력자일 것

① 상속인은 피상속인의 권리·의무를 승계하므로 당연히 권리능력이 있어야 한다.

② 상속인은 피상속인의 일정한 친족에 한하므로, 자연인만이 상속인이 될 수 있고, 법인은 상속인이 될 수 없다.

③ 태아는 상속에 관하여는 이미 출생한 것으로 본다(제1000조 제3항, 정지조건설).

(2) 동시존재의 원칙

어떤 자가 상속인으로서 상속을 받을 수 있으려면 피상속인이 사망할 당시에 생존하고 있어야 한다(= 동시존재의 원칙). 따라서 동시사망자 상호 간에는 상속이 일어나지 않는다.

2. 상속결격 – 상속인으로서의 자격 상실

(1) 상속결격 사유

> **제1004조【상속인의 결격사유】**
> 다음 각 호의 어느 하나에 해당한 자는 상속인이 되지 못한다.
> 1. 고의로 직계존속, 피상속인, 그 배우자 또는 상속의 선순위나 동순위에 있는 자를 살해하거나 살해하려한 자
> 2. 고의로 직계존속, 피상속인과 그 배우자에게 상해를 가하여 사망에 이르게 한 자
> 3. 사기 또는 강박으로 피상속인의 상속에 관한 유언 또는 유언의 철회를 방해한 자
> 4. 사기 또는 강박으로 피상속인의 상속에 관한 유언을 하게 한 자
> 5. 피상속인의 상속에 관한 유언서를 위조·변조·파기 또는 은닉한 자
>
> **제1064조【유언과 태아, 상속결격자】**
> 제1000조 제3항, 제1004조(= 상속결격)의 규정은 수증자에 준용한다.

1) 피상속인 등에 대한 부도덕한 행위

가) 고의로 직계존속, 피상속인, 그 배우자 또는 상속의 선순위나 동순위에 있는 자를 살해하거나 살해하려 한 경우(제1004조 제1호) : ① 살인의 기수·미수를 묻지 않으며, 예비·음모도 포함된다. ② 살인의 고의가 있어야 하나, 그러한 고의 외에 그 살인이 상속에 유리하다는 인식은 필요로 하지 않는다(대판 1992.5.22, 92다2127).

★★★▶ **낙태가 상속결격 사유인지 여부**(적극)

제1004조 제1호, 제2호 소정의 상속결격사유로서 '살해의 고의(또는 상해의 고의)' 이외에 '상속에 유리하다는 인식'은 필요로 하지 않는다. (따라서) 태아가 상속의 선순위나 동순위에 있는 경우에 그를 낙태하면 제1004조 제1호 소정의 상속결격사유에 해당한다(대판 1992.5.22, 92다2127).

Chapter · 03

나) 고의로 직계존속, 피상속인과 그 배우자에게 상해를 가하여 사망에 이르게 한 경우(동조 제2호) : 이른바 상해치사의 경우인데, 상속의 선순위자나 동순위자의 상해치사는 포함되지 않는다.

2) 피상속인의 유언에 대한 부정행위

가) 사기 또는 강박으로 피상속인의 상속에 관한 유언 또는 유언의 철회를 방해한 경우(동조 제3호) : 여기의 유언은 유효한 것이어야 한다.

나) 사기 또는 강박으로 피상속인의 상속에 관한 유언을 하게 한 경우(동조 제4호)

다) 피상속인의 상속에 관한 유언서를 위조·변조·파기 또는 은닉한 경우(동조 제5호) : 고의에 의한 행위이어야 한다. 따라서 과실로 인한 유언서 파기는 결격사유가 아니다.

★▶ 상속결격사유를 해석하는 방법 / 상속인 결격사유의 하나로 규정하고 있는 민법 제1004조 제5호의 '상속에 관한 유언서를 은닉한 자'의 의미 및 공동상속인들 사이에 내용이 널리 알려진 유언서에 관하여 피상속인의 사망 후 일정한 기간이 경과한 시점에서 비로소 그 존재를 주장하는 등의 사정만으로 유언서의 은닉에 해당한다고 단정할 수 있는지 여부(소극)
상속결격은 법정사유가 인정되면 상속권 박탈이라는 중대한 효과가 법률상 당연히 발생하므로 그 사유를 엄격하게 해석하여야 하고, 유추에 의하여 상속결격사유를 확장하는 것은 허용되지 않는다. 상속인 결격사유의 하나로 규정하고 있는 민법 제1004조 제5호 소정의 '상속에 관한 유언서를 은닉한 자'라 함은 유언서의 소재를 불명하게 하여 그 발견을 방해하는 행위를 한 자를 의미하는 것으로, 공동상속인들 사이에 그 내용이 널리 알려진 유언서에 관하여 피상속인의 사망 후 일정한 기간이 경과한 시점에서 비로소 그 존재를 주장하는 등의 사정만으로 이를 두고 유언서의 은닉에 해당한다고 단정할 수 없다(대판 2023.12.21, 2023다265731).

▶ 민법 제1004조 제5호 소정의 '상속에 관한 유언서를 은닉한 자'의 의미
상속인의 결격사유의 하나로 규정하고 있는 민법 제1004조 제5호 소정의 '상속에 관한 유언서를 은닉한 자'라 함은 유언서의 소재를 불명하게 하여 그 발견을 방해하는 일체의 행위를 한 자를 의미하는 것이므로, 단지 공동상속인들 사이에 그 내용이 널리 알려진 유언서에 관하여 피상속인이 사망한지 6개월이 경과한 시점에서 비로소 그 존재를 주장하였다고 하여 이를 두고 유언서의 은닉에 해당한다고 볼 수 없다(대판 1998.6.12, 97다38510).

---

(2) 상속결격의 효과

1) 상속인 자격의 상실

① 상속결격사유에 해당하는 자는 상속인이 되지 못한다(제1004조). 나아가 유증의 수증결격자도 된다(제1064조).

② 상속개시 전에 결격사유가 생긴 경우에는 그 후에 상속이 개시되더라도 상속을 하지 못한다.

③ 상속개시 후에 결격사유가 생긴 경우에는 개시된 상속이 상속개시 시로 소급해서 무효로 된다. 따라서 결격자가 한 상속재산의 처분도 무효가 되며, 진정한 상속인은 상속회복청구를 할 수 있다.

2) 상속결격효과의 일신전속성

상속결격의 효과는 결격자의 일신에만 그치므로 결격자의 직계비속이나 배우자가 대습상속 하는 데에는 지장이 없다.

II. 상속인의 순위

1. 서설

1) 배우자는 언제나 상속인이 되며, 그에 비하여 인척은 상속인이 될 수 없다.

2) 상속인이 될 자가 수인인 경우, ① 그들 사이의 순위가 다른 때에는 최우선순위자만 상속인이 되고 후순위자는 상속에서 배제된다. ② 동순위자가 수인인 때에는 공동으로 상속한다.

3) 한편 피상속인이 사망하기 전에 상속인으로 될 직계비속이나 형제자매가 사망하거나 상속 결격자가 된 경우, 그의 직계비속과 배우자가 그에 갈음하여 상속하게 되는데, 이를 대습상속 (제1001조)이라고 한다.

2. 혈족 상속인

제1000조 【상속의 순위】
① 상속에 있어서는 다음 순위로 상속인이 된다.
　1. 피상속인의 직계비속
　2. 피상속인의 직계존속
　3. 피상속인의 형제자매
　4. 피상속인의 4촌 이내의 방계혈족
② 전항의 경우에 동순위의 상속인이 수인인 때에는 최근친을 선순위로 하고 동친 등의 상속인이 수인인 때에는 공동상속인이 된다.
③ 태아는 상속순위에 관하여는 이미 출생한 것으로 본다.
제1001조 【대습상속】
전조 제1항 제1호(= 직계비속·제1순위 상속인)와 제3호(= 형제자매·제3순위 상속인)의 규정에 의하여 상속인이 될 직계비속 또는 형제자매가 상속개시 전에 사망하거나 결격자가 된 경우에 그 직계비속이 있는 때에는 그 직계비속이 사망하거나 결격된 자의 순위에 갈음하여 상속인이 된다.

(1) 제1순위 – 피상속인의 직계비속(제1000조 제1항 제1호)

1) 직계비속의 의의

직계비속이면 모두 여기에 해당한다. 따라서 피상속인의 자녀 외에 손자녀·증손자녀 등도 포함 된다. 그리고 자연혈족뿐만 아니라 법정혈족도 포함된다.

2) 직계비속이 수인인 경우

직계비속이 수인인 경우에 최근친자가 선순위이며, 최근친 직계비속이 여럿 있는 때에는 공동상속인이 된다(예 피상속인의 자녀·손자녀가 있는 경우에는 자녀만이 상속하고, 그 자녀가 여럿 있으면 그들이 공동상속인이 된다).

3) 자가 모두 사망한 경우 손자녀의 대습상속

직계비속에 관하여는 대습상속이 인정된다(제1001조). 그러나 피상속인에게 여러 자녀가 있었는데 이들이 상속개시 전 모두 사망(또는 결격)한 경우에 그들의 자녀들은 본래의 고유한 상속인으로서 상속하는지 대습상속을 하는지가 문제된다. 이에 관하여 판례는 대습상속한다는 입장이다(대판 2001.3.9, 99다13157).

(2) 제2순위 – 피상속인의 직계존속(동항 제2호)

① 직계존속이면 양가 쪽도 포함하는 점, 직계존속이 여럿 있는 경우에는 최근친이 선순위가 된다는 점, 최근친 직계존속이 여럿 있으면 공동상속인이 된다는 점은 제1순위 직계비속에서 설명한 것과 같다.

② 직계존속의 경우에는 대습상속이 인정되지 않는다.

③ 친양자 입양의 경우 피상속인인 친양자가 사망한 경우 친양자의 생가쪽 직계존속은 상속인이 되지 못한다. 친양자의 경우는 보통양자와 달리 기존의 친족관계가 소멸하기 때문이다.

> ▶ (보통)양자를 상속할 직계존속에 친부모도 포함되는지 여부(적극)
> 양자가 직계비속 없이 사망한 경우 그가 미혼인 경우 제2순위 상속권자인 직계존속이, 그에게 유처가 있는 경우 직계존속과 처가 동순위로 각 상속인이 되는바, 이 경우 양자를 상속할 직계존속에 대하여 아무런 제한을 두고 있지 않으므로 양자의 상속인에는 양부모뿐 아니라 친부모도 포함된다고 보아야 한다(대결 1995.1.20, 94마535).

(3) 제3순위 – 피상속인의 형제자매(동항 제3호)

① 이복형제, 이성동복형제도 모두 여기의 형제자매에 해당한다(대판 1997.11.28, 96다5421). 즉 형제자매는 부모 쌍방이 동일하건 부모의 일방만이 동일하건 상속분에는 차이가 없다.

② 형제자매에 관하여는 대습상속이 인정된다(제1001조).

> ▶ 이성동복의 형제자매도 상속인의 범위에 포함되는지 여부(적극)
> 민법 제1000조 제1항 제3호 소정의 '피상속인의 형제자매'라 함은, 민법 개정 시 친족의 범위에서 부계와 모계의 차별을 없애고, 상속의 순위나 상속분에 관하여도 남녀 간 또는 부계와 모계 간의 차별을 없앤 점 등에 비추어 볼 때, 부계 및 모계의 형제자매를 모두 포함하는 것으로 해석하는 것이 상당하다(대판 1997.11.28, 96다5421).

(4) 제4순위 – 4촌 이내의 방계혈족(동항 제4호)

> **제768조【혈족의 정의】**
> 자기의 직계존속과 직계비속을 직계혈족이라 하고 자기의 형제자매와 형제자매의 직계비속, 직계존속의 형제자매 및 그 형제자매의 직계비속을 방계혈족이라 한다.

방계혈족은 형제자매, 형제자매의 직계비속, 직계존속의 형제자매, 직계존속의 형제자매의 직계비속을 말하며(제768조), 4촌 이내의 자만 상속인이 될 수 있다.

3. 배우자 상속인

> **제1003조 【배우자의 상속순위】**
> ① 피상속인의 배우자는 제1000조 제1항 제1호(= 직계비속·제1순위 상속인)와 제2호(= 직계존속·제2순위 상속인)의 규정에 의한 상속인이 있는 경우에는 그 상속인과 동순위로 공동상속인이 되고 그 상속인이 없는 때에는 단독상속인이 된다.
> ② 제1001조의 경우(=대습상속)에 상속개시 전에 사망 또는 결격된 자의 배우자는 동조의 규정에 의한 상속인과 동순위로 공동상속인이 되고 그 상속인이 없는 때에는 단독상속인이 된다.

(1) 상속순위

피상속인의 배우자는 피상속인의 직계비속이나 피상속인의 직계존속이 있는 때에는 그들과 공동상속인이 되고, 그 상속인이 없는 때에는 단독상속인이 된다(제1003조 제1항).

▶ **현행 민법 시행 전에 호주 아닌 기혼의 장남이 직계비속 없이 사망한 경우, 재산상속에 관한 관습과 상속인**

현행 민법이 시행되기 전에 호주 아닌 기혼의 장남이 직계비속 없이 사망한 경우 그 재산은 처가 상속하는 것이 우리나라의 관습이었다(대판 2015.1.29, 2014다205683). → 호주 아닌 기혼의 장남 甲이 현행 민법 시행 전 사망하였는데, 당시 유족으로 호주이자 아버지인 乙, 어머니 丙, 처 丁이 있었고, 자녀는 없었던 사안에서, 현행 민법 시행 전의 관습에 따라 망인의 처 丁이 甲의 재산을 단독으로 상속하였다고 보아야 하는데도, 이와 달리 보아 망인의 아버지인 호주 乙이 甲의 재산을 단독으로 상속한다고 판단한 원심판결에 구 관습상 상속에 관한 법리오해의 위법이 있다고 한 사례이다.

★★★★▶ **피상속인의 배우자와 자녀 중 자녀 전부가 상속을 포기한 경우 배우자와 손자녀 또는 직계존속이 공동상속인이 되는지 아니면 배우자가 단독상속인이 되는지 여부**(= 배우자 단독상속)

피상속인의 배우자와 자녀 중 자녀 전부가 상속을 포기한 경우에는 배우자가 단독상속인이 된다고 봄이 타당하다. 이유는 다음과 같다. ① 상속에 관한 입법례와 민법의 입법 연혁상 구 관습이 적용될 때는 물론이고 제정 민법 이후 현재에 이르기까지 배우자는 상속인 중 한 사람이고 다른 혈족 상속인과 법률상 지위에서 차이가 없다. ② 민법의 문언 및 체계적·논리적 해석상 공동상속인에 배우자도 당연히 포함되며, 민법 제1043조에 따라 상속포기자의 상속분이 귀속되는 '다른 상속인'에도 배우자가 포함된다. 이에 따라 공동상속인인 배우자와 자녀들 중 자녀 일부만 상속을 포기한 경우에는 민법 제1043조에 따라 그 상속포기자인 자녀의 상속분이 배우자와 상속을 포기하지 않은 다른 자녀에게 귀속되며, 이와 동일하게 공동상속인인 배우자와 자녀들 중 자녀 전부가 상속을 포기한 경우 민법 제1043조에 따라 상속을 포기한 자녀의 상속분은 남아 있는 '다른 상속인'인 배우자에게 귀속되고, 따라서 배우자가 단독상속인이 된다. ③ 상속재산 중 소극재산이 적극재산보다 많을 경우 상속포기자의 의사에 비추어 피상속인의 배우자와 자녀들 중 자녀 전부가 상속을 포기하였다는 이유로 피상속인의 배우자와 손자녀 또는 직계존속이 공동상속인이 된다고 보는 것은 당사자들의 기대나 의사에 반하고 사회 일반의 법감정에도 반한다. 또한 일반인의 입장에서 피상속인의 배우자와 자녀 중 자녀 전부가 상속을 포기하면 피상속인의 배우자와 <u>손자녀 또는 직계존속이 공동상속인이 되리라는</u> <u>점을 예상하기도 어렵다</u>. ④ 실무상 문제로 종래 판례에 따라 <u>피상속인의 배우자와 손자녀 또는 직계</u> <u>존속이 공동상속인이 되었더라도</u> 그 이후 피상속인의 손자녀 또는 직계존속이 다시 적법하게 상속을 포기함에 따라 <u>결과적으로는 피상속인의 배우자가 단독상속인이 되는 실무례가 많이 발견된다</u>. 결국 공동상속인들의 의사에 따라 배우자가 단독상속인으로 남게 되는 동일한 결과가 되지만, <u>피상속인</u> <u>의 손자녀 또는 직계존속에게 별도로 상속포기 재판 절차를 거치도록 하고 그 과정에서 상속채권자와</u> <u>상속인들 모두에게 불필요한 분쟁을 증가시키며 무용한 절차에 시간과 비용을 들이는 결과가 되었다.</u> 따라서 피상속인의 배우자와 자녀 중 자녀 전부가 상속을 포기한 경우 배우자가 단독상속인이 된다 고 해석함으로써 법률관계를 간명하게 확정할 수 있다. ⑤ 이상에서 살펴본 바와 같이 상속에 관한 입법례와 민법의 입법 연혁, 민법 조문의 문언 및 체계적·논리적 해석, 채무상속에서 상속포기자의 의사, 실무상 문제 등을 종합하여 보면, <u>피상속인의 배우자와 자녀 중 자녀 전부가 상속을 포기한</u> <u>경우에는 배우자가 단독상속인이 된다고 봄이 타당하고, 기존 판례의 변경 필요성이 인정된다</u>(대결 (전) 2023.3.23. 2020그42).

→ [사실관계 및 해설] : ① 망인 사망 후 망인의 아내는 상속한정승인을 하고 4명의 자녀들은 모두 상속포기를 하였는데, 망인에 대하여 확정판결을 받은 피신청인이 망인의 손자녀인 신청인들과 망인의 아내에게 위 판결에 기한 채무가 공동상속되었다는 이유로 이 사건 승계집행문 부여신청 을 하여 승계집행문을 부여받았고, 이에 대해 신청인들이 자신들은 망인의 상속인이 아니라고 주 장하며 승계집행문 부여에 대한 이의를 신청한 사안이다. ② 원심은 종래 판례(대판 2015.5.14. 2013다48852 – 피상속인의 배우자와 자녀 중 자녀 전부가 상속을 포기한 경우에는 배우자와 피상속인의 손자녀 또는 직계존속이 공동으로 상속인이 되고, 피상속인의 손자녀와 직계존속이 존재하지 아니하면 배우자가 단독으로 상속인이 된다는 입장)에 따라 피상속인의 배우자와 자녀 중 자녀 전부가 상속을 포기한 경우 피상속인에게 손자녀가 있으면 배우자가 그 손자녀가 공동으 로 상속인이 된다는 이유로 신청인들의 이의신청을 기각하였다. ③ 이에 대하여 대법원은 전원합 의체 판결을 통해 피상속인의 배우자와 자녀 중 자녀 전부가 상속을 포기한 경우에는 배우자가 단독상속인이 된다고 봄이 타당하다고 판단하여, 종래 판례를 변경하고 종래 판례에 따른 원심을 파기·환송하였다. 이번 결정은 기존의 대판 2015.5.14. 2013다48852의 종래 판례를 8년 만에 변경한 것으로, 위 결정으로 상속에서 배우자의 지위 및 상속채무를 승계하는 상속인들의 상속에 따른 법률관계를 상속인들 의사에 보다 부합하는 방향으로 간명하고 신속하게 정리할 수 있게 되 었다는 점에서 의미가 있다.

(2) 배우자의 의미

배우자는 법률혼 배우자만을 가리키며, 사실혼의 배우자는 포함되지 않는다. 법률상 배우자이기 만 하면 이혼소송 중에 있다고 하더라도 배우자 일방이 사망한 경우 상속권을 가진다.

▶ 사실혼 배우자는 상속권이 부정된다. 다만, 상속인이 존재하지 않는 경우 보충적으로 특별연고자 분여 (제1057조의2)의 적용을 받을 수는 있다.

(3) 중혼의 경우

중혼에 해당하더라도 아직 취소되기 전에는 두 개의 혼인이 모두 적법한 법률혼으로 다루어지므 로, 중혼 배우자는 두 개의 혼인관계 모두에서 상속권이 인정된다.

▶ 중혼취소의 소송 중에 배우자 일방이 사망한 경우에는 일단 상속이 개시되고 중혼배우자는 상속권을 가진다. 비록 그 이후에 혼인취소판결이 확정된다고 하더라도 혼인취소는 소급효가 없으므로 이미 발생한 상속권에 영향을 주지 않는다.

Ⅲ. 대습상속

1. 서설

(1) 의의

대습상속이란 상속이 개시되기 전에 상속인이 될 피상속인의 직계비속 또는 형제자매가 사망하거나 결격된 경우, 그의 직계비속과 배우자가 사망 또는 결격된 자의 순위에 갈음하여 상속하는 것을 말한다(제1001조, 제1003조 제2항). 대습상속을 인정하는 것은 공평의 원칙에 부합하기 때문이다.

(2) 성질

피대습자의 상속권을 승계하는 것이 아니라, 대습상속인의 고유의 권리로서 인정된다.

2. 요건

> **제1001조【대습상속】**
> 전조 제1항 제1호(= 직계비속·제1순위 상속인)와 제3호(= 형제자매·제3순위 상속인)의 규정에 의하여 상속인이 될 직계비속 또는 형제자매가 상속개시 전에 사망하거나 결격자가 된 경우에 그 직계비속이 있는 때에는 그 직계비속이 사망하거나 결격된 자의 순위에 갈음하여 상속인이 된다.
> **제1003조【배우자의 상속순위】**
> ② 제1001조의 경우(= 대습상속)에 상속개시 전에 사망 또는 결격된 자의 배우자는 동조의 규정에 의한 상속인과 동순위로 공동상속인이 되고 그 상속인이 없는 때에는 단독상속인이 된다.

(1) 대습상속의 원인

상속인이 될 직계비속 또는 형제자매가 상속개시 전에 사망 또는 상속결격될 것

1) 피대습자

상속인이 될 자(= 피대습자)가 피상속인의 직계비속 또는 형제자매인 경우에 한하여 인정된다. 즉, 피대습자는 직계비속 또는 형제자매에 한하고, 피상속인의 배우자, 직계존속. 4촌 이내의 방계혈족 등은 피대습자가 될 수 없다.

★★★▶ **배우자에게 피대습자로서의 지위가 인정되는지 여부**(소극)

민법 제1000조 제1항, 제1001조, 제1003조의 각 규정에 의하면, 대습상속은 상속인이 될 피상속인의 직계비속 또는 형제자매가 상속개시 전에 사망하거나 결격자가 된 경우에 사망자 또는 결격자의 직계비속이나 배우자가 있는 때에는 그들이 사망 또는 결격자의 순위에 갈음하여 상속인이 되는 것을 말하는 것으로, 대습상속이 인정되는 경우는 상속인이 될 자(사망 또는 결격자)가 피상속인의 직계비속

또는 형제자매인 경우에 한한다 할 것이므로, 상속인이 될 자의 배우자는 민법 제1003조에 의하여 대습상속인이 될 수는 있으나, 피대습자의 배우자가 대습상속의 상속개시 전에 사망하거나 결격자가 된 경우, 그 배우자에게 다시 피대습자로서의 지위가 인정될 수는 없다(대판 1999.7.9, 98다64318·64325).

2) 상속개시 전 사망 또는 결격

가) 사망 : 피대습자가 피상속인보다 먼저 사망하여야 한다.

나) 결격 : 결격은 상속이 개시되기 전에 결격된 경우뿐만 아니라, 그 이후에 결격된 경우도 포함한다. 상속결격의 효과는 상속개시 시에 소급하기 때문이다. 한편 상속포기는 대습원인이 아니다(대판 1995.9.26, 95다27769).

★★★▶ 피대습자와 피상속인이 동시 사망한 경우 – 대습상속 인정

상속인이 될 직계비속이나 형제자매(=피대습자)의 직계비속 또는 배우자(=대습자)는 피대습자가 상속개시 전에 사망한 경우에는 대습상속을 하고, 피대습자가 상속개시 후에 사망한 경우에는 피대습자를 거쳐 피상속인의 재산을 본위상속을 하므로 두 경우 모두 상속을 하는데, 만일 피대습자가 피상속인의 사망, 즉 상속개시와 동시에 사망한 것으로 추정되는 경우에만 그 직계비속 또는 배우자가 본위상속과 대습상속의 어느 쪽도 하지 못하게 된다면 동시사망 추정 이외의 경우에 비하여 현저히 불공평하고 불합리한 것이라 할 것이고, 이는 앞서 본 대습상속제도 및 동시사망 추정규정의 입법 취지에도 반하는 것이므로, 민법 제1001조의 '상속인이 될 직계비속이 상속개시 전에 사망한 경우'에는 '상속인이 될 직계비속이 상속개시와 동시에 사망한 것으로 추정되는 경우'도 포함하는 것으로 합목적적으로 해석함이 상당하다(대판 2001.3.9, 99다13157).

★★★▶ 피상속인의 자녀가 상속개시 전에 전부 사망한 경우 피상속인의 손자녀의 상속의 성격

피상속인의 자녀가 상속개시 전에 전부 사망한 경우 피상속인의 손자녀는 본위상속이 아니라 대습상속을 한다(대판 2001.3.9, 99다13157).

★★★▶ 제1순위 상속인들 전원이 상속을 포기한 경우, 차순위인 손자녀들의 본위상속

채무자인 피상속인이 그의 처와 동시에 사망하고 제1순위 상속인인 자 전원이 상속을 포기한 경우, 상속을 포기한 자는 상속개시 시부터 상속인이 아니었던 것과 같은 지위에 놓이게 되므로 같은 순위의 다른 상속인이 없어 그 다음 근친 직계비속인 피상속인의 손들이 차순위의 본위 상속인으로서 피상속인의 채무를 상속하게 된다(대판 1995.9.26, 95다27769).

▶ 상속포기의 대습상속사유 부정

피상속인 A의 유일한 상속인으로 자 甲이 있고, 甲에게는 배우자 乙, 직계비속 丙이 있었다면,
① 甲이 상속개시 전 사망(또는 결격)한 경우 – 乙과 丙은 공동으로 대습상속을 하지만,
② 甲이 상속포기를 한 경우 – 丙이 단독으로 본위상속을 할 뿐이고, 乙은 (대습)상속을 받을 수 없다.

---

(2) 대습상속인 – 피대습자의 직계비속과 배우자

대습상속인은 피대습자의 직계비속과 배우자이며, 피상속인에 대한 관계에서 상속결격이 아니어야 한다.

■ 재대습상속

재대습상속이란 대습상속인에게 다시 대습원인이 있으면 그 직계비속이 다시 대습상속하는 것을 말한다. 즉, 피상속인의 손자녀에게 대습원인이 생기면 그 손자녀의 직계비속인 증손자녀가 다시 대습상속을 하게 된다.

3. 대습상속의 효과

제1010조 【대습상속분】
① 제1001조(=대습상속)의 규정에 의하여 사망 또는 결격된 자에 갈음하여 상속인이 된 자의 상속분은 사망 또는 결격된 자의 상속분에 의한다.
② 전항의 경우에 사망 또는 결격된 자의 직계비속이 수인인 때에는 그 상속분은 사망 또는 결격된 자의 상속분의 한도에서 제1009조(=법정상속분)의 규정에 의하여 이를 정한다. 제1003조 제2항(=배우자의 대습상속)의 경우에도 또한 같다.

대습자가 피대습자의 순위로 올라가서 피대습자의 상속분을 상속하게 된다(제1010조). 직계비속과 배우자가 공동대습상속하는 경우에는 피대습자의 상속분을 각자의 상속분 비율에 따라 상속한다.

제4관 상속의 효력

Ⅰ. 상속의 일반적 효력 - 상속재산의 포괄승계

1. 포괄승계의 원칙

제1005조 【상속과 포괄적 권리의무의 승계】
상속인은 상속개시된 때로부터 피상속인의 재산에 관한 포괄적 권리의무를 승계한다. 그러나 피상속인의 일신에 전속한 것은 그러하지 아니하다.

① 상속인은 상속이 개시된 때에 피상속인의 재산에 관한 모든 권리·의무를 포괄적으로 승계한다. 따라서 개별적인 권리에 대한 이전절차나 채무인수가 필요 없다. 또한 그 승계는 특별한 의사표시가 없어도 법률규정에 의하여 당연히 발생한다.
② 이때 상속인이 상속개시사실, 상속인이 된 사실, 피상속인의 적극·소극재산의 존재여부 등에 대하여 알았는지 여부는 포괄승계에 영향을 미치지 않는다.
③ 승계가 되는 재산에는 적극재산뿐만 아니라 소극재산도 포함된다.

2. 상속재산의 범위

(1) 재산상 권리

1) 물권

① 소유권은 당연히 상속되고, 제한물권도 상속된다. ② 공유지분은 상속되지만, 합유자의 합유지분은 상속되지 않는다. ③ 점유권도 당연히 상속인에게 이전되고, 그 점유의 성질은 그대로 유지된다. 그러나 점유권의 공동상속에 관하여는 상속분에 관한 규정(제1009조 이하)이 적용되지 않는다.

★▶ 점유권에 공동상속의 상속분 규정이 적용되는지 여부(소극)

민법 제193조는 점유권은 상속인에게 이전한다고 규정한다. 따라서 피상속인의 점유권은 당연히 그 재산상속인들에게 상속되므로 그 점유를 포기하는 등 특단의 사유가 없는 한 상속인들이 공동점유한다. 이 경우 민법 제1009조 이하에 규정된 상속분에 관한 규정은 적용되지 않는다(대판 1962.10.11, 62다460).

▶ 점유권을 상속에 의하여 승계한 경우 점유의 분리·병합의 적용여부(소극)

점유의 분리, 병합에 관하여 새로운 권원에 의하여 자기 고유의 점유를 시작하지 않는 한 피상속인의 점유의 성질이나 하자도 그대로 승계한다. 즉 상속에 있어서 점유의 분리는 허용되지 않는다(대판 1996.9.20, 96다25319).

---

2) 채권

채권도 일신전속적인 것을 제외하고는 원칙적으로 상속된다. 다만 손해배상청구권은 다음과 같은 점이 문제된다.

3) 손해배상청구권

가) **원칙** : 통상의 손해배상청구권은 당연히 상속된다.

나) **신분법상 원인에 기한 위자료청구권** : 약혼해제(제806조 제3항), 혼인의 무효·취소(제825조), 이혼(제843조), 입양의 무효·취소(제897조). 파양(제908조) 등을 이유로 한 위자료청구권은 원칙적으로 상속되지 아니하나, 이미 그 배상에 관한 계약이 성립되거나 소를 제기한 후에는 상속된다(대판 1993.5.27, 92므143).

다) **재산법상 불법행위에 기한 위자료청구권** : 생명침해의 경우 ① 재산적 손해배상청구권은 피해자에게 여명기간의 일실이익 배상청구권이 발생하고, 그것이 상속인에게 상속된다. ② 정신적 손해배상청구권은 생명침해에 의하여 피해자에게 위자료청구권이 발생하고, 피해자가 이를 포기했거나 면제했다고 볼 수 있는 특별한 사정이 없는 한 생전에 청구의 의사를 표시할 필요 없이 상속인에게 상속된다. 이는 즉사의 경우에도 같다(= 시간적 간격설).

★▶ 불법행위로 인한 생명침해시 위자료청구권의 상속여부(적극)

① 피해자가 정신적 손해의 배상청구권을 포기하거나 면제하였다고 볼 수 있는 특별한 사정이 없는 한 생전에 청구의 의사표시를 할 필요 없이 원칙적으로 상속된다(대판 1967.5.23, 66다1025).

② 이혼위자료청구권은 상대방 배우자의 유책불법한 행위에 의하여 혼인관계가 파탄상태에 이르러 이혼하게 된 경우 그로 인하여 입게 된 정신적 고통을 위자하기 위한 손해배상청구권으로서 이혼

시점에서 확정, 평가되고 이혼에 의하여 비로소 창설되는 것이 아니며, 이혼위자료청구권의 양도 내지 승계의 가능 여부에 관하여 민법 제806조 제3항은 약혼해제로 인한 손해배상청구권에 관하여 정신상 고통에 대한 손해배상청구권은 양도 또는 승계하지 못하지만 당사자간에 배상에 관한 계약이 성립되거나 소를 제기한 후에는 그러하지 아니하다고 규정하고 같은 법 제843조가 위 규정을 재판상 이혼의 경우에 준용하고 있으므로 <u>이혼위자료청구권은 원칙적으로 일신전속적 권리로서 양도나 상속 등 승계가 되지 아니하나 이는 행사상 일신전속권이고 귀속상 일신전속권은 아니라</u> 할 것인바, 그 청구권자가 위자료의 지급을 구하는 소송을 제기함으로써 청구권을 행사할 의사가 외부적·객관적으로 명백하게 된 이상 양도나 상속 등 승계가 가능하다(대판 1993.5.27, 92므143).

▶ **피해자가 즉사한 경우 위자료청구권의 상속여부**(적극)
피해자가 즉사한 경우에도 치명상을 입은 때와 사망 사이에는 이론상 시간적 간격이 인정될 수 있으므로 그 상실된 정신적 이익을 비재산적 손해의 내용으로 할 수 있다(대판 1971.3.9, 70다3031).

라) 생명보험금청구권 : 피상속인이 자기를 피보험자로 하고 상속인 또는 제3자를 보험수익자로 지정한 경우, 보험금청구권은 보험계약의 효력에 기한 것일 뿐이고, 그 직접적 원인이 상속이라고 볼 수는 없으므로 상속재산에 속하지 않고, 수익자의 고유재산이 된다.

▶ **생명보험금청구권이 상속재산에 포함되는지 여부**(소극)
① 보험계약자가 피보험자의 상속인을 보험수익자로 하여 맺은 생명보험계약에 있어서 피보험자의 상속인은 피보험자의 사망이라는 보험사고가 발생한 때에는 보험수익자의 지위에서 보험자에 대하여 보험금 지급을 청구할 수 있고, 이 권리는 보험계약의 효력으로 당연히 생기는 것으로서 상속재산이 아니라 상속인의 고유재산이라고 할 것이다.
② 보험수익자의 지정에 관한 상법 제733조는 상법 제739조에 의하여 상해보험에도 준용되므로, 결국 상해의 결과로 사망한 때에 사망보험금이 지급되는 상해보험에 있어서 보험수익자가 지정되어 있지 않아 위 법률규정에 의하여 피보험자의 상속인이 보험수익자가 되는 경우에도 보험수익자인 상속인의 보험금청구권은 상속재산이 아니라 <u>상속인의 고유재산으로 보아야</u> 한다(대판 2004.7.9, 2003다29463).

마) 사망퇴직금과 유족연금 : 모두 유족 고유의 권리이므로 상속재산이 아니다(통설).

바) 부의금 : 상주에 대한 증여라고 보아야 하므로 상속재산이 아니다(통설).

4) 부양청구권·부양의무

이는 부양청구권(또는 부양의무)은 일신전속적 권리이므로 상속되지 않는다. 그러나 연체된 부양료 지급채권이나 채무는 상속된다.

5) 재산분할청구권

재산분할청구권의 요소 중에서 부양적 요소에 해당하는 부분은 일신전속적 권리이므로 상속되지 않는다는 데 이견이 없다. 다만 청산적 요소 부분이 상속되는지에 대하여는 견해가 대립한다. 이에 관한 명시적인 판례는 아직 없다.

★▶ **이혼소송 계속 중 당사자 일방이 사망한 경우, 병합된 재산분할소송의 종료여부**(적극)

① 재판상의 이혼청구권은 부부의 일신전속의 권리이므로 이혼소송 계속 중 배우자의 일방이 사망한 때에는 상속인이 그 절차를 수계할 수 없음은 물론이고, 또 그러한 경우에 검사가 이를 수계할 수 있는 특별한 규정도 없으므로 이혼소송은 종료된다.

② 이혼소송과 재산분할청구가 병합된 경우, 배우자 일방이 사망하면 이혼의 성립을 전제로 하여 이혼소송에 부대한 재산분할청구 역시 이를 유지할 이익이 상실되어 이혼소송의 종료와 동시에 종료된다(대판 1994.10.28, 94므246·253).

6) 형성권

취소권·추인권·해제권·해지권·예약완결권·상계권 등의 형성권도 상속된다.

(2) 재산상 의무

1) 등기이전의무

피상속인이 부동산을 양도하는 계약을 체결한 뒤 등기를 이전하기 전에 사망한 때에는, 상속인이 그 등기이전의무를 승계한다. 공동상속의 경우에는 그 의무를 상속지분의 범위에서 승계한다(대판 1979.2.27, 78다2281).

2) 보증채무

보증채무는 주채무자와 특별한 신뢰관계에 기초하여 성립하므로 그 상속여부도 개별적으로 검토한다. ① 보통의 보증채무는 상속된다(책임범위가 확정되어 있으므로). ② 신원보증채무는 상속되지 않는다(신원보증인의 사망으로 종료하므로). 그러나 '신원보증인이 사망하기 전에 신원보증계약을 기초로 이미 발생한 보증채무'는 상속된다(대판 1972.2.29, 71다2747). ③ 계속적 보증의 경우에는 보증기간과 보증한도액을 정했는가 여부에 따라 달리 본다.

▶ **계속적 보증계약의 보증인이 사망한 경우, 그 상속인이 보증인 지위를 승계하는지 여부**

① 보증한도액이 정해진 계속적 보증계약의 경우 보증인이 사망하였다 하더라도 보증계약이 당연히 종료되는 것은 아니고 특별한 사정이 없는 한 상속인들이 보증인의 지위를 승계한다고 보아야 할 것이나, ② 보증기간과 보증한도액의 정함이 없는 계속적 보증계약의 경우에는 보증인이 사망하면 보증인의 지위가 상속인에게 상속된다고 할 수 없고, 다만 기왕에 발생된 보증채무만이 상속된다(대판 2001.6.12, 2000다47187).

(3) 계약당사자의 지위

위임계약·고용계약 등 당사자 간에 신뢰성이 강하게 요청되는 유형의 계약에서는 계약당사자의 지위가 원칙상 상속되지 않는다.

1) 사단법인의 사원권

사단법인의 사원의 지위, 즉 사원권은 상속되지 않는다(제56조). 그러나 이 규정은 임의규정이므로 정관으로 달리 정할 수 있다.

2) 조합원의 지위

민법상 조합에서 조합원이 사망하면 당연히 탈퇴하게 되고(제717조 제1호), 조합원의 지위는 상속되지 않는다. 역시 임의규정이므로 조합계약에서 달리 정할 수 있다.

3) 명의신탁

부동산 명의신탁에 있어서 명의수탁자가 사망하면 그 명의신탁관계는 그 재산상속인과의 사이에 존속하게 된다(대판 1996.5.31, 94다35985).

4) 소송수계

소송당사자가 사망하면 소송절차는 중단되며 이 경우 상속인 등이 소송절차를 수계한다(=소송절차의 중단 및 수계). 그러나 소송의 목적인 권리가 일신전속적 성질의 것인 때에는 당사자의 사망으로 소송은 종료한다.

5) 주택임대차의 경우 특별규정

> **주택임대차보호법 제9조 【주택 임차권의 승계】**
> ① 임차인이 상속인 없이 사망한 경우에는 그 주택에서 가정공동생활을 하던 사실상의 혼인 관계에 있는 자가 임차인의 권리와 의무를 승계한다.
> ② 임차인이 사망한 때에 사망 당시 상속인이 그 주택에서 가정공동생활을 하고 있지 아니한 경우에는 그 주택에서 가정공동생활을 하던 사실상의 혼인 관계에 있는 자와 2촌 이내의 친족이 공동으로 임차인의 권리와 의무를 승계한다.
> ③ 제1항과 제2항의 경우에 임차인이 사망한 후 1개월 이내에 임대인에게 제1항과 제2항에 따른 승계대상자가 반대의사를 표시한 경우에는 그러하지 아니하다.
> ④ 제1항과 제2항의 경우에 임대차 관계에서 생긴 채권·채무는 임차인의 권리의무를 승계한 자에게 귀속된다.

임차권도 재산권이므로 상속인에게 상속된다. 다만, 주택임대차에 있어서는 임차인과 그 주택에서 가정공동생활을 하던 사실상의 혼인관계에 있는 자를 보호하기 위하여 특별법에 규정이 있다(주택임대차보호법 제9조).

3. 제사용 재산의 특별승계

(1) 제사용 재산의 내용

> **제1008조의3 【분묘 등의 승계】**
> 분묘에 속한 1정보 이내의 금양임야와 600평 이내의 묘토인 농지, 족보와 제구의 소유권은 제사를 주재하는 자가 이를 승계한다.

① 금양임야는 분묘를 보호하기 위하여 분묘나 그 예정지 주위에 나무를 기르는 임야를 말하고,
② 묘토인 농지는 그 수익으로 분묘관리와 제사비용에 충당되는 농지를 말한다.

(2) 제사용 재산의 승계자 – 제사주재자

① 제사용 재산은 제사를 주재하는 자가 이를 승계한다. 누가 제사를 주재하는 자가 되는가에 관하여, 종래의 판례는 특별한 사정이 없는 한 종손이 된다고 보았으나(대판 2004.1.16, 2001다79037), ② 그 후 이를 변경하여, ⅰ) 먼저 공동상속인 사이의 협의로 정하고, ⅱ) 협의가 이루어지지 않은 경우에는 특별한 사정이 없는 한 장남이, 장남이 없는 경우에는 장손자(= 장남의 아들)가 되고, ⅲ) 공동상속인들 중 아들이 없는 경우에는 망인의 장녀가 된다고 하였다(대판(전) 2008.11.20, 2007다27670).[6] ③ 그러다 최근 또 다시 입장을 변경하여 공동상속인들 사이에 협의가 이루어지지 않는 경우에는 제사주재자의 지위를 인정할 수 없는 특별한 사정이 있지 않는 한 피상속인의 직계비속 중 남녀, 적서를 불문하고 최근친의 연장자가 제사주재자로 우선한다고 보는 것이 가장 조리에 부합한다고 하였다(대판(전) 2023.5.11, 2018다248626).

★★★▶ 공동상속인들 사이에 제사주재자에 관한 협의가 이루어지지 않는 경우 제사주재자 및 그 결정방법 등(대판(전) 2023.5.11, 2018다248626)

[1] 종전 판례의 변경

2008.11.20. 선고 2007다27670 전원합의체 판결(이하 '2008년 전원합의체 판결'이라 한다)은 피상속인의 유체·유해가 민법 제1008조의3 소정의 제사용 재산에 준해서 제사주재자에게 승계되고, 제사주재자는 우선적으로 공동상속인들 사이의 협의에 의해 정하되, 협의가 이루어지지 않는 경우에는 그 지위를 유지할 수 없는 특별한 사정이 있지 않는 한 장남 또는 장손자 등 남성 상속인이 제사주재자라고 판시하였다. 그러나 공동상속인들 사이에 협의가 이루어지지 않는 경우 제사주재자 결정방법에 관한 2008년 전원합의체 판결의 법리는 더 이상 조리에 부합한다고 보기 어려워 유지될 수 없다. 그 이유는 다음과 같다. ① 과거에는 조리에 부합하였던 법규범이라도 사회관념과 법의식의 변화 등으로 인해 헌법을 최상위 규범으로 하는 전체 법질서에 부합하지 않게 되었다면, 대법원은 전체 법질서에 부합하지 않는 부분을 배제하는 등의 방법으로 그러한 법규범이 현재의 법질서에 합치하도록 하여야 한다. ② 공동상속인들 사이에 협의가 성립되지 않는 경우 특별한 사정이 없는 한 장남 또는 장손자 등 남성 상속인을 제사주재자로 우선하는 것은 성별에 의한 차별을 금지한 헌법 제11조 제1항 및 개인의 존엄과 양성의 평등에 기초한 혼인과 가족생활의 성립과 유지를 보장하는 헌법 제36조 제1항의 정신에 합치하지 않는다. ③ 현대사회의 제사에서 부계혈족인 남성 중심의 가계계승의 의미는 상당 부분 퇴색하고, 망인에 대한 경애와 추모의 의미가 보다 중요해지고 있다. 이와 같은 현재의 법질서, 국민들의 변화된 의식 및 정서와 생활양식 등을 고려하면, 장남 또는 장손자 등 남성 상속인이 여성 상속인에 비해 제사주재자로 더 정당하다거나 그 지위를 우선적으로 인정받아야 한다고 볼 수 없다. ④ 제사 및 제사용 재산의 승계제도는 조상숭배라는 전통에 근거하는 것이면서도 헌법상 개인의 존엄 및 양성평등의 이념과 조화되도록 운영하여야 한다는 한계를 가진다. 제사주재자를 정할 때 여성 상속인을 열위에 두는 것은 이러한 현대적 의미의 전통에 부합하지 않는다. 제사주재자로 남성 상속인을 우위에 두지 않는다고 하여 제사제도에 내포된 숭조사상, 경로효친과 같은 전통문화나 미풍양속이 무너진다고 볼 수도 없다.

---

6) 한편 동 판례는 "피상속인이 생전행위 또는 유언으로 자신의 유체·유골을 처분하거나 매장장소를 지정한 경우에, 선량한 풍속 기타 사회질서에 반하지 않는 이상 그 의사는 존중되어야 하고 이는 제사주재자로서도 마찬가지이지만, 피상속인의 의사를 존중해야 하는 의무는 도의적인 것에 그치고, 제사주재자가 무조건 이에 구속되어야 하는 법률적 의무까지 부담한다고 볼 수는 없다(대판(전) 2008.11.20, 2007다27670)."고 하였다.

[2] 제사주재자의 결정 방법

공동상속인들 사이에 협의가 이루어지지 않는 경우에는 제사주재자의 지위를 인정할 수 없는 특별한 사정이 있지 않는 한 피상속인의 직계비속 중 남녀, 적서를 불문하고 최근친의 연장자가 제사주재자로 우선한다고 보는 것이 가장 조리에 부합한다. 그 이유는 다음과 같다. ① 2008년 전원합의체 판결에서 조리에 부합한다고 본 제사주재자 결정방법이 현재의 법질서와 조화되지 않는다면 기존 법규범의 연장선상에서 현재의 법질서에 부합하도록 이를 조금씩 수정·변형함으로써 명확하고 합당한 기준을 설정할 필요가 있다. ② 민법 제1008조의3은 제사용 재산의 특수성을 고려하여 제사용 재산을 유지·보존하고 그 승계에 관한 법률관계를 간명하게 처리하기 위하여 일반 상속재산과 별도로 특별승계를 규정하고 있다. 이러한 취지를 고려하면 어느 정도 예측 가능하면서도 사회통념상 제사주재자로서 정당하다고 인정될 수 있는 특정한 1인을 제사주재자로 정해야 할 필요가 있다. ③ 피상속인의 직계비속 중 최근친의 연장자를 제사주재자로 우선하는 것은 우리의 전통 미풍양속과 현행 법질서 및 사회 일반의 보편적 법인식에 부합한다고 볼 수 있다.

[3] 제사주재자의 지위를 인정할 수 없는 특별한 사정

제사주재자의 지위를 인정할 수 없는 특별한 사정에는 2008년 전원합의체 판결에서 판시한 바와 같이 장기간의 외국 거주, 평소 부모를 학대하거나 모욕 또는 위해를 가하는 행위, 조상의 분묘에 대한 수호·관리를 하지 않거나 제사를 거부하는 행위, 합리적인 이유 없이 부모의 유지 또는 유훈에 현저히 반하는 행위 등으로 인하여 정상적으로 제사를 주재할 의사나 능력이 없다고 인정되는 경우뿐만 아니라, 피상속인의 명시적·추정적 의사, 공동상속인들 다수의 의사, 피상속인과의 생전 생활관계 등을 고려할 때 그 사람이 제사주재자가 되는 것이 현저히 부당하다고 볼 수 있는 경우도 포함된다.

→ [사실관계 및 해설] : ① 甲남은 A녀와 혼인하여 장녀 B와 차녀 C를 두었는데, 혼인관계에 있던 중 甲남은 乙녀와 사이에 장남 丙을 두고 사망하였다. 甲이 사망하자 丙은 망인 甲의 유체를 화장한 후 그 유해를 재단이 운영하는 추모공원 내 봉안당에 봉안하였고, 이에 A,B,C는 丙과 재단을 상대로 甲의 유해인도를 구하였다. ② 원심은 장남인 丙이 제사주재자로서 망인의 유해에 대한 권리를 가지고 있다고 보아, 원고들의 청구를 모두 기각하였으나, ③ 대법원은 공동상속인들 사이에 제사주재자에 관한 협의가 이루어지지 않은 경우, 망인의 직계비속 중 남녀를 불문하고 최근친의 연장자를 제사주재자로 우선하고, 다만 그 사람이 제사주재자가 되는 것이 현저히 부당하다고 볼 사유가 있는지를 심리하여 누가 망인에 대한 제사주재자인지를 판단하여야 한다고 하면서, 원심은 제사주재자 결정방법에 관한 법리를 오해하고 필요한 심리를 다하지 아니하였다는 이유로 원심을 파기하였다.

Ⅱ. 상속분

1. 서설

(1) 상속분의 의의

① 상속분이란 공동상속의 경우에 상속재산전체에 대하여 수인의 공동상속인이 각각 배당받을 몫의 비율을 말한다.

② 각 상속인이 받는 구체적인 상속가액은 승계할 적극·소극의 상속재산 가액에 각자의 상속분을 곱하여 산정한다.

(2) 지정상속분의 인정여부

피상속인이 유언으로 상속분을 지정하는 것을 지정상속분이라 하는데, 우리 민법상 지정상속분 개념은 인정되지 않는다. 다만 포괄적 유증(제1074조)을 통하여 사실상 법정상속분을 변경한 것과 같은 결과를 가져올 수는 있다.

2. 법정상속분

(1) 법정상속분

> **제1009조 【법정상속분】**
> ① 동순위의 상속인이 수인인 때에는 그 상속분은 균분으로 한다.
> ② 피상속인의 배우자의 상속분은 직계비속과 공동으로 상속하는 때에는 직계비속의 상속분의 5할을 가산하고, 직계존속과 공동으로 상속하는 때에는 직계존속의 상속분의 5할을 가산한다.

1) 동순위상속인 사이의 상속분

균분상속주의를 원칙으로 한다. 혼인 중의 출생자와 혼인 외의 출생자 사이에는 차이가 없다(제1009조 제1항 본문).

2) 배우자의 상속분

피상속인의 배우자의 상속분은 ① 직계비속과 공동으로 상속하는 때에는 직계비속의 상속분의 5할을 가산하고, ② 피상속인의 직계존속과 공동으로 상속하는 때에는 직계존속의 상속분의 5할을 가산하고(제1009조 제2항), ③ 직계비속과 직계존속이 모두 존재하지 않는 경우에는 배우자가 단독 상속한다.

(2) 대습상속분

> **제1010조 【대습상속분】**
> ① 제1001조(= 대습상속)의 규정에 의하여 사망 또는 결격된 자에 갈음하여 상속인이 된 자의 상속분은 사망 또는 결격된 자의 상속분에 의한다.
> ② 전항의 경우에 사망 또는 결격된 자의 직계비속이 수인인 때에는 그 상속분은 사망 또는 결격된 자의 상속분의 한도에서 제1009조(= 법정상속분)의 규정에 의하여 이를 정한다. 제1003조 제2항(= 배우자의 대습상속)의 경우에도 또한 같다.

① 대습상속인의 상속분은 피대습상속인의 상속분에 의한다.
② 대습상속인이 수인인 때에 그 상속분은 피대습상속인의 상속분의 한도에서 제1009조의 법정 상속분에 의하여 정한다(제1010조).

3. 특별수익자의 상속분

(1) 특별수익의 의의

> **제1008조 【특별수익자의 상속분】**
> 공동상속인 중에 피상속인으로부터 재산의 증여 또는 유증을 받은 자가 있는 경우에 그 수증재산이 자기의 상속분에 달하지 못한 때에는 그 부족한 부분의 한도에서 상속분이 있다.

1) 의의

공동상속인 중에 피상속인으로부터 재산의 증여 또는 유증을 받은 자가 있는 경우에 그 수증재산이 자기의 상속분에 달하지 못한 때에는 그 부족한 한도에서 상속분이 있다(제1008조).

2) 취지

공동상속인 중에 피상속인으로부터 증여 또는 유증을 받은 특별수익자가 있는 경우에 그 특별수익을 고려하지 않으면 불공평하게 되므로, 이를 상속분의 선급(先給)으로 다루어 상속분 산정에 참작하도록 하는 제도이다. 따라서 상속분의 선급으로 볼 수 없다면 특별수익에 해당하지 않는다. 특별수익자의 상속분 산정은 특별수익을 공제하는 방법으로 이루어지는데, 이를 특별수익의 반환의무라 한다.

(2) 특별수익자 − 반환의무자

1) 공동상속인일 것

특별수익자는 상속을 승인한 공동상속인이어야 한다. 상속을 포기한 자는 다른 공동상속인의 유류분을 침해하지 않는 한 반환의무를 지지 않는다.

★★★▶ **상속인의 직계비속 등에게 이루어진 증여나 유증을 특별수익으로 고려할 수 있는지 여부**(한정 적극)

민법 제1008조는 '공동상속인 중에 피상속인으로부터 재산의 증여 또는 유증을 받은 자가 있는 경우에 그 수증재산이 자기의 상속분에 달하지 못한 때에는 그 부족한 부분의 한도에서 상속분이 있다.' 고 규정하고 있는바, 이와 같이 상속분의 산정에서 증여 또는 유증을 참작하게 되는 것은 원칙적으로 상속인이 유증 또는 증여를 받은 경우에만 발생하고, 그 상속인의 직계비속, 배우자, 직계존속이 유증 또는 증여를 받은 경우에는 그 상속인이 반환의무를 지지 않는다고 할 것이나, 증여 또는 유증의 경위, 증여나 유증된 물건의 가치, 성질, 수증자와 관계된 상속인이 실제 받은 이익 등을 고려하여 실질적으로 피상속인으로부터 상속인에게 직접 증여된 것과 다르지 않다고 인정되는 경우에는 상속인의 직계비속, 배우자, 직계존속 등에게 이루어진 증여나 유증도 특별수익으로서 이를 고려할 수 있다고 함이 상당하다(대결 2007.8.28, 2006스3·4).

▶ **민법 제1008조의 규정 취지 및 상속결격사유가 발생한 이후에 결격된 자가 피상속인에게서 직접 증여를 받은 경우, 그 수익이 특별수익에 해당하는지 여부**(원칙적 소극)

민법 제1008조는 공동상속인 중 피상속인에게서 재산의 증여 또는 유증을 받은 특별수익자가 있는 경우 공동상속인들 사이의 공평을 기하기 위하여 수증재산을 상속분의 선급으로 다루어 구체적인 상속분을 산정할 때 이를 참작하도록 하려는 데 취지가 있는 것이므로, 상속결격사유가 발생한 이후에 결격된 자가 피상속인에게서 직접 증여를 받은 경우, 그 수익은 상속인의 지위에서 받은 것이 아니어서 원칙적으로 상속분의 선급으로 볼 수 없다. 따라서 결격된 자의 수익은 특별한 사정이 없는 한 특별수익에 해당하지 않는다(대결 2015.7.17, 2014스206 · 207).

2) 대습상속의 경우

① 피대습자가 피상속인으로부터 특별수익을 한 경우에는 대습상속인은 반환의무를 진다.

② 대습상속인 자신이 피상속인으로부터 특별수익을 한 경우에도, 공동상속인 사이의 공평을 위한 특별수익 반환제도의 취지상 반환의무를 진다(다수설).

★★★★▶ **대습상속인이 대습원인의 발생 이전에 피상속인으로부터 증여를 받은 경우 특별수익에 해당하는지 여부**(소극)

대습상속인이 대습원인의 발생 이전에 피상속인으로부터 증여를 받은 경우 이는 상속인의 지위에서 받은 것이 아니므로 상속분의 선급으로 볼 수 없다. 그렇지 않고 이를 상속분의 선급으로 보게 되면, 피대습인이 사망하기 전에 피상속인이 먼저 사망하여 상속이 이루어진 경우에는 특별수익에 해당하지 아니하던 것이 피대습인이 피상속인보다 먼저 사망하였다는 우연한 사정으로 인하여 특별수익으로 되는 불합리한 결과가 발생한다. 따라서 대습상속인의 위와 같은 수익은 특별수익에 해당하지 않는다고 봄이 상당하다. 이는 유류분제도가 상속인들의 상속분을 일정 부분 보장한다는 명분 아래 피상속인의 자유의사에 기한 자기 재산의 처분을 그의 의사에 반하여 제한하는 것인 만큼 그 인정 범위를 가능한 한 필요최소한으로 그치는 것이 피상속인의 의사를 존중한다는 의미에서 바람직하다는 관점에서 보아도 더욱 그러하다(대판 2014.5.29, 2012다31802). → 피상속인 甲이 사망하기 이전에 甲의 자녀들 중 乙 등이 먼저 사망하였는데, 甲이 乙 사망 전에 乙의 자녀인 丙에게 임야를 증여한 사안에서, 丙이 甲으로부터 임야를 증여받은 것은 상속인의 지위에서 받은 것이 아니므로 상속분의 선급으로 볼 수 없고, 따라서 이는 특별수익에 해당하지 아니하여 유류분 산정을 위한 기초재산에 포함되지 않는다고 보아야 함에도, 위 임야가 특별수익에 해당하므로 유류분 산정을 위한 기초재산에 포함된다고 본 원심판단에 법리오해의 위법이 있다고 한 사례이다.[7]

(3) 특별수익 – 증여 또는 유증을 받았을 것

1) 생전증여

① 일정범위로 제한된다. ② 판례는 피상속인의 생활수준 등을 참작하여 당해 생전증여가 장차 상속인으로 될 자에 대한 상속분의 선급이라고 볼 수 있는 경우에 이를 특별수익으로 반환하여야 한다고 보았다. ③ 구체적 예로서, ⅰ) 혼인비용 · 사업자금 · 주택구입자금 등은 특별수익에 해당하며, ⅱ) 부양비용 · 일반적인 의료비용은 특별수익으로 볼 수 없을 것이다.

▶ **특별수익자의 상속분에 관한 민법 제1008조의 취지와 생전증여가 특별수익으로 되기 위한 판단**

---

7) 대습상속인이 공동상속인자격 취득시점(예컨대 부의 사망)이전에 수익한 때는 반환의무가 없고, 그 후에 수익한 때에만 반환의무가 있다는 태도이다. 예컨대, ① 조부가 손자에게 생전증여를 한 후 부가 사망하였고, 그 후 조부가 사망하여 손자가 대습상속을 하는 경우에는 특별수익당시 상속인이 아니었기 때문에 반환의무가 없다. 반면 ② 부가 사망한 후 조부가 손자에게 증여를 하였고, 그 후 조부가 사망하여 손자가 대습상속인이 되는 경우에는 반환의무가 있다.

기준

민법 제1008조는 공동상속인 중에 피상속인으로부터 재산의 증여 또는 유증을 받은 자가 있는 경우에 그 수증재산이 자기의 상속분에 달하지 못한 때에는 그 부족한 부분의 한도에서 상속분이 있다고 규정하고 있는바, 이는 공동상속인 중에 피상속인으로부터 재산의 증여 또는 유증을 받은 특별 수익자가 있는 경우에 공동상속인들 사이의 공평을 기하기 위하여 그 수증재산을 상속분의 선급으로 다루어 구체적인 상속분을 산정함에 있어 이를 참작하도록 하려는 데 그 취지가 있는 것이므로, 어떠한 생전 증여가 특별수익에 해당하는지는 피상속인의 생전의 자산, 수입, 생활수준, 가정상황 등을 참작하고 공동상속인들 사이의 형평을 고려하여 당해 생전 증여가 장차 상속인으로 될 자에게 돌아갈 상속재산 중의 그의 몫의 일부를 미리 주는 것이라고 볼 수 있는지에 의하여 결정하여야 할 것이다(대판 1998.12. 8, 97므513・520・97스12).

2) 유증

유증은 그 목적을 불문하고 반환의 대상이다. 그러나 유증의 목적물은 상속개시 당시에는 아직 상속재산에 포함되어 있으므로 생전증여의 경우처럼 그 가액을 가산할 필요가 없다.

3) 생명보험금・사망퇴직금 등

생명보험금・사망퇴직금・유족연금 등은 상속재산에는 포함되지는 않지만 특별수익에는 해당한다.

(4) 특별수익자의 구체적 상속분 산정

1) 구체적 상속분 계산

공동상속인 중에 특별수익자가 있는 경우, 구체적 상속분의 산정은 '피상속인이 상속개시 당시에 가지고 있던 재산'(= 상속개시 시 상속재산)에 특별수익분인 '생전증여 가액'(= 생전증여)을 가산하여 각각의 공동상속인별로 '법정상속분율을 곱하여' 산출된 상속분 가액으로부터 '특별수익자의 수증재산인 증여 또는 유증의 가액'(= 특별수익)을 공제하는 방법에 의한다(대판 1995.3.10, 94다16571).

▶ **특별수익자의 구체적 상속분 계산**

구체적 상속분 = (상속개시시 상속재산 + 생전증여) × 법정상속분 − 특별수익

★★▶ **공동상속인 중에 특별수익자가 있는 경우의 상속분의 산정방법**

공동상속인 중에 특별수익자가 있는 경우의 구체적인 상속분의 산정을 위하여는, 피상속인이 상속개시 당시에 가지고 있던 재산의 가액에 생전 증여의 가액을 가산한 후, 이 가액에 각 공동상속인별로 법정상속분율을 곱하여 산출된 상속분의 가액으로부터 특별수익자의 수증재산인 증여 또는 유증의 가액을 공제하는 계산방법에 의하여 할 것이고, 여기서 이러한 계산의 기초가 되는 '피상속인이 상속개시 당시에 가지고 있던 재산의 가액'은 상속재산 가운데 적극재산의 전액을 가리키는 것으로 보아야 옳다. 그렇지 않고 이를 상속의 대상이 되는 적극재산으로부터 소극재산, 즉 피상속인이 부담하고 있던 상속채무를 공제한 차액에 해당되는 순재산액이라고 파악하게 되면, 자기의 법정상속분을 초과하여 특별이익을 얻은 초과특별수익자는 상속채무를 전혀 부담하지 않게 되어 다른 공동상속인에 대하여 심히 균형을 잃게 되는 부당한 결과에 이르기 때문에 상속인들은 상속의 대상이 되는 적극재산에 증여재산을 합한 가액을 상속분에 따라 상속하고, 소극재산도 그 비율대로 상속한다고 보아야 할 것이다(대판 1995.3.10, 94다16571). → 공동상속인 중에 특별수익자가 있는 경우 구체적

인 상속분의 산정의 기초가 되는 '피상속인이 상속개시 당시에 가지고 있던 재산의 가액'이란 상속재산 가운데 적극재산에서 소극재산을 제외한 순재산을 뜻하는 것이 아니다.

2) 소극재산은 불포함

'피상속인이 상속개시 당시에 가지고 있던 재산'은 상속재산 가운데 적극재산의 전액을 가리키며 소극재산은 공제하지 않는다(대판 1995.3.10, 94다16571).

3) 증여(또는 유증) 가액의 평가시점

특별수익으로서 반환되는 것은 현물이 아니라 가액이고, 생전증여는 증여 시와 상속개시 시 사이에 상당한 시간적 간격이 있을 수 있기 때문에, 반환재산의 가액을 어느 시점을 기준으로 하여 평가할 것인지가 문제된다. 판례는 원칙적으로 상속개시 시를 기준으로 한다.

★★★▶ **특별수익자가 있는 경우 구체적 상속분 산정을 위한 재산 평가시점**(상속개시 시)**과 대상분할의 방법에 의한 상속재산분할 시의 정산을 위한 상속재산 평가시점**(분할 시)

공동상속인 중에 피상속인으로부터 재산의 증여 또는 유증 등의 특별수익을 받은 자가 있는 경우에는 이러한 특별수익을 고려하여 상속인별로 고유의 법정상속분을 수정하여 구체적인 상속분을 산정하게 되는데, 이러한 구체적 상속분을 산정함에 있어서는 상속개시시를 기준으로 상속재산과 특별수익재산을 평가하여 이를 기초로 하여야 할 것이고, 다만 법원이 실제로 상속재산분할을 함에 있어 분할의 대상이 된 상속재산 중 특정의 재산을 1인 및 수인의 상속인의 소유로 하고 그의 상속분과 그 특정의 재산의 가액과의 차액을 현금으로 정산할 것을 명하는 방법(소위 대상분할의 방법)을 취하는 경우에는, 분할의 대상이 되는 재산을 그 분할 시를 기준으로 하여 재평가하여 그 평가액에 의하여 정산을 하여야 한다(대결 1997.3.21, 96스62).

(5) 특별수익이 상속분을 초과하는 경우

1) 특별수익의 가액이 특별수익자의 상속분에 미달하는 경우

그 부족분이 그의 상속분으로 되어 그 부분만큼 상속받게 된다.

2) 특별수익의 가액이 수익자의 상속분을 초과하는 경우

수익자는 그 이상 상속받을 수는 없다. 이 경우 그 초과부분을 반환하여야 하는지가 문제이다. 견해의 대립이 있으나 원칙상 반환할 필요가 없고 다만, 공동상속인의 유류분을 침해하는 경우에 한하여 반환하여야 한다고 볼 것이다(다수설).

(6) 상속채무의 분담방법

공동상속인 중에 특별수익자가 있는 경우에도 상속채무의 분담은 법정상속분에 의한다(대판 1995. 3.10, 94다16571).

4. 기여분 – 기여상속인의 상속분

(1) 의의 및 취지

① 기여분제도는 공동상속인 중에 피상속인의 재산의 유지 또는 증가에 관하여 특별히 기여하거나 피상속인을 특별히 부양한 자가 있는 경우에 상속분을 정함에 있어서 그러한 기여나 부양을 고려하는 제도이다.

② 기여분제도는 공동상속인 사이의 실질적 공평을 도모하려고 하는 점에서 특별수익의 반환제도와 그 취지가 같다. 그러나 후자는 이미 수익을 받은 자가 있을 경우에 그의 상속분을 줄이는 것이고, 전자는 특별기여자가 있을 경우에 그의 상속분을 늘리는 것이다.

(2) 기여분을 받기 위한 요건

> **제1008조의2 【기여분】**
> ① 공동상속인 중에 상당한 기간 동거·간호 그 밖의 방법으로 피상속인을 특별히 부양하거나 피상속인의 재산의 유지 또는 증가에 특별히 기여한 자가 있을 때에는 상속개시 당시의 피상속인의 재산가액에서 공동상속인의 협의로 정한 그 자의 기여분을 공제한 것을 상속재산으로 보고 제1009조 및 제1010조에 의하여 산정한 상속분에 기여분을 가산한 액으로써 그 자의 상속분으로 한다.
> ③ 기여분은 상속이 개시된 때의 피상속인의 재산가액에서 유증의 가액을 공제한 액을 넘지 못한다.

1) 공동상속인일 것

① 기여분을 받을 수 있는 자는 공동상속인에 한정된다. 따라서 상속결격자·상속포기자, 포괄적 수증자 등은 기여분 권리자가 아니다.

② 대습상속인은 그 자신이 기여한 경우이든 피대습자가 기여한 경우이든 언제나 기여분을 주장할 수 있다.

2) 피상속인에의 특별부양 또는 상속재산 유지·증가에의 특별기여

가) 특별부양 : 동거·간호 등의 방법으로 피상속인을 상당기간 특별히 부양한 경우에는 기여분을 청구할 수 있다. 특별부양으로 인정되려면 친족간의 통상의 부양의무 정도를 넘는 것이어야 한다.

▶ **성년인 자가 부모와 동거하면서 생계유지 수준을 넘는 부양을 한 경우 특별부양에 해당하는지 여부**(적극)

성년인 자가 부양의무의 존부나 그 순위에 구애됨이 없이 스스로 장기간 그 부모와 동거하면서 생계유지의 수준을 넘는 부양자 자신과 같은 생활수준을 유지하는 부양을 한 경우에는 부양의 시기·방법 및 정도의 면에서 각기 특별한 부양이 된다고 보아 각 공동상속인 간의 공평을 도모한다는 측면에서 그 부모의 상속재산에 대하여 기여분을 인정함이 상당하다(대판 1998.12.8, 97므513·520·97스12).

★★★▶ **피상속인의 배우자가 상당한 기간 투병 중인 피상속인과 동거하면서 간호하는 방법으로 피상속인을 부양한 경우 그러한 사정만으로 배우자에게 기여분을 인정하여야 하는지 여부**(소극)

배우자가 장기간 피상속인과 동거하면서 피상속인을 간호한 경우, 민법 제1008조의2의 해석상 가정법원은 배우자의 동거·간호가 부부 사이의 제1차 부양의무 이행을 넘어서 '특별한 부양'에 이르는지 여부와 더불어 동거·간호의 시기와 방법 및 정도뿐 아니라 동거·간호에 따른 부양비용의 부담 주체, 상속재산의 규모와 배우자에 대한 특별수익액, 다른 공동상속인의 숫자와 배우자의 법정상속분 등 일체의 사정을 종합적으로 고려하여 공동상속인들 사이의 실질적 공평을 도모하기 위하여 배우자의 상속분을 조정할 필요성이 인정되는지 여부를 가려서 기여분 인정 여부와 그 정도를 판단하여야 한다(대결(전) 2019.11.21, 2014스44·45).

→ [사실관계 및 판단] : ① 청구인들(피상속인과 전처인 망 D 사이에 태어난 자녀들)이 상대방 A(피상속인의 후처), B, C(A와 피상속인 사이에 태어난 자녀들)를 상대로 상속재산분할을 청구(본심판)하고, 상대방들은 청구인들을 상대로 기여분결정 청구(반심판)를 한 사안에서, 원심은 상대방 A가 병환 중인 피상속인을 간호하였지만 처로서 통상 기대되는 정도를 넘어 법정상속분을 수정할 정도로 피상속인을 특별히 부양하였다거나 피상속인 재산의 유지·증가에 특별히 기여하였다고 인정하기에 부족하다는 이유로 상대방 A의 기여분결정 청구를 기각하였는데, 이에 대해 대법원은, 원심 판단은 대법원판례의 법리에 따른 것으로 민법 제1008조의2에서 정한 기여분 인정 요건에 관한 법리를 오해하여 필요한 심리를 다하지 않아 재판에 영향을 미친 잘못이 없다고 보아 재항고를 기각한 사례이다. ② 이와 같은 다수의견에 대하여, 피상속인의 배우자가 상당한 기간에 걸쳐 피상속인과 동거하면서 간호하는 방법으로 피상속인을 부양한 경우, 배우자의 이러한 부양 행위는 민법 제1008조의2 제1항에서 정한 기여분 인정 요건 중 하나인 '특별한 부양행위'에 해당하므로, 특별한 사정이 없는 한 배우자에게 기여분을 인정하여야 한다는 반대의견이 있었다.

나) **재산상의 특별기여** : ① 가령 피상속인이 경영하는 사업에 노무를 제공하거나, 재산을 제공하여 피상속인의 재산을 유지·증가시킨 경우이어야 한다. ② 기여행위와 상속재산의 유지·증가 사이에는 인과관계가 있어야 한다. ③ 배우자의 가사노동에 의한 기여는 특별기여로 보기 어렵다.

(3) 기여분의 결정

1) 기여분 결정절차

가) 협의(1차적) 또는 법원의 결정(2차적)으로 정한다.

> **제1008조의2 【기여분】**
> ② 제1항(= 기여분)의 협의가 되지 아니하거나 협의할 수 없는 때에는 가정법원은 제1항(= 기여분)에 규정된 기여자의 청구에 의하여 기여의 시기·방법 및 정도와 상속재산의 액 기타의 사정을 참작하여 기여분을 정한다.

① 기여분은 (ㄱ) 먼저 모든 공동상속인의 협의에 의하여 정하고(제1008조의2 제1항), (ㄴ) 협의가 되지 않거나 협의할 수 없는 때에는 기여자의 청구에 의하여 가정법원이 심판으로 결정한다(제1008조의2 제2항).

② 기여분을 유언으로 정할 수는 없다(←기여분 지정은 유언사항이 아니기 때문).

나) 기여분은 상속재산분할을 전제로 한다.

> **제1008조의2 【기여분】**
> ④ 제2항의 규정에 의한 청구(= 법원에 대한 기여분결정 청구)는 제1013조 제2항의 규정에 의한 청구 (= 상속재산 분할청구)가 있을 경우 또는 제1014조에 규정하는 경우(= 상속재산분할 후의 피인지 자의 가액반환청구)에 할 수 있다.

① 기여분은 상속재산 분할의 전제문제로서의 성격을 갖는 것이므로, 기여분 결정의 심판청구는 상속재산 분할의 청구(제1013조 제2항)가 있는 경우에 한하여 할 수 있고, 다만 예외적으로 상속 재산 분할 후라도 피인지자나 재판의 확정에 의하여 공동상속인이 된 자(제1014조)의 상속분 가액반환청구가 있는 경우에도 할 수 있다(제1008조의2 제4항).

② 따라서 유류분반환청구만 있는 경우에는 기여분 결정청구가 허용되지 않으며, 기여분이 결정 되기 전에는 유류분반환청구 소송에서 피고가 된 기여상속인이 상속재산 중 자신의 기여분을 공제할 것을 항변으로 주장할 수도 없다(대결 1999.8.24, 99스28; 대판 1994.10.14, 94다8334).

2) 구체적 기여분의 산정

> **제1008조의2 【기여분】**
> ① 공동상속인 중에 상당한 기간 동거·간호 그 밖의 방법으로 피상속인을 특별히 부양하거나 피상속인의 재산의 유지 또는 증가에 특별히 기여한 자가 있을 때에는 상속개시 당시의 피상속인의 재산가액에서 공동상속인의 협의로 정한 그 자의 기여분을 공제한 것을 상속재산으로 보고 제1009조 및 제1010조에 의하여 산정한 상속분에 기여분을 가산한 액으로써 그 자의 상속분으로 한다.
> ③ 기여분은 상속이 개시된 때의 피상속인의 재산가액에서 유증의 가액을 공제한 액을 넘지 못한다.

가) **산정방법** : 기여분을 산정함에 있어서는 기여의 시기·방법 및 정도와 상속재산의 액 기타의 사정을 참작하여야 한다(제1008조의2 제2항). 그리고 기여분은 상속이 개시된 때의 피상속인의 재 산가액에서 유증의 가액을 공제한 액을 넘지 못한다(제1008조의2 제3항). 이는 기여분보다 유증을 우선시키기 위한 것이다.

나) **기여분 권리자의 구체적 상속분 결정** : 상속개시 당시의 피상속인의 재산가액에서 기여분을 공제 한 것을 상속재산으로 하여 각 공동상속인의 상속분을 계산하고, 그 상속분에 기여분을 더한 것이 기여분 권리자의 상속분이 된다.

다) **기여분과 유류분** : 기여분은 유류분과 무관하게 인정된다. 기여분이 아무리 많게 결정되어도 유 류분에 대한 침해로 되지 않는다. 즉 기여분은 유류분에 우선한다.

▶ 기여분과 유류분은 양자의 제도적 취지가 다르므로 기여분은 유류분과 무관하다. 또한 민법은 증여와 유증만 을 유류분의 반환대상으로 규정하고 있으므로(제1115조), 기여분은 사실상 유류분에 우선한다. 즉 기여분이 아무리 많아도 유류분침해로 되지 않는다.

(4) 기여분의 상속·양도·포기

① 기여분이 공동상속인의 협의 또는 가정법원의 심판에 의하여 결정된 후에는 양도·상속이 가 능하다(참고 : 반면에 기여분이 결정되기 전에는 양도는 할 수 없으나 상속은 가능하다고 보는 것이 다수설).

② 기여분의 사전포기는 인정되지 않지만, 상속개시 후에는 상속포기가 가능한 것(제1019조 제1항)을 유추하여 기여분의 포기도 인정된다.

5. 상속분의 양도와 양수(= 환수)

> **제1011조【공동상속분의 양수】**
> ① 공동상속인 중에 그 상속분을 제3자에게 양도한 자가 있는 때에는 다른 공동상속인은 그 가액과 양도비용을 상환하고 그 상속분을 양수할 수 있다.
> ② 전항의 권리는 그 사유를 안 날로부터 3월, 그 사유 있은 날로부터 1년 내에 행사하여야 한다.

(1) 상속분의 양도

1) 의의

공동상속인은 상속개시 후 상속재산의 분할 전이라도 자기의 상속분을 포괄적으로 제3자에게 양도할 수 있다(제1011조 제1항 참조).

★★★▶ **상속분의 양도(제1011조 제1항)의 의미**(대판 2006.3.24, 2006다2179)

① 민법 제1011조 제1항은 "공동상속인 중 그 상속분을 제3자에게 양도한 자가 있는 때에는 다른 공동상속인은 그 가액과 양도비용을 상환하고 그 상속분을 양수할 수 있다"고 규정하고 있는바, 여기서 말하는 '상속분의 양도'란 상속재산분할 전에 적극재산과 소극재산을 모두 포함한 상속재산 전부에 관하여 공동상속인이 가지는 포괄적 상속분, 즉 상속인 지위의 양도를 의미하므로, 상속재산을 구성하는 개개의 물건 또는 권리에 대한 개개의 물권적 양도는 이에 해당하지 아니한다.

② 공동상속인 중 일부가 상속재산인 임야 중 자신들의 상속지분을 양도한 경우, 이는 민법 제1011조 제1항에 규정된 '상속분의 양도'에 해당하지 아니하고 상속받은 임야에 관한 공유지분을 양도한 것에 불과하여, 다른 공동상속인에게 민법 제1011조 제1항에 규정된 상속분 양수권이 있다고 볼 수 없다.

2) 상속분양수인의 지위

양수인은 상속인과 동일한 지위를 가진다. 따라서 그는 ① 적극재산뿐만 아니라 소극재산(= 상속채무)도 승계하며, ② 상속재산 분할에도 참여할 수 있으며, ③ 상속회복청구권자가 될 수 있다.

(2) 상속분의 양수

1) 의의

공동상속인 중에 그 상속분을 제3자에게 양도한 자가 있는 경우 다른 공동상속인이 그 가액과 양도비용을 상환하고 그 상속분을 되찾아 올 수 있다. 이를 상속분의 양수 또는 환수라 한다.

2) 요건

① 공동상속인 이외의 제3자에게 상속분이 양도되었어야 한다. 공동상속인에게 양도하였을 경우에는 환수할 필요가 없다. ② 상속분의 양도가 상속재산 분할 전에 있었어야 한다.

3) 양수권의 행사

① 형성권이므로 공동상속인이 양수인에 대하여 일방적 의사표시로 한다. 그리고 그 권리는 공동상속인 중의 1인이 단독으로 행사할 수도 있다.

② 양수할 때에는 양수할 당시(← 양도 당시가 아님)의 상속분의 가액과 양도비용을 상환하여야 한다. 상속분을 무상으로 양도했더라도 같다.

③ 양수권은 상속분이 양도된 것을 안 날부터 3개월, 양도가 있었던 때부터 1년 내에 행사하여야 한다(제1011조 제2항). 제척기간이며, 두 기간 중 어느 하나가 경과하면 환수권은 소멸한다.

4) 양수의 효과

① 양수권이 행사되면 제3자에게 양도되었던 상속분은 양도인 이외의 공동상속인 전부에게 그 상속분에 따라 귀속한다. 공동상속인 중 1인이 단독으로 환수권을 행사한 때에도 같다. ② 환수하는 데 든 비용도 공동상속인이 그 상속분에 따라 분담한다.

Ⅲ. 공동상속 - 상속재산의 공유

1. 공동상속의 의의

> 제1006조【공동상속과 재산의 공유】
> 상속인이 수인인 때에는 상속재산은 그 공유로 한다.
> 제1007조【공동상속인의 권리의무 승계】
> 공동상속인은 각자의 상속분에 응하여 피상속인의 권리의무를 승계한다.

상속인이 수인인 경우(=공동상속) 상속개시로 인하여, 상속재산은 곧바로 공동상속인에게 각자의 상속분에 따라 승계되지만(제1007조). 상속재산 분할이 있기 전까지는 그 상속재산의 소유관계는 잠정적으로 공유관계(제1006조)가 된다.

2. 제1006조의 공유의 의미

판례는 문언에 따라 공유설의 입장이다(대판 1996.2.9, 94다61649).

▶ 공동상속재산의 지분에 관한 지분권존재확인을 구하는 소송은 필수적 공동소송이 아니라 통상의 공동소송이다(대판 2010.2.25, 2008다96963 · 96970).

3. 공동상속(= 공유설)의 구체적 법률관계

(1) 물건의 공동상속

공동상속인은 상속재산에 속하는 개개의 물건 위에 상속분에 따른 공유지분을 갖는다(제262조). 다만, 각 상속인의 지분은 균등한 것이 아니라, 각자의 상속분에 따른다.

(2) 채권의 공동상속

> **제408조【분할채권관계】**
> 채권자나 채무자가 수인인 경우에 특별한 의사표시가 없으면 각 채권자 또는 각 채무자는 균등한 비율로 권리가 있고 의무를 부담한다.
>
> **제409조【불가분채권】**
> 채권의 목적이 그 성질 또는 당사자의 의사표시에 의하여 불가분인 경우에 채권자가 수인인 때에는 각 채권자는 모든 채권자를 위하여 이행을 청구할 수 있고 채무자는 모든 채권자를 위하여 각 채권자에게 이행할 수 있다.
>
> **제410조【1인의 채권자에 생긴 사항의 효력】**
> ① 전조(= 불가분채권에서 1인의 이행 및 이행청구)의 규정에 의하여 모든 채권자에게 효력이 있는 사항을 제외하고는 불가분채권자 중 1인의 행위나 1인에 관한 사항은 다른 채권자에게 효력이 없다.
> ② 불가분채권자 중의 1인과 채무자간에 경개나 면제 있는 경우에 채무전부의 이행을 받은 다른 채권자는 그 1인이 권리를 잃지 아니하였으면 그에게 분급할 이익을 채무자에게 상환하여야 한다.

1) 가분채권

상속개시와 동시에 공동상속인 사이에서 그들의 상속분에 따라 분할되어 승계된다(제408조).

2) 불가분채권

공동상속인 전원에게 불가분적으로 귀속한다. 따라서 각 상속인은 공동으로 또는 단독으로 모든 상속인을 위하여 전액의 이행을 청구할 수 있으며, 채무자는 그 중 어느 상속인에게 이행함으로써 채무를 면할 수 있다(제409조).

(3) 채무의 공동상속

1) 가분채무

각 공동상속인에게 그의 상속분에 따라 분할되어, 분할채무가 된다.

2) 불가분채무

> **제411조【불가분채무와 준용규정】**
> 수인이 불가분채무를 부담한 경우에는 제413조 내지 제415조(= 연대채무의 이행청구 등), 제422조 (= 연대채무에서 채권자지체의 절대효), 제424조 내지 제427조(= 연대채무자 간 부담부분의 균등추정·내부적 구상권) 및 전조(= 불가분채권자 1인에 생긴 사유의 효력)의 규정을 준용한다.

공동상속인 각자가 불가분채무 전부에 대하여 이행의 책임을 진다(제411조·제412조).

▶ **공동상속인들이 준공유하는 택지공급계약 체결에 관한 청약권의 행사방법**(전원이 공동)
　　한국토지공사가 택지개발예정지구 내의 이주자 택지 공급대상자의 선정기준에 따라 이주자택지 공급대상자를 확정하면 그 공급대상자에게 구체적인 수분양권이 발생하고, 그 후 공급대상자에게 분양신청 기간을 정하여 분양신청을 하도록 통지하면, 공급대상자는 그 통지에 따라 이주자택지에 관한 공급계약을 체결할 수 있는 청약권이 발생하게 되고, 그 공급대상자가 사망하여 공동상속인들이 청약권을 공동으로 상속하는 경우에는 공동상속인들이 그 상속지분비율에 따라 피상속인의 청약권을 준공유하게 되며, 공동상속인들은 단독으로 청약권 전부는 물론 그 상속지분에 관하여도 이를 행사할 수 없고, 그 청약권을 준공유하고 있는 공동상속인들 전원이 공동으로만 이를 행사할 수 있는 것이므로 위 청약권에 기하여 청약의 의사표시를 하고, 그에 대한 승낙의 의사표시를 구하는 소송은 청약권의 준공유자 전원이 원고가 되어야 하는 고유필수적 공동소송이다(대판 2003.12.26, 2003다11738).

4. 공동상속재산의 관리 · 처분

상속재산의 분할시까지 상속재산의 관리 · 처분에 관하여는 공유에 관한 규정이 적용된다.

(1) 공동재산의 관리

> **제265조 【공유물의 관리, 보존】**
> 공유물의 관리에 관한 사항은 공유자의 지분의 과반수로써 결정한다. 그러나 보존행위는 각자가 할 수 있다.

공동상속재산의 관리는 공동상속인의 지분비율의 과반수로 결정한다. 그러나 보존행위는 각 공동상속인이 단독으로 할 수 있다(제265조). 따라서 ① 공동상속인 중 1인은 보존행위를 근거로 하여 단독으로 공유물에 관한 제3자 명의의 원인무효의 등기 전부의 말소를 청구할 수 있고, ② 다른 공동상속인이 단독명의로 소유권이전등기를 경료한 경우에는 그 명의자의 지분을 제외한 나머지 지분 전부에 대하여 말소청구를 할 수 있다(대판 1988.2.23, 87다카961).

▶ **공동상속인 중 1인이 단독으로 등기를 경료한 경우 다른 공동상속인 중 1인이 공유지분 전부에 대하여 그 등기말소절차의 이행을 구할 수 있는지 여부**
부동산의 공유자의 1인은 당해 부동산에 관하여 제3자 명의로 원인무효의 소유권이전등기가 경료되어 있는 경우 공유물에 관한 보존행위로서 제3자에 대하여 그 등기 전부의 말소를 구할 수 있으므로 상속에 의하여 수인의 공유로 된 부동산에 관하여 그 공유자 중의 1인이 부정한 방법으로 공유물 전부에 관한 소유권이전등기를 그 단독명의로 경료함으로써 타 공유자가 공유물에 대하여 갖는 권리를 방해한 경우에 있어서는 그 방해를 받고 있는 공유자 중의 1인은 공유물의 보존행위로서 위 단독명의로 등기를 경료하고 있는 공유자에 대하여 그 공유자의 공유지분을 제외한 나머지 공유지분 전부에 관하여 소유권이전등기말소등기절차의 이행을 구할 수 있다(대판 1988.2.23, 87다카961).

(2) 공동상속재산의 처분

> **제263조 【공유지분의 처분과 공유물의 사용, 수익】**
> 공유자는 그 지분을 처분할 수 있고 공유물 전부를 지분의 비율로 사용, 수익할 수 있다.
> **제264조 【공유물의 처분, 변경】**
> 공유자는 다른 공유자의 동의 없이 공유물을 처분하거나 변경하지 못한다.

공동상속재산에 속하는 개개 물건(또는 권리)의 처분은 공동상속인의 전원의 일치로만 할 수 있다 (제264조). 그러나 그 개개 물건(또는 권리)에 대한 지분은 각 공동상속인이 단독으로 유효하게 처분 할 수 있다(제263조).

제5관 상속의 승인 및 포기

I. 총설

1. 의의

(1) 상속의 승인

① 상속개시에 의하여 피상속인의 모든 재산상 권리·의무가 상속인에게 귀속하는 효과를 받을 것(=제1005조)을 스스로 확정짓는 것이다. ② 상속의 승인에는 단순승인과 한정승인의 두 가지가 있다. 단순승인은 권리·의무 승계의 전면적인 승인이고, 한정승인은 피상속인의 채무를 상속재 산의 한도 내에서 변제하겠다는 유보부 승인이다.

(2) 상속의 포기

상속개시에 의하여 발생하는 효과를 상속개시 시에 소급하여 소멸시키는 의사표시이다.

(3) 승인·포기의 자유

민법은 한편으로 상속에 의한 권리·의무의 당연승계를 인정하면서, 다른 한편으로 이를 승인하 거나 포기할 수 있도록 하고 있다. 이는 상속인에게 권리취득 또는 불이익부담을 강요하지 않기 위해서이다.

2. 상속의 승인·포기행위의 성질

① 상속의 승인·포기는 모두 상대방 없는 단독행위이다. 또한 법원에 신고로써 하여야 하는 요식 행위이다(단, 단순승인은 그 방식의 제한이 없는 불요식행위이다).

② 재산법상의 행위이므로 행위능력이 있어야 한다. 만약 상속인이 무능력자이면 법정대리인의 동의를 얻어서 하거나 법정대리인이 대리하여 하여야 한다.

③ 상속이 개시된 후에 하여야 하며, 상속개시 전에 한 승인·포기는 무효이다(대판 1994.10.14, 94다8334).

④ 상속의 승인·포기는 포괄적으로 하여야 하고, 특정재산에 대하여 선택적으로 할 수 없다. 조건이나 기한을 붙이지도 못한다.

⑤ 승인·포기를 할 수 있는 권리는 행사상의 일신전속적 권리이므로 채권자대위권의 목적이 될 수 없으며, 채권자취소권의 목적도 될 수 없다.

3. 승인·포기의 기간

> 제1019조【승인, 포기의 기간】
> ① 상속인은 상속개시 있음을 안 날로부터 3월 내에 단순승인이나 한정승인 또는 포기를 할 수 있다. 그러나 그 기간은 이해관계인 또는 검사의 청구에 의하여 가정법원이 이를 연장할 수 있다.

(1) 고려기간의 내용

① 상속인은 상속개시 있음을 안 날로부터 3개월 내에 단순승인·한정승인 또는 포기를 할 수 있다 (제1019조 제1항 본문). 상속인이 상속재산을 조사해 보고 승인이나 포기를 할 수 있도록 부여된 고려기간이며, 제척기간이다.

② 상속인이 이 기간 내에 승인이나 포기를 하지 않으면 단순승인을 한 것으로 의제된다.

(2) 고려기간의 기산점

1) 원칙

상속개시 있음을 안 날로부터 원칙적으로 3월 이내에 승인·포기할 수 있다(제1019조 제1항). 상속개시를 안 날이란 상속인이 상속개시의 사실과 자기가 상속인이 된 사실을 인식한 날을 의미한다 (대판 1969.4.22, 69다232).

▶ **주의할 판례**

① 상속인은 상속개시 있음을 안 날로부터 3월 내에 상속의 포기를 할 수 있고, 상속인이 무능력자인 때에는 위 기간은 그 법정대리인이 상속개시 있음을 안 날로부터 기산되는 바, 여기서 상속개시 있음을 안 날이라 함은 상속개시의 원인이 되는 사실의 발생을 알고 이로써 상속인이 되었음을 안 날을 말한다(대판 2006.2.10, 2004다33865·33872 판결이유 중). ★★

② 선순위 상속권자인 피상속인의 처와 자녀가 상속을 포기하여 그 다음의 상속순위에 있는 손자녀가 상속인이 되는 경우, 상속인이 상속개시의 원인사실을 아는 것만으로 자신이 상속인이 된 사실을 알기 어려운 특별한 사정이 있다(대판 2006.2.10, 2004다33865·33872).

③ 상속재산 전부를 상속인 중 1인(乙)에게 상속시킬 방편으로 그 나머지 상속인들이 상속포기신고를 하였으나 그 상속포기가 민법 제1019조 제1항 소정의 기간을 초과한 후에 신고된 것이어서 상속포기로서의 효력이 없더라도, 乙과 나머지 상속인들 사이에는 乙이 고유의 상속분을 초과하여 상속재산 전부를 취득하고 나머지 상속인들은 그 상속재산을 전혀 취득하지 않기로 하는 의사의 합치가 있었다고 할 것이므로, 그들 사이에 위와 같은 내용의 상속재산의 협의분할이 이루어진 것이라고 보아야 하고 공동상속인 상호 간에 상속재산에 관하여 협의분할이 이루어짐으로써 공동상속인 중 1인이 고유의 상속분을 초과하여 상속재산을 취득하는 것은 상속개시 당시에 피상속인으로부터 상속에 의하여 직접 취득한 것으로 보아야 한다(대판 1989.9.12, 88누9305). ★★

---

2) 상속인이 수인 있는 경우

각 상속인별로 개별적으로 기산한다.

3) 특칙

> **제1020조【제한능력자의 승인·포기의 기간】**
> 상속인이 제한능력자인 경우에는 제1019조 제1항의 기간(= 승인·포기의 기간)은 그의 친권자 또는 후견인이 상속이 개시된 것을 안 날부터 기산한다.
>
> **제1021조【승인, 포기기간의 계산에 관한 특칙】**
> 상속인이 승인이나 포기를 하지 아니하고 제1019조 제1항의 기간 내에 사망한 때에는 그의 상속인이 그 자기의 상속개시 있음을 안 날로부터 제1019조 제1항의 기간을 기산한다.

4. 승인·포기의 철회금지와 취소

(1) 승인·포기의 철회금지

> **제1024조【승인, 포기의 취소금지】**
> ① 상속의 승인이나 포기는 제1019조 제1항의 기간 내에도 이를 취소하지 못한다.
> ② 전항의 규정은 총칙편의 규정에 의한 취소에 영향을 미치지 아니한다. 그러나 그 취소권은 추인할 수 있는 날로부터 3월, 승인 또는 포기한 날로부터 1년 내에 행사하지 아니하면 시효로 인하여 소멸된다.

상속의 승인이나 포기를 하고 나면 고려기간 내에도 이를 철회하지 못한다.

(2) 승인·포기의 취소

1) 총칙편에 의한 취소

승인·포기의 철회는 금지되나, 총칙편의 규정에 의한 취소는 금지되지 않는다(예 미성년자나 피한정후견인이 법정대리인의 동의 없이 한 승인·포기, 피성년후견인의 승인·포기, 착오·사기·강박에 의하여 승인·포기).

2) 취소의 방식

① 한정승인·포기의 취소는 한정승인·포기의 신고를 했던 가정법원에 한다. ② 단순승인의 취소는 방식에 제한이 없다.

3) 취소의 효과

승인·포기가 취소되면 이들은 소급해서 무효로 된다.

4) 취소권의 소멸

상속의 승인·포기의 취소권은 추인할 수 있는 날부터 3개월 내에, 승인·포기한 날부터 1년 내에 행사하여야 한다(제1024조 제2항).

5. 승인·포기 전의 상속재산관리

> **제1022조【상속재산의 관리】**
> 상속인은 그 고유재산에 대하는 것과 동일한 주의로 상속재산을 관리하여야 한다. 그러나 단순승인 또는 포기한 때에는 그러하지 아니하다.
>
> **제1023조【상속재산 보존에 필요한 처분】**
> ① 법원은 이해관계인 또는 검사의 청구에 의하여 상속재산의 보존에 필요한 처분을 명할 수 있다.
> ② 법원이 재산관리인을 선임한 경우에는 제24조 내지 제26조의 규정(= 부재자재산관리 규정)을 준용한다.

(1) 상속의 승인·포기 전 주의의무

상속개시로 상속재산은 일단 상속인에게 포괄적으로 승계되고, 아직 승인·포기로 상속인이 확정되기 전까지의 불확정한 상태에서 상속인은 그 고유재산에 대하는 것과 동일한 주의로 상속재산을 관리하여야 한다(제1022조).

(2) 상속의 승인·포기 후의 경우

> **제1044조【포기한 상속재산의 관리계속의무】**
> ① 상속을 포기한 자는 그 포기로 인하여 상속인이 된 자가 상속재산을 관리할 수 있을 때까지 그 재산의 관리를 계속하여야 한다.
> ② 제1022조(= 고유재산과 동일한 주의의무)와 제1023조(= 상속재산관리에 필요한 처분)의 규정은 전항의 재산관리에 준용한다.

① 상속인이 단순승인을 하면 상속재산은 상속인에게 귀속되므로 관리의무가 소멸한다.
② 상속을 포기한 경우에는 소급해서 상속인의 지위를 잃게 되어 역시 관리의무가 소멸할 것이지만, 그 포기로 인하여 새로이 상속인이 된 자가 상속재산을 관리할 수 있을 때까지는 제1022조의 주의로 관리를 계속하여야 한다(제1044조).

II. 단순승인

1. 의의

① 단순승인은 피상속인의 권리·의무를 제한 없이 승계하는 것을 승인하는 상속인의 의사표시이다. 단순승인의 방식에 관하여는 제한이 없다. 따라서 그 의사가 어떤 형식으로든 외부에 표시되면 충분하다.
② 실제에 있어서는 직접 명시적인 단순승인의 의사표시를 하기 보다는, 일정한 사유가 있어 단순승인으로 의제되는 경우가 대부분이다(= 법정단순승인).

2. 법정단순승인

> **제1026조【법정단순승인】**
> 다음 각 호의 사유가 있는 경우에는 상속인이 단순승인을 한 것으로 본다.
> 1. 상속인이 상속재산에 대한 처분행위를 한 때
> 2. 상속인이 제1019조 제1항의 기간(= 상속개시 있음을 안 날로 3月) 내에 한정승인 또는 포기를 하지 아니한 때
> 3. 상속인이 한정승인 또는 포기를 한 후에 상속재산을 은닉하거나 부정소비하거나 고의로 재산목록에 기입하지 아니한 때

(1) 상속인이 상속재산에 대한 처분행위를 한 때(제1호)

여기의 처분행위는 한정승인 또는 포기를 하기 전에 한 처분행위만을 의미하며, 그 후에 한 처분행위에는 제1026조 제3호가 적용될 수 있을 뿐이다(대판 2004.3.12, 2003다63586).

──────────────────────────

★★★▶ 상속인의 상속재산에 대한 처분행위의 의미 및 범위

① 민법 제1026조 제1호는 상속인이 한정승인 또는 포기를 하기 이전에 상속재산을 처분한 때에만 적용되는 것이고, 상속인이 한정승인 또는 포기를 한 후에 상속재산을 처분한 때에는 그로 인하여 상속채권자나 다른 상속인에 대하여 손해배상책임을 지게 될 경우가 있음은 별론으로 하고, 그것이 같은 조 제3호에 정한 상속재산의 부정소비에 해당되는 경우에만 상속인이 단순승인을 한 것으로 보아야 한다(대판 2004.3.12, 2003다63586).

② 상속인이 상속재산에 대한 처분행위를 한 때에는 단순승인을 한 것으로 보는바, 상속인이 피상속인의 채권을 추심하여 변제받는 것도 상속재산에 대한 처분행위에 해당한다. (따라서) 상속인이 피상속인의 甲에 대한 손해배상채권을 추심하여 변제받은 행위는 상속재산의 처분행위에 해당하고, 그것으로써 단순승인을 한 것으로 간주되었다고 할 것이므로, 그 이후에 한 상속포기는 효력이 없다고 할 것이다(대판 2010.4.29, 2009다84936).

③ 민법 제1026조 제1호는 상속인이 상속재산에 대한 처분행위를 한 때에는 단순승인을 한 것으로 본다고 규정하고 있다. 그런데 상속의 한정승인이나 포기의 효력이 생긴 이후에는 더 이상 단순승인으로 간주할 여지가 없으므로, 이 규정은 한정승인이나 포기의 효력이 생기기 전에 상속재산을 처분한 경우에만 적용된다고 보아야 한다. 한편 상속의 한정승인이나 포기는 상속인의 의사표시만으로 효력이 발생하는 것이 아니라 가정법원에 신고를 하여 가정법원의 심판을 받아야 하며, 그 심판은 당사자가 이를 고지받음으로써 효력이 발생한다. 이는 한정승인이나 포기의 의사표시의 존재를 명확히 하여 상속으로 인한 법률관계가 획일적으로 처리되도록 함으로써, 상속재산에 이해관계를 가지는 공동상속인이나 차순위 상속인, 상속채권자, 상속재산의 처분 상대방 등 제3자의 신뢰를 보호하고 법적 안정성을 도모하고자 하는 것이다. 따라서 상속인이 가정법원에 상속포기의 신고를 하였다고 하더라도 이를 수리하는 가정법원의 심판이 고지되기 이전에 상속재산을 처분하였다면, 이는 상속 포기의 효력 발생 전에 처분행위를 한 것에 해당하므로 민법 제1026조 제1호에 따라 상속의 단순승인을 한 것으로 보아야 한다(대판 2016.12.29, 2013다73520).

──────────────────────────

(2) 상속인이 3개월의 고려기간 내에 한정승인 또는 포기를 하지 않은 때(제2호)

(3) 상속인이 한정승인 또는 포기를 한 후에 상속재산을 은닉하거나 부정소비하거나 고의로 재산 목록에 기입하지 않은 때(제3호)

① 은닉이란 상속재산을 감추어서 쉽게 그 존재를 알 수 없게 만드는 것을 말하고, ② 부정소비란 정당한 사유 없이 상속재산을 소비하여 그 재산적 가치를 상실시키는 것을 말한다. ③ 재산목록에의 불기입은 한정승인에서만 문제되며(← 재산목록을 작성하여야 하는 것은 한정승인신고에만 필요하므로), 한정승인을 함에 있어서 상속재산을 은닉하여 상속채권자를 해할 의사로써 상속재산을 재산목록에 기입하지 않는 것이다.

상속포기 후 상속재산을 처분했다는 사실만으로 당연히 단순승인이 의제되는 것은 아니고, 그 처분행위가 상속재산의 부정소비에 해당하는 경우에만 단순승인으로 의제된다. 따라서 상속재산을 처분하여 그 대금을 전액 상속채무의 변제에 사용한 경우는 부정소비라고 할 수 없다(대판 2004. 3.12. 2003다63586). ★

★★★★▶ 민법 제1026조 제3호에서 정한 법정단순승인 사유 중 '고의로 재산목록에 기입하지 아니한 때'에 해당하기 위해서는 상속인이 상속재산을 은닉하여 상속채권자를 사해할 의사가 있을 것을 필요로 하는지 여부(적극) 및 그 증명책임의 소재(=이를 주장하는 측)

민법 제1026조 각 호의 사유가 있으면 단순승인을 한 것으로 보게 되는데, 민법 제1026조에 정해진 법정단순승인 사유 중 제3호는 "상속인이 한정승인이나 포기를 한 후에 상속재산을 은닉하거나 부정소비하거나 고의로 재산목록에 기입하지 아니한 때"이다. 이러한 제3호의 법정단순승인 사유가 있으면 그 전에 상속인이 한 한정승인 또는 포기의 효력이 소멸하고 단순승인의 효과가 발생하여 상속인의 고유재산에 대하여도 집행할 수 있게 된다. 이러한 점 때문에 민법 제1026조 제3호는 상속인의 배신적 행위에 대한 제재로서 의미를 가지고 있다. "상속인이 한정승인이나 포기를 한 후에 상속재산을 은닉하거나 부정소비하거나 고의로 재산목록에 기입하지 아니한 때"(민법 제1026조 제3호)에서 '고의로 재산목록에 기입하지 아니한 때'라 함은 한정승인을 함에 있어 상속재산을 은닉하여 상속채권자를 사해할 의사로써 상속재산을 재산목록에 기입하지 않는 것을 뜻하므로, 위 규정에 해당하기 위해서는 상속인이 어떠한 상속재산이 있음을 알면서 이를 재산목록에 기입하지 아니하였다는 사정만으로는 부족하고, 상속재산을 은닉하여 상속채권자를 사해할 의사, 즉 그 재산의 존재를 쉽게 알 수 없게 만들려는 의사가 있을 것을 필요로 한다. 위 사정은 이를 주장하는 측에서 증명하여야 한다(대판 2022.7.28. 2019다29853).

3. 단순승인의 효과

> 제1025조 【단순승인의 효과】
> 상속인이 단순승인을 한 때에는 제한 없이 피상속인의 권리의무를 승계한다.

(1) 유보 없는 피상속인의 권리·의무의 포괄승계

단순승인이 되면 상속인은 피상속인의 권리·의무를 제한 없이 승계한다. 따라서 상속인은 피상속인의 소극재산이 적극재산을 넘는 때에도 변제를 거절하지 못한다.

(2) 상속재산과 고유재산의 혼화

상속인의 고유재산과 상속재산은 혼화되므로, 채권자는 상속인의 고유재산에 대하여 강제집행 할 수 있으며, 상속인의 채권자는 상속재산에 대하여 강제집행 할 수 있다.

Ⅲ. 한정승인

1. 서설

(1) 의의

> **제1028조【한정승인의 효과】**
> 상속인은 상속으로 인하여 취득할 재산의 한도에서 피상속인의 채무와 유증을 변제할 것을 조건으로 상속을 승인할 수 있다.
> **제1029조【공동상속인의 한정승인】**
> 상속인이 수인인 때에는 각 상속인은 그 상속분에 응하여 취득할 재산의 한도에서 그 상속분에 의한 피상속인의 채무와 유증을 변제할 것을 조건으로 상속을 승인할 수 있다.

한정승인은 상속으로 취득하게 될 재산(상속재산)의 한도에서 피상속인의 채무와 유증을 변제할 것을 조건으로 상속을 승인하는 의사표시이다(제1028조).

(2) 한정승인이 가능한 경우

> **제1019조【승인, 포기의 기간】**
> ① 상속인은 상속개시 있음을 안 날로부터 3월 내에 단순승인이나 한정승인 또는 포기를 할 수 있다. 그러나 그 기간은 이해관계인 또는 검사의 청구에 의하여 가정법원이 이를 연장할 수 있다.
> ② 상속인은 제1항의 승인 또는 포기를 하기 전에 상속재산을 조사할 수 있다.
> ③ 제1항의 규정에 불구하고 상속인은 상속채무가 상속재산을 초과하는 사실(이하 이 조에서 "상속채무 초과사실"이라 한다)을 중대한 과실 없이 제1항의 기간 내에 알지 못하고 단순승인(제1026조 제1호 및 제2호에 따라 단순승인 한 것으로 보는 경우를 포함한다. 이하 이 조에서 같다)을 한 경우에는 그 사실을 안 날부터 3월 내에 한정승인을 할 수 있다. [개정 2022.12.13.]
> ④ 제1항에도 불구하고 미성년자인 상속인이 상속채무가 상속재산을 초과하는 상속을 성년이 되기 전에 단순승인한 경우에는 성년이 된 후 그 상속의 상속채무 초과사실을 안 날부터 3개월 내에 한정승인을 할 수 있다. 미성년자인 상속인이 제3항에 따른 한정승인을 하지 아니하였거나 할 수 없었던 경우에도 또한 같다. [신설 2022.12.13.]

1) 일반 한정승인

한정승인은 원칙적으로 상속인이 상속개시 있음을 안 날로부터 3개월 내에 할 수 있다(제1019조 제1항 본문).

2) 특별 한정승인

① 상속채무가 상속재산을 초과하는 사실을 중대한 과실 없이 고려기간 내에 알지 못하고 단순승인을 하였거나 또는 제1026조 제1호·제2호에 의하여 단순승인으로 의제된 경우에는, 그 사실을 안 날부터 3개월 내에 한정승인을 할 수 있다(제1019조 제3항).

② 미성년자 상속인의 경우 스스로 법률행위를 할 수 없기 때문에 법정대리인이 상속을 단순승인 하거나 특별한정승인을 하지 않으면 상속채무가 상속재산을 초과하더라도 미성년자 상속인 본인의 의사와 관계없이 피상속인의 상속채무를 전부 승계하여 상속채무에서 벗어날 수 없고 성년이 된 후에도 정상적인 경제생활을 영위하기 어렵게 되는 문제가 있었으므로, 미성년 상속인은 상속채무가 상속재산을 초과하는 상속을 성년이 되기 전에 법정대리인이 단순승인(의제)한 경우 미성년 시기의 법정대리인의 인식 여부와 관계없이 성년이 된 후 본인이 상속의 상속채무 초과사실을 안 날부터 3개월 내에 한정승인을 할 수 있도록 하였고(제1019조 제4항 전단 신설), 현행 제1019조 제3항의 특별한정승인의 요건을 충족하지 못하거나, 해당 요건에 해당하지만 그에 따라 한정승인을 하지 아니하는 경우에도 특별한정승인을 할 수 있도록 하였다(제1019조 제4항 후단 신설).

★▶ 상속채무가 상속재산을 초과하는 사실을 알지 못한 경우 중과실 유무의 판단

민법 제1019조 제1항은 "상속인은 상속개시 있음을 안 날로부터 3월 내에 한정승인을 할 수 있다." 고 규정하고 있고, 같은 조 제3항은 "제1항의 규정에 불구하고 상속인은 상속채무가 상속재산을 초과하는 사실을 중대한 과실 없이 제1항의 기간 내에 알지 못하고 단순승인을 한 경우에는 그 사실을 안 날부터 3월 내에 한정승인을 할 수 있다."고 규정하고 있으며, 한편 민법 제1020조는 "상속인이 제한능력자인 때에는 제1019조 제1항의 기간은 그 법정대리인이 상속개시 있음을 안 날로부터 기산한다."고 규정하고 있다. 이러한 규정들과 함께 민법 제1019조 제3항의 기간은 한정승인신고의 가능성을 언제까지나 남겨둠으로써 당사자 사이에 일어나는 법적 불안상태를 막기 위하여 마련한 제척기간인 점, 법정대리인 제도의 취지 등을 종합하여 보면, 민법 제1019조 제3항에서 정한 '상속채무가 상속재산을 초과하는 사실을 중대한 과실 없이 제1항의 기간 내에 알지 못하였는지 여부'를 판단함에 있어서 상속인이 무능력자인 경우에는 그 법정대리인을 기준으로 삼아야 할 것이다(대판 2012.3. 15, 2012다440).

★★▶ 상속채무 초과사실을 몰랐고 거기에 중과실이 없다는 입증책임의 분배

상속인이 상속채무가 상속재산을 초과하는 사실을 중대한 과실 없이 민법 제1019조 제1항의 기간 내에 알지 못하였다는 점은 위 법 규정에 따라 한정승인을 할 수 있는 요건이므로 그 입증책임은 채무자인 피상속인의 상속인에게 있다(대판 2003.9.26, 2003다30517).

★▶ 민법 제1019조 제3항 및 부칙 제3항 소정의 기간의 법적 성질(=제척기간) **및 추후보완이 가능한지 여부**(소극)

민법 제1019조 제3항의 기간은 한정승인신고의 가능성을 언제까지나 남겨둠으로써 당사자 사이에 일어나는 법적 불안상태를 막기 위하여 마련한 제척기간이고, 경과규정인 개정 민법(2002.1.14. 법률 제6591호) 부칙 제3항 소정의 기간도 제척기간이라 할 것이며, 한편 제척기간은 불변기간이 아니어서 그 기간을 지난 후에는 당사자가 책임질 수 없는 사유로 그 기간을 준수하지 못하였더라도 추후에 보완될 수 없다(대결 2003.8.11. 2003스32).

★★★★▶ 특별한정승인의 제 문제(대판(전) 2020.11.19. 2019다232918)

[1] 1998.5.27. 전에 이미 상속개시 있음과 상속채무 초과사실을 모두 알았던 상속인이 민법 제1019조 제3항의 특별한정승인을 할 수 있는지 여부(소극)

민법 제1019조 제3항은 민법 부칙(2002.1.14. 개정 법률 부칙 중 2005.12.29. 법률 제7765호로 개정된 것, 이하 같다) 제3항, 제4항에 따라 ① 1998.5.27.부터 위 개정 민법 시행 전까지 상속개시 있음을 안 상속인과 ② 1998.5.27. 전에 상속개시 있음을 알았지만 그로부터 3월 내에 상속채무 초과사실을 중대한 과실 없이 알지 못하다가 1998.5.27. 이후 상속채무 초과사실을 알게 된 상속인에게도 적용되므로, 이러한 상속인들도 위 부칙 규정에서 정한 기간 내에 특별한정승인을 하는 것이 가능하였다. 그러나 위 부칙 규정상 1998.5.27. 전에 이미 상속개시 있음과 상속채무 초과사실을 모두 알았던 상속인에게는 민법 제1019조 제3항이 적용되지 않으므로, 이러한 상속인은 특별한정승인을 할 수 없는 것으로 귀결된다.

[2] 상속인이 미성년인 경우, 민법 제1019조 제3항이나 그 소급 적용에 관한 민법 부칙(2002.1.14.) 제3항, 제4항에서 정한 '상속채무 초과사실을 중대한 과실 없이 제1019조 제1항의 기간 내에 알지 못하였는지'와 '상속채무 초과사실을 안 날'은 법정대리인의 인식을 기준으로 판단하여야 하는지 여부(적극)

민법 제1019조 제1항, 제3항의 각 기간은 상속에 관한 법률관계를 조기에 안정시켜 법적 불안 상태를 막기 위한 제척기간인 점, 미성년자를 보호하기 위해 마련된 법정대리인 제도와 민법 제1020조의 내용 및 취지 등을 종합하면, 상속인이 미성년인 경우 민법 제1019조 제3항이나 그 소급 적용에 관한 민법 부칙(2002.1.14. 개정 법률 부칙 중 2005.12.29. 법률 제7765호로 개정된 것, 이하 같다) 제3항, 제4항에서 정한 '상속채무 초과사실을 중대한 과실 없이 제1019조 제1항의 기간 내에 알지 못하였는지'와 '상속채무 초과사실을 안 날이 언제인지'를 판단할 때에는 법정대리인의 인식을 기준으로 삼아야 한다. 따라서 ① 미성년 상속인의 법정대리인이 1998.5.27. 전에 상속개시 있음과 상속채무 초과사실을 모두 알았다면, 앞서 본 민법 부칙 규정에 따라 그 상속인에게는 민법 제1019조 제3항이 적용되지 않으므로, 이러한 상속인은 특별한정승인을 할 수 없다. 또한 ② 법정대리인이 상속채무 초과사실을 안 날이 1998.5.27. 이후여서 상속인에게 민법 제1019조 제3항이 적용되더라도, 법정대리인이 위와 같이 상속채무 초과사실을 안 날을 기준으로 특별한정승인에 관한 3월의 제척기간이 지나게 되면, 그 상속인에 대해서는 기존의 단순승인의 법률관계가 그대로 확정되는 효과가 발생한다.

[3] 미성년 상속인의 법정대리인이 인식한 바를 기준으로 할 때 민법 제1019조 제3항의 특별한정승인 규정이 적용되지 않거나 그 제척기간이 이미 지난 경우, 상속인이 성년에 이른 뒤 본인 스스로의 인식을 기준으로 새롭게 특별한정승인을 할 수 있는지 여부(소극)

[다수의견] 미성년 상속인의 법정대리인이 인식한 바를 기준으로 '상속채무 초과사실을 중대한 과실 없이 알지 못하였는지 여부'와 '이를 알게 된 날'을 정한 다음 이를 토대로 살폈을 때 특별한정승인 규정이 애당초 적용되지 않거나 특별한정승인의 제척기간이 이미 지난 것으로 판명되면, 단순

승인의 법률관계가 그대로 확정된다. 그러므로 이러한 효과가 발생한 이후 상속인이 성년에 이르더라도 상속개시 있음과 상속채무 초과사실에 관하여 상속인 본인 스스로의 인식을 기준으로 특별한정승인 규정이 적용되고 제척기간이 별도로 기산되어야 함을 내세워 새롭게 특별한정승인을 할 수는 없다고 보아야 한다.[8]

2. 한정승인의 방법

> **제1030조 【한정승인의 방식】**
> ① 상속인이 한정승인을 함에는 제1019조 제1항·제3항 또는 제4항의 기간 내에 상속재산의 목록을 첨부하여 법원에 한정승인의 신고를 하여야 한다. [개정 2005.3.31, 2022.12.13]
> ② 제1019조 제3항 또는 제4항에 따라 한정승인을 한 경우 상속재산 중 이미 처분한 재산이 있는 때에는 그 목록과 가액을 함께 제출하여야 한다. [개정 2005.3.31, 2022.12.13]

① 제1019조 제1항·제3항 또는 제4항의 기간 내에 상속재산의 목록을 첨부하여 가정법원에 한정승인의 신고를 하여야 한다.

② 한정승인신고를 함에 있어서 상속재산을 고의로 재산목록에 기입하지 않으면 단순승인으로 의제된다(제1026조 제3호).

③ 가정법원의 한정승인신고수리의 심판은 일응 한정승인의 요건을 구비한 것으로 인정한다는 것일 뿐 그 효력을 확정하는 것이 아니고 상속의 한정승인의 효력이 있는지 여부의 최종적인 판단은 실체법에 따라 민사소송에서 결정될 문제이므로, 민법 제1019조 제3항에 의한 한정승인신고의 수리 여부를 심판하는 가정법원으로서는 그 신고가 형식적 요건을 구비한 이상 상속채무가 상속재산을 초과하였다거나 상속인이 중대한 과실 없이 이를 알지 못하였다는 등의 실체적 요건에 대하여는 이를 구비하지 아니하였음이 명백한 경우 외에는 이를 문제삼아 한정승인신고를 불수리할 수 없다(대결 2006.2.13, 2004스74).

3. 한정승인의 효과

(1) 물적 유한책임

① 한정승인을 한 상속인은 상속으로 인하여 취득할 적극재산의 한도에서 피상속인의 채무와 유증을 변제하면 된다.

② 상속채무는 전부 승계하지만 책임의 범위가 상속재산에 한정되므로, 한정승인자는 초과채무 부분에 대하여는 책임 없는 채무를 부담하는 상태가 된다. → 따라서 상속채권자는 채무 전부에

---

8) 다수의견에 반해, "상속인이 미성년인 동안 그의 법정대리인이 상속채무 초과사실을 알고도 3월 동안 상속인을 대리하여 특별한정승인을 하지 않은 경우 상속인이 성년에 이르러 상속채무 초과사실을 알게 된 날부터 3월 내에 스스로 특별한정승인을 할 수 있다."고 본 반대의견이 있었다. 이렇게 봄이 합헌적 법률해석의 원칙 및 특별한정승인 제도의 입법 경위, 미성년자 보호를 위한 법정대리인 제도, 상속인의 자기책임 원칙 등을 고려하여 법규정을 해석한 결과로서 문언의 통상적인 의미에 충실하게 해석하여야 한다는 원칙에 부합할뿐더러, 상속채권자와의 이익 형량이나 법적 안정성 측면에서도 타당하다는 것이다.

관하여 이행을 청구할 수 있으며, 한정승인자가 초과부분에 대하여 임의로 변제하면 비채변제가 아닌 유효한 변제가 된다.

★★★▶ 상속의 한정승인에 있어서 상속재산이 없거나 그 상속재산이 상속채무의 변제에 부족한 경우 상속채무 전부에 대한 이행판결을 선고하여야 하는지 여부(적극)

상속의 한정승인은 채무의 존재를 한정하는 것이 아니라 단순히 그 책임의 범위를 한정하는 것에 불과하기 때문에, 상속의 한정승인이 인정되는 경우에도 상속채무가 존재하는 것으로 인정되는 이상, 법원으로서는 상속재산이 없거나 그 상속재산이 상속채무의 변제에 부족하다고 하더라도 상속채무 전부에 대한 이행판결을 선고하여야 하고, 다만, 그 채무가 상속인의 고유재산에 대해서는 강제집행을 할 수 없는 성질을 가지고 있으므로, 집행력을 제한하기 위하여 이행판결의 주문에 상속재산의 한도에서만 집행할 수 있다는 취지를 명시하여야 한다(대판 2003.11.14. 2003다30968).

★★▶ 한정승인 사실이 적법한 청구이의 사유인지 여부(적극)

채권자가 피상속인의 금전채무를 상속한 상속인을 상대로 그 상속채무의 이행을 구하여 제기한 소송에서 채무자가 한정승인 사실을 주장하지 않으면 책임의 범위는 현실적인 심판대상으로 등장하지 아니하여 주문에서는 물론 이유에서도 판단되지 않으므로 그에 관하여 기판력이 미치지 않는다. 그러므로 채무자가 한정승인을 하고도 채권자가 제기한 소송의 사실심 변론종결 시까지 그 사실을 주장하지 아니하여 책임의 범위에 관한 유보가 없는 판결이 선고되어 확정되었다고 하더라도, 채무자는 그 후 위 한정승인 사실을 내세워 청구에 관한 이의의 소를 제기할 수 있다(대판 2006.10.13. 2006다23138).

◈ 비교판례 ◈

채무자가 한정승인을 하였으나 채권자가 제기한 소송의 사실심 변론종결 시까지 이를 주장하지 아니하는 바람에 책임의 범위에 관하여 아무런 유보 없는 판결이 선고·확정된 경우라 하더라도 채무자가 그 후 위 한정승인사실을 내세워 청구에 관한 이의의 소를 제기하는 것이 허용되는 것은, 한정승인에 의한 책임의 제한은 상속채무의 존재 및 범위의 확정과는 관계없이 다만 판결의 집행대상을 상속재산의 한도로 한정함으로써 판결의 집행력을 제한할 뿐으로, 채권자가 피상속인의 금전채무를 상속한 상속인을 상대로 그 상속채무의 이행을 구하여 제기한 소송에서 채무자가 한정승인사실을 주장하지 않으면 책임의 범위는 현실적인 심판대상으로 등장하지 아니하여 주문에서는 물론 이유에서도 판단되지 않는 관계로 그에 관하여는 기판력이 미치지 않기 때문이다. 위와 같은 기판력에 의한 실권효 제한의 법리는 채무의 상속에 따른 책임의 제한 여부만이 문제되는 한정승인과 달리 상속에 의한 채무의 존재 자체가 문제되어 그에 관한 확정판결의 주문에 당연히 기판력이 미치게 되는 상속포기의 경우에는 적용될 수 없다(대판 2009.5.28. 2008다79876).

(2) 상속재산과 고유재산의 분리

> **제1031조【한정승인과 재산상 권리의무의 불소멸】**
> 상속인이 한정승인을 한 때에는 피상속인에 대한 상속인의 재산상 권리의무는 소멸하지 아니한다.

① 상속인이 한정승인을 한 때에는 피상속인에 대한 상속인의 권리·의무는 소멸하지 않는다. 즉 혼동은 되지 않는다.

② 따라서 상속인이 피상속인에 대하여 채권을 가지고 있으면 배당에 참가할 수 있고, 피상속인이 상속인에 대하여 채권이 있으면 상속인은 채무를 이행하여야 한다(= 재산분리).

★★★▶ 상속채권자가 피상속인에 대하여는 채권을 보유하면서 상속인에 대하여는 채무를 부담하는 경우, 상속채권자가 상속이 개시된 후 피상속인에 대한 채권을 자동채권으로 하여 상속인에 대한 채무에 대하여 상계하였더라도 이후 상속인이 한정승인을 하면 상계가 소급하여 효력을 상실하는지 여부(적극)

상속인이 한정승인을 하는 경우에도, 피상속인의 채무와 유증에 대한 책임 범위가 한정될 뿐 상속인은 상속이 개시된 때부터 피상속인의 일신에 전속한 것을 제외한 피상속인의 재산에 관한 포괄적인 권리·의무를 승계하지만(민법 제1005조), 피상속인의 상속재산을 상속인의 고유재산으로부터 분리하여 청산하려는 한정승인 제도의 취지에 따라 상속인의 피상속인에 대한 재산상 권리·의무는 소멸하지 아니한다(민법 제1031조). 그러므로 상속채권자가 피상속인에 대하여는 채권을 보유하면서 상속인에 대하여는 채무를 부담하는 경우, 상속이 개시되면 위 채권 및 채무가 모두 상속인에게 귀속되어 상계적상이 생기지만, 상속인이 한정승인을 하면 상속이 개시된 때부터 민법 제1031조에 따라 피상속인의 상속재산과 상속인의 고유재산이 분리되는 결과가 발생하므로, 상속채권자의 피상속인에 대한 채권과 상속인에 대한 채무 사이의 상계는 제3자의 상계에 해당하여 허용될 수 없다. 즉, 상속채권자가 상속이 개시된 후 한정승인 이전에 피상속인에 대한 채권을 자동채권으로 하여 상속인에 대한 채무에 대하여 상계하였더라도, 그 이후 상속인이 한정승인을 하는 경우에는 민법 제1031조의 취지에 따라 상계가 소급하여 효력을 상실하고, 상계의 자동채권인 상속채권자의 피상속인에 대한 채권과 수동채권인 상속인에 대한 채무는 모두 부활한다(대판 2022.10.27, 2022다254154).

(3) 상속재산의 관리

> 제1022조【상속재산의 관리】
> 상속인은 그 고유재산에 대하는 것과 동일한 주의로 상속재산을 관리하여야 한다. 그러나 단순승인 또는 포기한 때에는 그러하지 아니하다.

한정승인을 한 상속인은 고유재산에 대한 것과 동일한 주의로 상속재산관리를 계속하여야 한다(제1022조).

(4) 상속재산의 청산

1) 채권자에 대한 채권신고 공고와 최고

> 제1032조【채권자에 대한 공고, 최고】
> ① 한정승인자는 한정승인을 한 날로부터 5일 내에 일반상속채권자와 유증받은 자에 대하여 한정승인의 사실과 일정한 기간 내에 그 채권 또는 수증을 신고할 것을 공고하여야 한다. 그 기간은 2월 이상이어야 한다.
> ② 제88조 제2항(= 청산인의 채권신고 공고), 제3항과 제89조(= 청산인의 채권신고 최고)의 규정은 전항의 경우에 준용한다.

2) 청산방법

가) 채권신고 기간 중의 변제거절

> **제1033조【최고기간 중의 변제거절】**
> 한정승인자는 전조 제1항(= 채권신고 기간)의 기간 만료 전에는 상속채권의 변제를 거절할 수 있다.

나) 배당변제

> **제1034조【배당변제】**
> ① 한정승인자는 제1032조 제1항(= 채권신고 기간)의 기간 만료 후에 상속재산으로서 그 기간 내에 신고한 채권자와 한정승인자가 알고 있는 채권자에 대하여 각 채권액의 비율로 변제하여야 한다. 그러나 우선권 있는 채권자의 권리를 해하지 못한다.
> ② 제1019조 제3항 또는 제4항(= 특별한정승인)에 따라 한정승인을 한 경우에는 그 상속인은 상속재산 중에서 남아있는 상속재산과 함께 이미 처분한 재산의 가액을 합하여 제1항의 변제를 하여야 한다. 다만, 한정승인을 하기 전에 상속채권자나 유증 받은 자에 대하여 변제한 가액은 이미 처분한 재산의 가액에서 제외한다. [신설 2005.3.31, 2022.12.13]
>
> **제1035조【변제기 전의 채무 등의 변제】**
> ① 한정승인자는 변제기에 이르지 아니한 채권에 대하여도 전조의 규정에 의하여 변제하여야 한다.
> ② 조건 있는 채권이나 존속기간의 불확정한 채권은 법원의 선임한 감정인의 평가에 의하여 변제하여야 한다.

★▶ **민법 제1034조 제1항에 따라 배당변제를 받을 수 있는 '한정승인자가 알고 있는 채권자'에 해당하는지 판단하는 기준 시점**(한정승인자가 배당변제를 하는 시점)

한정승인자는 한정승인을 한 날로부터 5일 내에 일반상속채권자와 유증받은 자에 대하여 한정승인의 사실과 일정한 기간(이하 '신고기간'이라고 한다) 내에 그 채권 또는 수증을 신고할 것을 공고하여야 하고, 알고 있는 채권자에게는 각각 그 채권신고를 최고하여야 한다(민법 제1032조 제1항, 제2항, 제89조). 신고기간이 만료된 후 한정승인자는 상속재산으로서 그 기간 내에 신고한 채권자와 '한정승인자가 알고 있는 채권자'에 대하여 각 채권액의 비율로 변제(이하 '배당변제'라고 한다)하여야 한다(민법 제1034조 제1항 본문). 반면 신고기간 내에 신고하지 아니한 상속채권자 및 유증받은 자로서 '한정승인자가 알지 못한 자'는 상속재산의 잔여가 있는 경우에 한하여 변제를 받을 수 있다(민법 제1039조 본문). 여기서 민법 제1034조 제1항에 따라 배당변제를 받을 수 있는 '한정승인자가 알고 있는 채권자'에 해당하는지 여부는 한정승인자가 채권신고의 최고를 하는 시점이 아니라 배당변제를 하는 시점을 기준으로 판단하여야 한다. 따라서 한정승인자가 채권신고의 최고를 하는 시점에는 알지 못했더라도 그 이후 실제로 배당변제를 하기 전까지 알게 된 채권자가 있다면 그 채권자는 민법 제1034조 제1항에 따라 배당변제를 받을 수 있는 '한정승인자가 알고 있는 채권자'에 해당한다(대판 2018.11.9, 2015다75308).

다) 변제순위

> 제1036조【수증자에의 변제】
> 한정승인자는 전2조의 규정에 의하여 상속채권자에 대한 변제를 완료한 후가 아니면 유증 받은 자에게 변제하지 못한다.

우선권이 있는 상속채권자(저당권자 등), 일반 상속채권자, 수증자 순서로 변제하여야 한다(제1034조 제1항 단서, 제1036조). 즉, 유증받은 자에 대하여는 상속채권자에게 변제를 완료하고 잔여재산이 있는 경우에만 변제를 할 수 있다.

★★★★▶ 한정승인이 이루어진 경우 상속채권자가 상속재산에 관하여 한정승인자로부터 담보권을 취득한 고유채권자에 대하여 우선적 지위를 주장할 수 있는지 여부(소극)

법원이 한정승인신고를 수리하게 되면 피상속인의 채무에 대한 상속인의 책임은 상속재산으로 한정되고, 그 결과 상속채권자는 특별한 사정이 없는 한 상속인의 고유재산에 대하여 강제집행을 할 수 없다. 그런데 민법은 한정승인을 한 상속인(이하 '한정승인자'라 한다)에 관하여 그가 상속재산을 은닉하거나 부정소비한 경우 단순승인을 한 것으로 간주하는 것(제1026조 제3호) 외에는 상속재산의 처분행위 자체를 직접적으로 제한하는 규정을 두고 있지 않기 때문에, 한정승인으로 발생하는 위와 같은 책임제한 효과로 인하여 한정승인자의 상속재산 처분행위가 당연히 제한된다고 할 수는 없다. 민법은 한정승인자가 상속재산으로 상속채권자 등에게 변제하는 절차는 규정하고 있으나(제1032조 이하), 한정승인만으로 상속채권자에게 상속재산에 관하여 한정승인자로부터 물권을 취득한 제3자에 대하여 우선적 지위를 부여하는 규정은 두고 있지 않으며, 민법 제1045조 이하의 재산분리 제도와 달리 한정승인이 이루어진 상속재산임을 등기하여 제3자에 대항할 수 있게 하는 규정도 마련하고 있지 않다. 따라서 한정승인자로부터 상속재산에 관하여 저당권 등의 담보권을 취득한 사람과 상속채권자 사이의 우열관계는 민법상의 일반원칙에 따라야 하고, 상속채권자가 한정승인의 사유만으로 우선적 지위를 주장할 수는 없다. 그리고 이러한 이치는 한정승인자가 그 저당권 등의 피담보채무를 상속개시 전부터 부담하고 있었다고 하여 달리 볼 것이 아니다(대판(전) 2010.3.18, 2007다77781).

▶ 상속재산에 대한 '상속채권자'와 '한정승인자의 고유채권자' 사이의 우열관계

민법 제1028조는 "상속인은 상속으로 인하여 취득할 재산의 한도에서 피상속인의 채무와 유증을 변제할 것을 조건으로 상속을 승인할 수 있다."고 규정하고 있다. 상속인이 위 규정에 따라 한정승인의 신고를 하게 되면 피상속인의 채무에 대한 한정승인자의 책임은 상속재산으로 한정되고, 그 결과 상속채권자는 특별한 사정이 없는 한 상속인의 고유재산에 대하여 강제집행을 할 수 없으며 상속재산으로부터만 채권의 만족을 받을 수 있다. 상속채권자가 아닌 한정승인자의 고유채권자가 상속재산에 관하여 저당권 등의 담보권을 취득한 경우, 그 담보권을 취득한 채권자와 상속채권자 사이의 우열관계는 민법상 일반원칙에 따라야 하고 상속채권자가 우선적 지위를 주장할 수 없다. 그러나 위와 같이 상속재산에 관하여 담보권을 취득하였다는 등 사정이 없는 이상, 한정승인자의 고유채권자는 상속채권자가 상속재산으로부터 그 채권의 만족을 받지 못한 상태에서 상속재산을 고유채권에 대한 책임재산으로 삼아 이에 대하여 강제집행을 할 수 없다고 보는 것이 형평의 원칙이나 한정승인제도의 취지에 부합하며, 이는 한정승인자의 고유채무가 조세채무인 경우에도 그것이 상속재산 자체에 대하여 부과된 조세나 가산금, 즉 당해세에 관한 것이 아니라면 마찬가지라고 할 것이다(대판 2016.5.24, 2015다250574). → 상속재산의 매각대금을 한정승인자의 고유채권자로서 그 상속재산에 관하여 담보권을

취득한 바 없는 조세채권자에게 상속채권자보다 우선하여 배당한 경매법원의 조치가 적법하다고 한 원심판결을 파기한 사례이다.

라) 경매에 의한 매각

> **제1037조【상속재산의 경매】**
> 전3조의 규정에 의한 변제를 하기 위하여 상속재산의 전부나 일부를 매각할 필요가 있는 때에는 민사집행법에 의하여 경매하여야 한다.

▶ **민법 제1037조, 민사집행법 제274조에 따른 상속재산에 대한 형식적 경매에서 일반채권자의 배당요구가 허용되는지 여부**(소극)

민법 제1037조에 근거하여 민사집행법 제274조에 따라 행하여지는 상속재산에 대한 형식적 경매는 한정승인자가 상속재산을 한도로 상속채권자나 유증받은 자에 대하여 일괄하여 변제하기 위하여 청산을 목적으로 당해 재산을 현금화하는 절차이므로, 제도의 취지와 목적, 관련 민법 규정의 내용, 한정승인자와 상속채권자 등 관련자들의 이해관계 등을 고려할 때 일반채권자인 상속채권자로서는 민사집행법이 아닌 민법 제1034조, 제1035조, 제1036조 등의 규정에 따라 변제받아야 한다고 볼 것이고, 따라서 그 경매에서는 일반채권자의 배당요구가 허용되지 아니한다(대판 2013.9.12. 2012다33709).

마) 알지 못한 미신고자에 대한 변제

> **제1039조【신고하지 않은 채권자 등】**
> 제1032조 제1항의 기간(= 채권신고 기간) 내에 신고하지 아니한 상속채권자 및 유증받은 자로서 한정승인자가 알지 못한 자는 상속재산의 잔여가 있는 경우에 한하여 그 변제를 받을 수 있다. 그러나 상속재산에 대하여 특별담보권 있는 때에는 그러하지 아니하다.

3) 부당변제로 인한 책임

> **제1038조【부당변제 등으로 인한 책임】**
> ① 한정승인자가 제1032조의 규정에 의한 공고나 최고를 해태하거나 제1033조 내지 제1036조의 규정(= 변제의 순서와 방법)에 위반하여 어느 상속채권자나 유증 받은 자에게 변제함으로 인하여 다른 상속채권자나 유증받은 자에 대하여 변제할 수 없게 된 때에는 한정승인자는 그 손해를 배상하여야 한다. 제1019조 제3항(= 특별한정승인)의 규정에 의하여 한정승인을 한 경우 그 이전에 상속채무가 상속재산을 초과함을 알지 못한 데 과실이 있는 상속인이 상속채권자나 유증 받은 자에게 변제한 때에도 또한 같다.
> ② 제1항 전단의 경우에 변제를 받지 못한 상속채권자나 유증 받은 자는 그 사정을 알고 변제를 받은 상속채권자나 유증받은 자에 대하여 구상권을 행사할 수 있다. 제1019조 제3항 또는 제4항(= 특별한정승인)에 따라 한정승인을 한 경우 그 이전에 상속채무가 상속재산을 초과함을 알고 변제받은 상속채권자나 유증 받은 자가 있는 때에도 또한 같다. [개정 2022.12.13.]
> ③ 제766조의 규정(= 안날로부터 3년, 있은 날로부터 10년)은 제1항 및 제2항의 경우에 준용한다.

★► **한정승인에 따른 청산절차가 종료되지 않은 경우 상속재산분할청구의 가능 여부**(적극)

우리 민법이 한정승인 절차가 상속재산분할 절차보다 선행하여야 한다는 명문의 규정을 두고 있지 않고, 공동상속인들 중 일부가 한정승인을 하였다고 하여 상속재산분할이 불가능하다거나 분할로 인하여 공동상속인들 사이에 불공평이 발생한다고 보기 어려우며, 상속재산분할의 대상이 되는 상속재산의 범위에 관하여 공동상속인들 사이에 분쟁이 있을 경우에는 한정승인에 따른 청산절차가 제대로 이루어지지 못할 우려가 있는데 그럴 때에는 상속재산분할청구 절차를 통하여 분할의 대상이 되는 상속재산의 범위를 한꺼번에 확정하는 것이 상속채권자의 보호나 청산절차의 신속한 진행을 위하여 필요하다는 점 등을 고려하면, 한정승인에 따른 청산절차가 종료되지 않은 경우에도 상속재산분할청구가 가능하다(대결 2014.7.25, 2011스226).

IV. 상속의 포기

1. 의의

상속의 포기란 자기를 위하여 개시된 상속의 효력을 소급하여 확정적으로 소멸하게 하는 일방적 의사표시이다. 포기는 포괄적·무조건적으로만 할 수 있으며, 일부포기나 조건부 포기는 인정되지 않는다.

★★► **상속포기서에 첨부된 재산목록에 누락된 상속재산에 대하여도 상속포기의 효력이 미치는지 여부**(적극)

상속의 포기는 상속인이 법원에 대하여 하는 단독의 의사표시로서 포괄적·무조건적으로 하여야 하므로, 상속포기는 재산목록을 첨부하거나 특정할 필요가 없다고 할 것이고, 상속포기서에 상속재산의 목록을 첨부했다 하더라도 그 목록에 기재된 부동산 및 누락된 부동산의 수효 등과 제반 사정에 비추어 상속재산을 참고 자료로 예시한 것에 불과하다고 보여지는 이상, 포기 당시 첨부된 재산 목록에 포함되어 있지 않은 재산의 경우에도 상속포기의 효력은 미친다(대판 1995.11.14, 95다27554).

2. 포기의 방법

> **제1041조【포기의 방식】**
> 상속인이 상속을 포기할 때에는 제1019조 제1항(= 상속개시를 안 날로부터 3월)의 기간 내에 가정법원에 포기의 신고를 하여야 한다.

► **상속개시 전 상속포기약정의 효력**(무효)**과 사전 상속포기약정을 한 다음 상속개시 후에 상속권을 주장하는 것이 신의칙에 반하는지 여부**(소극)(대판 1998.7.24, 98다9021)

① 유류분을 포함한 상속의 포기는 상속이 개시된 후 일정한 기간 내에만 가능하고 가정법원에 신고하는 등 일정한 절차와 방식을 따라야만 그 효력이 있으므로, 상속개시 전에 한 상속포기약정은 그와 같은 절차와 방식에 따르지 아니한 것으로 효력이 없다.

② 상속인 중의 1인이 피상속인의 생존시에 피상속인에 대하여 상속을 포기하기로 약정하였다고 하더라도, 상속개시 후 민법이 정하는 절차와 방식에 따라 상속포기를 하지 아니한 이상, 상속개시

후에 자신의 상속권을 주장하는 것은 정당한 권리행사로서 권리남용에 해당하거나 또는 신의칙에 반하는 권리의 행사라고 할 수 없다.

★★★▶ 기간을 경과한 상속포기 신고로 무효인 경우 상속재산 협의분할으로의 전환 인정여부(적극)

상속재산을 공동상속인 1인에게 상속시킬 방편으로 나머지 상속인들이 한 상속포기 신고가 민법 제1019조 제1항 소정의 기간을 경과한 후에 신고된 것이어서 상속포기로서의 효력이 없다고 하더라도, 공동상속인들 사이에서는 1인이 고유의 상속분을 초과하여 상속재산 전부를 취득하고 나머지 상속인들은 이를 전혀 취득하지 않기로 하는 내용의 상속재산에 관한 협의분할이 이루어진 것으로 보아야 한다(대판 1996.3.26, 95다45545·45552·45569).

3. 상속포기의 효과

(1) 포기의 소급효

> **제1042조 【포기의 소급효】**
> 상속의 포기는 상속개시된 때에 소급하여 그 효력이 있다.

제1순위 상속권자인 처와 자들이 모두 상속을 포기한 경우에는 손이 직계비속으로서 상속인이 된다(대판 1995.4.7, 94다11835).

★▶ 상속포기의 효력이 피상속인을 피대습자로 하여 개시된 대습상속에 미치는지 여부(소극)

피상속인의 사망으로 상속이 개시된 후 상속인이 상속을 포기하면 상속이 개시된 때에 소급하여 그 효력이 생긴다(민법 제1042조). 따라서 제1순위 상속권자인 배우자와 자녀들이 상속을 포기하면 제2순위에 있는 사람이 상속인이 된다. 이러한 상속포기의 효력은 피상속인의 사망으로 개시된 상속에만 미치는 것이고, 그 후 피상속인을 피대습자로 하여 개시된 대습상속에까지 미치지는 않는다. 대습상속은 상속과는 별개의 원인으로 발생하는 것인데다가 대습상속이 개시되기 전에는 이를 포기하는 것이 허용되지 않기 때문이다. 이는 종전에 상속인의 상속포기로 피대습자의 직계존속이 피대습자를 상속한 경우에도 마찬가지이다. 또한 피대습자의 직계존속이 사망할 당시 피대습자로부터 상속받은 재산 외에 적극재산이든 소극재산이든 고유재산을 소유하고 있었는지 여부에 따라 달리 볼 이유도 없다. 따라서 피상속인의 사망 후 상속채무가 상속재산을 초과하여 상속인인 배우자와 자녀들이 상속포기를 하였는데, 그 후 피상속인의 직계존속이 사망하여 민법 제1001조, 제1003조 제2항에 따라 대습상속이 개시된 경우에 대습상속인이 민법이 정한 절차와 방식에 따라 한정승인이나 상속포기를 하지 않으면 단순승인을 한 것으로 간주된다. 위와 같은 경우에 이미 사망한 피상속인의 배우자와 자녀들에게 피상속인의 직계존속의 사망으로 인한 대습상속도 포기하려는 의사가 있다고 볼 수 있지만, 그들이 상속포기의 절차와 방식에 따라 피상속인의 직계존속에 대한 상속포기를 하지 않으면 그 효력이 생기지 않는다. 이와 달리 피상속인에 대한 상속포기를 이유로 대습상속 포기의 효력까지 인정한다면 상속포기의 의사를 명확히 하고 법률관계를 획일적으로 처리함으로써 법적 안정성을 꾀하고자 하는 상속포기제도가 잠탈될 우려가 있다(대판 2017.1.12, 2014다39824).

★★★▶ 상속채권자가 상속 승인, 포기 등으로 상속관계가 확정되지 않은 동안 상속인을 상대로 상속재산에 관한 가압류결정을 받아 이를 집행할 수 있는지 여부(적극) 및 그 후 상속인이 상속포기로 인하여 상속인의 지위를 소급하여 상실한다고 하더라도 이미 발생한 가압류의 효력에 영향을 미치는지 여부(소극) / 이때 상속채권자가 종국적으로 상속인이 된 사람 또는 상속재산관리인을 채무자로 한 상속재산에 대한 경매절차에서 적법하게 배당을 받을 수 있는지 여부(적극)

상속인은 상속개시된 때부터 피상속인의 재산에 관한 포괄적 권리의무를 승계한다(제1005조 본문). 다만 상속인은 상속개시 있음을 안 날로부터 3월 내에 단순승인이나 한정승인 또는 포기를 할 수 있고(제1019조 제1항 본문), 상속의 포기는 상속개시된 때에 소급하여 그 효력이 있다(제1042조). 상속인은 상속포기를 할 때까지는 그 고유재산에 대하는 것과 동일한 주의로 상속재산을 관리하여야 한다(제1022조). 상속인이 상속을 포기할 때에는 민법 제1019조 제1항의 기간 내에 가정법원에 포기의 신고를 하여야 하고(제1041조), 상속포기는 가정법원이 상속인의 포기신고를 수리하는 심판을 하여 이를 당사자에게 고지한 때에 효력이 발생하므로, 상속인은 가정법원의 상속포기신고 수리 심판을 고지받을 때까지 민법 제1022조에 따른 상속재산 관리의무를 부담한다. 이와 같이 상속인은 아직 상속 승인, 포기 등으로 상속관계가 확정되지 않은 동안에도 잠정적으로나마 피상속인의 재산을 당연취득하고 상속재산을 관리할 의무가 있으므로, 상속채권자는 그 기간 동안 상속인을 상대로 상속재산에 관한 가압류결정을 받아 이를 집행할 수 있다. 그 후 상속인이 상속포기로 인하여 상속인의 지위를 소급하여 상실한다고 하더라도 이미 발생한 가압류의 효력에 영향을 미치지 않는다. 따라서 위 상속채권자는 종국적으로 상속인이 된 사람 또는 민법 제1053조에 따라 선임된 상속재산관리인을 채무자로 한 상속재산에 대한 경매절차에서 가압류채권자로서 적법하게 배당을 받을 수 있다(대판 2021.9.15, 2021다224446).

(2) 포기자 상속분의 귀속

> **제1043조【포기한 상속재산의 귀속】**
> 상속인이 수인인 경우에 어느 상속인이 상속을 포기한 때에는 그 상속분은 다른 상속인의 상속분의 비율로 그 상속인에게 귀속된다.

(3) 재산관리의무의 계속 – 고유재산에 대한 것과 동일한 주의의무

> **제1044조【포기한 상속재산의 관리계속의무】**
> ① 상속을 포기한 자는 그 포기로 인하여 상속인이 된 자가 상속재산을 관리할 수 있을 때까지 그 재산의 관리를 계속하여야 한다.
> ② 제1022조(= 고유재산과 동일한 주의의무)와 제1023조(= 상속재산관리에 필요한 처분)의 규정은 전항의 재산관리에 준용한다.

제6관 상속재산의 분할과 상속회복청구권

I. 상속재산의 분할

1. 서설

(1) 의의

1) 개념

공동상속의 경우 상속이 개시되면 상속재산은 일단 공동상속인이 공유하는 상태가 된다. 이와 같은 상속재산의 공유관계를 각 공동상속인의 단독소유 등으로 전환하기 위하여 행하여지는 분배절차를 상속재산의 분할이라고 한다.

★▶ 공동상속인들 사이에서 상속재산의 분할이 마쳐지지 않았음에도 특정 공동상속인에 대하여 특별수익 등을 고려하면 그의 구체적 상속분이 없다는 등의 이유를 들어 개개의 상속재산에 관하여 법정상속분에 따른 권리승계가 아예 이루어지지 않았다거나 법정상속분에 따라 마쳐진 상속을 원인으로 한 소유권이전등기가 원인무효라고 주장하는 것이 허용되는지 여부(소극)

민법 제1007조는 "공동상속인은 각자의 상속분에 응하여 피상속인의 권리 · 의무를 승계한다."라고 정하는바, 위 조항에서 정한 '상속분'은 법정상속분을 의미하므로 일단 상속이 개시되면 공동상속인은 각자의 법정상속분의 비율에 따라 모든 상속재산을 승계한다. 또한 민법 제1006조는 "상속인이 수인인 때에는 상속재산은 그 공유로 한다."라고 정하므로, 공동상속인들은 상속이 개시되어 상속재산의 분할이 있을 때까지 민법 제1007조에 기하여 각자의 법정상속분에 따라서 이를 잠정적으로 공유하다가 특별수익 등을 고려한 구체적 상속분에 따라 상속재산을 분할함으로써 위와 같은 잠정적 공유상태를 해소하고 최종적으로 개개의 상속재산을 누구에게 귀속시킬 것인지를 확정하게 된다. 그러므로 공동상속인들 사이에서 「상속재산의 분할이 마쳐지지 않았음」에도 특정 공동상속인에 대하여 특별수익 등을 고려하면 그의 구체적 상속분이 없다는 등의 이유를 들어 그 공동상속인에게는 개개의 상속재산에 관하여 법정상속분에 따른 권리승계가 아예 이루어지지 않았다거나, 부동산인 상속재산에 관하여 법정상속분에 따라 마쳐진 상속을 원인으로 한 소유권이전등기가 원인무효라고 주장하는 것은 허용될 수 없다(대판 2023.4.27. 2020다292626).

---

2) 분할의 유형

분할절차는 세 가지이다. ① 피상속인이 유언으로 상속재산의 분할방법을 정하거나 이를 정할 것을 제3자에게 위탁한 경우에는 그에 따른다(지정분할). ② 유언에 의한 지정이 없으면 공동상속인이 협의에 의하여 분할할 수 있다(협의분할). ③ 분할에 관하여 협의가 성립되지 않은 때에는 가정법원의 심판에 의하여 분할한다(심판분할).

(2) 분할의 요건

1) 공동상속관계가 존재할 것

상속인이 1인이면 분할의 여지가 없다.

2) 공동상속인이 확정될 것

① 가령 공동상속인 중의 1인 또는 수인이 상속의 승인 또는 포기를 하지 않고 있는 동안에는 상속인이 확정되지 않았으므로 분할을 할 수 없다. 또한 ② 한정승인이나 재산분리의 경우에는 상속재산 전체에 대하여 청산이 행하여지므로 분할을 할 여지가 없다.

3) 분할의 금지가 없을 것

가) 유언에 의한 분할금지 : 피상속인은 유언에 의하여 상속이 개시된 날부터 5년을 초과하지 않는 기간 동안 상속재산의 분할을 금지할 수 있다(제1012조).

나) 협의에 의한 분할금지 : 공동상속에는 공유에 관한 규정이 적용되므로, 공동상속인들 전원의 협의로 5년 내의 기간 동안 분할을 금지할 수 있다(제268조 제1항 단서).

(3) 분할청구권자

분할을 청구할 수 있는 자는 ① 상속을 승인한 공동상속인, ② 포괄적 수증자, ③ 공동상속인의 상속인·대습상속인, ④ 상속분을 양수한 제3자 등이며, ⑤ 공동상속인의 채권자도 그 상속인을 대위하여 분할청구권을 대위 행사할 수 있다(제404조). → 상속재산분할청구권은 일신 전속권이 아니다.

2. 지정분할

> **제1012조 【유언에 의한 분할방법의 지정, 분할금지】**
> 피상속인은 유언으로 상속재산의 분할방법을 정하거나 이를 정할 것을 제3자에게 위탁할 수 있고 상속개시의 날로부터 5년을 초과하지 아니하는 기간 내의 그 분할을 금지할 수 있다.

(1) 의의

분할방법의 지정(또는 지정의 위탁)은 유언으로만 할 수 있으므로, 생전행위에 의한 분할방법의 지정은 효력이 없다(대판 2001.6.29, 2001다28299).

▶ **유언의 방식에 의하지 아니한 피상속인의 상속재산 분할방법 지정행위의 효력**(무효)
  피상속인은 유언으로 상속재산의 분할방법을 정할 수는 있지만, 생전행위에 의한 분할방법의 지정은 그 효력이 없어 상속인들이 피상속인의 의사에 구속되지는 않는다(대판 2001.6.29, 2001다28299).

(2) 지정분할의 유형

1) 분할방법의 지정

피상속인의 분할방법의 지정은 모두 각 공동상속인의 법정상속분에 따른 것이어야 한다. 만약 법정상속분과 다른 지정을 할 경우에는 여기의 지정은 아니지만 유증으로서 유효할 수 있다.

2) 제3자에의 지정위탁

① 위탁되는 제3자는 공동상속인이 아닌 자이어야 한다. ② 위탁받은 제3자는 반드시 법정상속분에 따라 지정하여야 한다. 그렇지 않은 경우 지정은 무효이다. ③ 위탁을 받은 제3자가 지정을 하지 않는 경우에, 상속인들은 상당한 기간을 정하여 수탁이나 지정을 최고할 수 있고, 그 기간 내에 확답이 없으면 지정을 거절한 것으로 보아 협의분할이나 심판분할이 가능하다.

3. 협의분할

> **제1013조 【협의에 의한 분할】**
> ① 전조(= 유언에 의한 분할금지)의 경우 외에는 공동상속인은 언제든지 그 협의에 의하여 상속재산을 분할할 수 있다.
> ② 제269조(= 공유물 분할청구 방법)의 규정은 전항의 상속재산의 분할에 준용한다.

(1) 협의분할의 당사자

1) 공동상속인 전원

공동상속인 전원의 참여가 필요하고, 포괄수증자 · 상속분양수인도 협의분할의 당사자가 된다.

★★▶ **상속을 포기한 자가 상속재산분할협의에 참여한 경우의 효력**

상속재산분할협의에 이미 상속을 포기한 자가 참여하였다 하더라도 그 분할협의의 내용이 이미 포기한 상속지분을 다른 상속인에게 귀속시킨다는 것에 불과하여 나머지 상속인들 사이의 상속재산분할에 관한 실질적인 협의에 영향을 미치지 않은 경우라면 그 상속재산분할협의는 효력이 있다고 볼 수 있다 (대판 2007.9.6, 2007다30447).

★★▶ **한정승인에 따른 청산절차가 종료되지 않은 경우 상속재산분할청구의 가능 여부**(적극)

우리 민법이 한정승인 절차가 상속재산분할 절차보다 선행하여야 한다는 명문의 규정을 두고 있지 않고, 공동상속인들 중 일부가 한정승인을 하였다고 하여 상속재산분할이 불가능하다거나 분할로 인하여 공동상속인들 사이에 불공평이 발생한다고 보기 어려우며, 상속재산분할의 대상이 되는 상속재산의 범위에 관하여 공동상속인들 사이에 분쟁이 있을 경우에는 한정승인에 따른 청산절차가 제대로 이루어지지 못할 우려가 있는데 그럴 때에는 상속재산분할청구 절차를 통하여 분할의 대상이 되는 상속재산의 범위를 한꺼번에 확정하는 것이 상속채권자의 보호나 청산절차의 신속한 진행을 위하여 필요하다는 점 등을 고려하면, 한정승인에 따른 청산절차가 종료되지 않은 경우에도 상속재산분할청구가 가능하다(대결 2014.7.25, 2011스226).

---

2) 공동상속인이 미성년자인 경우

미성년자와 그의 법정대리인인 친권자가 공동상속인인 경우에는 분할협의는 이해상반행위가 되므로(제921조), 미성년자를 위하여 특별대리인을 선임하여야 하며, 특별대리인을 선임하지 않고서 한 분할협의는 무효이다(대판 1987.3.10, 85므80). 이 때 미성년자가 여럿이면 미성년자 각자마다 특별대리인을 선임하여야 한다(대판 1993.4.13, 92다54524).

3) 상속인 자격의 발생이 다투어 지고 있는 경우

> **제1014조 【분할 후의 피인지자 등의 청구권】**
> 상속개시 후의 인지 또는 재판의 확정에 의하여 공동상속인이 된 자가 상속재산의 분할을 청구할 경우에 다른 공동상속인이 이미 분할 기타 처분을 한 때에는 그 상속분에 상당한 가액의 지급을 청구할 권리가 있다.

현재는 상속인이 아닌 자가 인지청구 등의 소를 제기하고 있는 경우에는, 일단 이들을 제외하고 분할한다. 그 후에 재판에 의하여 그 자들이 상속인으로 확정되더라도 이미 이루어진 분할협의는 유효하고, 다만 그들에게 가액지급청구권이 인정된다(제1014조).

(2) 협의분할의 방법

1) 절차

① 상속재산의 협의분할은 공동상속인 간의 일종의 계약으로서 공동상속인 전원이 참여해야 하므로, 일부 상속인만으로 한 협의분할은 무효이다(대판 1995.4.7, 93다54736).

② 그러나 반드시 한 자리에서 이루어질 필요는 없고, 순차적으로 이루어져도 무방하다(대판 2001. 11.27, 2000두9731).

▶ **협의분할의 방법**
공동상속인 상호 간에 상속재산에 관하여 협의분할이 이루어짐으로써 공동상속인 중 일부가 고유의 상속분을 초과하는 재산을 취득하게 되었다고 하여도 이는 상속개시 당시에 소급하여 피상속인으로부터 승계받은 것으로 보아야 하고 다른 공동상속인으로부터 증여받은 것으로 볼 수 없다 할 것인바, 그러한 상속재산 분할협의는 상속인 전원이 참여하여야 하나, 반드시 한 자리에서 이루어질 필요는 없고, 순차적으로 이루어질 수도 있다(대판 2001.11.27, 2000두9731).

★▶ **상속재산의 협의분할에 공동상속인 전원이 참여하여야 하는지 여부**(적극) **및 순차적으로 이루어진 상속재산 협의분할의 효력**(유효)
상속재산의 협의분할은 공동상속인 간의 일종의 계약으로서 공동상속인 전원이 참여하여야 하고 일부 상속인만으로 한 협의분할은 무효라고 할 것이나, 반드시 한 자리에서 이루어질 필요는 없고 순차적으로 이루어질 수도 있으며, 상속인 중 한 사람이 만든 분할 원안을 다른 상속인이 후에 돌아가며 승인하여도 무방하다(대판 2010.2.25, 2008다96963).

★★▶ **공동상속인이 상속재산의 분할에 관하여 공동상속인 사이에 협의가 성립되지 아니하거나 협의할 수 없는 경우, 상속재산에 속하는 개별 재산에 관하여 민법 제268조의 규정에 따라 공유물분할청구의 소를 제기할 수 있는지 여부**(소극)
공동상속인은 상속재산의 분할에 관하여 공동상속인 사이에 협의가 성립되지 아니하거나 협의할 수 없는 경우에 가사소송법이 정하는 바에 따라 가정법원에 상속재산분할심판을 청구할 수 있을 뿐이고, 상속재산에 속하는 개별 재산에 관하여 민법 제268조의 규정에 따라 공유물분할청구의 소를 제기하는 것은 허용되지 않는다(대판 2015.8.13, 2015다18367).

---

③ 분할방법에는 제한이 없다. 따라서 상속인들은 현물분할·환가분할·가격배상 가운데 어느 하나를 선택할 수도 있고, 이들의 병합·기타의 방법을 선택할 수도 있다.

2) 관련문제

가) **분할과 상속분의 관계** : 협의분할로 인해 본래의 자기 법정상속분보다 더 많이 받는 자와 더 적게 받는 자가 생길 수 있다. 이때에는 상속재산의 분할의 소급효에 비추어, 상속개시 당시로부터 피상속인에게서 직접 승계받은 것으로 보아야지, 다른 공동상속인으로부터 증여받은 것으로 볼 것이 아니다(대판 1985.10.8, 85누70).

★★★▶ **고유의 상속분을 초과하여 취득한 상속재산 협의분할의 법적 성격**
공동상속인 상호 간에 상속재산에 관하여 민법 제1013조의 규정에 의한 협의분할이 이루어짐으로써 공동상속인 중 1인이 고유의 상속분을 초과하는 재산을 취득하게 되었다고 하여도 이는 상속개시 당시에 피상속인으로부터 승계받은 것으로 보아야 하고 다른 공동상속인으로부터 증여받은 것으로 볼 것이 아니다(대판 1985.10.8, 85누70).

★★★▶ **기간을 경과한 상속포기 신고로서 무효인 경우 상속재산 협의분할으로의 전환 인정여부**(적극)
상속재산을 공동상속인 1인에게 상속시킬 방편으로 나머지 상속인들이 한 상속포기 신고가 민법 제1019조 제1항 소정의 기간을 경과한 후에 신고된 것이어서 상속포기로서의 효력이 없다고 하더라도, 공동상속인들 사이에서는 1인이 고유의 상속분을 초과하여 상속재산 전부를 취득하고 나머지 상속인들은 이를 전혀 취득하지 않기로 하는 내용의 상속재산에 관한 협의분할이 이루어진 것으로 보아야 한다(대판 1996.3.26, 95다45545·45552·45569).

나) **채권자 취소권과의 관계** : 상속재산 분할협의는 재산권을 목적으로 하는 법률행위이므로 채권자 취소권의 대상이 될 수 있다(대판 2001.2.9, 2000다51797).

★★★★▶ **상속재산 협의분할과 사해행위 취소의 범위**(대판 2001.2.9, 2000다51797)
① 상속재산의 분할협의는 상속이 개시되어 공동상속인 사이에 잠정적 공유가 된 상속재산에 대하여 그 전부 또는 일부를 각 상속인의 단독소유로 하거나 새로운 공유관계로 이행시킴으로써 상속재산의 귀속을 확정시키는 것으로 그 성질상 재산권을 목적으로 하는 법률행위이므로 사해행위취소권 행사의 대상이 될 수 있다.
② 채무초과 상태에 있는 채무자가 상속재산의 분할협의를 하면서 상속재산에 관한 권리를 포기함으로써 결과적으로 일반 채권자에 대한 공동담보가 감소되었다 하더라도, 그 재산분할결과가 채무자의 구체적 상속분에 상당하는 정도에 미달하는 과소한 것이라고 인정되지 않는 한 사해행위로서 취소되어야 할 것은 아니고, 구체적 상속분에 상당하는 정도에 미달하는 과소한 경우에도 사해행위로서 취소되는 범위는 그 미달하는 부분에 한정하여야 한다. 이때 지정상속분이나 기여분, 특별수익 등의 존부 등 구체적 상속분이 법정상속분과 다르다는 사정은 채무자가 주장·입증하여야 할 것이다.

다) **가분채권의 경우** : 상속개시와 동시에 상속분에 따라 각 상속인에게 분할귀속되므로 분할의 대상이 되지 않는다. → 불가분채권은 분할협의를 할 수 있다.

★★★★ 상속재산분할의 대상(대결 2016.5.4, 2014스122)

[1] 가분채권이 상속재산분할의 대상이 될 수 있는지 여부(한정 적극)

　　금전채권과 같이 급부의 내용이 가분인 채권은 공동상속되는 경우 상속개시와 동시에 당연히 법정상속분에 따라 공동상속인들에게 분할되어 귀속되므로 상속재산분할의 대상이 될 수 없는 것이 원칙이다. 그러나 가분채권을 일률적으로 상속재산분할의 대상에서 제외하면 부당한 결과가 발생할 수 있다. 예를 들어 공동상속인들 중에 초과특별수익자가 있는 경우 초과특별수익자는 초과분을 반환하지 아니하면서도 가분채권은 법정상속분대로 상속받게 되는 부당한 결과가 나타난다. 그 외에도 특별수익이 존재하거나 기여분이 인정되어 구체적인 상속분이 법정상속분과 달라질 수 있는 상황에서 상속재산으로 가분채권만이 있는 경우에는 모든 상속재산이 법정상속분에 따라 승계되므로 수증재산과 기여분을 참작한 구체적 상속분에 따라 상속을 받도록 함으로써 공동상속인들 사이의 공평을 도모하려는 민법 제1008조, 제1008조의2의 취지에 어긋나게 된다. 따라서 이와 같은 특별한 사정이 있는 때는 상속재산분할을 통하여 공동상속인들 사이에 형평을 기할 필요가 있으므로 가분채권도 예외적으로 상속재산분할의 대상이 될 수 있다고 봄이 타당하다.

[2] 상속재산분할 당시 상속재산을 구성하지 아니하게 된 재산이 상속재산분할의 대상이 될 수 있는지 여부(소극)

　　상속개시 당시에는 상속재산을 구성하던 재산이 그 후 처분되거나 멸실·훼손되는 등으로 상속재산분할 당시 상속재산을 구성하지 아니하게 되었다면 그 재산은 상속재산분할의 대상이 될 수 없다. 다만 상속인이 그 대가로 처분대금, 보험금, 보상금 등 대상재산(代償財産)을 취득하게 된 경우에는, 대상재산은 종래의 상속재산이 동일성을 유지하면서 형태가 변경된 것에 불과할 뿐만 아니라 상속재산분할의 본질이 상속재산이 가지는 경제적 가치를 포괄적·종합적으로 파악하여 공동상속인에게 공평하고 합리적으로 배분하는 데에 있는 점에 비추어, 그 대상재산이 상속재산분할의 대상으로 될 수는 있을 것이다(대결 2022.6.30, 2017스98·99·100·101). → 상속재산분할 당시 이미 소멸하여 더 이상 상속재산을 구성하지 아니하게 된 예금채권을 대상으로 삼아 상속재산분할을 한 원심을 파기한 사례이다.

★► 상속재산이 상속개시 후 멸실됨에 따라 상속인이 취득한 손해배상청구권이 상속재산분할의 대상이 되는지 여부(적극)

　　피상속인의 사망 당시에는 분배농지에 관한 권리(이하 '수분배권'이라 한다)가 상속재산분할의 대상이 되는 상속재산이었다가 구 농지법(1994.12.22. 법률 제4817호로 제정되어 1996.1.1.부터 시행된 것) 부칙 제3조에서 정한 3년의 기간이 지난 1999.1.1. 소멸한 경우, 이에 따라 이 사건 상속재산분할협의 당시에는 수분배권의 대상재산(代償財産)인 손해배상청구권이 상속재산분할의 대상이 된다. 또한 다른 상속인이 분배농지와 관련한 상속지분을 모두 포기하고 이를 상속인 1인에게 귀속시키는 내용의 상속재산분할협의도 유효하고, 이에 따라 단독상속인이 상속재산분할의 대상이 된 손해배상청구권 전부의 지급을 구하는 이상, 그중 상속지분을 포기한 다른 상속인들의 상속지분에 상응하는 부분만이 시효로 소멸한다고 볼 수 없다(대판 2020.4.9, 2018다238865).

　　→ [사실관계 및 판단] : 피고(대한민국) 소속 공무원들의 불법행위로 말미암아 피상속인의 분배농지에 관한 권리가 피상속인 사망 후 소멸함에 따라 상속인들이 손해배상청구권을 갖게 된 경우, 그 손해배상청구권을 상속재산의 대상재산(代償財産)으로 보아 상속재산분할의 대상이 된다고 본 사례이다.

라) 가분채무의 경우 : ① 상속개시와 동시에 상속분에 따라 각 상속인에게 분할귀속되므로 분할의
대상이 되지 않는다. ② 그러나 상속인들의 협의로 공동상속인 중 1인이 법정상속분을 초과하여
채무를 부담할 수도 있는데 이 약정은 면책적 채무인수의 실질을 가지므로 채권자의 승낙이 필
요하다(제454조). → 불가분채무는 분할협의를 할 수 있다.

─────────────────

★★★★▶ 금전채무가 상속재산 분할의 대상이 되는지 여부(소극)(대판 1997.6.24, 97다8809)

① 금전채무와 같이 급부의 내용이 가분인 채무가 공동상속된 경우, 이는 상속 개시와 동시에 당연히
법정상속분에 따라 공동상속인에게 분할되어 귀속되는 것이므로, 상속재산 분할의 대상이 될 여지
가 없다.

② 상속재산 분할의 대상이 될 수 없는 상속채무에 관하여 공동상속인들 사이에 분할의 협의가 있는
경우라면 이러한 협의는 민법 제1013조에서 말하는 상속재산의 협의분할에 해당하는 것은 아니지
만, 위 분할의 협의에 따라 공동상속인 중의 1인이 법정상속분을 초과하여 채무를 부담하기로 하는
약정은 면책적 채무인수의 실질을 가진다고 할 것이어서, 채권자에 대한 관계에서 위 약정에 의하
여 다른 공동상속인이 법정상속분에 따른 채무의 일부 또는 전부를 면하기 위하여는 민법 제454
조의 규정에 따른 채권자의 승낙을 필요로 하고, 여기에 상속재산 분할의 소급효를 규정하고 있는
민법 제1015조가 적용될 여지는 전혀 없다.

**▶ 구 상속세 및 증여세법 제3조에 따라 공동상속인들 각자가 다른 공동상속인들의 상속세에 관하
여 부담하는 연대납부의무의 내용 및 상속재산의 분할 전에 법정상속분에 따라 공동상속인 중
특정한 1인에게 귀속되는 부분이 그의 상속세 납부에 공여된 경우 이를 공동상속인들 전체의
상속비용으로 보아 분할대상 상속재산에서 제외할 것인지 여부**(소극)

구 상속세 및 증여세법(2010.1.1. 법률 제9916호로 개정되기 전의 것) 제3조 제1항은 상속인은 각
자가 받았거나 받을 재산의 비율에 따라 상속세를 납부할 의무가 있다고 정하고, 그 제4항은 제1항
의 규정에 의한 상속세는 상속인 각자가 받았거나 받을 재산을 한도로 연대하여 납부할 의무를 진다
고 정하고 있다. 위 법규정에 의하면, 공동상속인들 각자는 피상속인의 상속재산 총액을 과세가액으
로 하여 산출한 상속세 총액 중 그가 상속으로 받았거나 받을 재산의 비율에 따른 상속세를 납부할
고유의 납세의무와 함께 다른 공동상속인들의 상속세에 관하여도 자신이 받았거나 받을 재산을 한도
로 연대하여 납부할 의무가 있다. 그런데 공동상속인들은 과세권자에 대한 관계에서 각자 고유의
납세의무와 함께 다른 공동상속인의 상속세에 대하여도 연대하여 납세의무를 부담하는 것이지, 공동
상속인들 사이에서 다른 공동상속인 고유의 상속세에 대하여 종국적인 책임을 부담하는 것은 아니
다. 따라서 공동상속의 경우 상속재산의 분할 전에 법정상속분에 따라 공동상속인 중 특정한 1인에게
귀속되는 부분이 그 특정인의 상속세 납부에 공여되었다고 하여 이를 공동상속인들 전체의 상속비용으
로 보아 분할대상 상속재산에서 제외하여서는 아니 된다(대결 2013.6.24, 2013스33·34).

─────────────────

(3) 협의분할의 무효·취소·합의해제

1) 무효

무자격자가 참가한 경우 또는 공동상속인의 일부가 배제된 경우에는 분할협의는 무효이다.

2) 취소

분할협의의 의사표시에 착오·사기·강박이 있는 경우 제109조 내지 제110조에 의해 취소를 할 수 있다.

3) 분할협의의 합의해제

상속재산의 분할협의도 공동상속인 전원의 합의로 해제할 수 있다. 이 경우 분할로 인한 물권변동 은 소급해서 무효가 되나 제3자의 권리를 해하지 못한다(제548조 제1항 참고).

★★▶ **상속재산 분할협의의 합의해제**

상속재산 분할협의는 공동상속인들 사이에 이루어지는 일종의 계약으로서, 공동상속인들은 이미 이루어진 상속재산 분할협의의 전부 또는 일부를 전원의 합의에 의하여 해제한 다음 다시 새로운 분할협의를 할 수 있고, 상속재산 분할협의가 합의해제되면 그 협의에 따른 이행으로 변동이 생겼던 물권은 당연히 그 분할협의가 없었던 원상태로 복귀하지만, 민법 제548조 제1항 단서의 규정상 이러한 합의해제를 가지고서는, 그 해제 전의 분할협의로부터 생긴 법률효과를 기초로 하여 새로운 이해관계를 가지게 되고 등기·인도 등으로 완전한 권리를 취득한 제3자의 권리를 해하지 못한다(대판 2004.7.8, 2002다73203).

---

4. 재판분할(= 심판분할)

(1) 의의

공동상속인 사이에 분할에 관하여 협의가 성립되지 않거나 협의할 수 없는 때에는 가정법원이 심판으로 분할한다. 먼저 조정을 신청하여야 하고, 조정이 성립하지 않으면 심판분할을 한다.

(2) 구체적인 분할의 방법

① 원칙적으로 현물분할을 하지만(= 현물분할), ② 현물분할이 불가능하거나 현물분할을 하면 그 가액이 현저하게 줄어들 염려가 있는 때에는 법원은 물건의 경매를 명하여 그 대금을 분할할 수 있다(= 대금분할). ③ 상속재산 중 특정의 재산을 1인 또는 수인의 소유로 하고, 차액을 현금으로 정산하게 하는 방법(= 가격배상, 대상분할)도 인정된다.

★★▶ **상속재산분할심판에서 상속재산 과실을 고려하지 않은 채, 분할의 대상이 된 상속재산 중 특정 상속재산을 상속인 중 1인의 단독소유로 하고 그의 구체적 상속분과 특정 상속재산의 가액과의 차액을 현금으로 정산하는 방법으로 상속재산을 분할한 경우, 공동상속인들이 수증재산과 기여분 등을 참작하여 상속개시 당시를 기준으로 산정되는 '구체적 상속분'의 비율에 따라 상속재산 과실을 취득하는지 여부**(원칙적 적극)

① 상속개시 후 상속재산분할이 완료되기 전까지 상속재산으로부터 발생하는 과실(이하 '상속재산 과실'이라 한다)은 상속개시 당시에는 존재하지 않았던 것이다. 상속재산분할심판에서 이러한 상속재산 과실을 고려하지 않은 채, 분할의 대상이 된 상속재산 중 특정 상속재산을 상속인 중 1인의 단독소유로 하고 그의 구체적 상속분과 특정 상속재산의 가액과의 차액을 현금으로 정산하는 방법(이른바 대상분할의 방법)으로 상속재산을 분할한 경우, 그 특정 상속재산을 분할받은 상속인은 민법 제1015조 본문에 따라 상속개시된 때에 소급하여 이를 단독소유한 것으로 보게 되지만, 상속재산 과실까지도 소급하여 상속인이 단독으로 차지하게 된다고 볼 수는 없다.

② 이러한 경우 상속재산 과실은 특별한 사정이 없는 한, 공동상속인들이 수증재산과 기여분 등을 참작
하여 상속개시 당시를 기준으로 산정되는 '구체적 상속분'의 비율에 따라, 이를 취득한다고 보는 것
이 타당하다(대판 2018.8.30, 2015다27132·27149).

5. 상속재산 분할의 효력

(1) 분할의 소급효

> **제1015조 【분할의 소급효】**
> 상속재산의 분할은 상속개시된 때에 소급하여 그 효력이 있다. 그러나 제3자의 권리를 해하지 못한다.

1) 소급효

상속재산의 분할은 상속개시된 때로 소급하여 그 효력이 생긴다(제1015조 본문).[9] 그 결과 상속인
은 분할에 의하여 피상속인으로부터 직접 권리를 승계받은 것(취득)으로 된다. 따라서 협의분할에
의한 재산상속을 원인으로 피상속인으로부터 상속인 중 1인 앞으로 소유권이전등기가 이루어진
경우로서 그 부동산에 관한 피상속인 명의의 소유권등기가 원인무효의 등기라면, 협의분할에 의
하여 이를 단독상속한 상속인만이 이를 전부 말소할 의무가 있고 다른 공동상속인은 이를 말소할
의무가 없다 할 것이다(대판 2009.4.9, 2008다87723). ★★★

2) 소급효의 제한(제3자 보호)

상속재산 분할의 소급효는 제3자의 권리를 해하지 못한다(제1015조 단서). 여기서 보호되는 제3자
에 해당하려면 권리변동의 성립요건·대항요건 등을 모두 갖춘 완전한 권리자이어야 한다(판례).

★★★▶ **상속재산 협의분할의 소급효가 제한되는 제3자의 범위**

공동상속인 중 1인이 제3자에게 상속 부동산을 매도한 뒤 그 앞으로 소유권이전등기가 경료되기 전
에 그 매도인과 다른 공동상속인들 간에 그 부동산을 매도인 외의 다른 상속인 1인의 소유로 하는
내용의 상속재산 협의분할이 이루어져 그 앞으로 소유권이전등기를 한 경우에, 그 상속재산 협의분
할은 상속개시된 때에 소급하여 효력이 발생하고 등기를 경료하지 아니한 제3자는 민법 제1015조 단
서 소정의 소급효가 제한되는 제3자에 해당하지 아니하는바, 이 경우 상속재산 협의분할로 부동산을
단독으로 상속한 자가 협의분할 이전에 공동상속인 중 1인이 그 부동산을 제3자에게 매도한 사실을
알면서도 상속재산 협의분할을 하였을 뿐 아니라, 그 매도인의 배임행위를 유인, 교사하거나 이에 협
력하는 등 적극적으로 가담한 경우에는 그 상속재산 협의분할 중 그 매도인의 법정상속분에 관한 부분
은 민법 제103조 소정의 반사회질서의 법률행위에 해당한다(대판 1996.4.26, 95다54426·54433).

★★★★▶ **상소재산분할의 소급효와 제3자**(대판 2020.8.13, 2019다249312)

[1] 민법 제1015조 단서에서 규정한 상속재산분할의 소급효가 제한하는 '제3자'의 의미

상속재산의 분할은 상속이 개시된 때에 소급하여 그 효력이 있다. 그러나 제3자의 권리를 해하지
못한다(민법 제1015조). 이는 상속재산분할의 소급효를 인정하여 공동상속인이 분할 내용대로 상속

---

9) 소급효는 현물분할의 경우에만 인정되고, 대금분할이나 가격배상의 경우에는 인정되지 않는다.

재산을 피상속인이 사망한 때에 바로 피상속인으로부터 상속한 것으로 보면서도, 상속재산분할 전에 이와 양립하지 않는 법률상 이해관계를 가진 제3자에게는 상속재산분할의 소급효를 주장할 수 없도록 함으로써 거래의 안전을 도모하고자 한 것이다. 이때 민법 제1015조 단서에서 말하는 제3자는 일반적으로 상속재산분할의 대상이 된 상속재산에 관하여 상속재산분할 전에 새로운 이해관계를 가졌을 뿐만 아니라 등기·인도 등으로 권리를 취득한 사람을 말한다.

[2] 상속재산인 부동산의 분할 귀속을 내용으로 하는 상속재산분할심판이 확정된 경우, 해당 부동산에 관한 물권변동의 효력 발생 시기(= 상속재산분할심판 확정 시) / 상속재산분할심판에 따른 등기가 이루어지기 전에 상속재산분할의 효력과 양립하지 않는 법률상 이해관계를 갖고 등기를 마쳤으나 상속재산분할심판이 있었음을 알지 못한 제3자에 대하여 상속재산분할의 효력을 주장할 수 있는지 여부(소극) 및 이때 제3자가 상속재산분할심판이 있었음을 알았다는 점에 관한 주장·증명책임의 소재(= 상속재산분할심판의 효력을 주장하는 자)

① 상속재산인 부동산의 분할 귀속을 내용으로 하는 상속재산분할심판이 확정되면 민법 제187조에 의하여 상속재산분할심판에 따른 등기 없이도 해당 부동산에 관한 물권변동의 효력이 발생한다. 다만 ② 민법 제1015조 단서의 내용과 입법 취지 등을 고려하면, 상속재산분할심판에 따른 등기가 이루어지기 전에 상속재산분할의 효력과 양립하지 않는 법률상 이해관계를 갖고 등기를 마쳤으나 상속재산분할심판이 있었음을 알지 못한 제3자에 대하여는 상속재산분할의 효력을 주장할 수 없다고 보아야 한다. 이 경우 제3자가 상속재산분할심판이 있었음을 알았다는 점에 관한 주장·증명책임은 상속재산분할심판의 효력을 주장하는 자에게 있다고 할 것이다(주해: 제3자가 자신의 선의에 대해 주장·증명책임을 부담하는 것이 아님).

(2) 상속재산분할 후 피인지자 등의 분할청구

> **제1014조【분할 후의 피인지자 등의 청구권】**
> 상속개시 후의 인지 또는 재판의 확정에 의하여 공동상속인이 된 자가 상속재산의 분할을 청구할 경우에 다른 공동상속인이 이미 분할 기타 처분을 한 때에는 그 상속분에 상당한 가액의 지급을 청구할 권리가 있다.
> **제860조【인지의 소급효】**
> 인지는 그 자의 출생 시에 소급하여 효력이 생긴다. 그러나 제3자의 취득한 권리를 해하지 못한다.

1) 의의

① 상속개시 후에 인지되었더라도 인지의 소급효로 인해 피인지자는 상속개시시부터 당연히 공동상속인이었던 것으로 된다(= 인지의 소급효, 제860조 본문).

② 그러나 인지 전에 다른 공동상속인들이 이미 분할을 마쳤는데도 분할을 다시 하게 하는 것은 제3자에게 예기치 못한 손해를 끼칠 염려가 크기 때문에 이미 이루어진 분할의 효력을 유지하면서(=인지의 소급효 제한, 동조 단서), 다만 그 상속분에 상당한 가액의 지급을 청구할 권리만 인정된다(제1014조).

★★▶ **공동상속인이 상속재산 분할 후 취득한 과실이 피인지자에 대한 부당이득이 되는지 여부**(소극)

상속개시 후에 인지되거나 재판이 확정되어 공동상속인이 된 자도 그 상속재산이 아직 분할되거나 처분되지 아니한 경우에는 당연히 다른 공동상속인들과 함께 분할에 참여할 수 있을 것이나, 인지

이전에 다른 공동상속인이 이미 상속재산을 분할 내지 처분한 경우에는 인지의 소급효를 제한하는 민법 제860조 단서가 적용되어 사후의 피인지자는 다른 공동상속인들의 분할 기타 처분의 효력을 부인하지 못하게 되는바, 민법 제1014조는 그와 같은 경우에 피인지자가 다른 공동상속인들에 대하여 <u>그의 상속분에 상당한 가액의 지급을 청구할 수 있도록 하여</u> 상속재산의 새로운 분할에 갈음하는 권리를 인정함으로써 피인지자의 이익과 기존의 권리관계를 합리적으로 조정하는 데 그 목적이 있는 것이다. 따라서 인지 이전에 공동상속인들에 의해 이미 분할되거나 처분된 상속재산은 민법 제860조 단서가 규정한 인지의 소급효 제한에 따라 이를 분할 받은 공동상속인이나 공동상속인들의 처분행위에 의해 이를 양수한 자에게 그 소유권이 확정적으로 귀속되는 것이며, 상속재산의 소유권을 취득한 자는 민법 제102조에 따라 그 과실을 수취할 권능도 보유한다고 할 것이므로, 피인지자에 대한 인지 이전에 상속재산을 분할한 공동상속인이 그 분할받은 상속재산으로부터 발생한 과실을 취득하는 것은 피인지자에 대한 관계에서 부당이득이 된다고 할 수 없다(대판 2007. 7. 26, 2006다83796).

★★★★▶ **인지를 요하지 아니하는 모자관계에서 인지의 소급효 제한에 관한 제860조 단서가 적용 또는 유추적용되는지 여부**(소극) **및 제1014조를 근거로 자가 모의 다른 공동상속인이 한 상속재산에 대한 분할 또는 처분의 효력을 부인할 수 있는지 여부**(적극)

민법 제860조는 본문에서 "인지는 그 자의 출생 시에 소급하여 효력이 생긴다."고 하면서 단서에서 "그러나 제3자의 취득한 권리를 해하지 못한다."라고 하여 인지의 소급효를 제한하고 있고, 민법 제1014조는 "상속개시 후의 인지 또는 재판의 확정에 의하여 공동상속인이 된 자가 상속재산의 분할을 청구할 경우에 다른 공동상속인이 이미 분할 기타 처분을 한 때에는 그 상속분에 상당한 가액의 지급을 청구할 권리가 있다."라고 규정하고 있다. 그런데 혼인 외의 출생자와 생모 사이에는 생모의 인지나 출생신고를 기다리지 아니하고 자의 출생으로 당연히 법률상의 친자관계가 생기고, 가족관계등록부의 기재나 법원의 친생자관계존재확인판결이 있어야만 이를 인정할 수 있는 것이 아니다. <u>따라서 인지를 요하지 아니하는 모자관계에는 인지의 소급효 제한에 관한 민법 제860조 단서가 적용 또는 유추적용되지 아니하며, 상속개시 후의 인지 또는 재판의 확정에 의하여 공동상속인이 된 자의 가액지급청구권을 규정한 민법 제1014조를 근거로 자가 모의 다른 공동상속인이 한 상속재산에 대한 분할 또는 처분의 효력을 부인하지 못한다고 볼 수도 없다. 이는 비록 다른 공동상속인이 이미 상속재산을 분할 또는 처분한 이후에 모자관계가 친생자관계존재확인판결의 확정 등으로 비로소 명백히 밝혀</u>졌다 하더라도 마찬가지이다(대판 2018. 6. 19, 2018다1049).

2) 가액지급청구권의 성질

민법 제1014조에 의하여, 상속개시 후의 인지 또는 재판의 확정에 의하여 공동상속인이 된 자가 분할을 청구할 경우에 다른 공동상속인이 이미 분할 기타 처분을 한 때에는 그 상속분에 상당한 가액의 지급을 청구할 권리가 있는바, 이 가액청구권은 상속회복청구권의 일종이다(대판 1993. 8. 24, 93다12).

3) 가액지급청구의 상대방

가) 동순위 공동상속인일 것 : 제1014조에 의하여 가액지급청구권을 가지게 되는 공동상속인은 이미 상속재산 분할을 한 자와 동순위의 상속인을 가리킨다.

나) **후순위 상속인의 경우** : 인지 등에 의하여 상속인으로 된 자보다 후순위 상속인들이 한 상속재산
분할에는 제1014조가 적용되지 않는다(대판 1993.3.12, 92다48512). 후순위 상속인이 참가한 상
속재산 분할은 처음부터 무효이기 때문이다.

★★★▶ **피인지자보다 후순위 상속인은 피인지자의 출현으로 자신이 취득한 상속권을 소급하여 상실하게**
되는지 여부(적극)

민법 제860조는 인지의 소급효는 제3자가 이미 취득한 권리에 의하여 제한받는다는 취지를 규정하
면서 민법 제1014조는 상속개시 후의 인지 또는 재판의 확정에 의하여 공동상속인이 된 자는 그
상속분에 상응한 가액의 지급을 청구할 권리가 있다고 규정하여 제860조 소정의 제3자의 범위를
제한하고 있는 취지에 비추어 볼 때, 혼인 외의 출생자가 부의 사망 후에 인지의 소에 의하여 친생자
로 인지받은 경우 피인지자보다 후순위 상속인인 피상속인의 직계존속 또는 형제자매 등은 피인지자
의 출현과 함께 자신이 취득한 상속권을 소급하여 잃게 되는 것으로 보아야 하고, 그것이 민법 제860
조 단서의 규정에 따라 인지의 소급효 제한에 의하여 보호받게 되는 제3자의 기득권에 포함된다고는 볼
수 없다(대판 1993.3.12, 92다48512). → 따라서 선순위 상속권자는 후순위 상속인에 대하여 본조의
가액지급청구가 아닌 상속회복청구를 할 수 있다.

4) 가액산정의 기준시점

가액지급청구 시 그 상속재산의 가액환산 기준시점은 '현실지급 시'이며, 이를 소송상 청구하는
경우에는 '사실심 변론종결 시'이다(판례).

▶ **제1014조 가액산정의 기준시점**
민법 제1014조의 가액은 다른 공동상속인들이 상속재산을 실제 처분한 가액 또는 처분한 때의 시가
가 아니라 사실심 변론종결 시의 시가를 의미한다(대판 1993.8.24, 93다12).

5) 가액지급청구권의 소멸

민법 제1014조에 의한 피인지자 등의 상속분상당가액지급청구권은 그 성질상 상속회복청구권의
일종이므로 같은 법 제999조 제2항에 정한 제척기간이 적용되고, 같은 항에서 3년의 제척기간의
기산일로 규정한 '그 침해를 안 날'이라 함은 피인지자가 자신이 진정상속인인 사실과 자신이 상
속에서 제외된 사실을 안 때를 가리키는 것으로 혼인 외의 자가 법원의 인지판결 확정으로 공동
상속인이 된 때에는 그 인지판결이 확정된 날에 상속권이 침해되었음을 알았다고 할 것이다(대판
2007.7.26, 2006므2757·2764).

(3) 공동상속인의 담보책임

1) 매도인과 동일한 담보책임

> **제1016조【공동상속인의 담보책임】**
> 공동상속인은 다른 공동상속인이 분할로 인하여 취득한 재산에 대하여 그 상속분에 응하여 매도인과 같
> 은 담보책임이 있다.

2) 상속채무자의 자력에 대한 담보책임

> **제1017조【상속채무자의 자력에 대한 담보책임】**
> ① 공동상속인은 다른 상속인이 분할로 인하여 취득한 채권에 대하여 분할당시의 채무자의 자력을 담보한다.
> ② 변제기에 달하지 아니한 채권이나 정지조건 있는 채권에 대하여는 변제를 청구할 수 있는 때의 채무자의 자력을 담보한다.

3) 무자력 공동상속인의 담보책임의 분담

> **제1018조【무자력 공동상속인의 담보책임의 분담】**
> 담보책임 있는 공동상속인 중에 상환의 자력이 없는 자가 있는 때에는 그 부담부분은 구상권자와 자력 있는 다른 공동상속인이 그 상속분에 응하여 분담한다. 그러나 구상권자의 과실로 인하여 상환을 받지 못한 때에는 다른 공동상속인에게 분담을 청구하지 못한다.

Ⅱ. 상속회복청구권

1. 의의

> **제999조【상속회복청구권】**
> ① 상속권이 참칭상속권자로 인하여 침해된 때에는 상속권자 또는 그 법정대리인은 상속회복의 소를 제기할 수 있다.
> ② 제1항의 상속회복청구권은 그 침해를 안 날부터 3년, 상속권의 침해행위가 있은 날부터 10년을 경과하면 소멸된다.

상속회복청구권이란 상속권이 진정하지 않은 상속인 즉 참칭상속인에 의하여 침해되었을 때 일정한 기간 내에 그 회복을 청구할 수 있는 권리이다(제999조).

2. 법적 성질

(1) 문제점

상속개시로 상속인은 법률상 당연히 피상속인의 권리·의무를 승계하므로 참칭상속인에 대하여 물권적 청구권 등을 행사할 수 있다. 그럼에도 군이 상속회복청구권을 인정하고 있으므로 물권적 청구권과 상속회복청구권의 관계가 문제된다.

(2) 판례

판례는 상속회복청구권은 독립된 청구권이 아니라 상속재산과 관련한 개별적 청구권의 집합에 불과하다고 보아, 물권적 청구권과의 경합을 부정하는 입장이다(집합권리설·법조경합설).[10]

---

10) 반면 상속회복청구권은 개별적 청구권과 구별되는 독립된 권리로서, 개별적 청구권과의 경합을 긍정하는 견해가 있다(독립권리설·청구권경합설).

★★★★▶ 진정한 상속인임을 전제로 상속으로 인한 재산권의 귀속을 주장하면서 참칭상속인 등을 상대로 상속재산인 부동산에 관한 등기의 말소 등을 청구하는 경우, 그 청구원인에 관계없이 상속회복청구의 소에 해당하는지 여부(적극)

자신이 진정한 상속인임을 전제로 그 상속으로 인한 소유권 또는 지분권 등 재산권의 귀속을 주장하면서 참칭상속인 또는 참칭상속인으로부터 상속재산에 관한 권리를 취득하거나 새로운 이해관계를 맺은 제3자를 상대로 상속재산인 부동산에 관한 등기의 말소 등을 청구하는 경우, 그 재산권 귀속주장이 상속을 원인으로 하는 것인 이상 청구원인이 무엇인지 여부에 관계없이 민법 제999조가 정하는 상속회복청구의 소에 해당한다(대판 2009.10.15, 2009다42321).

★★★★▶ 진정상속인과 참칭상속인이 주장하는 피상속인이 서로 다른 사람인 경우, 상속회복청구의 소라고 할 수 있는지 여부(소극)

상속회복청구의 소는 진정상속인과 참칭상속인이 주장하는 피상속인이 동일인임을 전제로 하는 것이므로 진정상속인이 주장하는 피상속인과 참칭상속인이 주장하는 피상속인이 다른 사람인 경우에는 진정상속인의 청구원인이 상속에 의하여 소유권을 취득하였음을 전제로 한다고 하더라도 이를 상속회복청구의 소라고 할 수 없다(대판 1998.4.10, 97다54345). → 진정상속인이 주장하는 피상속인과는 다른 피상속인으로부터 상속받았음을 이유로 부동산소유권이전등기등에관한특별조치법에 의한 상속등기를 경료한 자에 대한 소유권이전등기말소청구가 상속회복청구의 소에 해당하지 않는다.

★★★▶ 상속인 원고가 소외인이 피상속인의 생전에 그로부터 토지를 매수한 사실이 없는데도 등기서류를 위조하여 그 앞으로 소유권이전등기를 경료하였음을 이유로 그로부터 토지를 전전매수한 피고를 상대로 진정 명의의 회복을 원인으로 한 소유권이전등기절차의 이행을 구하는 경우, 상속회복청구의 소에 해당하는지 여부(소극)

상속인인 원고가 소외인이 피상속인의 생전에 그로부터 토지를 매수한 사실이 없는데도 그러한 사유가 있는 것처럼 등기서류를 위조하여 그 앞으로 소유권이전등기를 경료하였음을 이유로 그로부터 토지를 전전매수한 피고 명의의 소유권이전등기가 원인무효라고 주장하면서 피고를 상대로 진정 명의의 회복을 원인으로 한 소유권이전등기절차의 이행을 구하는 경우, 이는 상속회복청구의 소에 해당하지 않는다(대판 1998.10.27, 97다38176).

▶ 공동상속인 중 1인이 피상속인의 생전에 그로부터 토지를 매수하거나 증여받은 사실이 없음에도 불구하고 구 부동산 소유권이전등기 등에 관한 특별조치법에 의하여 매매 또는 증여를 원인으로 한 이전등기를 경료한 경우(소극)

공동상속인 중 1인이 피상속인의 생전에 그로부터 토지를 매수하거나 증여받은 사실이 없음에도 불구하고 구 부동산 소유권이전등기 등에 관한 특별조치법에 의하여 매매 또는 증여를 원인으로 한 이전등기를 경료한 경우 그 이전등기가 무효라는 이유로 다른 공동상속인이 그 등기의 말소(또는 진정명의회복을 위한 등기의 이전)를 청구하는 소는 상속회복청구의 소에 해당한다고 볼 수 없다(대판 2008.6.26, 2007다7898; 대판 1993.9.14, 93다12268).

★▶ 동일한 부동산에 관하여 등기명의인을 달리하여 중복된 소유권보존등기가 마쳐져, 선행 보존등기로부터 소유권이전등기를 한 소유자의 상속인이 후행 보존등기나 그에 기하여 순차로 이루어진 소유권이전등기 등 후속등기가 모두 무효라는 이유로 등기의 말소를 구하는 경우, 그 소가 상속회복청구의 소에 해당하는지 여부(소극)

동일한 부동산에 관하여 등기명의인을 달리하여 중복된 소유권보존등기가 마쳐진 경우 먼저 이루어진 소유권보존등기가 원인무효로 되지 않는 한 뒤에 된 소유권보존등기는 그것이 실체관계에 부합하는지 여부를 가릴 것 없이 1부동산 1등기용지주의의 법리에 비추어 무효라고 할 것인바, 원고가 선행 보존등기로부터 소유권이전등기를 한 소유자의 상속인으로서, 후행 보존등기나 그에 기하여 순차로 이루어진 소유권이전등기 등의 후속등기가 모두 무효라는 이유로 등기의 말소를 구하는 소는, 후행 보존등기로부터 이루어진 소유권이전등기가 참칭상속인에 의한 것이어서 무효이고 따라서 그 후속등기도 무효임을 이유로 하는 것이 아니라 후행 보존등기 자체가 무효임을 이유로 하는 것이므로 상속회복청구의 소에 해당하지 않는다고 할 것이다. 따라서 이 사건 소에는 상속회복청구권의 제척기간이 적용되지 않는다고 보아야 한다(대판 2011.7.14, 2010다107064).

3. 상속회복청구의 당사자

(1) 청구권자

① 상속재산의 점유를 잃고 있는 진정한 상속인(또는 그 법정대리인)이다.

② 상속분의 양수인이나 포괄적 유증을 받은 자는 상속인에 준하여 상속회복청구권을 행사할 수 있으나, 상속인의 특정승계인은 청구권자가 아니다.

③ 또한 상속개시 후에 인지 또는 재판의 확정에 의해 공동상속인이 된 자도 상속회복청구를 할 수 있다. 다만, 이미 분할 기타 처분을 한 때에는 그 상속분에 상당한 가액의 지급을 청구할 수 있다(법 제1014조). 대습상속인도 자신의 상속분에 기한 상속회복청구권을 가진다.

(2) 상대방

1) 참칭상속인

① 참칭상속인이란, (ㄱ) 상속인임을 신뢰하게 하는 외관을 갖추고 있거나, (ㄴ) 상속인이라고 참칭하여 상속재산의 일부 또는 전부를 점유하는 등으로 진정한 상속인의 상속권을 침해하는 자를 가리킨다.

② 스스로 상속인이라고 주장하더라도 상속재산을 점유하고 있지 않은 자는 참칭상속인이 아니다.

③ 참칭상속인의 상속인도 참칭상속인이다.

▶ 참칭상속인의 의미

상속회복청구의 상대방이 되는 참칭상속인이라 함은 정당한 상속권이 없음에도 재산상속인임을 신뢰케 하는 외관을 갖추거나 상속인이라고 참칭하면서 상속재산의 전부 또는 일부를 점유함으로써 진정한 상속인의 재산상속권을 침해하는 자를 가리킨다(대판 1998.3.27, 96다37398).

2) 상속권이 아닌 다른 권원을 주장하는 자

상속회복청구의 상대방이 아니며, 물권적 청구권의 상대방이 된다.

3) 다른 상속인의 상속분을 침해하는 공동상속인

공동상속인의 1인이 다른 상속인을 배제하고, 단독으로 상속재산을 점유하거나 또는 자기의 상속분을 넘는 상속등기를 한 경우 참칭상속인에 해당한다. 그러나 등기명의인의 의사에 기하지 않고 제3자에 의하여 상속 참칭의 의도와 무관하게 이루어진 것일 때에는 위 등기명의인을 상속회복청구의 소에서 말하는 참칭상속인이라고 할 수 없다. 따라서 제3자가 특정 공동상속인의 의사와 관계없이 필요한 서류를 위조하여 그 상속인의 단독명의로 소유권보존등기를 했다는 사유만으로 그 등기명의인이 참칭상속인으로 되는 것은 아니다(대판 1994.3.11, 93다24490).

▶ **공동상속인 1인 단독명의의 소유권등기말소청구가 상속회복청구의 소인지 여부**(적극)

① 상속회복의 소는 재산상속권이 참칭재산상속인으로 인하여 침해된 때에 진정한 상속권자가 그 회복을 청구하는 소를 가리키는 것이나, 재산상속에 관하여 진정한 상속인임을 전제로 그 상속으로 인한 소유권 또는 지분권 등 재산권의 귀속을 주장하고, 참칭상속인 또는 자기들만이 재산상속을 하였다는 일부 공동상속인들을 상대로 상속재산인 부동산에 관한 등기의 말소 등을 청구하는 경우에도, 그 소유권 또는 지분권이 귀속되었다는 주장이 상속을 원인으로 하는 것인 이상 그 청구원인 여하에 불구하고 이는 민법 제999조 소정의 상속회복청구의 소라고 해석함이 상당하다. 따라서 제999조 제2항의 제척기간을 준수하여야 한다(대판(전) 1991.12.24, 90다5740).

② 공동상속인 중 1인이 협의분할에 의한 상속을 원인으로 하여 상속부동산에 관한 소유권이전등기를 마친 경우에, 협의분할이 다른 공동상속인의 동의 없이 이루어진 것이어서 무효라는 이유로 다른 공동상속인이 위 등기의 말소를 청구하는 소는 상속회복청구의 소에 해당한다(대판 2011.3.10, 2007다17482).

★★★▶ **공동상속인이 참칭상속인에 해당하는지 여부와 판단기준**

① 상속회복청구의 상대방이 되는 참칭상속인이라 함은 정당한 상속권이 없음에도 재산상속인임을 신뢰케 하는 외관을 갖추고 있는 자나 상속인이라고 참칭하여 상속재산의 전부 또는 일부를 점유하고 있는 자를 가리키는 것으로서, 상속재산인 부동산에 관하여 공동상속인 중 1인 명의로 소유권이전등기가 경료된 경우 그 등기가 상속을 원인으로 경료된 것이라면 등기명의인의 의사와 무관하게 경료된 것이라는 등의 특별한 사정이 없는 한 그 등기명의인은 재산상속인임을 신뢰케 하는 외관을 갖추고 있는 자로서 참칭상속인에 해당된다(대판 2010.1.14, 2009다41199).

② 소유권이전등기에 의하여 재산상속인임을 신뢰케 하는 외관을 갖추었는지의 여부는 권리관계를 외부에 공시하는 등기부의 기재에 의하여 판단하여야 하므로, 비록 등기의 기초가 된 보증서 및 확인서에 취득원인이 상속으로 기재되어 있다 하더라도 등기부상 등기원인이 매매로 기재된 이상 재산상속인임을 신뢰케 하는 외관을 갖추었다고 볼 수 없다(대판 1997.1.21, 96다4688).

③ 피상속인 사망 후 공동상속인 중 1인이 다른 공동상속인에게 (상속재산의 협의분할을 통하여 상속받은)자신의 상속지분을 중간생략등기 방식으로 명의신탁하였다가 그 명의신탁이 '부동산 실권리자 명의 등기에 관한 법률'이 정한 유예기간의 도과로 무효가 되었음을 이유로 명의수탁자를 상대로 상속지분의 반환을 구하는 경우, 그러한 청구는 명의신탁이 유예기간의 도과로 무효로 되었음을 원인으로 하여 소유권의 귀속을 주장하는 것일 뿐 상속으로 인한 재산권의 귀속을 주장하는 것이라고 볼 수 없고, 나아가 명의수탁자로 주장된 피고를 두고 진정상속인의 상속권을 침해하고 있는 참칭 상속인이라고 할 수도 없으므로, 위와 같은 청구가 상속회복청구에 해당한다고 할 수 없다(대판 2010.2. 11, 2008다16899).

④ 상속회복청구의 상대방이 되는 참칭상속인이란 정당한 상속권이 없음에도 재산상속인인 것을 신뢰케 하는 외관을 갖추고 있는 자나 상속인이라고 참칭하여 상속재산의 전부 또는 일부를 점유하는 자를 가리키는 것으로서, 공동상속인의 한 사람이 다른 상속인의 상속권을 부정하고 자기만이 상속권이 있다고 참칭하여 상속재산인 부동산에 관하여 단독 명의로 소유권이전등기를 한 경우는 물론이고, 상속을 유효하게 포기한 공동상속인 중 한 사람이 그 사실을 숨기고 여전히 공동상속인의 지위에 남아 있는 것처럼 참칭하여 상속지분에 따른 소유권이전등기를 한 경우에도 참칭상속인에 해당할 수 있으나, 이러한 상속을 원인으로 하는 등기가 명의인의 의사에 기하지 않고 제3자에 의하여 상속 참칭의 의도와 무관하게 이루어진 것일 때에는 위 등기명의인을 상속회복청구의 소에서 말하는 참칭상속인이라고 할 수 없다. 그리고 수인의 상속인이 부동산을 공동으로 상속하는 경우 그와 같이 공동상속을 받은 사람 중 한 사람이 공유물의 보존행위로서 공동상속인 모두를 위하여 상속등기를 신청하는 것도 가능하므로, 부동산에 관한 상속등기의 명의인에 상속을 포기한 공동상속인이 포함되어 있다고 하더라도 상속을 포기한 공동상속인 명의의 지분등기가 그의 신청에 기한 것으로서 상속 참칭의 의도를 가지고 한 것이라고 쉽게 단정하여서는 아니 된다(대판 2012.5.24, 2010다33392).

⑤ 상속회복청구는 자신이 진정한 상속인임을 전제로 그 상속으로 인한 소유권 또는 지분권 등 재산권의 귀속을 주장하면서 참칭상속인 또는 참칭상속인으로부터 상속재산에 관한 권리를 취득하거나 새로운 이해관계를 맺은 제3자를 상대로 상속재산인 부동산에 관한 등기의 말소 또는 진정명의회복을 위한 등기의 이전 등을 청구하는 것이다. 그런데 피상속인 사망 후 공동상속인 중 1인이 다른 공동상속인에게 자신이 상속한 재산을 중간생략등기 방식으로 명의신탁하였다가 그 명의신탁이 부동산 실권리자명의 등기에 관한 법률에 반하여 무효임을 이유로 상속재산의 반환 또는 그 반환채무의 이행불능을 원인으로 한 손해배상을 구하는 경우, 그러한 청구는 명의신탁이 무효임을 원인으로 하여 소유권의 귀속 등을 주장하는 것일 뿐 상속으로 인한 재산권의 귀속을 주장하는 것이라고 볼 수 없고, 나아가 명의수탁자로 주장된 피고를 두고 진정상속인의 상속권을 침해하고 있는 참칭상속인이라고 할 수도 없으므로, 위와 같은 청구가 상속회복청구에 해당한다고 할 수 없다(대판 2012.1.26, 2011다81152).

4) 참칭상속인으로부터 상속재산을 전득한 제3자

참칭상속인으로부터 상속재산을 취득한 제3자도 상속회복청구의 상대방이 된다. 이때 제척기간의 기산점은 최초 참칭상속인의 '최초 침해행위 시'를 기준으로 한다.

▶ **참칭상속인으로부터 상속재산을 양수한 제3자에 대한 말소등기청구가 상속회복청구인지 여부** (적극)

진정상속인이 참칭상속인을 상대로 상속재산인 부동산에 관한 등기의 말소 등을 구하는 경우에 그 소유권 또는 지분권 등의 귀속원인을 상속으로 주장하고 있는 이상 청구원인 여하에 불구하고 이는 민법 제999조 소정의 상속회복청구의 소라고 해석하여야 할 것이므로 동법 제982조 제2항 소정의 제척기간의 적용이 있다. 진정상속인이 참칭상속인으로부터 상속재산을 양수한 제3자를 상대로 등기말소청구를 하는 경우에도 상속회복청구권의 단기의 제척기간이 적용된다(대판(전) 1981.1.27, 79다854).

★★★▶ **참칭상속인으로부터 양수한 제3자에 대하여도 별도의 제척기간의 준수가 필요한지 여부** (긍정)

진정상속인이 참칭상속인의 최초 침해행위가 있은 날로부터 10년의 제척기간이 경과하기 전에 참칭상속인에 대한 상속회복청구 소송에서 승소의 확정판결을 받았다고 하더라도 위 제척기간이 경과한 후에는 제3자를 상대로 상속회복청구 소송을 제기하여 상속재산에 관한 등기의 말소 등을 구할 수 없다(대판 2006.9.8, 2006다26694). → 최초의 참칭상속인에 대한 상속회복청구가 있었더라도 그로부터 양수한 제3자 역시 독립된 참칭상속인에 해당하므로 별도로 상속회복청구의 제척기간준수가 필요하다. 이때 전득자인 제3자를 상대로 한 상속회복청구의 제척기간 기산점은 최초 참칭상속인의 침해행위 시를 기준으로 하므로 결국 위 청구는 기간도과로 부적법하다는 취지이다.

---

5) 제1014조의 가액지급의무자

제1014조에 의한 피인지자 등의 가액지급청구권도 일종의 상속회복청구권이므로, 이 경우 가액지급의무자도 상속회복청구의 상대방이다.

4. 상속회복청구권의 행사

(1) 행사방법

① 상속회복청구는 그 법문언의 형식에도 불구하고 재판상으로는 물론이고 재판 외에서도 할 수 있다고 보는 것이 다수설이다. ② 그러나 판례는 법문언에 충실하게 이를 제소기간으로 보고 있으므로, 그 기간 내에 재판상 행사하여야 한다는 입장이다. 따라서 법원은 제척기간의 준수 여부에 관하여 직권으로 조사한 후 기간도과 후에 제기된 소는 부적법한 소로서 흠결을 보정할 수 없으므로 각하하여야 한다고 보았다(대판 1993.2.26, 92다3083). ★★★

(2) 행사의 효과

상속회복청구가 인용되면 참칭상속인은 진정상속인에게 그가 점유하는 상속재산을 반환하여야 한다.

5. 상속회복청구권의 소멸

(1) 제척기간

> **제999조 【상속회복청구권】**
> ② 제1항의 상속회복청구권은 그 침해를 안 날부터 3년, 상속권의 침해행위가 있은 날부터 10년을 경과하면 소멸된다.

① 상속회복청구권은 그 침해를 안 날부터 3년, 상속권의 침해행위가 있은 날부터 10년이 경과하면 제척기간의 도과로 소멸된다(제999조 제2항). → 상속이 개시된 날로부터 10년 ✗

★★★▶ **제999조 제2항에서의 '상속권의 침해를 안 날'의 의미**

① 상속회복청구권의 제척기간 기산점이 되는 민법 제999조 제2항 소정의 '상속권의 침해를 안 날'이라 함은 자기가 진정한 상속인임을 알고 또 자기가 상속에서 제외된 사실을 안 때를 가리키는 것으로서, 단순히 상속권 침해의 추정이나 의문만으로는 충분하지 않다(대판 2007.10.25, 2007다36223).

② 민법 제1014조에 의한 피인지자 등의 상속분상당가액지급청구권은 그 성질상 상속회복청구권의 일종이므로 같은 법 제999조 제2항에 정한 제척기간이 적용되고, 같은 항에서 3년의 제척기간의 기산일로 규정한 '그 침해를 안 날'이라 함은 피인지자가 자신이 진정상속인인 사실과 자신이 상속에서 제외된 사실을 안 때를 가리키는 것으로 혼인 외의 자가 법원의 인지판결 확정으로 공동상속인이 된 때에는 그 인지판결이 확정된 날에 상속권이 침해되었음을 알았다고 할 것이다(대판 2007.7.26, 2006므2757 · 2764).

③ 민법 제999조 제2항은 "상속회복청구권은 그 침해를 안 날부터 3년, 상속권의 침해행위가 있은 날부터 10년을 경과하면 소멸한다"고 규정하고 있는바, 여기서 그 제척기간의 기산점이 되는 '상속권의 침해행위가 있은 날'이라 함은 참칭상속인이 상속재산의 전부 또는 일부를 점유하거나 상속재산인 부동산에 관하여 소유권이전등기를 마치는 등의 방법에 의하여 진정한 상속인의 상속권을 침해하는 행위를 한 날을 의미한다. 또한, 제척기간의 준수 여부는 상속회복청구의 상대방별로 각각 판단하여야 할 것이어서, 진정한 상속인이 참칭상속인으로부터 상속재산에 관한 권리를 취득한 제3자를 상대로 제척기간 내에 상속회복청구의 소를 제기한 이상 그 제3자에 대하여는 민법 제999조에서 정하는 상속회복청구권의 기간이 준수되었으므로, 참칭상속인에 대하여 그 기간 내에 상속회복청구권을 행사한 일이 없다고 하더라도 그것이 진정한 상속인의 제3자에 대한 권리행사에 장애가 될 수는 없다(대판 2009.10.15, 2009다42321).

★★▶ **상속재산 일부에 대한 상속회복청구 기간준수 후 나머지 청구를 한 경우 적법 여부**

상속회복청구권의 경우 상속재산의 일부에 대해서만 제소하여 제척기간을 준수하였을 때에는 청구의 목적물로 하지 않은 나머지 상속재산에 대해서는 제척기간을 준수한 것으로 볼 수 없고(대판 1980.4.22, 79다2141 同旨), 민법 제1014조에 의한 상속분상당가액지급청구권의 경우도 같은 법 제999조 제2항의 제척기간이 도과되면 소멸하므로 그 기간 내에 한 청구채권에 터 잡아 제척기간 경과 후 청구취지를 확장하더라도 그 추가 부분의 청구권은 소멸한다고 할 것이나, 만일 상속분상당가액지급청구권의 가액산정 대상재산을 인지 전에 이미 분할 내지 처분된 상속재산 전부로 삼는다는 뜻과 다만, 그 정확한 권리의 가액을 알 수 없으므로 추후 감정결과에 따라 청구취지를 확장하겠다는 뜻을 미리 밝히면서 우선 일부의 금액만을 청구한다고 하는 경우 그 청구가 제척기간 내에 한 것이라면, 대상 재산의 가액에 대한 감정결과를 기다리는 동안 제척기간이 경과하고 그 후에 감정결과에 따라 청구취지를 확장한 때에는, 위와 같은 청구취지의 확장으로 추가된 부분에 관해서도 그 제척기간은 준수한 것으로 봄이 상당하다(대판 2007.7.26, 2006므2757·2764).

▶ **사실상 부가 사망한 후 인지심판이 확정된 경우 상속재산회복청구권 소멸에 관한 제척기간의 기산점**

사실상의 부가 사망한 후 혼인 외의 자가 법원의 인지심판 확정에 의하여 그 사실상의 부의 호적에 입적한 경우 그 피인지자의 재산상속 회복청구권의 소멸에 관한 제척기간은 그 인지심판이 확정된 날로부터 기산한다(대판 1978.2.14, 77므21).

▶ **개개의 재산에 대한 구체적 권리행사로서의 상속회복청구의 소와 일반적인 상속인의 지위회복을 구하는 일반상속회복청구의 소가 각기 제척기간의 기산점을 달리하는지 여부**(소극)

상속회복청구의 소로 인정되는 이상 그것이 개개의 재산에 대한 구체적인 권리를 행사하는 경우와 일반적인 상속인의 지위회복이나 상속재산 전체에 관한 상속인간의 분할을 의미하는 일반 상속회복 청구의 경우를 나누어 제척기간의 기산점을 달리 볼 수는 없는 것이다(대판 1982.9.28, 80므20). → 청구인들은 위 상속지분권에 기하여 청구인들의 각 상속지분금 내지는 위 부당이득금의 반환을 구하고 있는바, 위주장에 의하면 청구인들이 망 청구외 1의 상속재산인 위 부동산을 피청구인들과 공동상속하였음을 원인으로 하여 그 상속분에 따른 지분권을 취득하였음을 전제로 그 지분권에 기하여 위 상속재산을 처분한 대금의 반환청구를 하고 있음이 명백하므로 이는 상속회복청구의 소라 아니할 수 없고 또 상속회복청구의 소라고 인정되는 이상 그것이 개개의 재산에 대한 구체적인 권리를 행사하는 경우와 일반적인 상속인의 지위회복이나 상속재산 전체에 관한 상속인 간의 분할을 의미하는 일반상속회복청구의 경우를 나누어 제척기간의 기산점을 달리 볼 수는 없다.

▶ **피상속인인 남한주민으로부터 상속을 받지 못한 북한주민의 경우, 상속권이 침해된 날부터 10년이 경과하면 민법 제999조 제2항에 따라 상속회복청구권이 소멸하는지 여부**(원칙적 적극)

상속의 회복은 해당 상속인들 사이뿐 아니라 상속재산을 전득한 제3자에게까지 영향을 미치므로, 민법에서 정한 제척기간이 상당히 지났음에도 그에 대한 예외를 인정하는 것은 법률관계의 안정을 크게 해칠 우려가 있다. 상속회복청구의 제척기간이 훨씬 지났음에도 특례를 인정할 경우에는 그로 인한 혼란이 발생하지 않도록 예외적으로 제척기간의 연장이 인정되는 사유 및 기간 등에 관하여 구체적이고 명확하게 규정할 필요가 있고, 또한 법률관계의 불안정을 해소하고 여러 당사자들의 이해관계를 합리적으로 조정할 수 있는 제도의 보완이 수반되어야 하며, 결국 이는 법률해석의 한계를 넘는 것으로서 입법에 의한 통일적인 처리가 필요하다. 상속회복청구에 관한 제척기간의 취지, 남북가족특례법의 입법 목적 및 관련 규정들의 내용, 가족관계와 재산적 법률관계의 차이, 법률해석의 한계 및 입법적 처리 필요성 등의 여러 사정을 종합하여 보면, 남북가족특례법 제11조 제1항은 피상속인인 남한주민으로부터 상속을 받지 못한 북한주민의 상속회복청구에 관한 법률관계에 관하여도 민법 제999조 제2항의 제척기간이 적용됨을 전제로 한 규정이며, 따라서 남한주민과 마찬가지로 북한주민의 경우에도 다른 특별한 사정이 없는 한 상속권이 침해된 날부터 10년이 경과하면 민법 제999조 제2항에 따라 상속회복청구권이 소멸한다(대판(전) 2016.10.19, 2014다46648).

② 상속회복청구권이 제척기간의 경과로 소멸하게 되면 상속인은 상속인으로서의 지위 즉 상속에 따라 승계한 개개의 권리의무 또한 총괄적으로 상실하게 되고, 그 반사적 효과로서 참칭상속인의 지위는 확정되어 참칭상속인이 상속개시의 시로부터 소급하여 상속인으로서의 지위를 취득한 것으로 봄이 상당하므로, 상속재산은 상속 개시일로 소급하여 참칭상속인의 소유로 된다 (대판 1998.3.27. 96다37398). ★★★

(2) 상속회복청구권의 포기

상속회복청구권도 포기할 수 있다. 다만, 상속개시 전에 미리 포기할 수는 없다.

제7관 재산의 분리

Ⅰ. 서설

1. 의의 및 취지

① 재산의 분리란 상속이 개시된 후에 상속채권자나 유증 받은 자 또는 상속인의 채권자의 청구에 의하여 상속재산과 상속인의 고유재산을 분리하는 제도이다.

② 상속인이 채무초과의 상태에서 상속재산과 상속인의 고유재산이 혼합되면 상속채권자 및 유증을 받은 자가 불이익을 입게 된다. 이를 해결하기 위하여 인정된 것이 상속재산과 고유재산을 분리시키는 재산분리제도이다.

2. 한정승인 · 상속포기와의 관계

한정승인이 있으면 상속재산과 상속인의 고유재산이 이미 분리되므로 재산분리를 할 필요가 없다. 그리고 상속이 포기된 경우에도 재산분리의 필요성이 없게 된다.

Ⅱ. 재산분리 절차

> 제1045조【상속재산의 분리청구권】
> ① 상속채권자나 유증 받은 자 또는 상속인의 채권자는 상속 개시된 날로부터 3월 내에 상속재산과 상속인의 고유재산의 분리를 법원에 청구할 수 있다.
> ② 상속인이 상속의 승인이나 포기를 하지 아니한 동안은 전항의 기간 경과 후에도 재산의 분리를 법원에 청구할 수 있다.

Ⅲ. 재산분리의 효과

1. 상속재산과 고유재산의 분리

> 제1050조 【재산분리와 권리의무의 불소멸】
> 재산분리의 명령이 있는 때에는 피상속인에 대한 상속인의 재산상 권리의무는 소멸하지 아니한다.

재산분리의 심판이 확정되면 상속재산과 상속인의 고유재산은 분리되어 존재하는 것으로 된다. 그리하여 피상속인에 대한 상속인의 재산상의 권리의무는 혼동으로 소멸하지 않고 존속한다.

2. 상속재산의 관리

> 제1047조 【분리 후의 상속재산의 관리】
> ① 법원이 재산의 분리를 명한 때에는 상속재산의 관리에 관하여 필요한 처분을 명할 수 있다.
> ② 법원이 재산관리인을 선임한 경우에는 제24조 내지 제26조(= 부재자재산관리)의 규정을 준용한다.
>
> 제1048조 【분리 후의 상속인의 관리의무】
> ① 상속인이 단순승인을 한 후에도 재산분리의 명령이 있는 때에는 상속재산에 대하여 자기의 고유재산과 동일한 주의로 관리하여야 한다.
> ② 제683조 내지 제685조 및 제688조 제1항, 제2항의 규정(= 위임 규정)은 전항의 재산관리에 준용한다.

3. 재산분리의 대항요건

> 제1049조 【재산분리의 대항요건】
> 재산의 분리는 상속 재산인 부동산에 관하여는 이를 등기하지 아니하면 제3자에게 대항하지 못한다.

4. 청산절차

(1) 법원의 분리 공고와 최고

> 제1046조 【분리명령과 채권자 등에 대한 공고, 최고】
> ① 법원이 전조의 청구에 의하여 재산의 분리를 명한 때에는 그 청구자는 5일 내에 일반상속채권자와 유증받은 자에 대하여 재산분리의 명령 있은 사실과 일정한 기간 내에 그 채권 또는 수증을 신고할 것을 공고하여야 한다. 그 기간은 2월 이상이어야 한다.
> ② 제88조 제2항, 제3항과 제89조의 규정(= 비영리법인의 청산규정)은 전항의 경우에 준용한다.

(2) 변제의 거절과 상속재산에 의한 변제

> **제1051조【변제의 거절과 배당변제】**
> ① 상속인은 제1045조 및 제1046조의 기간만료 전에는 상속채권자와 유증 받은 자에 대하여 변제를 거절할 수 있다.
> ② 전항의 기간만료 후에 상속인은 상속재산으로써 재산분리의 청구 또는 그 기간 내에 신고한 상속채권자, 유증 받은 자와 상속인이 알고 있는 상속채권자, 유증 받은 자에 대하여 각 채권액 또는 수증액의 비율로 변제하여야 한다. 그러나 우선권 있는 채권자의 권리를 해하지 못한다.
> ③ 제1035조 내지 제1038조의 규정(= 한정승인의 청산절차)은 전항의 경우에 준용한다.

(3) 고유재산으로부터의 변제

> **제1052조【고유재산으로부터의 변제】**
> ① 전조의 규정에 의한 상속채권자와 유증 받은 자는 상속재산으로써 전액의 변제를 받을 수 없는 경우에 한하여 상속인의 고유재산으로부터 그 변제를 받을 수 있다.
> ② 전항의 경우에 상속인의 채권자는 상속인의 고유재산으로부터 우선변제를 받을 권리가 있다.

제8관 상속인의 부존재

I. 의의

1. 개념

상속인의 부존재란 상속인의 존부 자체가 분명하지 않은 경우이다. 이 경우 민법은 한편으로는 상속인을 수색하고, 다른 한편으로는 상속재산 관리 및 청산을 규정하고 있다.

2. 구별개념

① 본래 상속인의 부존재는 상속인의 존부 자체가 분명하지 않은 것이나, 상속인이 없는 것이 확정된 경우에도 상속재산의 청산절차는 필요하므로 그 경우 역시 상속인의 부존재로 다룬다.

② 그에 비해 상속인이 존재하는 것은 명백하나 행방불명·생사불명의 경우에는 상속인의 부존재에 해당하지 않는다. 이 경우는 부재자재산관리제도나 실종선고제도에 의하여 처리한다.

Ⅱ. 상속재산의 관리 · 청산 · 상속인 수색

1. 상속재산의 관리

(1) 상속재산관리인의 선임

> **제1053조【상속인 없는 재산의 관리인】**
> ① 상속인의 존부가 분명하지 아니한 때에는 법원은 제777조의 규정에 의한 피상속인의 친족 기타 이해
>   관계인 또는 검사의 청구에 의하여 상속재산관리인을 선임하고 지체 없이 이를 공고하여야 한다.
> ② 제24조 내지 제26조의 규정(= 부재자 재산관리인)은 전항의 재산관리인에 준용한다.

(2) 상속재산관리인의 임무

> **제1054조【재산목록제시와 상황보고】**
> 관리인은 상속채권자나 유증받은 자의 청구가 있는 때에는 언제든지 상속재산의 목록을 제시하고 그 상
> 황을 보고하여야 한다.
> **제1055조【상속인의 존재가 분명하여진 경우】**
> ① 관리인의 임무는 그 상속인이 상속의 승인을 한 때에 종료한다.
> ② 전항의 경우에는 관리인은 지체 없이 그 상속인에 대하여 관리의 계산을 하여야 한다.

2. 상속재산의 청산

> **제1056조【상속인 없는 재산의 청산】**
> ① 제1053조 제1항의 공고 있은 날로부터 3월 내에 상속인의 존부를 알 수 없는 때에는 관리인은 지체
>   없이 일반 상속채권자와 유증 받은 자에 대하여 일정한 기간 내에 그 채권 또는 수증을 신고할 것을
>   공고하여야 한다. 그 기간은 2월 이상이어야 한다.
> ② 제88조 제2항, 제3항(= 비영리법인의 청산절차), 제89조, 제1033조 내지 제1039조의 규정(= 한정
>   승인의 청산절차)은 전항의 경우에 준용한다.

3. 상속인의 수색

> **제1057조【상속인수색의 공고】**
> 제1056조 제1항의 기간이 경과하여도 상속인의 존부를 알 수 없는 때에는 법원은 관리인의 청구에 의하
> 여 상속인이 있으면 일정한 기간 내에 그 권리를 주장할 것을 공고하여야 한다. 그 기간은 1년 이상이어
> 야 한다.

Ⅲ. 특별연고자에 대한 재산분여

> **제1057조의2【특별연고자에 대한 분여】**
> ① 제1057조의 기간 내에 상속권을 주장하는 자가 없는 때에는 가정법원은 피상속인과 생계를 같이 하고 있던 자, 피상속인의 요양간호를 한 자 기타 피상속인과 특별한 연고가 있던 자의 청구에 의하여 상속재산의 전부 또는 일부를 분여할 수 있다.
> ② 제1항의 청구는 제1057조의 기간(= 상속인 수색기간)의 만료 후 2월 이내에 하여야 한다.

(1) 취지

개정민법 전에는 상속인이 없으면 상속인 수색공고 기간 경과 후 바로 상속재산을 국가에 귀속시켰다. 이는 사실혼 배우자 등 상속권 없는 자에 대한 관계에서 부당하므로 1990년 개정법에서 특별연고자에 대한 재산분여제도를 신설하였다.

(2) 특별연고자의 범위

① 특별연고자인지 여부는 추상적인 친족관계의 원근이 아니라 실질적·구체적인 관계에 의하여 결정 한다.

② 특별연고자 재산분여는 상속이 아니므로 법인이나 권리능력 없는 사단도 특별연고자로 될 수 있다.

(3) 재산분여의 효과

특별연고자의 재산분여제도는 상속이 아니므로, 상속채무는 승계하지 않는다.

Ⅳ. 상속재산의 국가귀속

> **제1058조【상속재산의 국가귀속】**
> ① 제1057조의2(= 특별연고자 재산분여)의 규정에 의하여 분여되지 아니한 때에는 상속재산은 국가에 귀속한다.
> **제1059조【국가귀속재산에 대한 변제청구의 금지】**
> 전조 제1항의 경우에는 상속재산으로 변제를 받지 못한 상속채권자나 유증을 받은 자가 있는 때에도 국가에 대하여 그 변제를 청구하지 못한다.

제2절 | 유언

제1관 총설

Ⅰ. 유언의 의의

1. 개념

유언은 사람이 그의 사후의 법률관계 중 일정사항에 관하여 정하는 일방적인 의사표시이다.

2. 법적 성질

> **제1060조【유언의 요식성】**
> 유언은 본법의 정한 방식에 의하지 아니하면 효력이 발생하지 아니한다.

(1) 상대방 없는 단독행위

유언은 법률행위이기 때문에 법률행위에 관한 이론 및 법률규정이 적용된다.

(2) 요식행위

유언은 유언자의 진의를 명확히 하고 그로 인한 법적 분쟁과 혼란을 예방하기 위하여 그 형식을 엄격히 하여, 법정된 방식에 따르지 않은 유언은 효력이 발생하지 아니하도록 하였다.

★★★▶ **방식을 위반한 유언의 효력**(무효)

민법 제1065조 내지 제1070조가 유언의 방식을 엄격하게 규정한 것은 유언자의 진의를 명확히 하고 그로 인한 법적 분쟁과 혼란을 예방하기 위한 것이므로, 법정된 요건과 방식에 어긋난 유언은 그 것이 유언자의 진정한 의사에 합치하더라도 무효이다(대판 2007.10.25, 2007다51550·51567).

(3) 기타

① 유언은 유언자의 독립한 의사에 의하여 행하여져야 한다. 따라서 대리는 허용되지 않으며, 유언자가 무능력자라도 법정대리인의 동의를 필요로 하지 않는다.

② 유언은 유언자의 사망으로 효력이 생기는 사인행위이다.

③ 유언자는 언제든지 철회할 수 있다.

④ 유언은 법정사항에 한하여만 할 수 있다. 그 이외의 사항에 대한 유언은 무효이다.

■ 유언사항

> 재단법인의 설립을 위한 재산출연행위(제47조 제2항), 친생부인(제850조), 인지(제859조), 후견인의 지정(제931조), 상속재산의 분할방법의 지정 또는 위탁(제1012조 전단), 상속재산의 분할금지(제1012조 후단), 유증(제1074조), 유언집행자의 지정 또는 위탁(제1093조) 등은 유언으로 할 수 있으나, 이에 반하여 유언에 의한 양자제도(제880조)는 폐지됨에 따라 더 이상 유언사항이 아니다.

▶ 유언이 아닌 것을 유언이라고 시인하는 것이 재판상 자백이 되는지 여부(소극)

　법률상 유언이 아닌 것을 유언이라고 시인하였다 하여 그것이 곧 유언이 될 수 없고 이와 같은 진술은 민사소송법상의 자백이 될 수가 없다(대판 2001.9.14, 2000다66430·66447).

II. 유언능력

> 제1061조【유언적령】
> 17세에 달하지 못한 자는 유언을 하지 못한다. → 종전 '만 17세'로 규정된 것을 민법에서의 나이는 '연나이'가 아닌 '만 나이'로 계산하고 연수(年數)로 표시함을 명확히 규정함으로써 나이와 관련된 불필요한 갈등을 최소화하고 국제적 기준에 부합하는 사회적 관행을 확립하기 위해 '만'이라는 부분 삭제함 [개정 2022.12.27, 시행일 2023.6.28.]
> 제1062조【제한능력자의 유언】
> 유언에 관하여는 제5조, 제10조 및 제13조를 적용하지 아니한다.
> 제1063조【피성년후견인의 유언능력】
> ① 피성년후견인은 의사능력이 회복된 때에만 유언을 할 수 있다.
> ② 제1항의 경우에는 의사가 심신 회복의 상태를 유언서에 부기하고 서명날인하여야 한다.

1. 유언능력자

　17세에 달하지 못한 자는 유언을 하지 못한다(제1061조).

2. 행위능력 규정의 적용배제

　행위능력에 관한 규정은 유언에 적용되지 않는다. 따라서 ① 미성년자·피한정후견인도 17세에 달한 뒤에는 법정대리인의 동의 없이 유언을 할 수 있으며, 법정대리인의 동의가 없음을 이유로 취소할 수 없다. 나아가 ② 피성년후견인이라도 의사능력이 회복된 때에는 유언을 할 수 있다. 피성년후견인이 유언을 하는 경우에는 의사가 심신회복의 상태를 유언서에 부기하고 서명날인하여야 한다. 그리고 피성년후견인이 적법하게 한 유언은 취소할 수 없다.

★▶ 후견심판 사건에서 가사소송법 제62조 제1항에 따른 사전처분으로 후견심판이 확정될 때까지 임시후견인이 선임된 경우, 임시후견인의 동의가 없이도 사건본인이 유언을 할 수 있는지 여부(원칙적 적극) 및 아직 성년후견이 개시되기 전인 경우, 의사가 유언서에 심신 회복 상태를 부기하고 서명날인하도록 요구한 민법 제1063조 제2항이 적용되는지 여부(소극)

① <u>가사소송법 제62조 제1항</u>은 후견심판이 확정될 때까지 사건본인의 보호 및 재산의 관리 · 보전을 위하여 임시후견인 선임 등 사전처분을 할 수 있음을 정하였고, 가사소송규칙 제32조 제4항은 가사 사건의 재판 · 조정 절차에 관한 필요한 사항에 대하여 대법원규칙으로 정하도록 한 위임 규정(가사 소송법 제11조) 및 그 취지(가사소송규칙 제1조)에 따라 '가사소송법 제62조에 따른 사전처분으로 임시 후견인을 선임한 경우, 성년후견 및 한정후견에 관한 사건의 임시후견인에 대하여는 특별한 규정이 없는 이상 한정후견인에 관한 규정을 준용한다.'고 정하였다. 가정법원은 <u>피한정후견인에 대하여 한 정후견인의 동의를 받아야 하는 행위를 정할 수 있고</u>(민법 제13조 제1항), <u>피한정후견인이 한정후견인 의 동의가 필요한 법률행위를 동의 없이 하였을 때는 이를 취소할 수 있다</u>(같은 조 제4항). ② 한편 <u>민법 제1060조</u>는 '유언은 본법의 정한 방식에 의하지 아니하면 효력이 발생하지 아니한다.'고 정하 여 유언에 관하여 <u>엄격한 요식성</u>을 요구하고 있으나, 피성년후견인과 피한정후견인의 유언에 관하여 는 행위능력에 관한 민법 제10조 및 제13조가 적용되지 않으므로(민법 제1062조), <u>피성년후견인 또는 피한정후견인은 의사능력이 있는 한 성년후견인 또는 한정후견인의 동의 없이도 유언을 할 수 있다.</u> ③ 위와 같은 규정의 내용과 체계 및 취지에 비추어 보면, 후견심판 사건에서 가사소송법 제62조 제1 항에 따른 사전처분으로 후견심판이 확정될 때까지 임시후견인이 선임된 경우, 사건본인은 <u>의사능력 이 있는 한 임시후견인의 동의가 없이도 유언을 할 수 있다고 보아야 하고,</u> 「아직 성년후견이 개시되기 전」이라면 의사가 유언서에 심신 회복 상태를 부기하고 서명날인하도록 요구한 민법 제1063조 제2항 은 적용되지 않는다고 보아야 한다(대판 2022.12.1, 2022다261237).

3. 유언능력의 필요시기

유언능력은 유언 당시(유언의 의사표시를 할 당시)에 존재하여야 하며, 그 후 유언능력을 상실하여도 이미 행한 유언의 효력은 그대로 유지된다.

제2관 유언의 방식과 철회

I. 유언의 방식

1. 서설

(1) 유언의 요식성

> **제1060조 【유언의 요식성】**
> 유언은 본법의 정한 방식에 의하지 아니하면 효력이 발생하지 아니한다.

(2) 유언방식의 종류

> **제1065조【유언의 보통방식】**
> 유언의 방식은 자필증서, 녹음, 공정증서, 비밀증서와 구수증서의 5종으로 한다.

민법이 정하는 유언의 방식에는 다섯 가지가 있다. ① 자필증서·녹음·공정증서·비밀증서·구수증서가 그것이다. ② 이 중에 앞의 넷은 통상의 경우에 사용하는 방식이고, 구수증서는 질병 기타 급박한 사유로 보통의 방식에 의할 수 없는 경우에 한하여만 인정되는 보충적 방식이다.

★★★▶ **자필증서·녹음·공정증서 및 비밀증서의 방식에 의한 유언이 객관적으로 가능한 경우, 구수증서에 의한 유언의 허용 여부**(소극)

민법 제1065조 내지 제1070조가 유언의 방식을 엄격하게 규정한 것은 유언자의 진의를 명확히 하고 그로 인한 법적 분쟁과 혼란을 예방하기 위한 것이므로, 법정된 요건과 방식에 어긋난 유언은 그것이 유언자의 진정한 의사에 합치하더라도 무효라고 하지 않을 수 없는바, 민법 제1070조 제1항이 구수증서에 의한 유언은 질병 기타 급박한 사유로 인하여 민법 제1066조 내지 제1069조 소정의 자필증서, 녹음, 공정증서 및 비밀증서의 방식에 의하여 할 수 없는 경우에 허용되는 것으로 규정하고 있는 이상, 유언자가 질병 기타 급박한 사유에 있는지 여부를 판단함에 있어서는 유언자의 진의를 존중하기 위하여 유언자의 주관적 입장을 고려할 필요가 있을지 모르지만, 자필증서, 녹음, 공정증서 및 비밀증서의 방식에 의한 유언이 객관적으로 가능한 경우까지 구수증서에 의한 유언을 허용하여야 하는 것은 아니다(대판 1999.9.3. 98다17800).

(3) 증인의 자격

> **제1072조【증인의 결격사유】**
> ① 다음 각 호의 어느 하나에 해당하는 사람은 유언에 참여하는 증인이 되지 못한다.
>   1. 미성년자
>   2. 피성년후견인과 피한정후견인
>   3. 유언으로 이익을 받을 사람, 그 배우자와 직계혈족
> ② 공정증서에 의한 유언에는 공증인법에 따른 결격자는 증인이 되지 못한다.

① 자필증서 유언을 제외한 나머지 유언의 경우에는 증인이 참여하여야 한다. 유언의 정확성을 보장하기에 일정한 자를 증인결격자로 규정하고 있다.

② 증인결격자가 참여한 유언은 그 전체가 무효로 된다.

▶ **증인결격자로서 '유언에 의하여 이익을 받을 자'에 유언집행자가 포함되는지 여부**(소극)

공정증서에 의한 유언에 있어서는 2인 이상의 증인이 참여하여야 하는데, 유언에 참여할 수 없는 증인결격자의 하나로 민법 제1072조 제1항 제3호가 규정하고 있는 '유언에 의하여 이익을 받을 자'라 함은 유언자의 상속인으로 될 자 또는 유증을 받게 될 수증자 등을 말하는 것이므로, 유언집행자는 증인결격자에 해당한다고 볼 수 없다(대판 1999.11.26. 97다57733).

▶ **공증인이나 촉탁인의 피용자 또는 공증인의 보조자가 공정증서에 의한 유언에서 증인이 될 수 있는지 여부**(원칙적 소극)

민법 제1068조는 공정증서에 의한 유언은 유언자가 증인 2인이 참여한 공증인의 면전에서 유언의 취지를 구수하고 공증인이 이를 필기낭독하여 유언자와 증인이 그 정확함을 승인한 후 각자 서명 또는 기명날인하여야 하는 것으로 규정하고, 민법 제1072조 제2항은 공정증서에 의한 유언에는 공증인법에 의한 결격자는 증인이 되지 못하는 것으로 규정하고, 구 공증인법(2009.2.6. 법률 제9416호로 개정되기 전의 것)은 제33조 제3항 제6호, 제7호에서 촉탁인이 참여시킬 것을 청구한 경우를 제외하고는 공증인이나 촉탁인의 피용자 또는 공증인의 보조자 등은 참여인이 될 수 없도록 규정하고 있다. 이에 비추어 보면 공증인이나 촉탁인의 피용자 또는 공증인의 보조자는 촉탁인이 증인으로 참여시킬 것을 청구한 경우를 제외하고는 공정증서에 의한 유언에서 증인도 될 수 없다(대결 2014.7.25, 2011스226).

2. 자필증서에 의한 유언

> **제1066조【자필증서에 의한 유언】**
> ① 자필증서에 의한 유언은 유언자가 그 전문과 연월일, 주소, 성명을 자서하고 날인하여야 한다.
> ② 전항의 증서에 문자의 삽입, 삭제 또는 변경을 함에는 유언자가 이를 자서하고 날인하여야 한다.

(1) 의의

① 자필증서에 의한 유언은 유언자가 그 전문과 연월일·주소·성명을 자서(自書)하고 날인함으로써 성립하는 유언이다.

② 이 유언은 간편하나, 문자를 모르는 자는 이용할 수 없고 유언자의 사망 후 유언서의 존부가 쉽게 판명되지 않을 수 있으며 위조·변조의 위험성이 있다.

(2) 요건

1) 유언서 전문의 자서

유언자가 유언서의 전문을 직접 써야 하며, 타자기·컴퓨터 등을 이용하거나 타인이 대서한 것은 무효이다.

2) 작성 연월일의 자서

① 유언서의 작성연월일은 유언자의 유언능력 유무, 유언의 선후 등을 결정하는 중요한 기준이 되므로, 그 작성일을 특정할 수 있게 기재하여야 한다. ② 따라서 연·월만 기재하고 일의 기재가 없는 자필유언증서는 그 작성일을 특정할 수 없어서 무효이다(대판 2009.5.14, 2009다9768). 그러나 회갑일과 같이 시기를 특정할 수 있으면 되고, 반드시 날짜를 적어야만 하는 것은 아니다. ③ 연월일은 유언서의 본문이나 말미, 또는 유언증서를 담은 봉투에 기재하여도 무방하다.

★★★▶ **연월만 기재하고 일의 기재가 없는 자필유언증서의 효력**(무효)

민법 제1066조 제1항은 "자필증서에 의한 유언은 유언자가 그 전문과 연월일, 주소, 성명을 자서하고 날인하여야 한다"고 규정하고 있으므로, 연월일의 기재가 없는 자필유언증서는 효력이 없다. 그리고 자필유언증서의 연월일은 이를 작성한 날로서 유언능력의 유무를 판단하거나 다른 유언증서와 사이에 유언 성립의 선후를 결정하는 기준일이 되므로 그 작성일을 특정할 수 있게 기재하여야 한다. 따라서 연·월만 기재하고 일의 기재가 없는 자필유언증서는 그 작성일을 특정할 수 없으므로 효력이 없다(대판 2009.5.14, 2009다9768).

3) 주소·성명의 자서와 날인

① 주소는 생활의 근거가 되는 곳이면 되고, 주민등록법에 의하여 등록된 곳일 필요가 없다. ② 주소도 연월일과 마찬가지로 유언서를 담은 봉투에 기재하여도 무방하다. ③ 성명은 반드시 가족관계등록부상의 것을 기재하여야 하는 것은 아니며, 유언자의 동일성을 알 수 있는 것이면 호·자·예명을 적거나, 성 또는 이름만을 적어도 된다. ④ 유언자의 날인이 없는 유언장은 자필증서에 의한 유언으로서의 효력이 없다(대판 2006.9.8, 2006다25103·25110). 날인은 타인이 하여도 무방하다. 그리고 날인하는 인장은 행정청에 신고한 인감일 필요는 없으며, 무인(拇印)이라도 상관없다(대판 1998.6.12, 97다38510).

▶ **유언자의 날인이 없는 유언장이 자필증서에 의한 유언으로서 효력이 있는지 여부**(소극)

민법 제1065조 내지 제1070조가 유언의 방식을 엄격하게 규정한 것은 유언자의 진의를 명확히 하고 그로 인한 법적 분쟁과 혼란을 예방하기 위한 것이므로, 법정된 요건과 방식에 어긋난 유언은 그것이 유언자의 진정한 의사에 합치하더라도 무효라고 하지 않을 수 없고, 민법 제1066조 제1항은 "자필증서에 의한 유언은 유언자가 그 전문과 연월일, 주소, 성명을 자서하고 날인하여야 한다"고 규정하고 있으므로, 유언자의 날인이 없는 유언장은 자필증서에 의한 유언으로서의 효력이 없다고 할 것이다(대판 2006.9.8, 2006다25103·25110 판결이유 중).

▶ **자필증서에 의한 유언의 요건 및 유언자의 주소를 유언 전문이 담긴 봉투에 기재하고 무인의 방법으로 날인한 자필유언증서의 효력**(유효)

민법 제1066조에서 규정하는 자필증서에 의한 유언은 유언자가 그 전문과 연월일, 주소 및 성명을 자서하는 것이 절대적 요건이므로 전자복사기를 이용하여 작성한 복사본은 이에 해당하지 아니하나, 주소를 쓴 자리가 반드시 유언 전문 및 성명이 기재된 지편이어야 하는 것은 아니고 유언서의 일부로 볼 수 있는 이상 그 전문을 담은 봉투에 기재하더라도 무방하며, 날인은 인장 대신에 무인에 의한 경우에도 유효하다(대판 1998.6.12, 97다38510).

★★★▶ **자필유언증서에 주소의 자서가 누락된 경우, 유언자의 특정에 아무런 지장이 없다고 하여 그 효력을 인정할 수 있는지 여부**(소극) **및 자서가 필요한 주소를 표시하는 방법**

① 민법 제1065조 내지 제1070조가 유언의 방식을 엄격하게 규정한 것은 유언자의 진의를 명확히 하고 그로 인한 법적 분쟁과 혼란을 예방하기 위한 것이므로, 법정된 요건과 방식에 어긋난 유언은 그것이 유언자의 진정한 의사에 합치하더라도 무효라고 하지 않을 수 없다. 따라서 자필증서에 의한 유언은 민법 제1066조 제1항의 규정에 따라 유언자가 그 전문과 연월일, 주소, 성명을 모두 자서하고 날인하여야만 효력이 있다고 할 것이므로 유언자가 주소를 자서하지 않았다면 이는 법정된 요건과 방식에 어긋난 유언으로서 그 효력을 부정하지 않을 수 없고, 유언자의 특정에 아무런 지장이 없다고 하여 달리 볼 것도 아니다(대판 2014.10.6, 2012다29564). → 자필유언증서에 주소를 자서하지 않은 경우에는 설령 다른 요건을 모두 갖추었고, 유언자의 특정에 아무런 지장이 없다고 하더라도 법정된 요건과 방식에 어긋난 유언으로서 그 효력을 부정할 수밖에 없다고 판단한 사례이다.

② 여기서 자서가 필요한 주소는 반드시 주민등록법에 의하여 등록된 곳일 필요는 없으나, 적어도 민법 제18조에서 정한 생활의 근거되는 곳으로서 다른 장소와 구별되는 정도의 표시를 갖추어야 한다 (대판 2014.9.26, 2012다71688).

4) 문자의 삽입 · 삭제 · 변경의 경우

① 자필증서에 문자의 삽입, 삭제 또는 변경을 할 때에는 유언자가 이를 자서하고 날인하여야 한다.
② 다만, 증서의 기재 자체로 보아 명백한 오기를 정정하는 것에 불과한 경우에는 설령 그 정정부분에 날인을 하지 않았더라도 유언의 효력에는 영향이 없다(대판 1998.5.29, 97다38503).

▶ **명백한 오기의 정정부분에 날인이 없는 경우 유언의 효력 인정 여부**(적극)

자필증서에 의한 유언은 유언자가 그 전문과 연월일, 주소, 성명을 자서하고 날인하여야 하는바(민법 제1066조 제1항), 유언자의 주소는 반드시 유언 전문과 동일한 지편에 기재하여야 하는 것은 아니고, 유언증서로서 일체성이 인정되는 이상 그 전문을 담은 봉투에 기재하더라도 무방하며, 그 날인은 무인에 의한 경우에도 유효하고, 유언증서에 문자의 삽입, 삭제 또는 변경을 함에는 유언자가 이를 자서하고 날인하여야 하나(민법 제1066조 제2항), 증서의 기재 자체로 보아 명백한 오기를 정정함에 지나지 아니하는 경우에는 그 정정 부분에 날인을 하지 않았다고 하더라도 그 효력에는 영향이 없다(대판 1998.5.29, 97다38503).

3. 녹음에 의한 유언

> **제1067조【녹음에 의한 유언】**
> 녹음에 의한 유언은 유언자가 유언의 취지, 그 성명과 연월일을 구술하고 이에 참여한 증인이 유언의 정확함과 그 성명을 구술하여야 한다.

이 유언은 문자를 모르는 자도 이용할 수 있으나, 위조 · 변조가 용이하다는 문제점이 있다. 피성년후견인이 녹음 유언을 할 때에는 의사가 심신회복의 상태를 구술하여 녹음하여야 한다.

4. 공정증서에 의한 유언

> **제1068조【공정증서에 의한 유언】**
> 공정증서에 의한 유언은 유언자가 증인 2인이 참여한 공증인의 면전에서 유언의 취지를 구수하고 공증인이 이를 필기낭독하여 유언자와 증인이 그 정확함을 승인한 후 각자 서명 또는 기명날인하여야 한다.

(1) 의의

공정증서에 의한 유언은 유언자가 증인 2인이 참여한 공증인의 면전에서 유언의 취지를 구수(口授)하고 공증인이 이를 필기낭독하여 유언자와 증인이 그 정확함을 승인한 후 각자 서명 또는 기명날인함으로써 성립하는 유언이다.

(2) 요건

① 증인 2인의 참여가 있을 것, ② 유언자가 공증인의 면전에서 유언의 취지를 구수할 것, ③ 공증인이 유언자의 구수를 필기해서 이를 유언자와 증인에게 낭독할 것, ④ 유언자와 증인이 공증인의 필기가 정확함을 승인한 후 각자 서명 또는 기명날인할 것 등이다.

▶ **증인 2인의 참여가 없는 경우 공정증서에 의한 유언으로서의 효력이 있는지 여부**(소극)

유언장에 대하여 공증사무실에서 인증을 받았으나 그 유언장이 증인 2명의 참여가 없고 자서된 것도 아니라면 공정증서에 의한 유언이나 자필증서에 의한 유언으로서의 방식이 결여되어 있으므로 유언으로서의 효력을 발생할 수 없다(대판 1994.12.22, 94다13695).

★★★★ **반혼수상태인 유언자가 공정증서의 취지를 듣고 고개만 끄덕인 경우 구수로 볼 수 있는지 여부**(소극)

유언공정증서를 작성할 당시에 유언자가 반혼수상태였으며, 유언공정증서의 취지가 낭독된 후에도 그에 대하여 전혀 응답하는 말을 하지 아니한 채 고개만 끄덕였다면, 유언공정증서를 작성할 당시에 유언자에게는 의사능력이 없었으며 그 공정증서에 의한 유언은 유언자가 유언의 취지를 구수하고 이에 기하여 공정증서가 작성된 것으로 볼 수 없어서, 민법 제1068조가 정하는 공정증서에 의한 유언의 방식에 위배되어 무효이다(대판 1996.4.23, 95다34514).

▶ **유언취지를 미리 적어 작성한 서면에 따라 유언자에게 질문을 하고 유언자가 이에 답변한 경우, 민법 제1068조에서 정한 '유언취지의 구수'의 요건을 갖춘 것인지 여부**(적극)

① 제3자에 의하여 미리 작성된 유언의 취지가 적혀 있는 서면에 따라 유언자에게 질문을 하고 유언자가 동작이나 한두 마디의 간략한 답변으로 긍정하는 경우에는 원칙적으로 민법 제1068조에 정한 '유언취지의 구수'라고 보기 어렵지만, 공증인이 사전에 전달받은 유언자의 의사에 따라 유언의 취지를 작성한 다음 그 서면에 따라 유증 대상과 수증자에 관하여 유언자에게 질문을 하고 이에 대하여 유언자가 한 답변을 통하여 유언자의 의사를 구체적으로 확인할 수 있어 그 답변이 실질적으로 유언의 취지를 진술한 것이나 마찬가지로 볼 수 있고, 유언자의 의사능력이나 유언의 내용, 유언의 전체 경위 등으로 보아 그 답변을 통하여 인정되는 유언취지가 유언자의 진정한 의사에 기한 것으로 인정할 수 있는 경우에는, 유언취지의 구수 요건을 갖추었다고 볼 수 있다(대판 2008.2.28, 2005다75019·75026). ★★

② 민법 제1068조 소정의 '공정증서에 의한 유언'에서 '유언취지의 구수'라고 함은 말로써 유언의 내용을 상대방에게 전달하는 것을 뜻하는 것이므로 이를 엄격하게 제한하여 해석하여야 하지만, 공증인이 유언자의 의사에 따라 유언의 취지를 작성하고 그 서면에 따라 유언자에게 질문을 하여 유언자의 진의를 확인한 다음 유언자에게 필기된 서면을 낭독하여 주었고, 유언자가 유언의 취지를 정확히 이해할 의사식별능력이 있고 유언의 내용이나 유언경위로 보아 유언 자체가 유언자의 진정한 의사에 기한 것으로 인정할 수 있는 경우에는, 위와 같은 '유언취지의 구수' 요건을 갖추었다고 보아야 한다(대판 2007.10.25, 2007다51550·51567).

▶ **민법 제1068조 소정의 '공정증서에 의한 유언'**(대판 2016.6.23. 2015다231511)

[1] 유언취지의 구수의 의미

민법 제1068조 소정의 '공정증서에 의한 유언'은 유언자가 증인 2인이 참여한 공증인의 면전에서 유언의 취지를 구수하고 공증인이 이를 필기낭독하여 유언자와 증인이 그 정확함을 승인한 후 각자 서명 또는 기명날인하여야 하는바, 여기서 '유언취지의 구수'라 함은 말로써 유언의 내용을 상대방에게 전달하는 것을 뜻하므로 이를 엄격하게 제한하여 해석하여야 할 것이지만, 공증인이 유언자의 의사에 따라 유언의 취지를 작성하고 그 서면에 따라 유언자에게 질문을 하여 유언자의 진의를 확인한 다음 유언자에게 필기된 서면을 낭독하여 주었고, 유언자가 유언의 취지를 정확히 이해할 의사식별능력이 있고 유언의 내용이나 유언 경위로 보아 유언 자체가 유언자의 진정한 의사에 기한 것으로 인정할 수 있는 경우에는, 위와 같은 '유언취지의 구수' 요건을 갖추었다고 보아야 한다.

★ [2] 유언자의 기명날인은 반드시 유언자 자신이 하여야 하는지 여부(소극)

유언자의 기명날인은 유언자의 의사에 따라 기명날인한 것으로 볼 수 있는 경우 반드시 유언자 자신이 할 필요는 없다.

→ [사실관계] : 공증인이 병상에 누워있는 유언자에게 유언 내용을 낭독한 뒤 유언자 대신 공증인이 유언장에 서명했어도 유언자가 유언 내용을 충분히 이해할 수 있는 의사능력이 있는 상태에서 동의를 했다면 유언은 효력이 있다는 사례이다.[11]

5. 비밀증서에 의한 유언

> **제1069조 【비밀증서에 의한 유언】**
> ① 비밀증서에 의한 유언은 유언자가 필자의 성명을 기입한 증서를 엄봉날인하고 이를 2인 이상의 증인의 면전에 제출하여 자기의 유언서임을 표시한 후 그 봉서표면에 제출 연월일을 기재하고 유언자와 증인이 각자 서명 또는 기명날인 하여야 한다.
> ② 전항의 방식에 의한 유언봉서는 그 표면에 기재된 날로부터 5일 내에 공증인 또는 법원서기에게 제출하여 그 봉인상에 확정일자인을 받아야 한다.
>
> **제1071조 【비밀증서에 의한 유언의 전환】**
> 비밀증서에 의한 유언이 그 방식에 흠결이 있는 경우에 그 증서가 자필증서의 방식에 적합한 때에는 자필증서에 의한 유언으로 본다.

① 비밀증서에 의한 유언은 유언의 존재는 분명히 하면서 그 내용은 비밀로 하고 싶을 때 유용하게 쓸 수 있는데, 비밀증서의 성립에 다툼이 생기기 쉽고 분실·훼손의 위험이 있다.

② 비밀증서에 의한 유언이 그 방식에 흠결이 있는 경우에 그 증서가 자필증서의 방식에 적합한 때에는 자필증서에 의한 유언으로 본다(제1071조).

---

11) 서명(署名)이란 자기 고유의 필체로 자기의 이름을 제3자가 알아볼 수 있도록 쓰는 것을 말하고, 기명(記名)이란 단순히 이름을 적는다는 의미이다. 따라서 서명은 반드시 본인이 적어야 하지만, 기명은 다른 사람이 대리해서 적거나 워드프로세서로 작성해도 무방하다. 그래서 기명의 경우에는 본인의 진정한 의사를 확인하기 위해 일반적으로 날인이 함께 요구된다. 민법은 서명 또는 기명날인을 요건으로 하고 있고, 공증인법은 서명날인을 요구하면서 유언자가 서명을 못하는 상황을 대비하여 기명날인의 방식을 정한 것으로 보아야 한다. 따라서 기명날인이 유언자의 의사에 따라 이루어졌다면 그것은 민법과 공증인법에 따라 당연히 유효하다.

6. 구수증서에 의한 유언

> **제1070조 【구수증서에 의한 유언】**
> ① 구수증서에 의한 유언은 질병 기타 급박한 사유로 인하여 전 4조의 방식에 의할 수 없는 경우에 유언자가 2인 이상의 증인의 참여로 그 1인에게 유언의 취지를 구수하고 그 구수를 받은 자가 이를 필기낭독하여 유언자의 증인이 그 정확함을 승인한 후 각자 서명 또는 기명날인하여야 한다.
> ② 전항의 방식에 의한 유언은 그 증인 또는 이해관계인이 급박한 사유의 종료한 날로부터 7일 내에 법원에 그 검인을 신청하여야 한다.
> ③ 제1063조 제2항의 규정(= 의사의 부기 및 서명날인)은 구수증서에 의한 유언에 적용하지 아니한다.

(1) 보충성 및 유언취지의 구수

구수증서에 의한 유언은 보통의 방식에 의한 유언이 가능한 경우에는 허용되지 않는다. ① 따라서 급박한 상황을 전제로 하므로 유언요건을 완화하여 해석한다(대판 1977.11.8, 76므15). ② 그러나 망인이 유언취지의 확인을 구하는 변호사의 질문에 대하여 고개를 끄덕이거나 '음', '어'라고 말한 것만으로는 민법 제1070조 소정의 유언의 취지를 구수한 것으로 볼 수는 없다(대판 2006.3.9, 2005다57899).[12]

(2) 검인신청

① 구수증서에 의한 유언은 그 증인 또는 이해관계인이 급박한 사유가 종료한 날부터 7일 내에 법원에 그 검인을 신청하여야 한다. 여기서 이해관계인이란 상속인·유증받은 자·유언집행자로 지정된 자 등 그 유인에 관하여 법적인 이해관계가 있는 자를 말한다.

② 여기서 검인은 자필증서 유언·녹음 유언·비밀증서 유언의 집행 전에 준비절차로서 하는 제1091조의 검인과는 다른 성질의 것이며, 구수증서의 유언이 있은 후 그 유언이 유언자의 진의에서 나온 것임을 확정하는 절차이다(대결 1986.10.11, 86스18).

③ 검인은 그 유언이 유언자의 진의에 기한 것인지를 일응 판정할 뿐이며, 유언의 유효·무효를 판단하는 것은 아니다. 따라서 검인을 거쳤다고 하여 유언이 유효한 것으로 확정되지는 않는다.

④ 검인신청기간 내에 검인신청을 하지 않은 구수증서 유언은 무효이다.

▶ **'급박한 사유의 종료일'의 의미**(원칙상 유언이 있은 날)
구수증서의 방식으로 유언을 한 경우 특별한 사정이 없는 한 그 유언이 있은 날에 급박한 사유가 종료하였다고 볼 수 있으므로, 유언이 있은 날로부터 7일 이내에 그 검인신청을 하여야 한다(대결 1994.11.3, 94스16).

---

12) 공정증서에 의한 유언에서 '유언취지의 구수'는 이를 엄격하게 제한하여 해석하나(대판 2007.10.25, 2007다51550·51567), 구수증서에 의한 유언에서 '유언취지의 구수'는 완화하여 해석(대판 1977.11.8, 76므15)하는 점에서 차이가 있다.

Ⅱ. 유언의 철회

1. 유언철회의 자유

> **제1108조【유언의 철회】**
> ① 유언자는 언제든지 유언 또는 생전행위로써 유언의 전부나 일부를 철회할 수 있다.
> ② 유언자는 그 유언을 철회할 권리를 포기하지 못한다.

2. 유언철회의 방식

(1) 임의철회(제1108조)

유언자는 언제든지 유언 또는 생전행위로써 유언의 전부나 일부를 철회할 수 있다. 유언으로 철회하는 경우 철회유언도 유언의 방식에 의하여야 하나, 철회될 유언과 같은 방식으로는 할 필요가 없다.

(2) 법정철회(제1109조, 제1110조)

1) 전후의 유언이 저촉되는 경우(제1109조 전단) **및 유언 후의 생전행위가 유언과 저촉되는 경우**(제1109조 후단)

> **제1109조【유언의 저촉】**
> 전후의 유언이 저촉되거나 유언 후의 생전행위가 유언과 저촉되는 경우에는 그 저촉된 부분의 전 유언은 이를 철회한 것으로 본다.

망인이 유언증서를 작성한 후 재혼하였다거나, 유언증서에서 유증하기로 한 일부 재산을 처분한 사실이 있다고 하여 다른 재산에 관한 유언을 철회한 것으로 볼 수 없다(대판 1998.5.29, 97다38503).

2) 유언증서·유증목적물의 파훼(제1110조)

> **제1110조【파훼로 인한 유언의 철회】**
> 유언자가 고의로 유언증서 또는 유증의 목적물을 파훼한 때에는 그 파훼한 부분에 관한 유언은 이를 철회한 것으로 본다.

★► **유언증서의 멸실·분실로 인한 유언의 실효 여부**(소극)

유언자가 유언을 철회한 것으로 볼 수 없는 이상, 유언증서가 그 성립 후에 멸실되거나 분실되었다는 사유만으로 유언이 실효되는 것은 아니고 이해관계인은 유언증서의 내용을 입증하여 유언의 유효를 주장할 수 있다(대판 1996.9.20, 96다21119). 이는 녹음에 의한 유언이 성립한 후에 녹음테이프나 녹음파일 등이 멸실 또는 분실된 경우에도 마찬가지이다(대판 2023.6.1, 2023다217534).

3. 철회의 효과

① 유언이 철회되면 철회된 유언은 처음부터 없었던 것으로 된다.

② 유언의 철회가 착오·사기 또는 강박에 의하여 행하여진 경우에는 총칙편의 규정에 의하여 취소할 수 있다(제109조·제110조).

제3관 유언의 효력

I. 유언의 일반적 효력

1. 유언의 효력발생시기

> **제1073조【유언의 효력발생시기】**
> ① 유언은 유언자가 사망한 때로부터 그 효력이 생긴다.
> ② 유언에 정지조건이 있는 경우에 그 조건이 유언자의 사망 후에 성취한 때에는 그 조건성취한 때로부터 유언의 효력이 생긴다.

2. 유언의 무효·취소

① 유언도 법률행위의 일종이므로, 법률행위의 무효·취소에 관한 총칙편의 규정이 적용된다.

② 유언이 무효인 경우로는 ⅰ) 방식을 갖추지 않은 유언, ⅱ) 17세 미만의 자의 유언, ⅲ) 의사무능력자의 유언, ⅳ) 수증결격자에 대한 유언, ⅴ) 사회질서나 강행법규에 위반되는 유언, ⅵ) 법정사항 이외의 사항을 내용으로 하는 유언 등이 있다.

③ 유언은 유언자의 제한능력을 이유로 취소할 수는 없으나(제1062조), 착오(중요부분의 착오에 의한 유언)·사기·강박을 이유로 취소할 수 있다.

Ⅱ. 유증

1. 서설

(1) 의의

유증이란 유언에 의하여 재산상의 이익을 타인에게 무상으로 주는 단독행위로서, 유언자가 사망한 때에 효력이 생기는 사인행위에 해당한다. 유증에는 조건이나 기한을 붙일 수 있다. 이와 같은 유증은 포괄적 유증과 특정유증으로 나누어진다.

(2) 증여·사인증여와의 구별

① 유증은 자기의 재산을 무상으로 주는 점에서는 증여·사인증여와 같으나, 이들은 계약이므로 단독행위인 유증과는 다르다. ② 따라서 사인증여에는 유증에 관한 규정이 준용되나(제562조), 유증의 방식에 관한 규정(제1065조 내지 제1072조)은 단독행위임을 전제로 한 규정이므로 사인증여에 준용될 수 없다(대판 1996.4.12, 94다37714·37721).

★★▶ 유증과 사인증여 관계(대판 2023.9.27, 2022다302237)

[1] 유증과 사인증여의 구별

유증은 유언으로 수증자에게 일정한 재산을 무상으로 주기로 하는 행위로서 상대방 없는 단독행위 이다. 사인증여는 증여자가 생전에 무상으로 재산의 수여를 약속하고 증여자의 사망으로 약속의 효력이 발생하는 증여계약의 일종으로 수증자와의 의사의 합치가 있어야 하는 점에서 단독행위인 유증과 구별된다.

[2] 망인이 단독행위로서 유증을 하였으나 유언의 요건을 갖추지 못하여 효력이 없는 경우, 유언자인 망인과 일부 상속인 사이에서만 사인증여로서의 효력을 '당연히' 인정할 수 있는지 여부(소극)

망인이 단독행위로서 유증을 하였으나 유언의 요건을 갖추지 못하여 효력이 없는 경우 이를 '사인 증여'로서 효력을 인정하려면 증여자와 수증자 사이에 청약과 승낙에 의한 의사합치가 이루어져야 하는데, 유언자인 망인이 자신의 상속인인 여러 명의 자녀들에게 재산을 분배하는 내용의 유언을 하 였으나 민법상 요건을 갖추지 못하여 유언의 효력이 부정되는 경우 유언을 하는 자리에 동석하였던 일부 자녀와 사이에서만 '청약'과 '승낙'이 있다고 보아 사인증여로서의 효력을 인정한다면, 자신의 재산을 배우자와 자녀들에게 모두 배분하고자 하는 망인의 의사에 부합하지 않고 그 자리에 참석하 지 않았던 나머지 상속인들과의 형평에도 맞지 않는 결과가 초래된다. 따라서 이러한 경우 유언자 인 망인과 일부 상속인 사이에서만 사인증여로서의 효력을 인정하여야 할 특별한 사정이 없는 이상 그와 같은 효력을 인정하는 판단에는 신중을 기해야 한다.

(3) 수증자와 유증의무자

1) 수증자

> **제1089조【유증 효력 발생 전의 수증자의 사망】**
> ① 유증은 유언자의 사망 전에 수증자가 사망한 때에는 그 효력이 생기지 아니한다.
> ② 정지조건 있는 유증은 수증자가 그 조건 성취 전에 사망한 때에는 그 효력이 생기지 아니한다.
> **제1090조【유증의 무효, 실효의 경우와 목적재산의 귀속】**
> 유증이 그 효력이 생기지 아니하거나 수증자가 이를 포기한 때에는 유증의 목적인 재산은 상속인에게 귀속한다. 그러나 유언자가 유언으로 다른 의사를 표시한 때에는 그 의사에 의한다.

① 수증자는 유증을 받는 자로 유언에 지정되어 있는 자이다. 자연인뿐만 아니라 법인, 권리능력 없는 사단·재단, 기타의 단체나 시설도 수증자가 될 수 있다.

② 수증자는 유언이 효력을 발생하는 때, 즉 유언자가 사망하는 때에 권리능력을 갖추고 있어야 한다. 유언자의 사망 전에 수증자가 사망한 경우에는 유증의 효력은 생기지 않는다. 유증자와 수증자가 동시사망한 경우에도 마찬가지이다.

2) 유증의무자

① 유증의무자는 유증을 실행할 의무를 지는 자이다.

② 원칙적으로는 상속인이 유증의무자이나, 포괄적 수증자, 상속인의 존부가 불분명한 경우의 상 속재산관리인, 유언집행자도 유증의무자로 된다.

2. 포괄적 유증

(1) 의의

포괄적 유증이란 유언자가 상속재산의 전부 또는 그 일정 비율을 유증하는 것을 말한다. 반면에 특정유증은 상속재산 중 구체적인 재산을 유증하는 것을 말한다. 포괄적 수증자는 상속인과 동일한 권리·의무가 있다.

▶ **포괄적 유증과 특정유증의 구별 기준**
유증이 포괄적 유증인가 특정유증인가는 유언에 사용한 문언 및 그 외 제반 사정을 종합적으로 고려하여 탐구된 유언자의 의사에 따라 결정되어야 하고, 통상은 상속재산에 대한 비율의 의미로 유증이 된 경우는 포괄적 유증, 그렇지 않은 경우는 특정유증이라고 할 수 있지만, 유언공정증서 등에 유증한 재산이 개별적으로 표시되었다는 사실만으로는 특정유증이라고 단정할 수는 없고 상속재산이 모두 얼마나 되는지를 심리하여 다른 재산이 없다고 인정되는 경우에는 이를 포괄적 유증이라고 볼 수도 있다 (대판 2003.5.27. 2000다73445).

(2) 포괄적 수증자의 권리·의무

> **제1078조【포괄적 수증자의 권리의무】**
> 포괄적 유증을 받은 자는 상속인과 동일한 권리의무가 있다.

① 유증이 효력을 발생하면 포괄적 수증자는 상속인과 마찬가지로 유증사실을 알든 모르든 수증분에 해당하는 유증자의 권리·의무를 법률상 당연히 포괄적으로 승계한다.

② 따라서 유증의무자의 이행행위는 필요하지 않으며, 물권이나 채권의 경우 등기·인도나 채권양도의 대항요건을 갖출 필요도 없다.

③ 포괄적 수증자 외에 다른 상속인이나 포괄적 수증자가 있는 경우에는 공동상속인 관계와 같이 다룬다.

④ 포괄적 유증의 승인·포기에 대하여는 상속의 승인·포기에 관한 규정이 적용되고, 유증의 승인·포기에 관한 규정이 적용되지 않는다.

⑤ 상속인의 상속회복청구권 및 그 제척기간에 관한 민법 제999조는 포괄적 유증의 경우에도 유추적용된다(대판 2001.10.12. 2000다22942).

★★★▶ **상속인의 상속회복청구권 및 그 제척기간에 관하여 규정한 민법 제999조가 포괄적 유증의 경우에도 유추 적용되는지 여부**(적극)
포괄적 수증자의 법적 지위 내지 권리의무에 관하여 구 민법(1990.1.13. 법률 제4199호로 개정되기 전의 것) 제1078조는 "포괄적 유증은 받은 자는 재산상속인과 동일한 권리의무가 있다."고 규정하고 있어 포괄적 수증자는 그 수증분에 따라서 유증자의 일신전속적인 권리를 제외한 모든 권리 및 의무를 법률상 당연히 포괄적으로 승계하기 때문에 포괄적 유증은 실질적으로는 수증분을 상속분으로 하는 피상속인(유증자)에 의한 상속인 및 상속분의 지정과 같은 기능을 하고 있으므로, 상속인의 상속회복청구권에 관한 규정은 포괄적 수증의 경우에 유추 적용되고(포괄적 유증을 받은 자도 상속회복청구권을 행사할 수 있다), 상속회복청구권의 제척기간에 관한 규정도 상속에 관한 법률관계의 신속한 확정을 위한 상속회복청구권의 제척기간의 제도적 취지에 비추어 볼 때 포괄적 수증의 경우에 유추 적용된다고 할 것이다(대판 2001.10.12, 2000다22942).

■ **포괄적 유증과 상속의 차이점**

> (1) 포괄적 수증자는 자연인 외에 법인 등도 될 수 있다.
> (2) 포괄적 수증자가 유증의 효력이 발생하기 전에 사망한 경우에는 유증의 효력이 발생하지 않고 대습이 인정되지 않는다.
> (3) 포괄적 유증에는 상속과 달리 조건・기한・부담 등의 부관을 붙일 수 있다.
> (4) 포괄적 수증자에게는 유류분권이 없다.
> (5) 포괄적 유증이 무효이거나 수증자가 수증을 포기한 경우에 유증의 목적인 재산은 상속인에게 귀속하고, 그때 상속인이 수인이면 그의 상속분의 비율로 귀속하게 된다. 그리고 상속인 외에 다른 포괄적 수증자가 있어도 유증의 목적인 재산은 상속인에게만 그의 상속분의 비율로 귀속하며, 포괄적 수증자의 수증분은 증가하지 않는다. 상속인 중의 일부가 상속을 포기한 때에도 같다.

3. 특정유증

(1) 의의

특정유증은 상속재산 가운데 특정재산을 목적으로 하는 유증이다. 특정유증의 목적이 되는 특정재산은 특정물・불특정물 등의 물건일 수도 있고, 채권 등의 권리일 수도 있다.

(2) 특정유증의 효력

1) 유증목적물의 귀속시기

특정유증의 경우에는 포괄적 유증과 달리 목적 재산권이 일단 상속인에게 귀속하고, 수증자는 유증의무자에 대하여 유증을 이행할 것을 청구할 수 있는 채권만을 취득하게 된다.

★★▶ **특정유증을 받은 자가 유증받은 부동산에 대하여 직접 진정한 등기명의 회복을 원인으로 한 소유권이전등기청구권을 행사할 수 있는지 여부**(소극)

포괄적 유증을 받은 자는 민법 제187조에 의하여 법률상 당연히 유증 받은 부동산의 소유권을 취득하게 되나, 특정유증을 받은 자는 유증의무자에게 유증을 이행할 것을 청구할 수 있는 채권을 취득할 뿐이므로, 특정유증을 받은 자는 유증 받은 부동산의 소유권자가 아니어서 직접 진정한 등기명의의 회복을 원인으로 한 소유권이전등기를 구할 수 없다(대판 2003.5.27, 2000다73445).

2) 과실수취권

> **제1079조【수증자의 과실취득권】**
> 수증자는 유증의 이행을 청구할 수 있는 때로부터 그 목적물의 과실을 취득한다. 그러나 유언자가 유언으로 다른 의사를 표시한 때에는 그 의사에 의한다.

3) 비용상환청구권

> **제1080조【과실수취비용의 상환청구권】**
> 유증의무자가 유언자의 사망 후에 그 목적물의 과실을 수취하기 위하여 필요비를 지출한 때에는 그 과실의 가액의 한도에서 과실을 취득한 수증자에게 상환을 청구할 수 있다.
>
> **제1081조【유증의무자의 비용상환청구권】**
> 유증의무자가 유증자의 사망 후에 그 목적물에 대하여 비용을 지출한 때에는 제325조의 규정을 준용한다.

4) 상속재산에 속하지 않은 권리의 유증

> **제1087조【상속재산에 속하지 아니한 권리의 유증】**
> ① 유언의 목적이 된 권리가 유언자의 사망 당시에 상속재산에 속하지 아니한 때에는 유언은 그 효력이 없다. 그러나 유언자가 자기의 사망 당시에 그 목적물이 상속재산에 속하지 아니한 경우에도 유언의 효력이 있게 할 의사인 때에는 유증의무자는 그 권리를 취득하여 수증자에게 이전할 의무가 있다.
> ② 전항 단서의 경우에 그 권리를 취득할 수 없거나 그 취득에 과다한 비용을 요할 때에는 그 가액으로 변상할 수 있다.

5) 유증의무자의 담보책임

가) 특정물 유증의 경우 – 담보책임의 부정

> **제1085조【제3자의 권리의 목적인 물건 또는 권리의 유증】**
> 유증의 목적인 물건이나 권리가 유언자의 사망 당시에 제3자의 권리의 목적인 경우에는 수증자는 유증의무자에 대하여 그 제3자의 권리를 소멸시킬 것을 청구하지 못한다.
>
> **제1086조【유언자가 다른 의사표시를 한 경우】**
> 전조의 경우에 유언자가 유언으로 다른 의사를 표시한 때에는 그 의사에 의한다.

수증자는 유언자가 사망할 당시의 상태대로 받으라는 의미이다. 따라서 유증한 부동산에 제3자 명의의 저당권이 존재하더라도 유증은 실효되지 않고, 그 상태 그대로 수증자에게 이전시키면 된다.

★★★▶ 유증의 목적물이 유언자의 사망 당시에 제3자의 권리의 목적인 경우, 제3자의 권리는 유증의 목적물이 수증자에게 귀속된 후에도 그대로 존속하는지 여부(원칙적 적극)

민법 제1085조는 "유증의 목적인 물건이나 권리가 유언자의 사망 당시에 제3자의 권리의 목적인 경우에는 수증자는 유증의무자에 대하여 그 제3자의 권리를 소멸시킬 것을 청구하지 못한다."라고 규정하고 있다. 이는 유언자가 다른 의사를 표시하지 않는 한 유증의 목적물을 유언의 효력발생 당시의 상태대로 수증자에게 주는 것이 유언자의 의사라는 점을 고려하여 수증자 역시 유증의 목적물을 유언의 효력발생 당시의 상태대로 취득하는 것이 원칙임을 확인한 것이다. 그러므로 유증의 목적물이 유언자의 사망 당시에 제3자의 권리의 목적인 경우에는 그와 같은 제3자의 권리는 특별한 사정이 없는 한 유증의 목적물이 수증자에게 귀속된 후에도 그대로 존속하는 것으로 보아야 한다(대판 2018.7.26, 2017다289040).

나) 불특정물 유증의 경우 – 담보책임의 긍정

> **제1082조【불특정물 유증의무자의 담보책임】**
> ① 불특정물을 유증의 목적으로 한 경우에는 유증의무자는 그 목적물에 대하여 매도인과 같은 담보책임이 있다.
> ② 전항의 경우에 목적물에 하자가 있는 때에는 유증의무자는 하자 없는 물건으로 인도하여야 한다.

6) 유증의 물상대위성

> **제1083조【유증의 물상대위성】**
> 유증자가 유증목적물의 멸실, 훼손 또는 점유의 침해로 인하여 제3자에게 손해배상을 청구할 권리가 있는 때에는 그 권리를 유증의 목적으로 한 것으로 본다.
> **제1084조【채권의 유증의 물상대위성】**
> ① 채권을 유증의 목적으로 한 경우에 유언자가 그 변제를 받은 물건이 상속재산 중에 있는 때에는 그 물건을 유증의 목적으로 한 것으로 본다.
> ② 전항의 채권이 금전을 목적으로 한 경우에는 그 변제받은 채권액에 상당한 금전이 상속재산 중에 없는 때에도 그 금액을 유증의 목적으로 한 것으로 본다.
> **제1086조【유언자가 다른 의사표시를 한 경우】**
> 전3조의 경우에 유언자가 유언으로 다른 의사를 표시한 때에는 그 의사에 의한다.

(3) 특정유증의 승인 · 포기

1) 승인 · 포기의 자유

> **제1074조【유증의 승인, 포기】**
> ① 유증을 받을 자는 유언자의 사망 후에 언제든지 유증을 승인 또는 포기할 수 있다.
> ② 전항의 승인이나 포기는 유언자의 사망한 때에 소급하여 그 효력이 있다.

2) 수증자의 상속인의 승인 · 포기

> **제1076조【수증자의 상속인의 승인, 포기】**
> 수증자가 승인이나 포기를 하지 아니하고 사망한 때에는 그 상속인은 상속분의 한도에서 승인 또는 포기할 수 있다. 그러나 유언자가 유언으로 다른 의사를 표시한 때에는 그 의사에 의한다.

3) 유증의무자의 최고권

> **제1077조【유증의무자의 최고권】**
> ① 유증의무자나 이해관계인은 상당한 기간을 정하여 그 기간 내에 승인 또는 포기를 확답할 것을 수증자 또는 그 상속인에게 최고할 수 있다.
> ② 전항의 기간 내에 수증자 또는 상속인이 유증의무자에 대하여 최고에 대한 확답을 하지 아니한 때에는 유증을 승인한 것으로 본다.

(4) 유증의 승인·포기의 효력

> **제1075조 【유증의 승인, 포기의 취소금지】**
> ① 유증의 승인이나 포기는 취소하지 못한다.
> ② 제1024조 제2항의 규정(= 상속의 승인포기 취소)은 유증의 승인과 포기에 준용한다.

4. 부담부 유증

(1) 의의

부담부 유증이란 유언자가 유언으로 수증자에게 일정한 법률상의 의무를 부담시키는 유증이다.

(2) 부담의 무효와 부담부 유증의 효력

부담의 내용이 불능이거나 사회질서에 반하는 등의 경우에는 그 부담은 무효이다. 그 경우 부담부 유증이 무효로 되는지에 관하여는 민법에 규정이 없으나, 그 부담이 없었으면 유증을 하지 않았을 것이라고 인정되는 때에는 유증 자체가 무효로 되고, 다른 때에는 부담 없는 유증이 된다고 할 것이다.

(3) 부담의 이행

부담의 이행의무자는 수증자 또는 그 상속인이다. 그리고 부담의 이행을 청구할 수 있는 자는 상속인 또는 유언집행자이다.

(4) 수증자의 책임범위

> **제1088조 【부담 있는 유증과 수증자의 책임】**
> ① 부담 있는 유증을 받은 자는 유증의 목적의 가액을 초과하지 아니한 한도에서 부담한 의무를 이행할 책임이 있다.
> ② 유증의 목적의 가액이 한정승인 또는 재산분리로 인하여 감소된 때에는 수증자는 그 감소된 한도에서 부담할 의무를 면한다.

(5) 부담부 유증의 취소

> **제1111조 【부담 있는 유언의 취소】**
> 부담 있는 유증을 받은 자가 그 부담의무를 이행하지 아니한 때에는 상속인 또는 유언집행자는 상당한 기간을 정하여 이행할 것을 최고하고 그 기간 내에 이행하지 아니한 때에는 법원에 유언의 취소를 청구할 수 있다. 그러나 제3자의 이익을 해하지 못한다.

5. 유증의 무효·취소

① 유증은 유언의 일종이므로 유언의 무효·취소원인에 의하여 유증도 무효로 될 수 있다.
② 수증자가 유언자보다 먼저 사망한 경우에 유증은 무효이다.
③ 정지조건부 유증에 있어서 조건성취 전에 수증자가 사망한 경우에는 유증은 무효이다.

④ 유증의 목적이 된 권리가 유언자의 사망 당시에 상속재산에 속하지 않은 경우에는 유증은 무효이다.

⑤ 부담부 유증에 있어서 수증자가 그 부담을 이행하지 않은 경우에는 상속인 또는 유언집행자는 일정한 요건 하에 유언의 취소를 청구할 수 있다.

제4관 유언의 집행

1. 의의

유언의 집행이란 유언이 효력을 발생한 후 그 내용을 실현하기 위하여 하는 행위 또는 절차이다.

2. 유언집행의 준비절차

(1) 유언의 검인

> **제1091조 【유언증서, 녹음의 검인】**
> ① 유언의 증서나 녹음을 보관한 자 또는 이를 발견한 자는 유언자의 사망 후 지체 없이 법원에 제출하여 그 검인을 청구하여야 한다.
> ② 전항의 규정은 공정증서나 구수증서에 의한 유언에 적용하지 아니한다.

① 공정증서 유언이나 구수증서유언의 경우에는 적용이 없다. 공정력이 있는 공정증서는 검인이 필요하지 않고, 구수증서 유언은 이미 검인을 받았기 때문이다.

② 여기의 검인은 일종의 검증절차 내지는 증거보전절차로서, 유언이 유언자의 진의에 의한 것인지 여부나 적법한지 여부를 심사하는 것도 아니고 직접 유언의 유효·무효 여부를 판단하는 심판도 아니다(대판 1998.6.12, 97다38510).

(2) 유언서의 개봉

> **제1092조 【유언증서의 개봉】**
> 법원이 봉인된 유언증서를 개봉할 때에는 유언자의 상속인, 그 대리인 기타 이해관계인의 참여가 있어야 한다.

적법한 유언은 검인이나 개봉절차를 거치지 않더라도 유언자의 사망에 의하여 곧바로 그 효력이 생긴다(대판 1998.5.29, 97다38503).

▶ **민법 제1091조, 제1092조 소정의 검인·개봉절차를 거치지 아니한 유언증서의 효력**(유효)
민법 제1091조에서 규정하고 있는 유언증서에 대한 법원의 검인은 유언증서의 형식·태양 등 유언의 방식에 관한 모든 사실을 조사·확인하고 그 위조·변조를 방지하며, 또한 보존을 확실히 하기 위한 일종의 검증절차 내지는 증거보전절차로서, 유언이 유언자의 진의에 의한 것인지 여부나 적법한지 여부를 심사하는 것이 아님은 물론 직접 유언의 유효 여부를 판단하는 심판이 아니고, 또한 민법 제1092조에서 규정하는 유언증서의 개봉절차는 봉인된 유언증서의 검인에는 반드시 개봉이 필요하므로 그에 관한 절차를 규정한 데에 지나지 아니하므로, 적법한 유언은 이러한 검인이나 개봉절차를 거치지 않더라도 유언자의 사망에 의하여 곧바로 그 효력이 생기는 것이며, 검인이나 개봉절차의 유무에 의하여 유언의 효력이 영향을 받지 아니한다(대판 1998. 6. 12, 97다38510).

3. 유언집행자

(1) 의의

① 유언집행자란 유언의 집행업무를 담당하는 자이다. 유언의 집행이 필요한 경우에는 유언집행자가 있어야 하는데, 경우에 따라서는 상속인이 유언집행자가 되기도 한다.

② 먼저 유언자가 지정한 자 또는 유언자로부터 위탁받은 자가 지정한 자가 유언집행자로 되며, 지정 유언집행자가 없으면 상속인이 유언집행자가 되고, 유언집행자가 없거나 없게 된 때에는 마지막으로 가정법원이 유언집행자를 선임한다.

(2) 유언집행자의 결정

1) 지정 유언집행자

제1093조【유언집행자의 지정】
유언자는 유언으로 유언집행자를 지정할 수 있고 그 지정을 제3자에게 위탁할 수 있다.

제1094조【위탁에 의한 유언집행자의 지정】
① 전조의 위탁을 받은 제3자는 그 위탁 있음을 안 후 지체 없이 유언집행자를 지정하여 상속인에게 통지하여야 하며 그 위탁을 사퇴할 때에는 이를 상속인에게 통지하여야 한다.
② 상속인 기타 이해관계인은 상당한 기간을 정하여 그 기간 내에 유언집행자를 지정할 것을 위탁받은 자에게 최고할 수 있다. 그 기간 내에 지정의 통지를 받지 못한 때에는 그 지정의 위탁을 사퇴한 것으로 본다.

2) 법정 유언집행자

제1095조【지정유언집행자가 없는 경우】
전2조의 규정에 의하여 지정된 유언집행자가 없는 때에는 상속인이 유언집행자가 된다.

제1093조와 제1094조에 의하여 지정된 유언집행자가 없는 때에는 상속인이 유언집행자가 된다.

★▶ **유언집행자가 유언자의 사망 전에 먼저 사망한 경우와 같이 유언의 효력 발생 이전에 지정된 유언집행자가 자격을 상실한 경우, 상속인이 유언집행자가 되는지 여부**(원칙적 적극) **및 이때 법원이 제1096조 제1항에 따라 유언집행자를 선임할 수 있는지 여부**(소극)
제1095조는 제1093조와 제1094조에 의하여 지정된 유언집행자가 없는 때에는 상속인이 유언집행자가 된다고 규정하고 있다. 제1096조 제1항은 유언집행자가 없거나 사망, 결격 기타 사유로 인하여

없게 된 때에는 법원은 이해관계인의 청구에 의하여 유언집행자를 선임하여야 한다고 규정하고 있다. 이러한 민법 규정들의 내용 및 그 취지, 유언은 유언자가 사망한 때로부터 그 효력이 생긴다는 점(제1073조 제1항) 등을 종합적으로 고려해 보면, 유언집행자가 유언자의 사망 전에 먼저 사망한 경우와 같이 유언의 효력 발생 이전에 지정된 유언집행자가 그 자격을 상실한 경우에는 '지정된 유언집행자가 없는 때'에 해당하므로, 특별한 사정이 없는 한 제1095조가 적용되어 상속인이 유언집행자가 된다. 이러한 경우 상속인이 존재함에도 불구하고 법원이 제1096조 제1항에 따라 유언집행자를 선임할 수는 없다(대결 2018.3.29, 2014스73).

3) 선임 유언집행자

> **제1096조 【법원에 의한 유언집행자의 선임】**
> ① 유언집행자가 없거나 사망, 결격 기타 사유로 인하여 없게 된 때에는 법원은 이해관계인의 청구에 의하여 유언집행자를 선임하여야 한다.
> ② 법원이 유언집행자를 선임한 경우에는 그 임무에 관하여 필요한 처분을 명할 수 있다.

(3) 유언집행자의 결격

> **제1098조 【유언집행자의 결격사유】**
> 제한능력자와 파산선고를 받은 자는 유언집행자가 되지 못한다.

(4) 유언집행자의 지위

> **제1103조 【유언집행자의 지위】**
> ① 지정 또는 선임에 의한 유언집행자는 상속인의 대리인으로 본다.
> ② 제681조 내지 제685조, 제687조, 제691조와 제692조의 규정(= 위임 관련 규정)은 유언집행자에 준용한다.

▶ **유언집행자의 지위 – 법정소송담당 중 갈음형**
유언집행자는 유증의 목적인 재산의 관리 기타 유언의 집행에 필요한 모든 행위를 할 권리의무가 있으므로(제1101조), 유증 목적물에 관하여 경료된, 유언의 집행에 방해가 되는 다른 등기의 말소를 구하는 소송에 있어서는 유언집행자가 이른바 법정소송담당으로서 원고적격을 가진다고 할 것이고, 유언집행자는 유언의 집행에 필요한 범위 내에서는 상속인과 이해상반되는 사항에 관하여도 중립적 입장에서 직무를 수행하여야 하므로, 유언집행자가 있는 경우 그의 유언집행에 필요한 한도에서 상속인의 상속재산에 대한 처분권은 제한되며 그 제한 범위 내에서 상속인은 원고적격이 없다고 할 것이다. 민법 제1103조 제1항은 "지정 또는 선임에 의한 유언집행자는 상속인의 대리인으로 본다"고 규정하고 있으나, 이 조항은 유언집행자의 행위의 효과가 상속인에게 귀속함을 규정한 것이지, 유언집행자의 소송수행권과 별도로 상속인 본인의 소송수행권도 언제나 병존함을 규정한 것은 아니다(대판 2001.3.27, 2000다26920).

▶ **수인의 유언집행자를 상대로 한 유증의무의 이행을 구하는 소송의 형태 – 고유필수적 공동소송**
상속인이 유언집행자가 되는 경우를 포함하여 유언집행자가 수인인 경우에는, 유언집행자를 지정하거나 지정위탁한 유언자나 유언집행자를 선임한 법원에 의한 임무의 분장이 있었다는 등의 특별한 사정이 없는 한, 유증 목적물에 대한 관리처분권은 유언의 본지에 따른 유언의 집행이라는 공동의 임무를 가진 수인의 유언집행자에게 합유적으로 귀속되고, 그 관리처분권 행사는 과반수의 찬성으로써 합일하여 결정하여야 하므로, 유언집행자가 수인인 경우 유언집행자에게 유증의무의 이행을 구하는 소송은 유언집행자 전원을 피고로 하는 고유필수적 공동소송으로 봄이 상당하다(대판 2011.6.24, 2009다8345).
→ 수인의 유언집행자 중 1인만을 피고로 하여 유증의무 이행을 구하는 소송을 제기한 사안에서, 유언집행자 지정 또는 제3자의 지정 위탁이 없는 한 상속인 전원이 유언집행자가 되고, 유증의무자인 유언집행자에 대하여 민법 제1087조 제1항 단서에 따라 유증의무의 이행을 구하는 것은 유언집행자인 상속인 전원을 피고로 삼아야 하는 고유필수적 공동소송이라고 한 사례

(5) 유언집행자의 임무

1) 재산목록의 작성 · 재산관리의무 · 공동유언집행

> **제1100조【재산목록작성】**
> ① 유언이 재산에 관한 것인 때에는 지정 또는 선임에 의한 유언집행자는 지체 없이 그 재산목록을 작성하여 상속인에게 교부하여야 한다.
> ② 상속인의 청구가 있는 때에는 전항의 재산목록작성에 상속인을 참여하게 하여야 한다.
> **제1101조【유언집행자의 권리의무】**
> 유언집행자는 유증의 목적인 재산의 관리 기타 유언의 집행에 필요한 행위를 할 권리의무가 있다.
> **제1102조【공동유언집행】**
> 유언집행자가 수인인 경우에는 임무의 집행은 그 과반수의 찬성으로써 결정한다. 그러나 보존행위는 각자가 이를 할 수 있다.

2) 상속인에 의한 상속재산 처분의 제한

유언의 집행에 필요한 한도에서 유언집행자에게 상속재산에 대한 관리처분권이 인정되므로, 유언집행자의 권한과 충돌하는 상속인의 처분권은 제한되어야 한다. 그런데 민법은 그에 대한 규정을 두지 않았다. 따라서 상속인이 이를 위반하여 처분행위를 하여도 그 처분을 무효라고 할 수는 없으며, 단지 상속인에게 책임을 추궁할 수 있다고 하여야 할 것이다.

3) 유언집행자의 보수

> **제1104조【유언집행자의 보수】**
> ① 유언자가 유언으로 그 집행자의 보수를 정하지 아니한 경우에는 법원은 상속재산의 상황 기타 사정을 참작하여 지정 또는 선임에 의한 유언집행자의 보수를 정할 수 있다.
> ② 유언집행자가 보수를 받는 경우에는 제686조 제2항, 제3항의 규정을 준용한다.

4) 유언집행의 비용

> **제1107조 【유언집행의 비용】**
> 유언의 집행에 관한 비용은 상속재산 중에서 이를 지급한다.

5) 유언집행자의 임무종료

유언집행자의 임무종료원인에는 유인집행의 완료, 유언집행자의 사망 또는 결격사유발생 외에 사퇴와 해임도 있다.

> **제1105조 【유언집행자의 사퇴】**
> 지정 또는 선임에 의한 유언집행자는 정당한 사유 있는 때에는 법원의 허가를 얻어 그 임무를 사퇴할 수 있다.
> **제1106조 【유언집행자의 해임】**
> 지정 또는 선임에 의한 유언집행자에 그 임무를 해태하거나 적당하지 아니한 사유가 있는 때에는 법원은 상속인 기타 이해관계인의 청구에 의하여 유언집행자를 해임할 수 있다.

제3절 │ 유류분

I. 서설

1. 유류분

(1) 개념

유류분은 법률상 상속인에게 귀속되는 것이 보장되는 상속재산에 대한 일정 비율을 말한다. 즉 상속재산 중 피상속인의 생전처분 또는 사인처분으로 빼앗을 수 없는 일정 비율부분을 의미한다.

(2) 유산처분의 자유에 대한 제한

민법은 유언자에게 생전증여·유증 등을 통한 유산처분의 자유를 허용하면서, 한편으로 일정범위의 상속인에게 최소한의 생활보장을 위해 유류분제도를 두고 있다.

2. 유류분권

① 상속이 개시되면 일정범위의 상속인은 상속재산에 대한 일정비율을 취득할 수 있는 지위를 가지게 되는데, 이를 유류분권이라고 한다.

② 유류분권으로부터 유류분을 침해하는 증여 또는 유증의 수증자에 대하여 부족분의 반환을 청구할 수 있는 유류분반환청구권이 생긴다.

③ 유류분권은 상속이 개시된 후에 발생하며, 상속이 개시되기 전에는 일종의 기대권에 지나지 않는다.

3. 유류분권의 포기

① 유류분권이 발생한 후에는 그것은 재산권의 일종이므로 유류분권자가 이를 포기할 수 있다.
② 다만, 상속이 개시되기 전에는 유류분권을 포기할 수 없다.

Ⅱ. 유류분의 범위

1. 유류분권자와 그 유류분

> 제1112조【유류분의 권리자와 유류분】
> 상속인의 유류분은 다음 각호에 의한다.
> 1. 피상속인의 직계비속은 그 법정상속분의 2분의 1
> 2. 피상속인의 배우자는 그 법정상속분의 2분의 1
> 3. 피상속인의 직계존속은 그 법정상속분의 3분의 1
> 4. 피상속인의 형제자매는 그 법정상속분의 3분의 1

2. 유류분액의 산정

> 제1113조【유류분의 산정】
> ① 유류분은 피상속인의 상속개시 시에 있어서 가진 재산의 가액에 증여재산의 가액을 가산하고 채무의 전액을 공제하여 이를 산정한다.
> ② 조건부의 권리 또는 존속기간이 불확정한 권리는 가정법원이 선임한 감정인의 평가에 의하여 그 가격을 정한다.

(1) 유류분 산정의 기초가 되는 재산

유류분 산정의 기초가 되는 재산 = 피상속인이 상속개시시에 가진 재산가액 + 증여재산 가액 − 채무전액이다.

▶ 유류분산정의 기초가 되는 재산의 가액환산 기준시기 − 상속개시 시

① <u>유류분반환범위</u>는 상속개시 당시 피상속인의 순재산과 문제된 증여재산을 합한 재산을 평가하여 그 재산액에 유류분청구권자의 <u>유류분 비율을 곱하여 얻은 유류분액을 기준</u>으로 하는 것인바, 그 유류 분액을 산정함에 있어 반환의무자가 증여받은 재산의 시가는 상속개시 당시를 기준으로 하여 산정하 여야 한다. ★★★

② 따라서 <u>그 증여받은 재산이 금전일 경우에는 그 증여받은 금액을 상속개시 당시의 화폐가치로 환산하여</u> 이를 증여재산의 가액으로 봄이 상당하고, 그러한 화폐가치의 환산은 증여 당시부터 상속개시 당시까지 사이의 물가변동률을 반영하는 방법으로 산정하는 것이 합리적이다(대판 2009.7.23. 2006다28126).

★★★★▶ 증여재산이 상속개시 전에 처분 또는 수용된 경우, 유류분을 산정함에 있어 증여재산의 가액산정 방법)

민법 문언의 해석과 유류분 제도의 입법 취지 등을 종합할 때 피상속인이 상속개시 전에 재산을 증여하여 그 재산이 유류분반환청구의 대상이 된 경우, 수증자가 증여받은 재산을 상속개시 전에 처분하였거나 증여재산이 수용되었다면 민법 제1113조 제1항에 따라 <u>유류분을 산정함에 있어서 그 증여재산의 가액은 증여재산의 현실 가치인 처분 당시의 가액을 기준으로 상속개시까지 사이의 물가변동률을 반영하는 방법으로 산정하여야 한다.</u> 구체적인 이유는 다음과 같다. ① 민법 제1113조 제1항은 "유류분은 피상속인의 상속개시 시에 있어서 가진 재산의 가액에 증여재산의 가액을 가산하고 채무의 전액을 공제하여 이를 산정한다."라고 정하고 있을 뿐 구체적인 가액산정 방법에 대하여는 규정을 두고 있지 않다. 따라서 증여재산의 가액산정 방법은 법원의 해석에 맡겨져 있다. ② 민법 제1113조 제1항의 문언과 더불어 증여재산의 가액산정은 상속개시 당시 피상속인의 순재산과 문제 된 증여재산을 합한 재산을 평가하여 유류분반환의 범위를 정하기 위함이라는 점 및 위 규정에서 증여재산의 가액을 가산하는 이유가 상속재산에서 유출되지 않고 남아 있었을 경우 유류분권리자가 이를 상속받을 수 있었을 것이라는 점에 근거를 두고 있는 점 등에 비추어, 증여재산은 상속개시 시를 기준으로 산정하여야 한다. 따라서 <u>수증자가 증여재산을 상속개시 시까지 그대로 보유하고 있는 경우에는 그 재산의 상속개시 당시 시가를 증여재산의 가액으로 평가할 수 있다.</u> ③ 이에 비하여 <u>수증자가 상속개시 전에 증여재산을 처분하였거나 증여재산이 수용된 경우 그 재산을 상속개시 시를 기준으로 평가하는 방법은 위의 경우와 달리 보아야 한다.</u> 민법 제1113조 제1항이 "상속개시 시에 있어서 가진 재산의 가액"이라고 규정하고 있을 뿐이므로 상속개시 시에 원물로 보유하고 있지 않은 증여재산에 대해서까지 그 재산 자체의 상속개시 당시 교환가치로 평가하라는 취지로 해석하여야 하는 것은 아니다. 따라서 상속개시 전에 증여재산이 처분되거나 수용된 경우 그 상태대로 재산에 편입시켜 유류분을 반환하도록 하는 것이 타당하다. 대법원은 유류분반환에 있어서 증여받은 재산이 금전일 경우에는 그 증여받은 금액을 상속개시 당시의 화폐가치로 환산하여 이를 증여재산의 가액으로 봄이 상당하고, 그러한 화폐가치의 환산은 증여 당시부터 상속개시 당시까지 사이의 물가변동률을 반영하는 방법으로 산정하는 것이 합리적이라고 판시하였다. 부동산 등 현물로 증여된 재산이 상속개시 전에 처분 또는 수용된 경우, 상속개시 시에 있어서 수증자가 보유하는 재산은 수증자가 피상속인으로부터 처분대가에 상응하는 금전을 증여받은 것에 대하여 처분 당시부터 상속개시 당시까지 사이의 물가변동률을 반영하는 방법으로 상속개시 당시의 화폐가치로 환산한 것과 실질적으로 다를 바 없다. ④ 유류분 제도는 피상속인의 재산처분행위로부터 유족의 생존권을 보호하고 법정상속분의 일정 비율에 해당하는 부분을 유류분으로 산정하여 상속인의 상속재산 형성에 대한 기여와 상속재산에 대한 기대를 보장하는 데 그 목적이 있지, 수증자가 피상속인으로부터 증여받은 재산을 상속재산으로 되돌리는 데 목적이 있는 것은 아니다. 증여재산이 상속개시 전에 처분되었음에도 그와 같이 이미 처분된 재산을 상속개시 시의 시가로 평가하여 가액을 산정한다면, 수증자가 상속개시 당시 증여재산을 원물 그대로 보유하는 것으로 의제하는 결과가 된다. 수증자가 재산을 처분한 후 상속개시 사이에 그 재산의 가치가 상승하거나 하락하는 것은 수증자나 기타 공동상속인들이 관여할 수 없는 우연한 사정이다. 그럼에도 상속개시 시까지 처분재산의 가치가 증가하면 그 증가분만큼의 이익을 향유하지 못하였던 수증자가 부담하여야 하고, 감소하면 그 감소분만큼의 위험을 유류분청구자가 부담하여야 한다면 상속인 간 형평을 위하여 마련된 유류분제도의 입법 취지에 부합하지 않게 된다. 특히 증여재산인 토지 일대에 개발사업이 시행된 결과 상속개시 전에 협의취득 또는 수용에 이른 경우 증여토지의 형상이 완전히 변모하고 개발사업의 진행 경과에 따라 가격의 등락이 결정되게 되는바, 이를 수증자나 다른 공동상속인들의 이익이나 손실로 돌리는 것은 부당하다. 정부의 부동산 정책과 개발사업에 따라 부동산 가액 변동성이 매우 큰 우리나라의 상황이 고려되어야 한다. ⑤ 유류분 반환 범위는 상속개시 시에 상속재산이 되었을 재산, 즉 그러한 증여가 없었다면 피상속인이 보유하고 있었을 재산이 기준이 된다. 만약 피상속인이 재산을 보유하다가 자신의 생전에 이를 처분하거나 재산이 수용된 후 사망하였다면 재산 자체의 시가상승으로 인한 이익이 상속재산에 편입될 여지가 없다. 그런데 피상속인이 생전에 증여를 한 다음 수증자에 의하여 처분되거나 수용되었다고 하여 그 재산의 시가상승 이익을 유류분 반환대상에 포함시키도록 재산가액을 산정한다면 수증자의 재산 처분을 제재하는 것과 마찬가지가 된다(대판 2023.5.18, 2019다222867).

1) 상속개시 시에 가진 재산

① 상속재산 중 적극재산만을 의미한다. 그리고 ② 유증이나 사인증여한 재산은 상속개시 시에 현존하는 재산으로 다루어지며, 증여계약이 체결되었으나 아직 이행되지 않은 채로 상속이 개시된 재산도 상속개시 시에 가진 재산에 포함된다(대판 1996.8.20, 96다13682).

★► **유류분 산정 시 산입될 '증여재산'에 아직 이행되지 아니한 증여계약의 목적물이 포함되는지 여부**
(소극)

유류분 산정의 기초가 되는 재산의 범위에 관한 민법 제1113조 제1항에서의 '증여재산'이란 상속개시 전에 이미 증여계약이 이행되어 소유권이 수증자에게 이전된 재산을 가리키는 것이고, 아직 증여계약이 이행되지 아니하여 소유권이 피상속인에게 남아 있는 상태로 상속이 개시된 재산은 당연히 '피상속인의 상속개시 시에 있어서 가진 재산'에 포함되는 것이므로, 수증자가 공동상속인이든 제3자이든 가리지 아니하고 모두 유류분 산정의 기초가 되는 재산을 구성한다(대판 1996.8.20, 96다13682).

---

2) 증여재산의 가산

> **제1114조 【산입될 증여】**
> 증여는 상속개시 전의 1년간에 행한 것에 한하여 제1113조의 규정에 의하여 그 가액을 산정한다. 당사자 쌍방이 유류분권리자에 손해를 가할 것을 알고 증여를 한 때에는 1년 전에 한 것도 같다.

가) 상속개시 전의 1년간에 행한 증여 : 모두 산입된다(제1114조 제1문). 이 때 1년의 기산점은 증여계약의 이행시기가 아니라, 계약 체결시기를 기준으로 한다.

나) 당사자 쌍방이 유류분권리자에 손해를 가할 것을 알고 한 증여 : 1년 전의 것도 산입된다(제1114조 제2문). 이 경우 그 증여로 객관적으로 유류분 권리자에게 손해를 가할 가능성이 있다는 사실을 아는 것만으로 족하고, 유류분권자를 해할 목적이나 의도까지 있을 필요는 없다.

★★★► **공동상속인이 아닌 제3자에 대한 증여 당시 법정상속분의 2분의 1을 유류분으로 갖는 배우자나 직계비속이 공동상속인으로서 유류분권리자가 되리라고 예상할 수 있는 경우, 위 증여가 유류분권리자에게 손해를 가할 것을 알고 행해진 것이라고 보기 위한 요건과 그 판단의 기준 시기** (= 증여 당시) **및 이에 관한 증명책임의 소재**(= 유류분반환청구권을 행사하는 상속인)

공동상속인이 아닌 제3자에 대한 증여는 원칙적으로 상속개시 전의 1년간에 행한 것에 한하여 유류분반환청구를 할 수 있고, 다만 당사자 쌍방이 증여 당시에 유류분권리자에 손해를 가할 것을 알고 증여를 한 때에는 상속개시 1년 전에 한 것에 대하여도 유류분반환청구가 허용된다(민법 제1114조 참조). 증여 당시 법정상속분의 2분의 1을 유류분으로 갖는 배우자나 직계비속이 공동상속인으로서 유류분권리자가 되리라고 예상할 수 있는 경우에, 제3자에 대한 증여가 유류분권리자에게 손해를 가할 것을 알고 행해진 것이라고 보기 위해서는, 당사자 쌍방이 증여 당시 증여재산의 가액이 증여하고 남은 재산의 가액을 초과한다는 점을 알았던 사정뿐만 아니라, 장래 상속개시일에 이르기까지 피상속인의 재산이 증가하지 않으리라는 점까지 예견하고 증여를 행한 사정이 인정되어야 하고, 이러한 당사자 쌍방의 가해의 인식은 증여 당시를 기준으로 판단하여야 하는데, 그 증명책임은 유류분반환청구권을 행사하는 상속인에게 있다(대판 2022.8.11, 2020다247428).

다) **공동상속인 특별수익** : 공동상속인 중에 피상속인으로부터 재산의 증여에 의하여 특별수익을 한 자가 있는 경우에는 제1114조의 규정은 적용되지 않는다. 따라서 그 증여가 상속개시 전의 1년 간에 행하여졌는지에 관계없이 모두 산입한다(대판 1996.2.9, 95다17885).

★★★▶ **상속인의 경우 유류분 산정 시 가산되어야 할 증여재산의 범위**
공동상속인 중에 피상속인으로부터 재산의 생전 증여에 의하여 민법 제1008조의 특별수익을 한 자가 있는 경우에는 민법 제1114조의 규정은 그 적용이 배제되고, 따라서 그 증여는 상속개시 1년 이전의 것인지 여부, 당사자 쌍방이 유류분권리자에 손해를 가할 것을 알고서 하였는지 여부에 관계없이 증여를 받은 재산은 유류분 산정을 위한 기초재산에 산입된다(대판 1996.2.9, 95다17885; 대판 2021.7.15, 2016다210498).

★★★▶ **상속분 양도의 의미 및 공동상속인이 다른 공동상속인에게 무상으로 자신의 상속분을 양도한 경우, 그 상속분이 양도인 사망으로 인한 상속에서 유류분산정을 위한 기초재산에 산입되는지 여부**(적극)
상속분 양도는 상속재산분할 전에 적극재산과 소극재산을 모두 포함한 상속재산 전부에 관하여 공동상속인이 가지는 포괄적 상속분, 즉 상속인 지위의 양도를 뜻한다. 공동상속인이 다른 공동상속인에게 무상으로 자신의 상속분을 양도하는 것은 특별한 사정이 없는 한 유류분에 관한 민법 제1008조의 증여에 해당하므로, 그 상속분은 양도인의 사망으로 인한 상속에서 유류분 산정을 위한 기초재산에 산입된다고 보아야 한다(대판 2021.7.15, 2016다210498).

★★★▶ **어느 공동상속인이 다른 공동상속인에게 자신의 상속분을 무상으로 양도하는 것과 같은 내용으로 상속재산 분할협의가 이루어진 경우, 이에 따라 무상으로 양도된 것으로 볼 수 있는 상속분은 양도인의 사망으로 인한 상속에서 유류분 산정을 위한 기초재산에 포함된다고 보아야 하는지 여부**(적극)
① 유류분에 관한 민법 제1118조에 따라 준용되는 민법 제1008조는 '특별수익자의 상속분'에 관하여 "공동상속인 중에 피상속인으로부터 재산의 증여 또는 유증을 받은 자가 있는 경우에 그 수증재산이 자기의 상속분에 달하지 못한 때에는 그 부족한 부분의 한도에서 상속분이 있다."라고 정하고 있다. 공동상속인 중에 피상속인으로부터 재산의 생전 증여로 민법 제1008조의 특별수익을 받은 사람이 있으면 민법 제1114조가 적용되지 않으므로, 그 증여가 상속개시 1년 이전의 것인지 여부 또는 당사자 쌍방이 유류분권리자에 손해를 가할 것을 알고서 하였는지 여부와 관계없이 증여를 받은 재산이 유류분 산정을 위한 기초재산에 포함된다. ② 공동상속인이 다른 공동상속인에게 무상으로 자신의 상속분을 양도하는 것은 특별한 사정이 없는 한 유류분에 관한 민법 제1008조의 증여에 해당하므로,

그 상속분은 양도인의 사망으로 인한 상속에서 유류분 산정을 위한 기초재산에 포함된다. ③ 위와 같은 법리는 상속재산 분할협의의 실질적 내용이 어느 공동상속인이 다른 공동상속인에게 자신의 상속분을 무상으로 양도하는 것과 같은 때에도 마찬가지로 적용된다. 따라서 상속재산 분할협의에 따라 무상으로 양도된 것으로 볼 수 있는 상속분은 양도인의 사망으로 인한 상속에서 유류분 산정을 위한 기초재산에 포함된다고 보아야 한다(대판 2021.8.19, 2017다230338).

▶ '특별수익자의 상속분'에 관해 규정한 민법 제1008조의 취지 및 어떠한 생전 증여가 특별수익에 해당하는지 결정하는 기준 / 피상속인이 한 생전 증여에 상속인의 특별한 부양 내지 기여에 대한 대가의 의미가 포함되어 있는 경우, 생전 증여를 특별수익에서 제외할 수 있는지 여부(적극) 및 그 판단 기준

유류분에 관한 민법 제1118조에 따라 준용되는 민법 제1008조는 '특별수익자의 상속분'에 관하여 "공동상속인 중에 피상속인으로부터 재산의 증여 또는 유증을 받은 자가 있는 경우에 그 수증재산이 자기의 상속분에 달하지 못한 때에는 그 부족한 부분의 한도에서 상속분이 있다."라고 정하고 있다. 이는 공동상속인 중에 피상속인으로부터 재산의 증여 또는 유증을 받은 특별수익자가 있는 경우에 공동상속인들 사이의 공평을 기하기 위하여 그 수증재산을 상속분의 선급으로 다루어 구체적인 상속분을 산정하는 데 참작하도록 하기 위한 것이다. 여기서 어떠한 생전 증여가 특별수익에 해당하는지는 피상속인의 생전의 자산, 수입, 생활수준, 가정상황 등을 참작하고 공동상속인들 사이의 형평을 고려하여 당해 생전 증여가 장차 상속인으로 될 자에게 돌아갈 상속재산 중 그의 몫의 일부를 미리 주는 것이라고 볼 수 있는지에 의하여 결정하여야 한다. 따라서 피상속인으로부터 생전 증여를 받은 상속인이 피상속인을 특별히 부양하였거나 피상속인의 재산의 유지 또는 증가에 특별히 기여하였고, 피상속인의 생전 증여에 상속인의 위와 같은 특별한 부양 내지 기여에 대한 대가의 의미가 포함되어 있는 경우와 같이 상속인이 증여받은 재산을 상속분의 선급으로 취급한다면 오히려 공동상속인들 사이의 실질적인 형평을 해치는 결과가 초래되는 경우에는 그러한 한도 내에서 생전 증여를 특별수익에서 제외할 수 있다. 다만 유류분제도가 피상속인의 재산처분행위로부터 유족의 생존권을 보호하고 법정상속분의 일정비율에 해당하는 부분을 유류분으로 산정하여 상속인의 상속재산 형성에 대한 기여와 상속재산에 대한 기대를 보장하는 데 그 목적이 있는 점을 고려할 때, 피상속인의 생전 증여를 만연히 특별수익에서 제외하여 유류분제도를 형해화시키지 않도록 신중하게 판단하여야 한다(대판 2022. 3.17, 2021다230083·230090).

★★★▶ 피대습인의 특별수익과 유류분 산정을 위한 기초재산의 산입 여부(대판 2022.3.17, 2020다267620)

[1] 피대습인이 대습원인의 발생 이전에 피상속인으로부터 생전 증여로 특별수익을 받은 경우, 생전 증여를 대습상속인의 특별수익으로 보아야 하는지 여부(적극)

민법 제1008조는 공동상속인 중에 피상속인으로부터 재산의 증여 또는 유증을 받은 특별수익자가 있는 경우에 공동상속인들 사이의 공평을 기하기 위하여 그 수증재산을 상속분의 선급으로 다루어 구체적인 상속분을 산정할 때 이를 참작하도록 하려는 데 그 취지가 있다. 피대습인이 생전에 피상속인으로부터 특별수익을 받은 경우 대습상속이 개시되었다고 하여 피대습인의 특별수익을 고려하지 않고 대습상속인의 구체적인 상속분을 산정한다면 대습상속인은 피대습인이 취득할 수 있었던 것 이상의 이익을 취득하게 된다. 이는 공동상속인들 사이의 공평을 해칠 뿐만 아니라 대습상속의 취지에도 반한다. 따라서 피대습인이 대습원인의 발생 이전에 피상속인으로부터 생전 증여로 특별수익을 받은 경우 그 생전 증여는 대습상속인의 특별수익으로 봄이 타당하다.

[2] 피상속인으로부터 특별수익인 생전 증여를 받은 공동상속인이 상속을 포기한 경우, 민법 제1114조가 적용되는지 여부(적극) / 위와 같은 법리는 피대습인이 대습원인의 발생 이전에 피상속인으로부터 생전 증여로 특별수익을 받은 이후 대습상속인이 피상속인에 대한 대습상속을 포기한 경우에도 그대로 적용되는지 여부(적극)

① 유류분에 관한 민법 제1118조는 민법 제1008조를 준용하고 있으므로, 공동상속인 중에 피상속인으로부터 재산의 생전 증여로 민법 제1008조의 특별수익을 받은 사람이 있으면 민법 제1114조가 적용되지 않고, 그 증여가 상속개시 1년 이전의 것인지 여부 또는 당사자 쌍방이 유류분권리자에 손해를 가할 것을 알고서 하였는지 여부와 관계없이 증여를 받은 재산이 유류분 산정을 위한 기초재산에 산입된다. ② 그러나 피상속인으로부터 특별수익인 생전 증여를 받은 공동상속인이 상속을 포기한 경우에는 민법 제1114조가 적용되므로, 그 증여가 상속개시 전 1년간에 행한 것이거나 당사자 쌍방이 유류분권리자에 손해를 가할 것을 알고 한 경우에만 유류분 산정을 위한 기초재산에 산입된다고 보아야 한다. 민법 제1008조에 따라 구체적인 상속분을 산정하는 것은 상속인이 피상속인으로부터 실제로 특별수익을 받은 경우에 한정되는데, 상속의 포기는 상속이 개시된 때에 소급하여 그 효력이 있고(민법 제1042조), 상속포기자는 처음부터 상속인이 아니었던 것이 되므로, 상속포기자에게는 민법 제1008조가 적용될 여지가 없기 때문이다. ③ 위와 같은 법리는 피대습인이 대습원인의 발생 이전에 피상속인으로부터 생전 증여로 특별수익을 받은 이후 대습상속인이 피상속인에 대한 대습상속을 포기한 경우에도 그대로 적용된다.

3) 채무 전액의 공제

피상속인의 채무, 즉 상속채무는 공제한다.

▶ **유류분 산정 시 공제되어야 할 채무에 상속세, 상속재산의 관리·보존을 위한 소송비용 등 상속재산에 관한 비용이 포함되는지 여부**(소극)

민법 제1113조 제1항은 "유류분은 피상속인의 상속개시 시에 있어서 가진 재산의 가액에 증여재산의 가액을 가산하고 채무의 전액을 공제하여 이를 산정한다."라고 규정하고 있다. 이때 공제되어야 할 채무란 상속채무, 즉 피상속인의 채무를 가리키는 것이고, 여기에 상속세, 상속재산의 관리·보존을 위한 소송비용 등 상속재산에 관한 비용은 포함되지 아니한다(대판 2015.5.14, 2012다21720).

(2) 유류분액의 계산 방법

유류분권리자의 유류분액은 위에서 확정한 유류분산정의 기초 재산에 그 상속인의 유류분 비율을 곱한 것이다. 그 구체적인 계산식은 다음과 같다.

1) **유류분** = '유류분 산정의 기초재산' × '유류분 비율'

2) **유류분 산정의 기초재산** = 상속개시 시의 적극재산 + [1년간의 증여액 + 1년 전의 악의의 증여액 + 공동상속인의 모든 증여액] − 상속채무

3) **유류분 비율** = 당해 상속인의 법정상속분 × 그의 유류분율

Ⅲ. 유류분의 보전 – 유류분반환청구권

1. 유류분반환청구권

(1) 의의

유류분권리자가 피상속인의 증여 또는 유증으로 인하여 그의 유류분에 부족이 생긴 때에, 그는 부족한 한도에서 증여 또는 유증된 재산의 반환을 청구할 수 있다. 이를 유류분반환청구권이라 한다.

(2) 발생요건 – 유류분의 침해가 있을 것

유류분의 침해가 존재해야 유류분반환청구권이 발생한다. 구체적으로 유류분의 침해액은 앞서 본 유류분에서 상속인의 특별수익과 순상속분을 공제한 액이다. 계산식은 다음과 같다.

1) 유류분 부족액 = 유류분액 – [특별수익액 + 순상속분액]

2) 특별수익 = 공동상속인이 증여 또는 유증받은 액

3) 순상속분 = 상속받은 적극재산액 – 상속채무 분담액

이렇게 계산하여 유류분 부족액이 +가 되면, 그만큼 유류분반환청구권이 발생한다.

★▶ **공동상속인 중 특별수익을 받은 유류분권리자의 유류분 부족액을 산정할 때 유류분액에서 공제하여야 하는 순상속분액을 산정하는 방법**

유류분제도는 피상속인의 재산처분행위로부터 유족의 생존권을 보호하고 법정상속분의 일정 비율에 해당하는 부분을 유류분으로 산정하여 상속인의 상속재산형성에 대한 기여와 상속재산에 대한 기대를 보장하는 데 입법 취지가 있다. 유류분에 관한 민법 제1118조에 의하여 준용되는 민법 제1008조는 "공동상속인 중에 피상속인으로부터 재산의 증여 또는 유증을 받은 자가 있는 경우에 그 수증재산이 자기의 상속분에 달하지 못한 때에는 그 부족한 부분의 한도에서 상속분이 있다."라고 규정하고 있다. 이는 공동상속인 중 피상속인으로부터 재산의 증여 또는 유증을 받은 특별수익자가 있는 경우에 공동상속인들 사이의 공평을 기하기 위하여 그 수증재산을 상속분의 선급으로 다루어 구체적인 상속분을 산정함에 있어 이를 참작하도록 하려는 데 취지가 있다. 이러한 유류분제도의 입법 취지와 민법 제1008조의 내용 등에 비추어 보면, 공동상속인 중 특별수익을 받은 유류분권리자의 유류분 부족액을 산정할 때에는 유류분액에서 특별수익액과 순상속분액을 공제하여야 하고, 이때 공제할 순상속분액은 당해 유류분권리자의 특별수익을 고려한 구체적인 상속분에 기초하여 산정하여야 한다(대판 2021.8.19. 2017다235791).

★★★▶ **유류분 부족액 산정과 특정유증의 경우 법률관계**(대판 2022.1.27. 2017다265884)

[1] 유류분권리자의 유류분 부족액 산정 방법 / 유류분권리자의 구체적인 상속분보다 유류분권리자가 부담하는 상속채무가 더 많은 경우, 그 초과분을 유류분액에 가산하여 유류분 부족액을 산정하여야 하는지 여부(적극)

유류분권리자의 유류분 부족액은 유류분액에서 특별수익액과 순상속분액을 공제하는 방법으로 산정하는데, 피상속인이 상속개시 시에 채무를 부담하고 있던 경우 유류분액은 민법 제1113조 제1항에 따라 피상속인이 상속개시 시에 가진 재산의 가액에 증여재산의 가액을 가산하고 채무의 전액을 공제하여 유류분 산정의 기초가 되는 재산액을 확정한 다음, 거기에 민법 제1112조에서 정한 유류분 비율을 곱하여 산정한다. 그리고 유류분액에서 공제할 순상속분액은 특별수익을 고려한 구체적

인 상속분에서 <u>유류분권리자가 부담하는 상속채무를 공제하여 산정하고</u>, 이때 <u>유류분권리자의 구체적인 상속분보다 유류분권리자가 부담하는 상속채무가 더 많다면 그 초과분을 유류분액에 가산하여 유류분 부족액을 산정하여야 한다</u>. 구체적으로, ① 유류분권리자의 구체적인 상속분보다 유류분권리자가 부담하는 상속채무가 더 많다면, 즉 순상속분액이 음수인 경우에는 그 초과분을 유류분액에 가산하여 유류분 부족액을 산정하여야 한다. 이러한 경우에는 그 초과분을 유류분액에 가산해야 단순승인 상황에서 상속채무를 부담해야 하는 유류분권리자의 유류분액 만큼 확보해줄 수 있기 때문이다. ② 그러나 위와 같이 유류분권리자의 구체적인 상속분보다 유류분권리자가 부담하는 상속채무가 더 많은 경우라도 유류분권리자가 한정승인을 했다면, 그 초과분을 유류분액에 가산해서는 안 되고 순상속분액을 0으로 보아 유류분 부족액을 산정해야 한다. 유류분권리자인 상속인이 한정승인을 하였으면 상속채무에 대한 한정승인자의 책임은 상속재산으로 한정되는데, 상속채무 초과분이 있다고 해서 그 초과분을 유류분액에 가산하게 되면 법정상속을 통해 어떠한 손해도 입지 않은 유류분권리자가 유류분액을 넘는 재산을 반환받게 되는 결과가 되기 때문이다. 상속채권자로서는 피상속인의 유증 또는 증여로 피상속인이 채무초과상태가 되거나 그러한 상태가 더 나빠지게 되었다면 수증자를 상대로 채권자취소권을 행사할 수 있다(대판 2022.8.11, 2020다247428).

[2] 유언자가 임차권 또는 근저당권이 설정된 목적물을 특정유증하면서 유증을 받은 자가 임대차보증금반환채무 또는 피담보채무를 인수할 것을 부담으로 정한 경우, 특정유증으로 유류분권리자가 얻은 순상속분액은 없다고 보아 유류분 부족액을 산정하여야 하는지 여부^(적극) 및 특정유증을 받은 자가 임대차보증금반환채무 또는 피담보채무를 변제한 경우, 상속인에 대하여 구상권을 행사할 수 있는지 여부^(소극) / 이러한 법리는 유증 목적물에 관한 임대차계약에 대항력이 있는지와 무관하게 적용되는지 여부^(적극)

유언자가 자신의 재산 전부 또는 전 재산의 비율적 일부가 아니라 <u>일부 재산을 특정하여 유증한 특정유증의 경우에는, 유증 목적인 재산은 일단 상속재산으로서 상속인에게 귀속되고 유증을 받은 자는 유증의무자에 대하여 유증을 이행할 것을 청구할 수 있는 채권을 취득하게 된다</u>. 유언자가 임차권 또는 근저당권이 설정된 목적물을 특정유증하면서 유증을 받은 자가 그 임대차보증금반환채무 또는 피담보채무를 인수할 것을 부담으로 정한 경우에도 <u>상속인이 상속개시 시에 유증 목적물과 그에 관한 임대차보증금반환채무 또는 피담보채무를 상속하므로 이를 전제로 유류분 산정의 기초가 되는 재산액을 확정하여 유류분액을 산정하여야 한다</u>. 이 경우 상속인은 유증을 이행할 의무를 부담함과 동시에 유증을 받은 자에게 유증 목적물에 관한 임대차보증금반환채무 등을 인수할 것을 요구할 수 있는 이익 또한 얻었다고 할 수 있으므로, 결국 그 특정유증으로 인해 유류분권리자가 얻은 순상속분액은 없다고 보아 유류분 부족액을 산정하여야 한다. 나아가 위와 같은 경우에 특정유증을 받은 자가 유증 목적물에 관한 임대차보증금반환채무 또는 피담보채무를 임차인 또는 근저당권자에게 변제하였다고 하더라도 <u>상속인에 대한 관계에서는 자신의 채무 또는 장차 인수하여야 할 채무를 변제한 것이므로 상속인에 대하여 구상권을 행사할 수 없다고 봄이 타당하다. 위와 같은 법리는 유증 목적물에 관한 임대차계약에 대항력이 있는지 여부와 무관하게 적용된다.</u>

[3] 유언자가 임차권 또는 근저당권이 설정된 목적물을 특정유증한 경우, 유증을 받은 자가 임대보증금반환채무 또는 피담보채무를 인수할 것을 부담으로 정하여 유증한 것으로 볼 수 있는지 여부^(원칙적 적극)

유언자가 부담부 유증을 하였는지는 유언에 사용한 문언 및 그 외 제반 사정을 종합적으로 고려하여 탐구된 유언자의 의사에 따라 결정되어야 하는데, 유언자가 임차권 또는 근저당권이 설정된 목적물을 특정유증하였다면 특별한 사정이 없는 한 <u>유증을 받은 자가 그 임대보증금반환채무 또는 피담보채무를 인수할 것을 부담으로 정하여 유증하였다고 볼 수 있다.</u>

2. 유류분반환청구권의 행사

(1) 당사자

1) 반환청구권자

유류분권자와 그 포괄승계인 및 특정승계인(유류분반환청구권의 양수인 등)이다.

★★★▶ **유류분반환청구권이 채권자대위권의 목적이 될 수 있는지 여부**(원칙적 소극)

유류분반환청구권은 그 행사 여부가 유류분권리자의 인격적 이익을 위하여 그의 자유로운 의사결정에 전적으로 맡겨진 권리로서 행사상의 일신전속성을 가진다고 보아야 하므로, 유류분권리자에게 그 권리행사의 확정적 의사가 있다고 인정되는 경우가 아니라면 채권자대위권의 목적이 될 수 없다(대판 2010.5.27, 2009다93992).

---

2) 반환의무자

① 증여 또는 유증 받은 자 및 그 포괄승계인인 상속인이 반환의무자가 된다. ② 증여 또는 유증 받은 자로부터 그 목적재산을 양수한 자는 그가 악의인 경우에 한하여 반환의무자가 된다(대판 2002. 4.26, 2000다8878).

▶ **반환대상인 목적재산의 양수인에 대하여도 유류분반환청구를 할 수 있는지 여부**(한정 적극)

유류분반환청구권의 행사에 의하여 반환되어야 할 유증 또는 증여의 목적이 된 재산이 타인에게 양도된 경우 그 양수인이 양도 당시 유류분권리자를 해함을 안 때에는 양수인에 대하여도 그 재산의 반환을 청구할 수 있다고 보아야 한다(대판 2002.4.26, 2000다8878).

(2) 행사방법

> **제1115조【유류분의 보전】**
> ① 유류분권리자가 피상속인의 제1114조에 규정된 증여 및 유증으로 인하여 그 유류분에 부족이 생긴 때에는 부족한 한도에서 그 재산의 반환을 청구할 수 있다.
> ② 제1항의 경우에 증여 및 유증을 받은 자가 수인인 때에는 각자가 얻은 유증가액의 비례로 반환하여야 한다.
> **제1116조【반환의 순서】**
> 증여에 대하여는 유증을 반환받은 후가 아니면 이것을 청구할 수 없다.

1) 행사방법

① 반환청구권의 행사는 재판상 또는 재판 외에서 상대방에 대한 의사표시로 할 수 있고, 이 경우 그 의사표시는 침해를 받은 유증 또는 증여행위를 지정하여 이에 대한 반환청구의 의사를 표시하면 그것으로 족하고, 그로 인하여 생긴 목적물의 이전등기청구권이나 인도청구권 등을 행사하는 것과 달리 그 목적물을 구체적으로 특정하여야 하는 것이 아니다(대판 1995.6.30, 93다11715).

② 반환청구권은 유류분이 부족한 한도에서 행사하여야 한다.

2) 반환의 순서

① 반환청구의 대상이 되는 증여와 유증이 병존하는 경우, 먼저 유증에 대하여 반환을 청구하고, 부족한 부분에 한하여 2차적으로 증여에 대하여 반환을 청구하여야 한다(제1116조). ② 사인증여는 유증과 마찬가지로 다룬다(판례).

★★★ **유류분반환청구에 있어 사인증여를 유증으로 볼 수 있는지 여부**(적극)

유류분반환청구의 목적인 증여나 유증이 병존하고 있는 경우에는 유류분권리자는 먼저 유증을 받은 자를 상대로 유류분침해액의 반환을 구하여야 하고, 그 이후에도 여전히 유류분침해액이 남아 있는 경우에 한하여 증여를 받은 자에 대하여 그 부족분을 청구할 수 있는 것이며, 사인증여의 경우에는 유증의 규정이 준용될 뿐만 아니라 그 실제적 기능도 유증과 달리 볼 필요가 없으므로 유증과 같이 보아야 할 것이다(대판 2001.11.30, 2001다6947).

3) 상대방이 복수인 경우

증여 또는 유증을 받은 자가 수인인 때에는 유증·증여의 순서로 각자가 받은 가액의 비례로 반환한다(제1115조 제2항).

(3) 행사의 효과

1) 원물반환의 원칙

유류분권자가 반환을 청구하는 것은 원칙적으로 증여 또는 유증된 원물 자체이고, 원물반환이 불가능한 경우에는 그 가액 상당액을 반환청구 할 수 있다. 그리고 가액반환을 하는 경우 그 가액은 사실심 변론종결시를 기준으로 산정하여야 한다(대판 2005.6.23, 2004다51887).

▶ **유류분의 반환방법**

우리 민법은 유류분제도를 인정하여 제1112조부터 제1118조까지 이에 관하여 규정하면서도 유류분의 반환방법에 관하여 별도의 규정을 두지 않고 있으나, 증여 또는 유증대상 재산 그 자체를 반환하는 것이 통상적인 반환방법이라고 할 것이므로, 유류분 권리자가 원물반환의 방법에 의하여 유류분 반환을 청구하고 그와 같은 원물반환이 가능하다면 달리 특별한 사정이 없는 이상 법원은 유류분 권리자가 청구하는 방법에 따라 원물반환을 명하여야 한다(대판 2006.5.26, 2005다71949).

2) 가액반환의 예외

원물반환이 불가능한 경우 그 가액 상당액의 반환을 구할 수밖에 없다(대판 2005.6.23, 2004다51887).

▶ **유류분액의 산정에 있어서 증여재산의 산정의 기준시기**(상속개시 시) **및 원물반환이 불가능하여 가액반환을 명하는 경우 그 가액 산정의 기준시기**(사실심 변론종결 시)

① 우리 민법은 유류분제도를 인정하여 제1112조부터 제1118조까지 이에 관하여 규정하면서도 유류분의 반환방법에 관하여 별도의 규정을 두지 않고 있는바, 다만 제1115조 제1항이 "부족한 한도에서 그 재산의 반환을 청구할 수 있다"고 규정한 점 등에 비추어 반환의무자는 통상적으로 증여 또는 유증대상 재산 그 자체를 반환하면 될 것이나 위 원물반환이 불가능한 경우에는 그 가액 상당액을 반환할 수밖에 없다.

② 유류분반환범위는 상속개시 당시 피상속인의 순재산과 문제된 증여재산을 합한 재산을 평가하여 그 재산액에 유류분청구권자의 유류분비율을 곱하여 얻은 유류분액을 기준으로 하는 것인바, 이와 같이 유류분액을 산정함에 있어 반환의무자가 증여받은 재산의 시가는 상속개시 당시를 기준으로 산정하여야 하고, 당해 반환의무자에 대하여 반환하여야 할 재산의 범위를 확정한 다음 그 원물반환이 불가능하여 가액반환을 명하는 경우에는 그 가액은 사실심 변론종결시를 기준으로 산정하여야 한다.

③ 유류분으로 반환하여야 할 대상이 주식인 경우, 반환의무자가 피상속인으로부터 증여받은 주권 그 자체를 보유하고 있지 않다고 하더라도 그 대체물인 주식을 제3자로부터 취득하여 반환할 수 없다는 등의 특별한 사정이 없는 한 원물반환의무의 이행이 불가능한 것은 아니다(대판 2005.6.23, 2004다51887).

▶ 유류분반환의 범위를 산정할 때 증여받은 재산의 시가 산정의 기준 시점(상속개시 당시) 및 증여 이후 수증자나 수증자에게서 증여재산을 양수한 사람이 자기 비용으로 증여재산의 성상(性狀) 등을 변경하여 상속개시 당시 가액이 증가되어 있는 경우, 증여 당시의 성상 등을 기준으로 상속개시 당시의 가액을 산정하여야 하는지 여부(적극)

유류분반환의 범위는 상속개시 당시 피상속인의 순재산과 문제 된 증여재산을 합한 재산을 평가하여 그 재산액에 유류분청구권자의 유류분비율을 곱하여 얻은 유류분액을 기준으로 산정하는데, 증여받은 재산의 시가는 상속개시 당시를 기준으로 하여 산정하여야 한다. 다만 증여 이후 수증자나 수증자에게서 증여재산을 양수한 사람이 자기 비용으로 증여재산의 성상(性狀) 등을 변경하여 상속개시 당시 가액이 증가되어 있는 경우, 변경된 성상 등을 기준으로 상속개시 당시의 가액을 산정하면 유류분권리자에게 부당한 이익을 주게 되므로, 이러한 경우에는 그와 같은 변경을 고려하지 않고 증여 당시의 성상 등을 기준으로 상속개시 당시의 가액을 산정하여야 한다(대판 2015.11.12, 2010다104768).

(4) 공동상속인들 사이의 유류분반환청구

1) 공동상속에 있어서 상속인 중의 1인 또는 수인이 과다하게 증여 또는 유증을 받음으로써 다른 상속인의 유류분을 침해하는 경우가 생길 수 있다. 이 경우에도 유류분권이 인정된다.

2) 이때 반환청구의 대상으로 되는 것은 증여·유증을 받은 상속인의 유류분액을 초과한 부분만 이며, 그 부분 가운데 다른 공동상속인에 대한 유류분 침해의 한도에서만 반환하면 된다.

★★★▶ 공동상속인 및 공동상속인이 아닌 제3자가 피상속인으로부터 각각 증여 또는 유증을 받은 경우, 각자의 유류분반환의무의 범위

유류분권리자가 유류분반환청구를 함에 있어 증여 또는 유증을 받은 다른 공동상속인이 수인일 때에는 각자 증여 또는 유증을 받은 재산 등의 가액이 자기 고유의 유류분액을 초과하는 상속인에 대하여 그 유류분액을 초과한 가액의 비율에 따라서 반환을 청구할 수 있고, 공동상속인과 공동상속인 아닌 제3자가 있는 경우에는 그 제3자에게는 유류분이 없으므로 공동상속인에 대하여는 자기 고유의 유류분액을 초과한 가액을 기준으로 하여, 제3자에 대하여는 그 증여 또는 유증받은 재산의 가액을 기준으로 하여 그 각 가액의 비율에 따라 반환청구를 할 수 있다(대판 2006.11.10, 2006다46346).

3. 반환청구권의 소멸시효

> **제1117조 【소멸시효】**
> 반환의 청구권은 유류분 권리자가 상속의 개시와 반환하여야 할 증여 또는 유증을 한 사실을 안 때로부터 1년 내에 하지 아니하면 시효에 의하여 소멸한다. 상속이 개시한 때로부터 10년을 경과한 때도 같다.

① 1년의 기간은 소멸시효기간이다. 그리고 이 시효의 기산점에 대해 판례는 유류분권리자가 상속이 개시되었다는 사실과 증여 또는 유증이 있었다는 사실 및 그것이 반환하여야 할 것임을 안 때를 뜻한다고 한다(대판 2006.11.10, 2006다46346).

★★★► **유류분반환청구권에 대한 소멸시효기간의 기산점과 민법 제1117조의 '반환하여야 할 증여 또는 유증을 한 사실을 안 때'의 의미**
민법 제1117조는 유류분반환청구권은 유류분권리자가 상속의 개시와 반환하여야 할 증여 또는 유증을 한 사실을 안 때로부터 1년 내에 하지 아니하면 시효에 의하여 소멸한다고 규정하고 있는바, 여기서 '반환하여야 할 증여 등을 한 사실을 안 때'라 함은 상속이 개시되었다는 사실과 증여 또는 유증이 있었다는 사실 및 그것이 반환하여야 할 것임을 안 때라고 해석하여야 하므로, 유류분권리자가 증여 등이 무효라고 믿고 소송상 항쟁하고 있는 경우에는 증여 등의 사실을 안 것만으로 곧바로 반환하여야 할 증여가 있었다는 것까지 알고 있다고 단정할 수는 없다(대판 2001.9.14, 2000다66430・66447).

② 상속이 개시된 때부터 10년이 경과하여도 소멸한다. 이 기간도 소멸시효기간으로 해석함이 판례이다(대판 1993.4.13, 92다3595). ★★★

③ 유류분반환청구권의 행사는 재판상 또는 재판 외에서 상대방에 대한 의사표시의 방법으로 할 수 있고, 이 경우 그 의사표시는 침해를 받은 유증 또는 증여행위를 지정하여 이에 대한 반환청구의 의사를 표시하면 그것으로 족하며, 그로 인하여 생긴 목적물의 이전등기청구권이나 인도청구권 등을 행사하는 것과는 달리 그 목적물을 구체적으로 특정하여야 하는 것은 아니고, 민법 제1117조에 정한 소멸시효의 진행도 그 의사표시로 중단된다(대판 2002.4.26, 2000다8878). ★★★

★★★► **유류분반환청구의 제 문제**(대판 2013.3.14, 2010다42624・42631)
[1] 증여 또는 유증을 받은 재산 등의 가액이 자기 고유의 유류분액을 초과하는 수인의 공동상속인이 유류분권리자에게 반환하여야 할 재산과 범위를 정하는 기준 및 어느 공동상속인 1인이 수개의 재산을 유증받아 각 수유재산으로 유류분권리자에게 분담액을 반환하는 경우, 반환하여야 할 각 수유재산의 범위를 정하는 방법
증여 또는 유증을 받은 재산 등의 가액이 자기 고유의 유류분액을 초과하는 수인의 공동상속인이 유류분권리자에게 반환하여야 할 재산과 범위를 정할 때에, 수인의 공동상속인이 유증받은 재산의 총 가액이 유류분권리자의 유류분 부족액을 초과하는 경우에는 유류분 부족액의 범위 내에서 각자의 수유재산을 반환하면 되는 것이지 이를 놓아두고 수증재산을 반환할 것은 아니다. 이 경우 수인의 공동상속인이 유류분권리자의 유류분 부족액을 각자의 수유재산으로 반환할 때 분담하여야 할 액은 각자 증여 또는 유증을 받은 재산 등의 가액이 자기 고유의 유류분액을 초과하는 가액의 비율에 따라 안분하여 정하되, 그 중 어느 공동상속인의 수유재산의 가액이 그의 분담액에 미치지 못하여 분담액

부족분이 발생하더라도 이를 그의 수증재산으로 반환할 것이 아니라, 자신의 수유재산의 가액이 자신의 분담액을 초과하는 다른 공동상속인들이 위 분담액 부족분을 위 비율에 따라 다시 안분하여 그들의 수유재산으로 반환하여야 한다. 나아가 어느 공동상속인 1인이 수개의 재산을 유증받아 각 수유재산으로 유류분권리자에게 반환하여야 할 분담액을 반환하는 경우, 반환하여야 할 각 수유재산의 범위는 특별한 사정이 없는 한 민법 제1115조 제2항을 유추적용하여 각 수유재산의 가액에 비례하여 안분하는 방법으로 정함이 타당하다.

[2] 유류분반환청구소송에서 법원이 유류분권리자가 특정한 대상과 범위를 넘어서 청구를 인용할 수 있는지 여부(소극)

유류분권리자가 반환의무자를 상대로 유류분반환청구권을 행사하고 이로 인하여 생긴 목적물의 이전등기의무나 인도의무 등의 이행을 소로써 구하는 경우에는 그 대상과 범위를 특정하여야 하고, 법원은 처분권주의의 원칙상 유류분권리자가 특정한 대상과 범위를 넘어서 청구를 인용할 수 없다.

[3] 유류분반환청구권의 행사로 생기는 원물반환의무 또는 가액반환의무의 지체책임의 발생 시기

유류분반환청구권의 행사로 인하여 생기는 원물반환의무 또는 가액반환의무는 이행기한의 정함이 없는 채무이므로, 반환의무자는 그 의무에 대한 이행청구를 받은 때에 비로소 지체책임을 진다.

[4] 유류분권리자의 가액반환청구에 대하여 반환의무자가 원물반환을 주장하며 가액반환에 반대 의사를 표시한 경우, 법원이 가액반환을 명할 수 있는지 여부(원칙적 소극)

우리 민법은 유류분제도를 인정하여 제1112조부터 제1118조까지 이에 관하여 규정하면서도 유류분의 반환방법에 관하여는 별도의 규정을 두고 있지 않다. 다만 제1115조 제1항이 "부족한 한도에서 그 재산의 반환을 청구할 수 있다"고 규정한 점 등에 비추어 볼 때 반환의무자는 통상적으로 증여 또는 유증 대상 재산 자체를 반환하면 될 것이나 원물반환이 불가능한 경우에는 가액 상당액을 반환할 수밖에 없다. 원물반환이 가능하더라도 유류분권리자와 반환의무자 사이에 가액으로 이를 반환하기로 협의가 이루어지거나 유류분권리자의 가액반환청구에 대하여 반환의무자가 이를 다투지 않은 경우에는 법원은 가액반환을 명할 수 있지만, 유류분권리자의 가액반환청구에 대하여 반환의무자가 원물반환을 주장하며 가액반환에 반대하는 의사를 표시한 경우에는 반환의무자의 의사에 반하여 원물반환이 가능한 재산에 대하여 가액반환을 명할 수 없다.

[5] 공동상속인 중 1인이 자신의 법정상속분 상당의 상속채무 분담액을 초과하여 유류분권리자의 상속채무 분담액까지 변제한 경우, 그러한 사정을 유류분권리자의 유류분 부족액 산정 시 고려할 것인지 여부(소극)

금전채무와 같이 급부의 내용이 가분인 채무가 공동상속된 경우, 이는 상속개시와 동시에 당연히 공동상속인들에게 법정상속분에 따라 상속된 것으로 봄이 타당하므로, 법정상속분 상당의 금전채무는 유류분권리자의 유류분 부족액을 산정할 때 고려하여야 할 것이나, 공동상속인 중 1인이 자신의 법정상속분 상당의 상속채무 분담액을 초과하여 유류분권리자의 상속채무 분담액까지 변제한 경우에는 유류분권리자를 상대로 별도로 구상권을 행사하여 지급받거나 상계를 하는 등의 방법으로 만족을 얻는 것은 별론으로 하고, 그러한 사정을 유류분권리자의 유류분 부족액 산정 시 고려할 것은 아니다.

[6] 유류분권리자의 유류분반환청구권 행사에 의하여 그의 유류분을 침해하는 증여 또는 유증이 소급적으로 실효된 경우, 반환의무자가 부당이득으로 반환하여야 하는 목적물 사용이익의 범위

유류분권리자가 반환의무자를 상대로 유류분반환청구권을 행사하는 경우 그의 유류분을 침해하는 증여 또는 유증은 소급적으로 효력을 상실하므로, 반환의무자는 유류분권리자의 유류분을 침해

하는 범위 내에서 그와 같이 실효된 증여 또는 유증의 목적물을 사용·수익할 권리를 상실하게 되고, 유류분권리자의 목적물에 대한 사용·수익권은 상속개시의 시점에 소급하여 반환의무자에 의하여 침해당한 것이 된다. 그러나 민법 제201조 제1항은 "선의의 점유자는 점유물의 과실을 취득한다." 고 규정하고 있고, 점유자는 민법 제197조에 의하여 선의로 점유한 것으로 추정되므로, 반환의무 자가 악의의 점유자라는 사정이 증명되지 않는 한 반환의무자는 목적물에 대하여 과실수취권이 있다 고 할 것이어서 유류분권리자에게 목적물의 사용이익 중 유류분권리자에게 귀속되었어야 할 부분을 부당이득으로 반환할 의무가 없다. 다만 민법 제197조 제2항은 "선의의 점유자라도 본권에 관한 소에 패소한 때에는 그 소가 제기된 때로부터 악의의 점유자로 본다."고 규정하고 있고, 민법 제201조 제2항은 "악의의 점유자는 수취한 과실을 반환하여야 하며 소비하였거나 과실로 인하여 훼손 또는 수취하지 못한 경우에는 그 과실의 대가를 보상하여야 한다."고 규정하고 있으므로, 반환의무자가 악의의 점유자라는 점이 증명된 경우에는 악의의 점유자로 인정된 시점부터, 그렇지 않다고 하더라도 본권에 관한 소에서 종국판결에 의하여 패소로 확정된 경우에는 소가 제기된 때로 부터 악의의 점유자로 의제되어 각 그때부터 유류분권리자에게 목적물의 사용이익 중 유류분권리자 에게 귀속되었어야 할 부분을 부당이득으로 반환할 의무가 있다.

★★★▶ 공동상속인 중에 상당한 기간 동거·간호 그 밖의 방법으로 피상속인을 특별히 부양하거나 피상 속인의 재산의 유지 또는 증가에 특별히 기여한 사람이 있는 경우, 유류분반환청구소송에서 기 여분을 주장할 수 있는지 여부 / 공동상속인의 협의 또는 가정법원의 심판으로 기여분이 결정된 경우, 유류분을 산정함에 있어 기여분을 공제할 수 있는지 여부(소극) 및 기여분으로 유류분에 부족이 생겼다고 하여 기여분 반환을 청구할 수 있는지 여부(소극)

민법 제1008조의2, 제1112조, 제1113조 제1항, 제1118조에 비추어 보면, 기여분은 상속재산분할 의 전제 문제로서의 성격을 가지는 것으로서, 상속인들의 상속분을 일정 부분 보장하기 위하여 피상 속인의 재산처분의 자유를 제한하는 유류분과는 서로 관계가 없다. 따라서 공동상속인 중에 상당한 기간 동거·간호 그 밖의 방법으로 피상속인을 특별히 부양하거나 피상속인의 재산의 유지 또는 증 가에 특별히 기여한 사람이 있을지라도 공동상속인의 협의 또는 가정법원의 심판으로 기여분이 결정 되지 않은 이상 유류분반환청구소송에서 기여분을 주장할 수 없음은 물론이거니와, 설령 공동상속인 의 협의 또는 가정법원의 심판으로 기여분이 결정되었다고 하더라도 유류분을 산정함에 있어 기여분을 공제할 수 없고, 기여분으로 유류분에 부족이 생겼다고 하여 기여분에 대하여 반환을 청구할 수도 없다 (대판 2015.10.29, 2013다60753).

★★★★▶ 유류분의 반환방법 및 범위(대판 2022.2.10, 2020다250783)

[1] 유류분제도에 관한 민법 제1112조, 제1113조, 제1118조와 제1008조가 피상속인의 재산처분의 자유와 수증자의 재산권을 과도하게 침해함으로써 헌법 제23조 제1항과 제37조 제2항에 위반되는지 여부(소극)

유류분제도에 관한 민법 제1112조, 제1113조, 제1118조와 제1008조가 피상속인의 재산처분의 자유와 수증자의 재산권을 과도하게 침해함으로써 헌법 제23조 제1항과 제37조 제2항에 위반된다 고 할 수 없다. 그 이유는 다음과 같다. 유류분제도는 피상속인의 재산처분행위로부터 유족의 생존 권을 보호하고 법정상속분의 일정 비율에 해당하는 부분을 유류분으로 산정하여 상속인의 상속재 산 형성에 대한 기여와 상속재산에 대한 기대를 보장하는 데 그 목적이 있다. 민법 제1118조에 따라 준용되는 민법 제1008조는 공동상속인 중에 피상속인으로부터 재산의 증여 또는 유증을 받 은 특별수익자가 있는 경우에 공동상속인 사이의 공평을 도모하기 위하여 수증재산을 상속분의 선급으로 다루어 구체적인 상속분을 산정하는 데 참작하도록 하려는 데 그 취지가 있다. 유류분제도가 피상속인이 생전에 자유롭게 처분하는 것을 원천적으로 막는 것은 아니다. 또한 공동상속인이 피상속인으로부터 받은 증여가 모두 유류분반환의 대상인 특별수익이 되는 것은 아니고, 어떠한 생전 증여가 특별수익에 해당하는지는 피상속인의 생전의 자산, 수입, 생활수준, 가정상황 등을 참작하고 공동상속인 사이의 형평을 고려하여 생전 증여가 장차 상속인으로 될 사람에게 돌아갈 상속재산 가운데 그의 몫 일부를 미리 주는 것이라고 볼 수 있는지에 따라 판단된다. 유류분의 범위도 법정상속분의 일부로 제한되어 있다. 따라서 유류분제도에 관한 민법 제1112조, 제1113조, 제1118조와 제1008조에 따라 피상속인의 재산처분 자유와 수증자의 재산권이 과도하게 침해된다고 보기 어렵다.

[2] 유류분의 통상적 반환방법(=원물반환) / 증여나 유증 후 그 목적물에 관하여 제3자가 저당권이나 지상권 등의 권리를 취득한 경우, 유류분권리자가 원물반환 대신 그 가액의 반환을 구할 수 있는지 여부(원칙적 적극) 및 그럼에도 유류분권리자가 스스로 위험이나 불이익을 감수하면서 원물반환을 구하는 경우, 법원은 원물반환을 명하여야 하는지 여부(적극)

① 민법은 유류분의 반환방법에 관하여 별도의 규정을 두고 있지 않다. 그러나 증여 또는 유증대상 재산 그 자체를 반환하는 것이 통상적인 반환방법이므로, 유류분권리자가 원물반환의 방법으로 유류분반환을 청구하고 그와 같은 원물반환이 가능하다면 특별한 사정이 없는 한 법원은 유류분권리자가 청구하는 방법에 따라 원물반환을 명하여야 한다. ② 증여나 유증 후 그 목적물에 관하여 제3자가 저당권이나 지상권 등의 권리를 취득한 경우에는 원물반환이 불가능하거나 현저히 곤란하므로, 반환의무자가 목적물을 저당권 등의 제한이 없는 상태로 회복하여 이전해 줄 수 있다는 등의 예외적인 사정이 없는 한 유류분권리자는 반환의무자를 상대로 원물반환 대신 그 가액의 반환을 구할 수 있다. 그러나 그렇다고 해서 유류분권리자가 스스로 위험이나 불이익을 감수하면서 원물반환을 구하는 것까지 허용되지 않는다고 볼 것은 아니므로, 그 경우에도 법원은 유류분권리자가 청구하는 방법에 따라 원물반환을 명하여야 한다.

[3] 유류분반환의 범위를 산정하기 위하여 증여받은 재산의 시가를 산정할 때 기준이 되는 시기(= 상속개시 당시) / 어느 공동상속인 1인이 특별수익으로서 여러 부동산을 증여받아 그 증여재산으로 유류분 부족액을 반환하는 경우, 반환해야 할 증여재산의 범위를 정하는 방법 / 증여 이후 수증자나 수증자로부터 증여재산을 양수받은 사람이 자기 비용으로 증여재산의 성상 등을 변경하여 상속개시 당시 그 가액이 증가되어 있는 경우, 그와 같은 변경이 있기 전 증여 당시의 성상 등을 기준으로 상속개시 당시 가액을 산정하여야 하는지 여부(적극) / 유류분 부족액 확정 후 증여재산별로 반환 지분을 산정할 때 기준이 되는 증여재산의 총가액은 상속개시 당시의 성상 등을 기준으로 산정하여야 하는지 여부(적극)

① 유류분반환의 범위는 상속개시 당시 피상속인의 순재산과 문제 된 증여재산을 합한 재산을 평가하여 그 재산액에 유류분청구권자의 유류분비율을 곱하여 얻은 유류분액을 기준으로 산정하는데, 증여받은 재산의 시가는 상속개시 당시를 기준으로 산정해야 한다. ② 어느 공동상속인 1인이 특별수익으로서 여러 부동산을 증여받아 그 증여재산으로 유류분권리자에게 유류분 부족액을 반환하는 경우 반환해야 할 증여재산의 범위는 특별한 사정이 없는 한 민법 제1115조 제2항을 유추적용하여 증여재산의 가액에 비례하여 안분하는 방법으로 정함이 타당하다. 따라서 유류분반환 의무자는 증여받은 모든 부동산에 대하여 각각 일정 지분을 반환해야 하는데, 그 지분은 모두 증여재산의 상속개시 당시 총가액에 대한 유류분 부족액의 비율이 된다. ③ 다만 증여 이후 수증자나 수증자로부터 증여재산을 양수받은 사람이 자기의 비용으로 증여재산의 성상(性狀) 등을 변경하여 상속개시 당시

그 가액이 증가되어 있는 경우, 유류분 부족액을 산정할 때 기준이 되는 증여재산의 가액에 관해서는 위와 같이 변경된 성상 등을 기준으로 증여재산의 상속개시 당시 가액을 산정하면 유류분권리자에게 부당한 이익을 주게 되므로, 그와 같은 변경이 있기 전 증여 당시의 성상 등을 기준으로 상속개시 당시 가액을 산정해야 한다. ④ 반면 유류분 부족액 확정 후 증여재산별로 반환 지분을 산정할 때 기준이 되는 증여재산의 총가액에 관해서는 상속개시 당시의 성상 등을 기준으로 상속개시 당시의 가액을 산정함이 타당하다. 이 단계에서는 현재 존재하는 증여재산에 관한 반환 지분의 범위를 정하는 것이므로 이와 같이 산정하지 않을 경우 유류분권리자에게 증여재산 중 성상 등이 변경된 부분까지도 반환되는 셈이 되어 유류분권리자에게 부당한 이익을 주게 되기 때문이다.

★★★▶ 유류분 반환청구자가 유류분 제도 시행 전에 피상속인으로부터 재산을 증여받아 이행이 완료된 경우, 그 재산이 유류분산정을 위한 기초재산에 포함되는지 여부(소극) 및 이때 위 재산이 유류분 반환청구자의 유류분 부족액 산정 시 특별수익으로 공제되어야 하는지 여부(적극)(대판 2018.7.12. 2017다278422)

① 유류분 제도가 생기기 전에 피상속인이 상속인이나 제3자에게 재산을 증여하고 이행을 완료하여 소유권이 수증자에게 이전된 때에는 피상속인이 1977.12.31. 법률 제3051호로 개정된 민법(이하 '개정 민법'이라 한다) 시행 이후에 사망하여 상속이 개시되더라도 소급하여 증여재산이 유류분 제도에 의한 반환청구의 대상이 되지는 않는다. 개정 민법의 유류분 규정을 개정 민법 시행 전에 이루어지고 이행이 완료된 증여에까지 적용한다면 수증자의 기득권을 소급입법에 의하여 제한 또는 침해하는 것이 되어 개정 민법 부칙 제2항의 취지에 반하기 때문이다. 개정 민법 시행 전에 이미 법률관계가 확정된 증여재산에 대한 권리관계는 유류분 반환청구자이든 반환의무자이든 동일하여야 하므로, 유류분 반환청구자가 개정 민법 시행 전에 피상속인으로부터 증여받아 이미 이행이 완료된 경우에는 그 재산 역시 유류분산정을 위한 기초재산에 포함되지 아니한다고 보는 것이 타당하다.

② 그러나 유류분 제도의 취지는 법정상속인의 상속권을 보장하고 상속인 간의 공평을 기하기 위함이고, 민법 제1115조 제1항에서도 '유류분권리자가 피상속인의 증여 및 유증으로 인하여 그 유류분에 부족이 생긴 때에는 부족한 한도 내에서 그 재산의 반환을 청구할 수 있다'고 규정하여 이미 법정 유류분 이상을 특별수익한 공동상속인의 유류분 반환청구권을 부정하고 있다. 이는 개정 민법 시행 전에 증여받은 재산이 법정 유류분을 초과한 경우에도 마찬가지로 보아야 하므로, 개정 민법 시행 전에 증여를 받았다는 이유만으로 이를 특별수익으로도 고려하지 않는 것은 유류분 제도의 취지와 목적에 반한다고 할 것이다. 또한 민법 제1118조에서 제1008조를 준용하고 있는 이상 유류분 부족액 산정을 위한 특별수익에는 그 시기의 제한이 없고, 민법 제1008조는 유류분 제도 신설 이전에 존재하던 규정으로 민법 부칙 제2조와도 관련이 없다. 따라서 개정 민법 시행 전에 이행이 완료된 증여 재산이 유류분 산정을 위한 기초재산에서 제외된다고 하더라도, 위 재산은 당해 유류분 반환청구자의 유류분 부족액 산정 시 특별수익으로 공제되어야 한다.

★★★★▶ 유류분반환청구권을 행사함으로써 발생하는 목적물의 이전등기청구권 등에 대하여 민법 제1117조에서 정한 유류분반환청구권에 대한 소멸시효가 적용되는지 여부(소극)

유류분권리자가 유류분반환청구권을 행사한 경우 그의 유류분을 침해하는 범위 내에서 유증 또는 증여는 소급적으로 효력을 상실하고, 상대방은 그와 같이 실효된 범위 내에서 유증 또는 증여의 목적물을 반환할 의무를 부담한다. 유류분반환청구권을 행사함으로써 발생하는 목적물의 이전등기청구권 등은 유류분반환청구권과는 다른 권리이므로, 그 이전등기청구권 등에 대하여는 민법 제1117조 소정의 유류분반환청구권에 대한 소멸시효가 적용될 여지가 없고, 그 권리의 성질과 내용 등에 따라 별도로 소멸시효의 적용 여부와 기간 등을 판단하여야 한다(대판 2015.11.12, 2011다55092・55108).

★★★★▶ **유류분반환청구의 제 문제**(대판 2023.6.15, 2023다203894)

[1] 공동상속인이 아닌 제3자에 대한 증여 당시 법정상속분의 2분의 1을 유류분으로 갖는 배우자나 직계비속이 공동상속인으로서 유류분권리자가 되리라고 예상할 수 있는 경우, 위 증여가 유류분권리자에게 손해를 가할 것을 알고 행해진 것이라고 보기 위한 요건

공동상속인이 아닌 제3자에 대한 증여가 상속개시 1년 전에 한 것이라도 당사자 쌍방이 증여 당시에 유류분권리자에 손해를 가할 것을 알고 증여한 경우에는 그에 대한 유류분반환청구가 허용된다(민법 제1114조 참조). 증여 당시 법정상속분의 2분의 1을 유류분으로 갖는 배우자나 직계비속이 공동상속인으로서 유류분권리자가 되리라고 예상할 수 있는 경우에, 제3자에 대한 증여가 유류분권리자에게 손해를 가할 것을 알고 행해진 것이라고 보기 위해서는, 당사자 쌍방이 증여 당시 증여재산의 가액이 증여하고 남은 재산의 가액을 초과한다는 점을 알았던 사정뿐만 아니라, 장래 상속개시일에 이르기까지 피상속인의 재산이 증가하지 않으리라는 점까지 예견하고 증여를 행한 사정이 인정되어야 한다.

[2] 유류분반환청구권 단기소멸시효의 기산점으로서 민법 제1117조에서 정한 '반환하여야 할 증여 또는 유증을 한 사실을 안 때'의 의미

유류분반환청구권은 유류분권리자가 상속의 개시와 반환하여야 할 증여 또는 유증을 한 사실을 안 때로부터 1년 내에 하지 아니하면 시효에 의하여 소멸한다(민법 제1117조). 이러한 유류분반환청구권 단기소멸시효의 기산점으로서 '반환하여야 할 증여 또는 유증을 한 사실을 안 때'는 증여 또는 유증이 있었다는 사실 및 그것이 반환하여야 할 것임을 안 때라고 해석하여야 한다.

[3] 유류분권리자가 피상속인으로부터 부동산의 등기를 이전받은 제3자를 상대로 등기의 무효 사유를 주장하며 소유권이전등기의 말소를 구하는 소를 제기하였으나 오히려 증여된 것으로 인정하는 판결이 선고되어 확정된 경우, 판결이 확정된 때 증여가 있었다는 사실 및 그것이 반환하여야 할 것임을 알았다고 보아야 하는지 여부(원칙적 적극)

유류분권리자가 피상속인으로부터 그 소유 부동산의 등기를 이전받은 제3자를 상대로 등기의 무효 사유를 주장하며 소유권이전등기의 말소를 구하는 소를 제기하고 관련 증거를 제출하였으나, 오히려 증여된 것으로 인정되어 무효 주장이 배척된 판결이 선고되어 확정된 경우라면, 특별한 사정이 없는 한 그러한 판결이 확정된 때에 비로소 증여가 있었다는 사실 및 그것이 반환하여야 할 것임을 알았다고 보아야 한다.

[4] 유류분권리자가 반환을 청구할 수 있는 유류분 부족액 산정 방법

상속이 개시되면 일정 범위의 상속인은 피상속인의 재산에 대해서 일정한 비율을 확보할 수 있는 유류분권을 가진다. 피상속인의 유증 또는 증여로 인하여 유류분권리자가 그 유류분에 미치지 못하는 상속재산을 받게 된 때에는 그 유증 또는 증여를 받은 사람에 대하여 부족한 한도에서 반환을 청구할 수 있다(민법 제1115조 제1항 참조). '유류분액'은 민법 제1113조 제1항에 따라 피상속인이 상속개시 시에 가진 재산의 가액에 증여재산의 가액을 가산하고 피상속인이 상속개시 시에 부담하고 있던 채무가 있다면 그 전액을 공제하여 유류분 산정의 기초가 되는 재산액을 확정한 다음, 거기에 민법 제1112조에서 정한 유류분 비율을 곱하여 산정한다. 유류분권리자가 반환을 청구할 수 있는 '유류분 부족액'은 위와 같이 산정한 '유류분액'에서 유류분권리자가 받은 특별수익액과 순상속분액을 공제하는 방법으로 산정한다.

부록

판례색인

선고일자별 대법원 판결·결정 색인

선고일자별 대법원 판결·결정 색인

🎯 2023년

박문각
법무사

이혁준 **가족법 정리**

제2판 인쇄 2024. 3. 20. | **제2판 발행** 2024. 3. 25. | **편저자** 이혁준

발행인 박 용 | **발행처** (주)박문각출판 | **등록** 2015년 4월 29일 제2015-000104호

주소 06654 서울시 서초구 효령로 283 서경 B/D 4층 | **팩스** (02)584-2927

전화 교재 문의 (02)6466-7202

저자와의
협의하에
인지생략

이 책의 무단 전재 또는 복제 행위를 금합니다.

정가 20,000원
ISBN 979-11-6987-804-3